D1664716

25 Jahre Perestroika
Gespräche mit Boris Kagarlitzki
Band 2

LAIKA Verlag

Kai Ehlers

25 Jahre Perestroika
Gespräche mit
Boris Kagarlitzki
Band 2

Jelzins Abgang, Putin und Medwedew
1997 bis heute: Stabilisierung, restaurative
Normalisierung, Eintritt in die globale Krise

Dank

Mein Dank geht an Frederike, die mich während der Arbeiten an diesem Buch ertrug. Mein Dank geht an alle Menschen, die Informationen ins Netz gestellt haben, an denen ich in ungeahnt reichhaltiger Weise meine eigenen Informationen und Kenntnisse auffrischen, überprüfen und vervollständigen konnte.
Mein Dank geht auch an den Verlag, der mich ermutigt hat, diese Gespräche zur Verfügung zu stellen. Und selbstverständlich geht mein Dank an Boris Kagarlitzki, der über all die Jahre hinweg immer aufs neue bereit war, seine Sicht auf Rußlands schwierigen Weg und dessen Rolle in den heutigen Wandlungsprozessen mit mir zu teilen. Schließlich danke ich auch all denen, Freunden, Freundinnen, Lesern und Bekannten und nicht zuletzt auch Kritikern, die mich mit ihrem Suchen nach neuen Formen des Zusammenlebens, auch mit ihrer Skepsis gegenüber allem, was heute aus dem früheren »Reich des Bösen« kommt, immer wieder dazu gebracht haben, über die Erfahrungen zu berichten, die aus der russisch-sowjetischen Geschichte für die Zukunft zu gewinnen sein können.

Band 1: *Gorbatschow und Jelzin*
1983–1996/97: Perestroika, Putsch, Revolte, Übergang in die Restauration erschien 2014 im LAIKA Verlag.

Das Buch erscheint auf Wunsch des Autors in alter Rechtschreibung.

Impressum

©LAIKA-Verlag Hamburg 2015 // laika diskurs // Kai Ehlers: *25 Jahre Perestroika – Gespräche mit Boris Kagarlitzki. Band 2: Jelzins Abgang, Putin und Medwedew* // 1. Auflage // Cover: Peter Bisping // Satz: Niels Pomplun // Druck: CPI – Ebner & Spiegel, Ulm // www.laika-verlag.de // ISBN: 978-3-944233-29-1

Inhalt

Begrüßung 9

Mai 1997: Nach dem Tschetschenien-Krieg –
Land in Erwartung? 15

April/Mai 1999: Nach dem Bankenkrach
vom August 1998 119

Oktober/November 1999: Terror und Wahlen –
Moskau im Schock 135

September 2000: Lageskizze, Arbeiterbewegung ...
Putin räumt auf 147

September 2001: Halbzeit – zwei Jahre Putin 161

Juni/Juli 2004: Zur Lage nach der (Wieder-)Wahl Putins
und den Chancen der Linken 175

August 2008: Von Putin zu Medwedew –
Fahrerwechsel auf dem Tandem 185

Sommer 2009: Finanzkrise russisch –
das Wunder von Pikaljewo 201

August 2012: Nach den Duma- und
Präsidentenwahlen 2012/2013 223

Anstelle eines Nachwortes:
»Wenn du zurückschaust ... wie geht es dann weiter?« 237

Chronologie 251

Index der erwähnten Organisationen 311

Biografisches 317

Personenindex 321

Begrüßung

Liebe Leserinnen, liebe Leser,
in diesem Buch warten Gespräche aus fünfundzwanzig Jahren Perestroika auf Sie. Im öffentlichen westlichen Bewußtsein werden diese fünfundzwanzig Jahre heute unter dem Stichwort der Reform eingeordnet, bei einigen ganz verwegenen Zeitgenossen als Revolution, bei manchen sogar als letzte Revolution. Eine etwas andere Sicht erschließt sich aus den hier vorliegenden Gesprächen, die aus direkter Betroffenheit heraus Schritt für Schritt am konkreten Geschehen und im Bemühen um analytische Klarheit entstanden sind.

Die Gespräche beginnen mit einer ersten Kontaktaufnahme zwischen der westdeutschen Neuen Linken der 80er Jahre (vertreten durch den »Kommunistischen Bund« (KB), gemeinhin mit dem Zusatz »Nord« versehen[1]) und einem Sprecher der Perestroikalinken Moskaus. Diese ersten Begegnungen stehen noch unter der Parole der von der Perestroika in den Jahren nach Gorbatschows[2] Antritt als Generalsekretär der KPdSU 1985 hervorgebrachten informellen Bewegung, die von sich sagt: »Wir sind der linke Flügel der Perestroika.«

Es folgen die ersten Ernüchterungen, als deutlich wird, daß Perestroika nicht die Reform des Sozialismus, nicht mehr Selbstbestimmung, nicht einen demokratisch kontrollierten Markt bringt, sondern mehr Leistung bei gleichzeitigem Abbau von sozialen Sicherungen fordert und schließlich zur Einführung eines Notstandsregimes führt, daß aber auch diejenigen, die sich wie Boris Jelzin[3] Reformer nennen, ebenfalls nicht den Sozialismus reformieren, sondern ihn zugunsten einer »demokratischen Elite« abschaffen wollen.

1 Der KB, 1971 gegründet, war eine der sowjetkritischen Organisationen der Neuen Linken, die am Ausgang der Außerparlamentarischen Opposition in der damaligen westdeutschen Bundesrepublik (BRD) entstanden. Er zeichnete sich gegenüber anderen Gruppen gleichen Typs durch seine Bereitschaft zur offenen politischen Auseinandersetzung mit anderen Neulinken, orthodoxen Linken, sozialdemokratischen Gruppen und Parteien sowie allen zumindest halbwegs progressiven Bewegungen aus. In dieser Tradition des KB stand auch die Kontaktaufnahme mit der Moskauer Perestroika-Linken.
2 Gorbatschow, Michail, von März 1985 bis August 1991 Generalsekretär des ZK der (KPdSU) und von März 1990 bis Dezember 1991 Präsident der Sowjetunion.
3 Jelzin, Boris, bis zu seinem Ruf nach Moskau Chef des Gebietsparteikomitees in Jekaterinburg.

So geht es Schritt für Schritt. Jedes Gespräch skizziert eine neue Wendung, einen neuen Verlust bisher verbriefter sozialer Garantien. Der Krise Gorbatschows folgt der sog. Putsch. Er wird im Westen im allgemeinen als Versuch der »Ewig Gestrigen« wahrgenommen, die Entwicklung zurückzudrehen; in Wahrheit ist er eine Machtergreifung derer, die die Sowjetunion mit größerer Beschleunigung hinter sich lassen wollen.

Und schon geht es weiter zu nächsten Krise, wenn die neue Führung unter Jelzin und das »Volk«, vertreten durch den Kongreß der Volksdeputierten, in einen unlösbaren Konflikt über die Geschwindigkeit, die Art und den Umfang der Privatisierung geraten. An seinem Ende steht die Revolte der Deputierten, die Jelzin mit Panzern niederschlagen läßt. Die Berichte zu all diesen Vorgängen klingen in diesen Gesprächen anders als in den weichgespülten Jelzin-Lobeshymnen der damaligen Zeit und auch anders als in seiner nachträglichen Verklärung als »erster demokratisch gewählter Präsident Rußlands«.

Und weiter geht es auf dem mühsamen Weg der Festigung der »neuen Macht«[4] bis hin zur Ankunft Wladimir Putins[5] und den darauffolgenden Tandemmanipulationen Putins und Medwedews[6], die – Demokratie hin, Demokratie her – in der Manier der alten russischen Selbstherrschaft die Ämter unter sich aushandeln. Offen bleibt, wie es heute weitergeht.

Dies alles wird in den vor Ihnen liegenden Gesprächen nicht aus der Perspektive der Kreml-Astrologie erörtert, sondern vom Standpunkt des alltäglichen, des

---

4   Das Wort »Macht« (»Wlast«) steht im Russischen nicht nur allgemein für Macht, wie im Deutschen, sondern auch für die Strukturen von Macht in den unterschiedlichsten konkreten Bedeutungen. Das reicht von »Verwaltung« über »Herrschende« zu »Autoritäten«, »Regierenden«, der »politischen Klasse« usw. bis hin zu regionaler und sogar lokaler Verwaltung. »Wlast« hat dabei im Grundtenor einen distanzierenden Charakter – die »Macht« ist immer das andere, dem man sich in irgendeiner Weise ausgesetzt sieht. Neben diesem allgemeinen Begriff »Wlast« werden auch konkrete Bezeichnungen wie »Regierung« oder »Verwaltung« u. ä. benutzt. In den folgenden Texten gebe ich konkrete Begriffe so wieder, wie sie benutzt werden. Wo nur von »Wlast« gesprochen wird, gebe ich das Wort in seiner allgemeinen Bedeutung auch im Deutschen einfach nur als »Macht« wieder.
5   Putin, Wladimir, von 1999 bis 2000 Ministerpräsident Rußlands, seit 2000 Präsident, von Mai 2008 bis Mai 2012 erneut Ministerpräsident, seit 2012 erneut Präsident – faktisch ist Putin damit seit 1999 Rußlands »erstes Gesicht«.
6   Medwedew, Dimitri, politischer Weggefährte Putins aus gemeinsamer Tätigkeit in der Stadtverwaltung St. Petersburgs seit Anfang der 90er, 2005 von Wladimir Putin zum Ersten Stellvertretenden Ministerpräsidenten Rußlands ernannt, von 2008 bis 2012 im Ämterwechsel mit Putin Präsident Rußlands. Seit 2012 in erneutem Wechsel Ministerpräsident unter dem wiedergewählten Putin.

gewerkschaftlichen Lebens, aus der Sicht derer, die an einer theoretischen und praktischen Erneuerung des Sozialismus aus der Kritik des Gewesenen und unter den Bedingungen des Bestehenden interessiert sind. Viele Gespräche werden noch zu dokumentieren sein, wenn wir verstehen wollen, was in den zurückliegenden 25 Jahren tatsächlich geschehen ist.

Der russische Partner der in diesem Buch vorliegenden Gespräche, Boris Kagarlitzki, ist der heute im Westen bekannteste russische Reformlinke. Seine Stimme hat Perestroika von ihren Anfängen unter Gorbatschow, durch das Chaos bei Jelzin bis in die heutige Putinsche Restauration hinein kontinuierlich begleitet. Er wurde 1958 geboren, schloß sich als Student einer »Marxistischen Gruppe« an, wurde noch unter Breschnew verhaftet. Er saß anderthalb Jahre im Gefängnis. Mit einsetzender Perestroika wurde er freigelassen. Seitdem ist er aus sowjetkritischer Position heraus um eine Erneuerung des Sozialismus auf marxistischer Grundlage bemüht. Mit diesen Positionen ist er nicht mehr nur politischer Dissident der UdSSR, sondern unter verdrehten Vorzeichen auch im postsowjetischen Rußland.

1990 bis 1993 war Boris Kagarlitzki Mitglied der *Sozialistischen Partei Russlands* und Abgeordneter des Moskauer Stadtsowjets, später Mitbegründer einer »Partei der Arbeit« und Berater des Vorsitzenden des russischen Gewerkschaftsbundes. Er ist Autor einer Reihe von Büchern, in denen er die Transformation der Sowjetunion im Prozeß der globalen Neuordnung von heute analysiert.[7] Sein Weg führt ihn dabei von der Analyse der sowjetischen Krise aus der Sicht des kritischen Beobachters (»Gespaltener Monolith«), über die Dokumentation praktischer Versuche, Perestroika von unten her zu demokratisieren (»Farewell Perestroika«), zu der Erkenntnis, daß Perestroika nicht zur Reform des Sozialismus, sondern zur Restauration kapitalistischer Verhältnisse geführt hat – und sogar führen mußte. Mit seinem neuesten Buch *Aufstand der Mittelklasse*, das in deutscher Übersetzung zeitgleich und im gleichen Verlag mit dem Buch erschienen ist, das Sie in Händen halten, kommt er zur Erörterung der »Mittelklassen« als möglicher zukünftiger Entwicklungskräfte. Das Buch bringt die Erfahrung aus der Restauration des sowjetischen Sozialismus in die Suche nach einem generellen sozialistischen Neuanfang ein.

Boris Kagarlitzki ist heute Direktor des *Instituts für Globalisierung und soziale Bewegung* (IGSO) in Moskau, Initiator und verantwortlicher Herausgeber des

---

7   Siehe das Bücherverzeichnis im Anhang.

in Moskau erscheinenden Monatsbulletins »Linke Politik« und Redakteur an der Internetplattform www.RABKOR.ru. Er schreibt regelmäßig für die *Moscow Times*[8] und *Eurasian Home*[9] und ist Mitarbeiter im *Transnationalen Institut*[10] (TNI).

*

Mein Zugang zu den Gesprächen mit Boris Kagarlitzki eröffnete sich mir über die Redaktion des *ak*, Zeitung des KB, in der ich seit Anfang der 1970er tätig war und in deren Rahmen ich mich seit Anfang der 80er zunehmend mit den Ereignissen in der Sowjetunion befaßte, auch selbst dorthin zu reisen begann. Nach der ersten Kontaktaufnahme zu Boris Kagarlitzki durch Korrespondenten der Redaktion des *ak* 1988 übernahm ich im weiteren die Staffel dieser Gespräche, die ich nach Verlassen der Redaktion 1989 und nach Auflösung des KB 1990 individuell bis heute als selbständiger Rußlandforscher fortsetzte. Mit eigenen Forschungen gehe ich seitdem der Frage nach, welche Folgen Perestroika in Rußland und darüber hinaus nach sich zieht.[11] Bei diesen Forschungen bildeten die Gespräche mit Boris Kagarlitzki, ungeachtet einer breiten Streuung meiner sonstigen Gesprächspartner und -partnerinnen und sehr weit über das Land ausgedehnter eigener Recherchen, die auch immer wieder zur Einordnung seiner Aussagen beitrugen, eine unverzichtbare Basis für meine Untersuchungen. Insbesondere unsere ausführlichen Erörterungen zur Frage, welche Rolle die Tradition der Óbschtschina[12] für die Erneuerung einer sozialistischen Perspektiven unter den Vorzeichen der Selbstorganisation heute spielen kann, wurden für mich zu einem entscheidenden Impuls, den weiterzuverfolgen und weiterzugeben ich mich auch in meiner eigenen Arbeit bemüht habe. Aktuell könnte sich dieser Impuls, transformiert in einen Widerstand an der Basis der Bevölkerung gegen den von der Kapitalisierung ausgehenden Druck, der durch

8   *Moscow times* – die englischsprachige Tageszeitung erscheint seit 1992 in Moskau.
9   »Eurasian Home« – Website für Austausch Analysen über politisch-soziale Veränderungen im eurasischen Raum.
10 »Transnational Institute«, internationaler »think tank« für progressive Politik, 1973 in Amsterdam gegründet.
11 Wenn trotzdem einzelne Gespräche weiterhin auch im *ak* veröffentlicht wurden, so deshalb, weil die Zeitung *ak*, in den folgenden Jahren dann unter dem Namen *analyse und kritik* die Organisation des KB überlebte und wir weiterhin in freundschaftlicher Beziehung verblieben – übrigens bis heute.
12 Óbschtschina – im weitesten Sinn: Gemeinschaft, im engeren historischen Sinn: Gemeineigentümliche dörfliche Gemeinschaft, weiterentwickelt als industrielle Óbschtschina, nach der Revolution von 1917 übergegangen auf die sowjetische Produktions- und Lebensgemeinschaft sowie auf die verschiedenen Formen kollektiven Lebens in der sowjetischen Gesellschaft.

Rußlands Beitritt zur WTO seit 2012 noch erhöht wurde, mit der in der westlichen Sphäre entstehenden Allmende-, Commons- und Gemeinwohlbewegung zu einer fruchtbaren Symbiose verbinden. Es würde mich freuen, wenn dieses Buch, aller Skepsis zum Trotz, auch dazu beitragen könnte.

*

Für die Aufteilung in die beiden Bände habe ich eine Einteilung gewählt, die den wesentlichen Phasen entspricht, in denen sich der bisher überschaubare Verlauf der Perestroika vollzogen hat: Aufkündigung des Alten durch Michail Gorbatschow bis hin zur Auflösung und effektiven Zerstörung der sowjetischen Strukturen durch Jelzin. Das betrifft nicht nur die Auflösung der Union 1991 durch Jelzin, sondern umschließt auch noch die systematische Auflösung bzw. Zerstörung der sowjetischen Strukturen im Lande selbst nach dem, was man auch den zweiten Putsch nennen kann, also nach der gewaltsamen Auflösung des Obersten Sowjet durch Jelzin 1993. Gegen Ende der zweiten Hälfte der Jelzinschen Amtszeit geht die Auflösung nach einer ruhigeren Übergangsphase 1996/97 und der darauf folgenden innerrussischen Bankenkrise von 1998 in eine offene Restauration unter dem Stabilisator Wladimir Putin über. Von daher ist es keineswegs zufällig, daß Boris Kagarlitzki und ich unser längstes und am tiefsten in die sozialen Strukturen vordringendes Gespräch im Herbst 97 führen konnten – nach Jelzins Wiederwahl und vor dem Zusammenbruch von 1998. Danach folgen »nur noch« Stadien der Wiederherstellung des Staates unter neuen, nicht mehr sowjetischen, sondern »demokratischen« Vorzeichen der von Putin betriebenen autoritären Modernisierung, die bis heute nicht abgeschlossen ist.

So bestreiten der Initiator Gorbatschow und der Beschleuniger Jelzin also Band eins, der kränkelnde Jelzin und der Stabilisator Putin (unterstützt durch Medwedew) Band zwei.

*

Zur leichteren Orientierung habe ich jedem Gespräch eine knappe Situationsskizze und Kurz-Chronologie beigegeben. Eine durchlaufende Chronologie im Anhang ermöglicht Ihnen eine Einordnung in den zeitlichen Gesamtzusammenhang. Zusätzlich finden Sie einen INDEX, über den Sie alle im Text erwähnten Personen oder Organisationen aufsuchen können – allerdings ohne Anspruch einer über den Text hinausgehenden Vollständigkeit.

Ich wünsche Ihnen somit jetzt eine ertragreiche Lektüre.

Kai Ehlers

Mai 1997

Nach dem Tschetschenien-Krieg –
Land in Erwartung?

Bestandsaufnahme in vier Teilen

Die Situation: Vor wenigen Tagen wurde der tschetschenische Krieg für beendet erklärt. Kein Friedensschluß, aber ein Waffenstillstand. Die Krise des Regimes ist zu einem Dauerzustand geworden. Die soziale Differenzierung hat inzwischen eine Schicht der Superreichen, ein um sie herumgruppiertes florierendes Dienstleistungsgewerbe sowie eine Masse der Bevölkerung hervorgebracht, deren Alltag zum Teil unter das Existenzniveau absinkt. Jelzin konnte sich trotz wiederholter Mißtrauensanträge in den zurückliegenden Jahren seiner ersten legalen Amtszeit, die der Verfassungskrise von 1993 folgte, bei den Präsidentenwahlen von 1996 gegen seinen Hauptkonkurrenten Sjuganow im zweiten Wahlgang in seinem Amt behaupten. Basis dafür war die massive Unterstützung durch Rußlands Oligarchen, sowie durch extra Finanzspritzen seitens des IWF, der Weltbank und anderen. Oligarch Boris Beresowski[13] wird nach der Wahl Chef des Sicherheitsrates und als solcher zur grauen Eminenz Jelzinscher Politik, während Jelzin nach einer Herzoperation noch am Tage seines Wahlsieges nur noch bedingt amtsfähig ist. Seilschaften bestimmen die Politik. Die Opposition drängt auf Ablösung Jelzins und seiner Familie. Die Fragestellung zu dem folgenden Gespräch lautete: Was hat sich seit den Wahlen 1996 und seit dem Waffenstillstand in Tschetschenien verändert? Ist die Situation jetzt stabil, und welche Alternativen sind erkennbar?

---

13 Beresowski, zu der Zeit der einflußreichste Oligarch Rußlands; 2013 im Londoner Exil verstorben.

Ausgewählte Daten dieser Zeit auf einen Blick:

Juni 1994	Ende der Voucher-, Beginn der Geld-Privatisierung
11.10.1994	Schwarzer Dienstag. Der Rubelkurs fällt um 27 %.
18.10.1994	Verbot der KP aufgehoben
21.10.1994	Kodex der Bürgerrechte verabschiedet
24.10.1994	Mißtrauensantrag gegen Jelzin scheitert
11.12.1994	Jelzin läßt Truppen in Tschetschenien einmarschieren.
09.02.1994	Einnahme Grosnys durch russische Truppen
April 1995	IWF-Kredit über 6,4 Mrd. $
14.–18.06.1995	Geiselnahme von Budjonnowsk.
16.–17.06.1995	G7 in Halifax. Kreditangebote für Jelzin
12.07.1995	Antrag auf Amtsenthebung Jelzins scheitert
17.12.1995	Wahlen zur Staatsduma: KPRF wird stärkste Fraktion
09.01.1996	Geiselnahme durch tschetschenische Kämpfer in Kizljar und Perwomajsk
01.02.1996	80 % der russischen Bergarbeiter streiken
01.02.1996	World Economic Forum in Davos. Oligarchen wollen Jelzins Wahlkampf stützen
Febr. 1996	Sonderkredite zur Wahlunterstützung für Jelzin: IWF (10,2 Mrd. $), Weltbank (350 Mio. $), Bundesregierung 4 Mrd. DM)
25.02.1996	Rußland in Europarat aufgenommen
23.04.1996	Tod Dschochar Dudajews[14], Nachfolger Aslan Maschadow[15]
11.06.1996	Anschläge in Moskauer Metro, vier Tote, 16 verletzt
Juni/Juli 1996	Jelzin im 2. Wahlgang mit 53,82 % vor Sjuganow mit 40,31 % wiedergewählt Oligarch Boris Beresowski Chef des Sicherheitsrates. Jelzin erleidet Herzinfarkt.
06.08.1996	Kämpfe um Grosny, hohe Verluste bei den russischen Truppen
03.09.1996	Jelzin unterzieht sich einer Bypass-Operation
23.04.1996	Waffenstillstand in Tschetschenien

(Weitere Daten in der Chronologie im Anhang.)

---

14 Dudajew, Dschochar, Präsident Tschtschseniens von 1991 bis zu seinem Tod 1996.
15 Maschadow, Aslan, Präsident Tschetscheniens von 1997 bis zu seinem Tod 2005.

Tassengeklapper, in der Küche von Boris ...
Wir stimmen uns ein auf ein längeres Gespräch über grundlegende Fragen:
1. Boris über sich selbst und seinen Werdegang als Linker. 2. Über Rußlands nicht standardisierten Weg der Transformation. 3. Über die mögliche Wiedergeburt der Óbschtschina. 4. Über die Frage der Solidarität und linke Alternativen.

Gespräch, Teil 1: Boris Kagarlitzki über sich

Also, zuerst zu dir selbst: Wie wurdest du der, der du heute bist?

Eine interessante Frage. *(lacht)* Kennst du das russische Sprichwort: Wie sind Sie zu diesem Leben gekommen?

Nun, in diesem Sinne.

Im Prinzip, denke ich, daß die Anfänge meiner Biographie sehr typisch sind für Kinder aus Familien der Intelligenzija, die hier in diesem Minrobezirk leben, Krasnoarmeskaja ulitza, Aeroport und ein bißchen weiter. Das ist so eine Art Kooperative von Schriftstellern, eine Kooperative der Union der Theaterschaffenden usw.

Die lebten hier alle?

Ja, und sie leben bis heute hier. Die ganze Intelligenz lebte in einem kleinen Ghetto. Das ist ein besonderer Zufall, in anderen Ländern gibt es so etwas meines Wissens nicht, hier lebte die ganze künstlerische Intelligenz. Schriftsteller und Kritiker leben hier. *(lacht)* Eine andere Frage, natürlich, ob gute oder schlechte Schriftsteller.

In der Tat eine ganz andere Frage...

... in diesem Sinne eine ganz echte Bildung, Erziehung. Die ganze Intelligenzija war natürlich westlerisch. Mir scheint, merkwürdig, aber wahr, was mich im intellektuellen Sinne irgendwie rettete, daß meine Eltern schon ein ziemlich ernsthaftes Wissen über die westliche Gesellschaft hatten, die westliche Kultur usw. Wenn sich jemand wie mein Vater auf einem guten professionellen Niveau mit englischer Literatur, allgemein mit westlicher Kultur befaßt, dann ist westliche Kultur schon nicht mehr einfach fremd. In diesem Sinne war der Westen für mich nie mit Vorstellungen des ganz und gar Anderen, Erstrebenswerten, Fremden besetzt. Das war sehr viel organischer. Deshalb war für mich Europa kein leerer Fleck, nicht eine Stadt auf der Sonne. So war es für mich nicht. Ich hatte sehr konkrete Vorstellungen, was dort ist, wie die Gesellschaft dort ist, wie das System.

Das zweite, was mich dann sehr geformt hat, war die Tatsache, daß ich die Arbeiten Lenins, dann die von Marx lesen mußte, um auf das Institut zu kommen. Das war für mich sehr interessant, einfach intellektuell. Ich habe dann sehr viel gelesen, wesentlich mehr, als vom Programm gefordert wurde. Bei uns gab es ja die Methode, wenn Lenin gelesen werden mußte, dann ging das von Seite 15 bis Seite 26 und dann die Seiten 27 bis 29. Und so wurde in der Regel auch tatsächlich gelesen. Ich hatte aber das Bedürfnis, von Anfang bis Ende zu lesen und auch noch zu lesen, was drum herum stand. Das war natürlich eine ziemlich wichtige Grenze. Deshalb wurde ich mit neunzehn, zwanzig vermutlich Marxist.

Danach im Institut, das war Ende 77, Anfang 78, bildete sich eine Gruppe. Das waren Pawel Kudükin[16], Andrei Fadin[17]. Sie waren älter um einige Jahre als ich. Das war Ende 77, Anfang 78 als ich mich mit anderen jungen Leuten abmühte, die ziemlich ähnlich angelegt waren, auch Aspiranten des Instituts für Weltwirtschaft und internationaler Beziehungen, eine Gruppe, in die Kudükin, Fadin und noch einige Menschen gingen, alles sehr aktive Leute.

Das war alles nach Chruschtschow.

Na, aber bitte, ich habe Chruschtschow fast nicht erlebt. Ich war ein Kind in der Zeit Chruschtschows.

Das waren also keine Folgen Chruschtschows?

Nein, nein, nein, ich war Kind. Aber natürlich bestand die ältere Generation aus Sechzigern, das war natürlich die Generation Chruschtschows, das war die Generation unserer Eltern. Klar. Aber die Entwicklung war unterschiedlich. Die Mehrheit der Intelligenzija entwickelte sich in Richtung des Pragmatismus. Nun, hier aus diesen Häusern kommt auch Gajdar, aus diesem Hof[18], verstehst du?

---

16 Kudükin, Pawel, Studiengruppe Kagarlitzkis.
17 Fadin, Andrei, Studiengruppe Kagarlitzkis.
18 Russisch: двор. Dieser Begriff hat den Klang wie im Deutschen »aus einem gemeinsamen Stall kommen«. Der »Hof« ist das umbaute Karree, in dem so etwas wie eine städtische Óbschtschina, eine Karree-Gemeinschaft entstand. Menschen aus einem »Hof« halten ihr Leben lang eine besondere Verbindung auch über soziale und biographische Gegensätze hinweg.

Jegor ist ein sehr zynischer Mensch. Aber dieser Zynismus war anerzogen in der Fortsetzung (stöhnt) der Kritik der Gesellschaft, die typisch für die ältere Generation war, aber ohne ihre Ideale und Ziele. Ich hatte das Glück, daß ich andere Stützen fand. Aber dann, als ich an der Gruppe teilzunehmen begann, Kudükins, Fadins und anderer, fand ich schon Kontakt zum westlichen Marxismus. In der Gruppe wurden verschiedene Texte gelesen, einige besorgte man sich über besondere Vollmachten, über gefälschte Dokumente des Instituts für wissenschaftliche Informationen für Gesellschaftswissenschaften. Ein halbes Jahr las ich so mittels gefälschter Dokumente. Glücklicherweise mußte man keine Fotos zeigen.

Im Sommer 1978 war ich in Berlin und entdeckte, daß es in der DDR befremdliche Regeln gab. Sie hatten außerordentlich liberale Regeln für die Benutzung wissenschaftlicher Bibliotheken. Das System war in gewissem Sinne schärfer, aber in Bezug auf wissenschaftliche Literatur, Philosophie, Soziologie usw. war es sehr sanft. Akademische Bücher konnte man, bitte sehr, fast beliebig bekommen.

Als mir das nicht mehr genügte, bin ich zur Spezchran der DDR[19] gegangen, habe meinen sowjetischen Paß gezeigt und meinen sowjetischen Studentenausweis, und sie ließen mich ebenfalls ein, wohin ich wollte. Dort habe ich auch die Frankfurter Schule kennengelernt. Stell dir vor, in der Staatsbibliothek von Ostberlin konnte ich die Autoren der Frankfurter Schule kennenlernen![20]

An diesem Ort?! ...

... ja, ja! Von Marcuse[21] und Fromm über Adorno[22], Horkheimer[23] bis zu Oskar Negt[24] usw.

Auf Russisch, vermute ich.

Nein, auf Deutsch und auf Englisch, mehr auf Englisch. Auf Russisch gab es sie sowieso nicht. Auf Russisch war das alles verboten. In Deutschland konnte man das bekommen. Damals konnte ich besser Deutsch als heute; damals habe ich mich viel damit befaßt.

19 Spezchran der DDR – sinngemäß: Spezialarchiv.
20 Die Frankfurter Schule definiert sich u.a. durch die im Folgenden von Boris Kagarlitzki aufgezählten Autoren als Gruppe von Philosophen und Sozialtheoretikern verschiedener Disziplinen.
21 Marcuse, Herbert, deutsch-amerikanischer Soziologe, Politologe, Kulturwissenschaftler.
22 Adorno, Theodor. W., deutscher Philosoph, Soziologe.
23 Horkheimer, Max, deutscher Kulturtheoretiker, Philosoph.
24 Negt, Oskar, deutscher Sozialtheoretiker, Publizist.

Marcuse – das war im Sommer 1978. Da wurde gerade das letzte Interview mit ihm gesendet. Ich erinnere mich, wie ich danach in die Bibliothek ging, alles mitnahm, was da von Marcuse stand, und zu lesen begann. Auch Lukács habe ich dort gefunden. In Moskau gab es keinen Lukács. Das heißt, 1978 war ich mehr oder weniger schon bekannt mit dem westlichen Marxismus.

Verstehe, Marcuse, Lukács ...

... Gorz[25], Sartre[26], alle diese. Warum fiel es westlichen Linken so leicht, als in den 80ern dann Perestroika begann, sich mit mir zu befassen, mit anderen aber weniger? Weil viele Linke hier nur in unserer politischen Kultur lebten. Sie kannten diese Texte einfach nicht. Sie kannten auch Trotzki nicht. Ein wenig kannte man Bucharin. Trotzki las ich auf Französisch, zum Beispiel. Das war auch in unserer Gruppe damals. Irgendeiner von den lateinamerikanischen Studenten, den Trotzkisten brachte dieses Buch mit. Im Kreis von gut zehn bis zwanzig Leuten lasen wir dieses Buch. Aber Trotzki – das ist eher westlicher Marxismus in gewissem Sinne.

Ihr habt das damals so gesehen?

Das ist auch jetzt ganz offensichtlich. Trotzki als theoretische, nicht als politische oder historische Figur und nicht als der schwarze, beängstigende Mensch, auf den man alles Unglück herabwünscht. Als reale theoretische Figur ist er ein westlicher Marxist und kein russischer. Je länger er in der Emigration war, um so besser schrieb er.

Aber wenn wir über die Kultur des westlichen Marxismus sprechen wollen, dann ist das Isaac Deutscher[27], den erst Kudjükin las, dann las ich ihn. *(lacht)*

Was noch? Nun, dann noch Fernando Claudin[28], der Spanier, der ziemlich viel in der »New left review« schrieb, dann der Eurokommunismus, die Neue Linke ...

Das ist eine äußerst ungewöhnliche Bildungsgeschichte...

... nicht typisch, aber nicht unbedingt eine Ausnahme. Denn als sich dann in den achtziger Jahren schon Gruppen von Linken zu bilden begannen, ent-

---

25 Gorz, André, französischer Publizist, Philossoph.
26 Sartre, Jean-Paul, französicher Philosoph, Schriftsteller, Dramatiker.
27 Deutscher, Isaac, österreichisch-ungarischer Historiker, Publizist.
28 Claudin, Fernando, spanischer Kommunist.

deckte ich, daß fast bei allen, die dann Aktivitäten entwickelten, vergleichbare Quellen und parallele Wege gab, im Wesentlichen also die Bekanntschaft mit dem westlichen Marxismus, mehr oder weniger abhängig von Sprachkenntnissen, Kontakten usw. Da entstand wieder diese äußerst interessante Situation, daß der Marxismus eine importierte Idee wurde. Marxismus und Sozialismus sind ja überhaupt eine westliche Tradition. Jetzt wird sie bei uns sogar zur Mode. Nimm z. B. dieses Journal *Latinski Quartal*, das ich dir gezeigt habe. Da siehst du Muster aus der westlichen linken radikalen Kultur. Die werden hier einfach nur als modische Form verkauft, während sie im Westen möglicherweise schon nicht mehr so greifen. Aber hier greifen sie, und wenn wir uns auch um zwanzig Jahre verspäten. Allein schon die Aufmachung von *Latinski Quartal* – die stammt aus dem Jahre 1968, Paris 1968. In Paris denkt niemand mehr daran. Hier kann man heute eine Jugendzeitung mit diesem Titel machen, die großen Erfolg unter den Studenten hat. Im Journal findest du auch dieselbe sexuelle Revolution, die man bei euch auch schon lange vergessen hat. *(lacht)* Keiner erinnert sich. Ein populäres Post-Freudianertum. Diese ganze Kultur der späten Sechziger und frühen Siebziger greift hier noch. Das erscheint wie ein Abschweifen vom Thema, aber darin zeigt sich, daß die Ideen, die sich dem Westen annähern hier ihre immer wiederkehrende Geschichte haben ...

Gut, laß uns zu dir zurückkehren ...

Alles Weitere kennst du bereits. Im Jahre 1980 schloß man mich aus dem theaterwissenschaftlichen Institut aus, 1982 wurde ich zusammen mit der erwähnten Gruppe verhaftet, 1983 entließ man mich hierher ...

Wie lange warst du inhaftiert?

Dreizehn Monate, dann entließ man mich nach Hause. Ich arbeitete als Liftboy, hier im Haus, und auch im Nachbarhaus. Dann begann Perestroika. Dann, 1986, gab es verschiedene Clubs. Es gab die Volksfront schließlich. Ich war der Koordinator der Moskauer Volksfront. 1990 wurde ich Abgeordneter des Moskauer Sowjets. Ich arbeitete als Abgeordneter bis 1993, bis zu Jelzins Umsturz.

Weiter. In der Periode von 1990 bis zum Jahre 1993 begannen wir, die Sozialistische Partei zu bilden, die dann in die Partei der Arbeit überging. Das endete alles ungefähr 1994. Die Welle, die charakteristisch war für die Perestroika, endete mit Jelzins Umsturz 1993. Sie endete natürlich nicht genau am 4. Oktober, aber so oder so war das die Grenze. Am 3. Oktober hat man mich zusammen mit einigen anderen Abgeordneten und einigen Gewerkschaftern festgenommen, versuchte, uns als Terroristen abzustempeln, und wollte uns veranlassen, daß wir ein Bekenntnis über terroristische Aktivitäten unterschreiben ...

... aber doch nur für zwei Tage ...

... zwei Tage ging das. Aber das war nicht schlecht! *(lacht)* In den dreizehn Monaten unter Breschnew hat man mich nicht einmal geschlagen, nicht einen Finger haben sie mir gekrümmt. Aber hier hat man systematisch Gewalt angedroht: Wenn Sie nicht unterschreiben, werden wir Sie schlagen ... Zum Glück hat das Internet geholfen. Zu Anfang waren wir natürlich verschollen. Aber dann kam es doch ans Licht. Da im Gefängnis saß auch ein gewöhnlicher Schutzgelderpresser. Er wurde freigelassen, nachdem die Miliz ihm seine Sachen abgenommen hatte. Es war ein ehrlicher Kerl, er schrieb die Telefonnummer der Frau und meines Freundes Kondratow auf und rief sie an. Sie rief Irina[29] an. Irina rief die internationale Abteilung der Gewerkschaften an. Dort gibt es einen Wassili Balok[30], Sekretär der Gewerkschaft für internationale Angelegenheiten, und er benachrichtigte die Öffentlichkeit über Mail mit allen Angaben über die Polizeistation, allen Daten usw. Sofort kamen Anrufe aus aller Welt in die Polizeistation; aus Deutschland, aus Tokio gab es Anrufe. Wir saßen noch da, da schrieen sie: Wir haben sie schon entlassen! Dann kam Sergei Karaganow[31], der jetzt Helfer Jelzins für internationale Angelegenheiten ist, er ließ sich mit großem Wagen und betrunken vorfahren, um uns zu entlassen. Man wollte den internationalen Skandal vermeiden. *(lacht)* Danach ließ man uns frei. Man gab uns sogar eine Eskorte mit automatischen Pistolen, um uns zu beschützen. Dieselben, die uns eingelocht hatten, beschützten uns nun gegen andere Polizeieinheiten, die uns vielleicht festhalten wollten. Da standen die Speznas[32] also mit ihren schwarzen Masken *(lacht)*, und als sie uns zur Metro rausließen meinten sie: Nun Leute, wir sind doch gut? Haben wir euch gut beschützt? Das ist gut Russisch, oder? *(lacht)*

Kurz gesagt, nach dem 4. Oktober war ich nicht länger Abgeordneter des Sowjet. Und was noch wichtiger ist: Sehr bald danach begann der Zerfall der »Partei der Arbeit«. Denn die »Partei der Arbeit« war auf zwei Säulen aufge-

---

29   Graschtschenk, Irina, Ehefrau Boris Kagarlitzkis.
30   Balok, Wassili, Gewerkschafter.
31   Karaganow, Sergei, Ratgeber Jelzins in internationalen Angelegenheiten.
32   Speznas – Sondereinsatzkommando.

baut: zum einen die Abgeordneten örtlicher Sowjets, nicht nur in Moskau, sondern auch an anderen Orten, zum anderen die gewerkschaftlichen Funktionäre und Experten, also nicht die Leiter der Organisationen, sondern Leute, die den Organisationen zuarbeiteten, also die Intelligenzija, die das Element der Bewußtheit in der Gewerkschaft bildete. Was passierte jetzt? Die Sowjets wurden liquidiert, und die Gewerkschaft wechselte die Leitung aus. Klatschkow, der der Vorsitzende war, wurde abgesetzt ...

Nagaitzew ebenso?

Nein, umgekehrt. Sehr interessant. Umgekehrt: Die Moskauer Führer, Nagaitzew, Schmackow und andere stiegen erheblich auf, dadurch daß die gesamtrussische Leitung rausgeworfen wurde. Aber das Leiden ist, daß sie auf der Grundlage ihrer Akzeptanz der Bedingungen der Macht aufstiegen. Im Ergebnis wurde Schmackow, bis dahin Parteigänger der Partei der Arbeit, neuer Vorsitzender der Gewerkschaften, aber gerade durch ihn ging alles zu Boden. Im Ergebnis wurden praktisch alle Linken aus der Gewerkschaft ausgeschlossen. Man warf sie einfach raus. Ich war einer der letzten, der ging. Aber das war nur der guten persönlichen Bindung mit Nagaitzew, mit Schmackow und anderen, also praktisch der ganzen neuen gewerkschaftlichen Nomenklatura geschuldet. Freundschaftliche Verbindungen. Es war nicht angenehm, mich rauszuschneißen. Einfach nur menschlich nicht angenem. Aber irgendwann begriff ich, daß das so nicht weitergeht und bin selbst ausgestiegen.

Wann war das?

Das war Ende 1994. Dann wurde klar, daß die gewerkschaftliche Nomenklatura Angst hatte, gegen den Krieg in Tschetschenien Position zu beziehen. Alle Aktivisten, die dort verblieben waren, traten sehr scharf gegen den Krieg auf, mehr noch, praktisch das ganze Aktiv der Partei schloß sich antimilitaristischen Gruppen und Initiativen an. Das war das Ende des gemeinsamen Gesprächs. Das war dann schon eine andere Aktivität, andere Strukturen. So endete das alles. Ich bin dann zur Akademie der Wissenschaften gewechselt ans Institut für vergleichende Politologie.

Und die haben dich dort akzeptiert?

Nun, bitte! Meine letzte Tätigkeit war immerhin Berater der Russischen freien Gewerkschaften. Das ist schon eine etablierte Tätigkeit. So haben sie mich natürlich angenommen. Keine Frage. Mein Arbeitsbuch[33] ist in Ordnung, früher Abgeordneter, nun, okay, das ist nicht so wichtig. Aber »früherer Berater des Vorstandes der russischen freien Gewerkschaften« – das klang doch schon anders ...

... verstehe ...

... aber man muß sagen, daß das Institut, in dem ich jetzt schon im dritten Jahr arbeite, im Grunde links steht. Dort beschäftigt man Menschen mit linken, oder sagen wir sozialdemokratischen Ansichten, in unterschiedlichen Annäherungen, manche nur ein bißchen, aber doch ziemlich radikal, im Ganzen hat das Institut seine Tradition. Früher war es das Institut für Internationale Arbeiterbewegung. Deshalb gibt es doch eine gewisse Traidition.

Sind die ehemaligen Mitarbeiter dort geblieben ...

Viele sind gegangen, einige sind geblieben, neue sind gekommen. Im Ganzen herrschen aber nicht einfach konservierende Tendenzen, es wurde radikaler, denn vor allem die Rechten gingen raus.

Institut für vergleichende Politologie – was wird dort verglichen?

Nun, es gibt wenig vergleichende Untersuchungen, ehrlich gesagt. Früher hat man sich mit den Problemen der weltweiten Arbeiterbewegung befaßt, aber jetzt beschäftigt man sich mit östlichen europäischen Ländern im Vergleich zu Rußland. Einfach nur politologische Untersuchungen.

Allgemeine politische Fragen ...

... ja, ich bin wieder Linker, aber auf anderer Ebene, jetzt Akademie der Wissenschaften. *(lacht)* Mein Eingang heißt jetzt vergleichende Politologie. Mehr noch, ich bin jetzt ganz offiziell. Man lädt mich zu verschiedenen Veranstaltungen ein, z. B. zur Gorbatschow-Stiftung oder zum Fernsehen, wenn sie irgendwelche Erörterungen anstellen, wo sie einen Linken nicht als Vollidioten darstellen, sondern wenn sie wirklich mal einfach verschiedene Gesichtspunkte vorstellen wollen. Hin und wieder kommt so ein Bedürfnis vor. Dann laden sie mich ein. Andernfalls holen sie irgendein offizielles Gesicht aus dem Kreis der KPRF. Früher war das undenkbar. Niemand hätte mich zum Fernsehen einge-

---

33 Arbeitsbuch, von der Funktion ist das so etwas wie unser polizeiliches Führungszeugnis.

laden, obwohl ich damals vielmehr hätte sagen können, aber damals waren die Türen verschlossen. Das ist nur ein Zeichen dafür, daß wir ungefährlich geworden sind.

Und darüber hinaus existiert die »Partei der Arbeit« nicht weiter? Oder auch andere Gruppen?

Einige existieren weiter, andere nicht. Aber die, die weiter existieren, führen das, was ihr im Deutschen ein Scheinleben nennt.

Und was ist mit der »Union der Internationalisten«? Alexander Busgalin, Ludmilla Bulawka[34], Andrei Kolganow usw.?

Die hat sich ziemlich aktiv für den Kampf gegen den Krieg eingesetzt. Ich war dort auch beteiligt. Ich war nicht unter den Leitenden, ich beteiligte mich nur. Das ist auch eine gute Initiative. Sie ist im übrigen ein Ergebnis aus der Partei der Arbeit. Das war eine konkrete Arbeit gegen den Krieg in Tschetschenien, als diese ganzen ethnischen Häßlichkeiten gegen kaukasische Gesichter, gegen die Tschornie[35], die in Moskau abliefen. Der Kreis ist im übrigen sehr typisch für westlich orientierte Linke, also Antifa, Antimil oder andere konkrete bürgerliche Initiativen. Das ist sehr nötig und eine gute Sache, aber es verändert natürlich die Gesellschaft nicht.

Das heißt, sie sind also durchaus aktiv.

Nicht nur das, wir haben generell keine Leute verloren. Außer einigen Funktionären der Gewerkschaften.

Aber keine Macht ...

Nein, keine Rede davon, kein Einfluß. Leute gibt es genug, aber sie haben keinen Einfluß. Sie wirken andererseits durchaus aktiv. Es ist so ein Moment des Übergangs, die Linke reift heran. Es wird noch zwei, drei Jahre dauern, möglicherweise weniger, möglicherweise länger. Das hängt zusammen mit der Krise der neuen Generation in der Kommunistischen Partei. Die KPRF zerfällt ja inzwischen genauso wie die alte Partei.

---

34 Bulawka, Ludmilla, Mitglied der Gruppe »Marxisten 21« und der Gruppe »Alternative«.
35 Tschornie – die Schwarzen (deutsch etwa: »Kanacker«).

Du warst aber doch zwischendurch näher an Sjuganow, wie ich hörte?

Sjuganow? Ja, in einer begrenzten Etappe. Als die Partei der Arbeit zerfiel waren die Kommunisten die einzigen, mit denen politische Aktivität möglich war. Das heißt nicht, daß mir Sjuganow und seine Kreise sehr gefallen hätten, sei es mir oder anderen, die mit ihm zu der Zeit zusammenarbeiteten. Aber die Kommunisten stellten zu der Zeit die reale Alternative dar. Meine Aktivität war darauf gerichtet, ihnen zu helfen, gewissermaßen besser zu werden, ihnen einige Reformideen zu bringen. Die Partei wollte ihr Image verändern. Was ist dabei herausgekommen? Im Ergebnis wurde die Partei noch konservativer, in ihrer stalinistischen Ideologie und sehr beschränkt in ihren politischen Möglichkeiten. Das heißt, die neue Ausrichtung stellte sich nicht ein. Anstelle einer neuen Ausrichtung stellte sich dieser beängstigende, primitive und vor allem dumme, nicht effektive Opportunismus ein. Was ist ein effektiver Opportunismus? Ein effektiver Opportunismus ist dann gegeben, wenn man irgendwelche prinzipienlosen Aktivitäten vollbringt, für die man irgendwelche politische Belohnungen erhält.

Effektiver Opportunismus – was verstehst du darunter?

Schau dir Tony Blair[36] an, den Engländer. Natürlich ist er ein Opportunist, absolut, aber er gewinnt die Wahlen damit. Die Kommunistische Partei hat mit ihrem Opportunismus die Wahlen verloren. Das ist der Unterschied. Das heißt, die ist für ihren Opportunismus zurechtgewiesen worden. Da geht es nicht um Opportunismus, Stalinismus oder Nationalismus, sondern sie zeigte sich einfach als Verlierer.

Abgesehen davon, gab es auch sehr geringe Chancen in der Partei etwas zu gewinnen. Obwohl man sagen muß, wir verloren nicht ganz und gar. Bei den Prozessen, die jetzt in der KPRF stattfinden, wird sichtbar, daß die Arbeit der unabhängigen Linken unter den jugendlichen Aktivisten der Partei einen sehr starken Einfluß zurückgelassen hat. Jetzt treten Leute gegen Sjuganow mit unseren Positionen auf.

Gegen Nationalismus?

Gegen Nationalismus, gegen Stalinismus, gegen Opportunismus, gegen den häufigen Gebrauch des Wortes Optimismus, was mehr angepaßte Sprache und

---

36   Blair, Tony, Premierminister Großbritanniens 1997 bis 2007.

prinzipienlose Aktivität meint, die Zustimmung zum Budget, Zustimmung für Tschernomyrdin[37]...

... dieser gräßliche Populismus ...

... ja, gräßlich, aber was ist das für ein Populismus, wenn man vor allem der Regierung gefallen möchte? Die Aktivitäten der Partei richten sich nicht daran aus, den Massen zu gefallen, sondern den Beamten des Staatsapparates. Das ist also ein sehr besonderer Populismus. Es ist sichtbar, daß die jüngere Generation – übrigens sehr dünn gesät unter den Kommunisten – uns, d. h. die Ideen, die wir dort versucht haben unterzubringen, akzeptiert, wenn es auch nur wenige junge Leute in der Partei sind. Also, es war nicht ganz umsonst. Aber schließlich war der ganze Plan an sich nicht erfolgreich: Er brach sich an den extrem konservativen, korporativen Strukturen.

Du hast dich dann aus diesen Kreisen zurückgezogen ...

Alle zogen sich zurück. Es geschah fast wieder genau dasselbe. Wieder zogen sich fast dieselben Leute zurück, die als Experten vorher in den Gewerkschaften gearbeitet hatten, jetzt in die KP gegangen waren. Im Laufe eines Jahres hatte man sie entweder als Experten der Duma oder der KPRF gesehen, die unabhängigen Experten. Anderthalb Jahre später war niemand mehr dort geblieben, außer ein oder zwei Leuten.

Wo schwirren sie heute herum ...

Jeder irgendwo, irgendwo.

... da, dort ...

... an den unerwartetsten Orten ...

... jeder für sich?

Ja, an den ungewöhnlichsten Orten. Aber ich wiederhole: Im Falle eines Falles kann man sich buchstäblich innerhalb weniger Tage versammeln, denn alle diese Leute halten untereinander Kontakt, treffen sich weiter, beschäftigen sich weiter miteinander, erörtern irgendwelche Dinge ...

---

37 Tschernomyrdin, Viktor – vorübergehend Ministerpräsident unter Jelzin.

... nur eine gemeinsame Organisation gibt es nicht.

Nein, aber wenn konkrete Aktionen nötig sind, dann sammeln sich die Leute buchstäblich innerhalb weniger Tage, Menschen, die du ein halbes Jahr nicht gesehen hast.

Nun ja, sie leben ...

Ja, sie leben, sie verdienen sogar Geld, sie haben Familie, sie haben Kinder. Da wachsen ebenfalls junge Leute heran.

Eine ganz persönliche Frage: Irina bekommt gerade ein Kind. Ist das auch eine Antwort auf die Situation?

Nicht ganz. Als ich meinem Freund Wolodja Kadatow neulich sagte, daß wir ein zweites Kind haben wollen, sagte er, ach, ihr seid aber mutig. Ich antwortete: Wie denn, ihr habt doch auch zwei Kinder. Das war früher, sagte er, da war ich Abgeordneter. Jetzt würde ich mich nicht für ein zweites Kind entscheiden. Das ist eine Form des Protestes, wenn du so willst. *(lacht)*

Eine Form des Protestes? Wogegen?

(lacht) Nun, so werden wir weniger und weniger im Lande ...

Das stimmt. Viele, die ich kenne, sagen, in dieser Zeit, in diesem Lande könne man keine Kinder großziehen.

Das ist natürlich vollkommen wahr. Du siehst ja, daß unsere materielle Lage in den letzten Jahren keineswegs besser geworden ist.

Und doch ...?

Ja, wenn du so willst, ist das auch eine Art des Aufbruchs. *(lacht)*

Gespräch, Teil 2: »Rußland ist einfach gezwungen, einen nicht standardisierten Weg zu gehen.«

Gut Boris, dann beginnen wir also jetzt mit unserer Bilanz: Die Sowjetunion war am Ende, heißt es, man sagt, sie zerfiel ...
... na klar zerfiel sie, das ist offensichtlich ...

... na ja, aber vielleicht zerfiel da nicht nur etwas, vielleicht entsteht auch etwas Neues? Was geschah, was geschieht da im Wesentlichen in diesem Prozeß?
Prozeß oder Progreß?

Wenn du so fragst: Prozeß und Progreß. Ich habe gerade einen Artikel unter der Überschrift Katastroika oder Perestroika? geschrieben. In diesem Sinne.
Natürlich war die Krise ganz objektiv, und natürlich hat sich das System vollkommen verbraucht in der Art wie es existierte. Jetzt heißt es rundum: Mein Gott, das sowjetische System war nicht so vollkommen schlecht. Aber diese Worte haben im Prinzip keine Bedeutung. Das System selbst kam zu einer Anhäufung von bestimmten Widersprüchen, aus denen es nicht herauskommen konnte, ohne sich selbst zu zerstören.

Eine Anhäufung von bestimmten Widersprüchen? Welche?
Zum Ersten hatte es sein Potential für den wissenschaftlich-technischen Fortschritt vollkommen aufgebraucht, gleichzeitig hatte es sich in einen Wettlauf mit dem Westen in eben dieser Frage hineingetrieben. Im Grunde ist es eine Tatsache, daß für die Sowjetunion ein langsamer Fortschritt zu verzeichnen war. Gemessen an sich selbst hieß das nichts, es hieß noch nicht, daß das System verkommt. Ein langsamer Fortschritt, langsame technische Neuerungen. Was soll's? Aber wer gleichzeitig am Wettlauf um diese Dinge teilnimmt, und das gerade aus der allerschwächsten Position, den bestraft das Leben, wie wir von Gorbatschow wissen. *(lacht)* Das ist vollkommen offensichtlich.

Es hieß bei euch lange, daß ihr den weitestentwickelten, den höchsten Fortschritt der Welt erreicht hättet ...
Was ist in der Sowjetunion vorgegangen? Die dynamischste Periode der sowjetischen Entwicklung war auch ihre schrecklichste Zeit. Das war die Zeit

Stalins und des Krieges. Die Zeit Chruschtschows erntete im Prinzip nur die Früchte der Errungenschaften, die in den dreißiger und vierziger Jahren mit so gräßlichem Preis bezahlt worden waren.

In diesem Sinne kann man von der Sowjetunion als einem Land reden, daß vom revolutionären Impuls des Jahres 1917 lebte. 1917 wurde das Land umgedreht. Wenn man das Land nicht umgewälzt hätte, wenn es nicht diese grandiose Wendung gegeben hätte, wenn man nicht die ganze Elite ausgewechselt hätte, und wenn man nicht massenhafte Kanäle einer vertikalen Mobilität entwickelt hätte, eine Massenbildung, eine massenhafte Umbildung der Leute von niedriger damaliger Kultur, hätte es diese heftige Entwicklung Rußlands in der sowjetischen Periode einfach nicht gegeben. Aber diese Unruhe, dieser revolutionäre Impuls hatte sich in den sechziger Jahren bereits verbraucht. Schon davor hatte man jedoch entdeckt, daß die Gesellschaft bereits nach einigen anderen Gesetzen lebte, sie waren ziemlich konservativ, ziemlich autoritär, feindselig gegenüber jedem scharfen Wandel in der Gesellschaft, aber nicht nur von oben, sondern auch von unten. Das hat nichts mit Totalitarismus zu tun. Der Totalitarismus endete 1953. Das System danach war autoritär, nicht totalitär. Im Totalitarismus kannst du nicht in die DDR fahren und dort alle möglichen Bücher lesen, verstehst du? Das System war autoritär, es war sehr konservativ, sehr organisch konservativ. In diesem Konservatismus war schon eine Besonderheit zu bemerken: Das war das Bemühen von oben wie auch von unten, die Errungenschaften zu erhalten, die mit dem Blut der vorangegangenen Generation erkauft worden waren.

Aber als vor Perestroika die ersten Gedanken auftauchten, daß die Krise herankommt, schrieb beispielsweise Tatjana Saslawskaja[38]**: Bei uns wachsen neue Kräfte, bei uns ist eine Qualität der Arbeitskraft herangewachsen usw. usf., die Menschen wollen besser arbeiten, sie wollen mehr lernen, sie wollen sich weiterentwickeln und aus diesem Grund brauchen wir eine grundlegende Umwandlung, also Perestroika. Genau diese Worte. Erinnerst du dich?**

Ja, alles klar. Ich sage nur, die Gesellschaft war ziemlich konservativ, aber dieser Konservatismus erwies sich selbst als nicht beständig. Insofern wir gezwungen waren, eine globale Gesellschaft zu sein, das heißt, globale Beziehungen

---

38 Saslawskaja, Tatjana, Soziologin. Sie war mit ihren Untersuchungen im Rahmen der Nowosibirsker Schule Anfang der 80er des vorigen Jahrhunderts Stichwortgeberin für Gorbatschows Umbaukonzepte, setzte sich dann aber kritisch von ihm ab.

zu pflegen, konnte die Sowjetunion einfach nicht auf der Stelle verweilen, sie mußte sich bewegen. Irgendwann wird klar, wenn man sich nicht vorwärts bewegt, fällt man in den Zustand zurück, den man schon hatte, auf die Errungenschaften, die du schon hattest. Also muß man sich vorwärts bewegen. Aber wie? Das erwies sich als absolut nicht klar. Die Vorstellung, die die Nomenklatura mit Perestroika verband, war der Masse der Intelligenzija und der Arbeiterschaft, die die Perestroika unterstützen, glatt entgegengesetzt. Die Frage der verschiedenen Wege der Perestroika war eine Frage des Klassenkampfes oder eines sozialen Kampfes, wie es beliebt. Dieser soziale Kampf wurde glatt verloren. Das ist einer der wenigen Fälle, in denen die Auseinandersetzung um soziale Konflikte mit einem Nullkonto endet.

Das klingt kompliziert. Kannst du das noch genauer schildern?

Was war Perestroika? Perestroika war ein Konflikt zwischen denen oben und denen unten über den Weg, den das Land aus der Krise nehmen soll. Dabei gab es weder oben noch unten Einigkeit in diesem Konflikt. Oben kämpften sie untereinander, und unten kämpften sie ebenso. Wenn es nur zwei Seiten gegeben hätte, hätten wir eine Revolution und nicht Perestroika gehabt. Aber der Konflikt war komplizierter. Und als man sich oben endlich konsolidieren konnte, war man unten noch weiter gespalten. Oben konsolidierte man sich auf der Plattform eines nomenklaturischen Kapitalismus.

Wenn du nicht politisch urteilst, sondern den Prozeß sachlich als Ganzes betrachtest, was hat sich da eigentlich abgespielt?

Ich denke, daß noch niemand Perestroika so betrachten kann. Wir ernten jetzt gerade die Früchte, die in den Sechzigern gesät wurden. Man kann jetzt auf dem Höhepunkt der Krise kaum die Situation ruhig erfassen, die direkt vor der Krise bestand. Wenn in den sechziger Jahren einige Reformen ein wenig radikaler durchgeführt worden wären, dann wäre es sicher möglich gewesen, daß die Auseinandersetzungen Anfang der Achtziger schon andere geworden wären. Wir sind in eine Lage gekommen, in der es in der Gesellschaft keine organisierten Kräfte gab, die fähig gewesen wären, die Entwicklung zu korrigieren, außer der Nomenklatur selber.

Du sprichst die ganze Zeit von Krise. Ich weiß natürlich, was eine Krise ist, habe ja auch meinen Marx studiert. Aber je mehr du von ihr sprichst, um so deutlicher

wird mir, daß ich nicht wirklich verstehe, worum es bei euch eigentlich geht. Krise, ja, aber was ist das? Ich weiß, was eine Krise bei uns bedeutet. Aber was ist die sowjetische Krise?

Eine gute Frage: Die sowjetische Krise hat mehrere Quellen. Erstens: Die Periode der sechziger Jahre war eine Periode eines stürmischen Wachstums des Lebensniveaus bei gleichzeitiger Modernisierung der Gesellschaft in Alltagsdingen. Die Leute begannen Kühlschränke, Fernseher usw. zu benutzen. Das entwickelte sich vor den Augen einer einzigen Generation. Sie begriffen das zum einen als Belohnung für die Vergangenheit und zum anderen als Versprechen auf die Zukunft. Ungefähr 1964/65 änderte sich die Situation. Die nächsten zehn Jahre begann das Lebensniveau zu stagnieren, auf einem nicht schlechten Stand. Für ein anderes Land wäre das kein schlechtes Resultat gewesen. Aber für die Generation, die soeben die stürmische Entwicklung des Lebensniveaus erlebt hatte, wurde diese Stagnation nicht als Stagnation, sondern als Niedergang erlebt. Das ist der erste Faktor. Übrigens, 1974 schrieb Sacharow, daß ein kleines, aber beständiges Wachstum des Lebensniveaus in der Sowjetunion eine Garantie für das politische System wäre. Schon 1978/79 war aber klar, daß das Wachstum des Lebensniveaus beendet war.

Das ist das Erste; das Zweite ist: Wir waren im Grunde ja nie eine entwickelte Gesellschaft nach allen technischen und sonstigen Indikatoren. Wir waren eine Gesellschaft mittlerer Entwicklung, aber mit einigen Punkten, in denen es besondere Errungenschaften gab, in der Technik, im Niveau der Produktion usw. Wenn wir das mittlere Niveau der Produktion der Sowjetunion nehmen, dann haben wir diese Indikatoren nicht. Bei allem hatten wir ein Niveau der Bildung, der Gesundheitsfürsorge, der sozialen Bedingungen im Grunde nicht niedriger, in manchen Dingen sogar höher als in einem beliebigen westlichen Land. Aber es erhob sich ein eigenes, besonderes Mißverhältnis, das heißt, für das System fand man heraus, daß die soziale Sphäre eine zu schwere Last wurde für die Wirtschaft, die wir hatten. Wenn die Wirtschaft weiter gewachsen wäre, dann wäre diese Disproportion nicht zur Krankheit geworden. Verstehst du? Aber da die Wirtschaft stagnierte, wurde dieses Mißverhältnis zwischen einer hochentwickelten sozialen Sphäre und einer unterentwickelten Wirtschaft zu einer Last für die Macht.

Wie konnte dieses Mißverhältnis zwischen der sozialen Sphäre und den wirtschaftlichen Möglichkeiten entstehen?

Nun, die soziale Sphäre war in gewissem Maße selbst eine Quelle des wirtschaftlichen Wachstums. Die Tatsache, daß wir ein sehr gutes System der Allgemeinbildung hatten, brachte eine scharfe Entwicklung der Qualität der Arbeitskraft hervor, die das wirtschaftliche Wachstum unterstützte, nicht nur künstliche, sondern echte Vollbeschäftigung. Ein Teil der Beschäftigung in der Sowjetunion war künstlich, aber im großen und ganzen war sie real. Und die Beschäftigung ist – wenn man Keynes folgt, und das nicht nur für die Sowjetunion – die Grundlage für die Nachfrage usw.

Mit anderen Worten, die soziale Sphäre war durchaus ein Faktor des Wachstums, aber die soziale Sphäre allein kann kein wirtschaftliches Wachstum hervorbringen, wenn andere Faktoren dagegenwirken.

Aber woher, aus welchen Gründen ist diese Disproportion entstanden?

Eine stürmische wirtschaftliche Entwicklung ist immer disproportional, um so mehr, wenn es sich nicht um ein reines Marktmodell handelt.

Nicht reines Marktmodell – was muß ich mir darunter vorstellen?

Ich will damit sagen, daß in der sowjetischen Wirtschaft schon immer nichtmarktwirtschaftliche Elemente der Wirtschaft enthalten waren, daß die sowjetische Wirtschaft niemals eine reine Marktwirtschaft war – aber auch niemals eine reine Kommandowirtschaft, niemals, nicht für einen Tag.

Nicht so und nicht so ...

Natürlich! Die Kommandowirtschaft hat es nur in den Köpfen der Ideologen gegeben, ebenso wie auf der anderen Seite die reine Marktwirtschaft. Die existiert nur in den Vorstellungen von Jeffrey Sachs[39], vermutlich. Ich will sagen, in der sowjetischen Wirtschaft gab es eine sehr große Dynamik. Das hing damit zusammen, daß es ein mobilisierendes Modell gab, eine mobilisierende Idee, ein mobilisierendes System und Ziele, klare, feste Ziele und ein stürmisches wirtschaftliches Wachstum. Ende der 70er verschwanden die Ziele. Das rein wirtschaftlich mobilisierende Modell funktionierte nicht mit Kommandomethoden, das Mißverhältnis, das durchaus nicht krank war für die weitere Entwicklung der Wirtschaft, wurde nun äußerst schmerzhaft und führte zum Zusammenbruch. Es entstand dieses irre Defizit. Warum? Das Mißverhältnis

---

39 Sachs, Jeffrey, US-Ökonom, Stichwortgeber für die »Schocktherapie«, die 1989 unter seiner Leitung in Polen durchgeführt worden war.

in der sowjetischen Wirtschaft war wesentlich schärfer als zur Zeit Breschnews oder zur Zeit Gorbatschows. Trotzdem lebte das Land, arbeitete, bewegte sich, und alles klappte. Am Ende der Breschnew-Zeit aber brach alles zusammen ...

Hast du mal daran gedacht, daß es auch bei euch nach dem Krieg eine Dynamik des Wiederaufbaus gab?

Klar, wichtig ist auf der einen Seite die Dynamik, auf der anderen aber auch ein Ziel. Insofern dann sowohl das Ziel als auch die Dynamik verloren war, verfiel die Gesellschaft. – Aber es gibt noch einen weiteren Punkt. Wir lebten bei all dem ja durchaus gut. Mit wem verglichen wir uns? Wir verglichen uns ja nicht mit Lateinamerika, nicht mit Indien, nicht mit Afrika. Wir befanden uns im politischen Wettlauf mit dem Westen. Wir begannen überhaupt unser ganzes Leben mit dem Westen zu vergleichen. Im Inneren des sowjetischen Menschen wuchs die Meinung: Wenn wir eine Atombombe haben wie die Amerikaner, dann sollten wir auch ein Auto haben wie John Smith.

Und es gibt noch eine beängstigende Sache, die das sowjetische System untergraben hat. Für die Wirtschaft, die wir hatten, am Ende der sowjetischen Zeit, lebten wir sehr gut. Und in diesem Sinne haben die Liberalen einfach recht, natürlich kann ein Land, wenn es auf Grundlage seiner eigenen Mittel lebt, es sich nicht gestatten, so gut zu leben, wie wir bei der sowjetischen Macht gelebt haben. *(lacht)*

Wenn du dir all das anschaust – die Disproportionen in den 60ern, die bis heute nicht überwundene Krise usw. – was brach da eigentlich zusammen? Brach die Sowjetunion zusammen, brach nur eine Phase der Union zusammen? Brach vielleicht noch mehr zusammen, vielleicht das ganze Modell des wissenschaftlich-technischen Fortschritts, letztlich der kapitalistische Fortschritt? Was geht da eigentlich zu Ende?

Zum einen denke ich, daß viele Widerstände beteiligt sind. Der technische Fortschritt des Westens war wichtig, aber er war nicht der wichtigste Grund. Er war nur der letzte Schlag, der den schon zu Boden Gegangenen noch trifft. *(lacht)* Alexander Tarassow[40] baut ein sehr schönes Schema auf. Er sagt, jede Revolution hat ihre begrenzte Zeit, dann kommt die Phase der Restauration. Die Besonderheit der Sowjetunion war nur die, daß die Revolution so gewal-

---

40   Tarassow, Alexander, Soziologe, Journalist

tig war, daß die Restauration nicht gleich nach fünf, sechs Jahren einsetzte wie seinerzeit in Frankreich oder in England bei der bürgerlichen Revolution, sondern erst nach 50/60 Jahren. Das ist vielleicht ein bißchen eng gefaßt, aber etwas Wahres ist daran. Die Rückwendung der sowjetischen Gesellschaft ist ein Resultat ihrer langandauernden Errungenschaften. *(lacht)* In meinem Verständnis ist das ganz offensichtlich. Man hat viele Widersprüche aufgehäuft, sie gerade im Namen der unglaublich schnellen Entwicklung angehäuft und aufgehäuft und aufgehäuft. In dem Moment, als die Gesellschaft ihre Bewegung zu bremsen begann, tauchten sie alle auf und führten zu ihrer Auflösung. Aber ich wiederhole, wenn diese Widersprüche zur Zeit entschieden worden wären, und dazu gab es Chancen in den Sechzigern, wenn zu der Zeit nicht noch eine Fortsetzung der Beschleunigung in der alten Richtung beschlossen worden wäre, sondern ein langsames Abbremsen verbunden mit begrenzten Reformen, als die Gefahr noch nicht so groß war, dann hätten wir sicher auch eine Krise gehabt, aber möglicherweise zu anderen Bedingungen. Dann hätten wir andere soziale Kräfte in der Gesellschaft, andere soziale Faktoren würden wirken, eine andere Selbstorganisation wäre wirksam usw. Das heißt, möglicherweise wäre der Ausweg etwas anderes gewesen. Aber dieses »Wenn gewesen wäre« ist für Historiker ohne Sinn und sogar für Soziologen nicht besonders interessant. Es gab nur diesen Moment, der verloren wurde. Wie es gewesen wäre, weiß ich natürlich auch nicht. Das finde ich auch nicht interessant.

Da stimme ich dir voll zu. Es ist uninteressant, im nachherein zu spekulieren, was gewesen wäre, wenn ... Aber sehr interessant ist es zu fragen, warum solche möglichen Entscheidungen nicht getroffen wurden und was das für Folgen hatte.

Nun, zerstört wurden der Staat und das System. Das Land ist nicht zerstört. Wieso sehen wir gegenwärtig die absurde Situation, daß die weißrussische Bevölkerung sich mit Rußland vereinigen möchte? Rußland, das man wegen seiner imperialen Ambitionen zu Recht anklagt, will sich nicht vereinigen mit Weißrußland und baut Hindernisse auf, gibt ihm den Weg für die Vereinigung nicht frei. Warum? Weil in Moskau die Logik großer Fürstentümer herrscht. Was haben wir? Wir haben ein großes Land, das in einzelne Fürstentümer zerfallen ist. Von da aus wird nicht einfach rückgängig gemacht, was erreicht wurde. Im Ergebnis ist absolut nicht garantiert, was aus einer solchen Vereinigung herauskäme. Trotzdem haben wir einige Länder, die mit den Grenzen, die jetzt entstanden sind, nicht leben können, ein Volk, das sich trotz allem als ein

Volk fühlt, das im großen und ganzen zur Zeit ein gemeinsames Schicksal hat, und bei dem der IWF rundum ein und dieselbe Reform durchführt. Das führt natürlich dazu, daß die Menschen sich weiterhin fühlen wie in einem gemeinsamen Land. Wenn in der Ukraine z. B. jetzt eine ganz andere Entwicklung eingeschlagen würde, dann könnte der Nationalismus Fuß fassen, aber so jetzt nicht. Und Moskau lebt in dem Bewußtsein des feudalsten dieser Fürstentümer, das die übrigen feudalen Fürstentümer beherrschen möchte, aber absolut nicht daran interessiert ist, daß es einen vereinigten Staat gibt.

Ich bin nicht damit einverstanden mit der Sicht, daß nur der Staat zerfallen ist ...
... na klar, mit ihm auch das soziale System ...

... aber auch das Land bleibt nicht, was es war.
Ja, das Land verkommt auch. Darüber will ich nicht streiten. Aber es ist noch nicht zerstört. Das, was wir gegenwärtig in Weißrußland sehen, zeigt, daß das Land noch nicht zerstört ist. Es gibt ein Selbstbewußtsein von einer Seite, es gibt das Bedürfnis der Vereinigung. Umfragen ergeben, daß das Bedürfnis am stärksten in Weißrußland ist, danach in der Ukraine und erst an dritter Stelle in Rußland. Das heißt, die Russen sitzen auf dem größten Stückchen. Bei uns blieb das größte Stück zurück. Wir können uns einbilden, daß wir Rußland sind. Das ist vollkommener Unsinn, aber man kann sich in dieser Weise betrügen. Wenn du diese Situation mit der Vereinigung von Deutschland vergleichst, dann bin ich überzeugt davon, daß 1989 die Mehrheit der Deutschen äußerst wenig über die Vereinigung von Deutschland nachdachte. Diese Idee bestand immer auf der Ebene der offiziellen Ideologie, aber als Idee des allgemeinen Volksbewußtseins war das wohl nur bei den Ostdeutschen vorhanden. Rußland und Weißrußland – das ist bezeichnend für das Bewußtsein, das zur Zeit im Lande herrscht: Das Land gibt es noch, das Land endet nicht mit den Grenzen der Republik.

Wie diffenzierst du zwischen dem sozialen System, dem Staat und dem Land?
Nun, wie? Natürlich war es vor allem ein Zerfall des sozialen Systems, des alten, und ein Versuch, ein neues aufzubauen. Die neoliberalen Reformen waren selbstverständlich ein Versuch, ein neues System aufzubauen.

Also, der Umbau durch Perestroika ...

… nein, sagen wir so: Perestroika war niemals eine einheitliche Volksbewegung, Perestroika war immer ein Kampf unterschiedlicher Strömungen. Man kann von der frühen Perestroika sprechen und von der späten. Am Anfang war es nur ein Versuch der Nomenklatura irgendeinen Ausweg für die Lösung dieser konkreten Probleme zu finden. Für sie existierte keine allgemeine Krise, das Bewußtsein der Krise kam erst später auf. Am Anfang war nur von konkreten Problemen die Rede. Man muß dies Problem entscheiden, dieses, dieses und dieses. Für sie ging es um die Rangfolge konkreter Probleme. Im Ergebnis hatten ihre Maßnahmen keinen Erfolg, jedenfalls nicht in der Weise, wie sie es erwartet hatten. Damit kam das Bewußtsein der Krise auf. Das war schon ungefähr im Jahre 1989, oder sogar schon 1990. Und war mit einer schroffen Wendung der Nomenklatura in Richtung Kapitalismus verbunden.

Soeben erschien ein Buch der Amerikaner, Fred Weir und David Kotz[41]. Sie bringen darin soziologische Daten, die ich in der sowjetischen Literatur seinerzeit nicht gefunden habe: 65 Prozent der früheren Parteiführung waren der Meinung, daß der Kapitalismus das bessere System sei. Nur achtzehn Prozent sagten das vom Sozialismus. Der Rest unentschieden oder Enthaltungen. Das war die Bilanz der Kräfte.

Aber dieses Kräfteverhältnis bestand 1990; 1986 haben dieselben Leute an so etwas nicht gedacht. Erst als sich bei ihnen das Gefühl der Krise einstellte, als sie begriffen, daß es mit dem alten System nicht weitergehen würde, suchten sie nach einem fertigen Modell, das ihre Stellung als Elite nicht beeinträchtigen würde, das heißt ein Modell, das es ihnen erlauben würde, sich zu konsolidieren und Maßnahmen zu ergreifen. Gleichzeitig setzten sie ihre Politik der Überholung des Niveaus von Amerika fort. Sie wollten Parität.
Was bedeutet das? Das bedeutet, daß die russisch-sowjetische regierende Klasse ebenso zu einer herschende Klasse werden sollte wie jede beliebige normale regierende Klasse in jedem beliebigen normalen Lande der Welt. In diesem Sinne haben sie Parität errungen.

Jetzt hast du über die Krise des Systems gesprochen. Was ist nun mit der Krise des Staates?

Die Macht hat für sich so etwas wie einen Weg aus der Krise des Systems gefunden. Sie hat sich verändert, sie hat den Ausweg in den Kapitalismus gefun-

---

41 Fred Weir, David Kotz, Russia's Path from Gorbachev to Putin: The Demise of the Soviet System, 1997. London and New York: Routledge, 1997.

den. Eine andere Sache ist, wie die Liquidierung der Staatswirtschaft und überhaupt die Privatisierung den Staat zu zerstören begann, aber ihn nicht zerstören konnte. Warum? Ich habe vor zwei Jahren in der *Nesawissimaja Gaseta* geschrieben, daß es nicht möglich ist, die sowjetischen Betriebe zu privatisieren. Die Unternehmen sind in einem gewissen Sinne keine Business enterprises im amerikanischen Sinne, sie sind ein Teil des Staates und zugleich ein Teil der sozialen Verpflichtungen. Sie sind ein Teil der Regierung, dem Staat unterstellt, gleichzeitig als Korrektiv der Unternehmen. Durch sie geht der Steuerfluß, die wurden bezahlt oder nicht, aber deklariert durch die Betriebe usw. usf. Die Unternehmen zu privatisieren bedeutete praktisch: nicht nur ein Stück des Staatseigentums, sondern des Staates selbst abzugeben. Klar, daß der Prozeß der Privatisierung der Staatsbetriebe daher eine Fortsetzung der Aufteilung des Staates auf dem Mikroniveau war. Das kann sich auf dem Makroniveau nicht einfach fortsetzen, also im Rahmen der ganzen Republik. Das heißt, jede örtliche oder regionale Macht muß sich von anderen Territorien absetzen, um diesen Prozeß der Verteilung fortzusetzen,

Ich erinnere mich ja noch zum Beispiel, wie zwischen russischen und sowjetischen Regierungsleuten 90/91 eine beängstigende Auseinandersetzung lief. Rußland[42] trat gegen Präsident Gorbatschow als Präsident der UdSSR an. Rußland trat gegen die UdSSR wesentlich schlimmer auf als die Ukraine. Klar hat Rußland die Sowjetunion wesentlich mehr zerstört als die Ukraine. Das ist ganz offensichtlich. Da kann man jetzt reden, was man will, das ist offensichtlich. Warum? Rußland, als der größte und mächtigste Teil des sowjetischen Staates, wollte für sich den größten Teil der bürokratischen Vollmachten einstreichen. Die Hauptfrage war: Wer privatisiert die Fabriken, die Unionsministerien oder die russischen? Wer privatisiert, der hat den Gewinn. Das ist ja auch klar. Deshalb denke ich, daß das Ziel nicht darin bestand, den Staat zu privatisieren. Das Ziel bestand darin, seine einzelnen Elemente zu privatisieren. Aber kann man Traktoren privatisieren, indem man jedes Rad einzeln privatisiert? Aber dem Ziel, den ganzen Traktor zu privatisieren, hat sich niemand gestellt. In dem Moment, als sie schon sahen, was vor sich geht, begannen sie mit der Korrektur. Aber die Entstehung des Nationalismus, von »Unser Haus Rußland« und all das, das sind schon Folgen davon.

---

42 Das heißt hier: die russische Republik als Teil der UdSSR.

Es fällt mir zur Zeit etwas schwer zu verstehen, wovon zu sprichst. Darum noch einmal die Frage: Die Krise des Systems – was ist das genau? Was ist das Hauptelement darin? Die Krise des Staates – worin besteht sie?

Nun, wie – das ist eine Aufhäufung von Widersprüchen, die nicht gelöst werden können, ohne das System selbst zu zerstören.

Welche?

Wir haben über diese Widersprüche bereits gesprochen. Das sind die Widersprüche zwischen der sozialen Entwicklung und der wirtschaftlichen Dynamik. Das sind die Widerspüche zwischen der Erneuerung der alten Nomenklatura und dem sozialen System, das sich jetzt aufgebaut hat und das davor in der Krise war aufgrund anderer Anzeichen. Das sind Widersprüche zwischen regionalen Bürokraten und dem zentralen Apparat. Widersprüche gab es sehr viel. Mehr noch, nicht einer dieser Widersprüche hätte für sich allein die UdSSR zerstört. Das Problem lag nicht in dem jeweils einen konkreten Widerspruch. Vielmehr haben sich im Verlaufe der letzten siebzig, genauer sogar nur der letzten vierzig Jahre so viele von ihnen angesammelt, daß sie sich gegenseitig multiplizierten, das heißt, beim Versuch, das eine Problem zu lösen, fiel man sofort in das andere hinein.

Ich frage anders: Waren diese Widersprüche nur solche, die aus der Zeit der Sowjetunion resultierten? Oder ...

... nein, natürlich nicht. Das Problem Rußlands war immer das eines nachholenden Landes. Ein nachholendes Land – nehmen wir die achtziger Jahre des vorigen Jahrhunderts. Die Modernisierung Deutschlands beginnt, zur gleichen Zeit findet die Modernisierung Rußlands statt. Deutschland und Rußland befinden sich in einer ähnlichen Lage, nur Deutschland weiter voran, aber der Unterschied ist nicht zu groß.

Nehmen wir zwanzig, dreißig Jahre Zwischenraum: Deutschland wurde ein mehr oder weniger westlicher Staat, Rußland blieb nicht nur hinter England, Frankreich und den Vereinigten Staten zurück, sondern auch noch hinter Deutschland. *(lacht)* Das heißt, die Modernisierung mißlang schon damals.

Aber warum?

Weil die radikale soziale und ökonomische Reform mißlang, schon damals, schon im vorigen Jahrhundert.

Ich glaube, da gab es doch ziemliche Unterschiede. Als am Anfang des Jahrhunderts ...
... was Deutschland schaffte, legte nahe, daß auch Rußland das schaffen könnte. Ein Land konnte kein Zentrum, konnte nicht mächtig sein, ohne kapitalistisch zu sein. Das zeigte das Beispiel Deutschlands, das war offensichtlich.

Ja, aber ich denke nur, daß die Situation Rußlands am Ende des letzten Jahrhunderts und am Anfang des neuen Jahrhunderts eine vollkommen andere war als in Deutschland ...
Das ist natürlich wahr.

Wenn Rußland also aufholte, und Rußland holte zu der Zeit enorm auf, dann war das nicht nur zu schnell ...
... Rußland wurde einfach mit jedem Jahr gewaltiger und gewaltiger. Rußland rannte mit allen Kräften ...

... rannte, ja, rannte, rannte ...
... wie eine Schildkröte und blieb so mehr und mehr zurück ...

... und das endete mit dem 1. Weltkrieg ...
Ja, ja ...

... und dann die Revolution und wieder Versuche, zu überholen usw. usw?
Genau so! Das sind die Probleme der nachholenden Entwicklung, Überholen ist einfach nicht möglich. Das ist natürlich die Grundsituation einer nachholenden Entwicklung, die das Land periodisch in sich wiederholende Krisen und Katastrophen treibt. Eine andere Sache ist, was wäre, wenn Rußland nicht auf dem Weg der nachholenden Entwicklung ginge, wenn in Rußland keine Revolution stattgefunden hätte, wenn die Sowjetunion nicht den Krieg gewonnen hätte usw.? Dann wäre auch der Westen ein anderer heute.

Selbstverständlich.
Das heißt, es geht nicht nur um die Frage des Überholens, das ist noch nicht so ganz exakt. Es ist ja eins der Rätsel der Sowjetunion, wie sie auf der anderen Seite immer wieder unglaublich nach vorne stürmte in solchen Schritten wie der Bildung, Gesundheitswesen, soziale Mobilität.

Im Ergebnis wurde daraus ein halber kapitalistischer Staat. Oder wurde es ein halber sozialistischer? Wie soll man es sagen? Auf jeden Fall wurde es kein kapitalistischer Staat. Das ist klar. Wenn wir uns diesen Prozeß anschauen, und wenn wir sehen, wie er jetzt endet, ich verstehe das so, daß er jetzt endet ...

... diese Periode ist schon mit der sowjetischen Zeit zu Ende gegangen ...

... gut, um so interessanter die Frage: Was brach da eigentlich zusammen?

Das ist noch die Frage: Brach es zusammen oder wurde es zerstört? Das ist doch ein großer Unterschied. Für mich ist noch gar nicht klar, womit das alles endet. Obwohl einige irreversible Ergebnisse eingetreten sind, das ist auch klar. Bei uns gab es eine gute Diskussion im Jahre 1990 oder 1991, jedenfalls ganz zum Ende der Sowjetunion. Da gab es Anatoli Baranow, er ist jetzt stellvertretender Direktor der *Prawda*. Er ist Arzt von Beruf. Ich fragte ihn damals, ob es in der Krankheitsgeschichte vorkommt, daß es erste Anzeichen nicht gibt, aber zweite. In der Sowjetunion waren ja die zweiten die des Sozialismus.

Was soll das heißen?

Erinnere dich, was war die klassische linke Polemik gegen die UdSSR? Es fehlen die Hauptzüge des Sozialismus, hieß es, deshalb sei das kein Sozialismus. Die Macht liege nicht bei den Werktätigen, es gebe keine freie Selbstorganisation, du verstehst. Aber die begleitenden Merkmale des Sozialismus gab es, sei es die Vollbeschäftigung, sei es die kostenlose Gesundheitsfürsorge, die allgemeine Bildung, sei es die Priorität der Wissenschaften als nichtkommerzielle Sphäre innerhalb kommerzieller Sphären. All das sollte im Prinzip Folge von etwas Fundamentalerem sein.

Bei uns war es so: Wir hatten das zweite, aber das erste hatten wir nicht. Das heißt alles war irgendwie anders begründet. Das ist das zweite Symptom.

Deshalb wiederhole ich noch einmal: Dynamik allein ist nicht so wichtig, aber sobald Statik auftritt, treten die Widersprüche dieser Wirklichkeit zutage. Und warum die jetzige Macht, die zu einer nicht sozialistischen, kapitalistischen Seite steuert? Was ist das Regime Jelzins? Das ist die Sowjetunion bereinigt um ihre sozialistischen Elemente. Das ist das ganze Jelzinsche Regime. Das sind stalinistische Bürokraten, die die marxistischen Dekorationen, die marxistischen Rituale abgelegt haben usw.

Wenn ich das übersetze, bedeutet das, daß sie weiter modernisieren wollen wie eh und je ...

... wollen, selbstverständlich, eine andere Sache ist, daß sie es nicht können ...

... weiter auf der Überholspur fahren ...

... wollen ...

... weiter zentralisieren ...

... zweifellos, zweifellos, eine andere Sache ist, daß sie gleichsam private Instrumente benutzen.

Wie?

Für sie ist die Macht eine Form des Privateigentums, das heißt, der Staat setzt sich durch die Persönlichkeit fort. Deswegen brauchen sie das Privateigentum, aber das auch auf russische Weise, nicht so, wie es, sagen wir, ein deutscher Jurist versteht. Privateigentum auf russisch, das ist die »kormlennije«, die Futterstelle, die man vom Staat erhält. Das war übrigens im alten russischen Recht so, dem feudalen, Eigentum als Futterstelle, das heißt, es werden Vermögenswerte des Staates an Privatpersonen gegeben, mit dem Inhalt, sie zu ernähren, legal, offiziell ganz und gar. Das sowjetische System war natürlich aus verschiedenen Elementen zusammengefügt, darin war revolutionäres Erbe, und selbstverständlich war es in einigen Elementen die Fortsetzung des alten Rußland vor der Revolution, in anderen Situationen der Versuch, den Westen unbedingt zu überholen usw. Jetzt haben sie versucht, sich von den Elementen des Sozialismus zu befreien, die das Erbe der Revolution waren. Aber daraus ergibt sich, daß all diese Elemente der sozialen Sphäre, der Wissenschaft, daß alles dieses sich als überflüssig erweist, und daß man das jetzt zusammen mit dem Sozialismus wegschmeißt.

Was wird zur Zeit abgeworfen?

Sie werfen jetzt, ich möchte eigentlich nicht in der Sprache der Sowjetorthodoxen sprechen, muß aber doch sagen, sie werfen paradoxerweise gerade die Errungenschaften der sowjetischen Periode weg.

Das war?

Das war, was wir in der Welt dargestellt haben: fundamentale Wissenschaft; die Sowjetunion war ein erstaunliches Land, das eine hervorragende fundamentale Wissenschaft hatte, aber eine grauenhafte Anwendung. Es gab überhaupt keinen Stimulus, etwas praktisch anzuwenden, aber untersuchen und erfinden konnte man, was immer man wollte. Nur in der Sowjetunion wurde die freie wissenschaftliche Grundlagenforschung auf diese Weise bezahlt. Das heißt, da waren Menschen, die sich mit vollkommen abstrakten Dingen befaßten, und alles das bezahlte der Staat. Aber da, wo diese Ergebnisse dann aus dem wissenschaftlichen Raum in die Produktion getragen, wo sie angewandt werden sollten, da setzte dann der vollkommene Absturz ein. Bei uns gab es keine angewandte Forschung, weil es dafür einfach kein Geld gab. *(lacht)* Aber diese fundamentale wurde zerstört, nun, nicht schon zerstört, aber sie verfällt.

Was noch?

Die soziale Sphäre, Gesundheitswesen, Bildung und noch ein interessanter Aspekt des sowjetischen Systems, den wir bis heute nicht erörtert haben. Heute ist das die Óbschtschinost[43], die Gemeinschaftsstrukturen der Arbeitskollektive. Was ist ein sowjetisches Arbeitskollektiv? Das ist im Grunde die alte zaristische Bauerngemeinschaft, nur ausgerichtet auf die Notwendigkeiten der umgewandelten industriellen Produktion. Im Zuge der schnellen Industrialisierung wurden die Bauern aus dem Dorf in die Stadt geworfen, und in der Stadt begannen sie sich sehr schnell nach fast den gleichen Prinzipien zu organisieren; der Staat selbst ist so organisiert. Für den Staat ist das bequem. Das ist kein westliches Proletariat, und das ist nicht das mythische Proletariat der sowjetischen Ideologie. Das gibt es einfach überhaupt nicht. Das ist die normale Nachbarschaftsgemeinschaft, aber organisiert rund um die industrielle Produktion. Dies umso mehr, als man darum herumwohnt. Um die Fabrik herum entsteht die Stadt, so wie in Amerika die Companytowns, nur bei uns hat das von Natur aus andere Wurzeln als in Amerika. Und der Staat befaßt sich damit, die Betriebe zu verwalten, und die Betriebe verwalten die Leute. Deshalb gibt es keine bürgerliche Beziehungen zwischen dem Staat und seinen Untertanen und der Untertanen untereinander. In den Betrieben wirkt eine wechselseitige Verantwortung. So schaut die Administration auf die Disziplin, und der Arbeiter müht sich um gute Arbeit ... usw.

43   Óbschtschinost ist eine Verallgemeinerung zu Óbschtschina (Gemeinschaft), abgeleitet aus dem Wortstamm Obsche, allgemein, alle/s betreffend. Die Wortbedeutung ist in der Alltagssprache sehr präsent.

Was geht heute vor? Wir sehen genau dieselbe Óbschtschina, aber unbrauchbar geworden, korrumpiert. Das ist eine Frage der Existenz: Warum zur Arbeit gehen, aber keinen Lohn erhalten? Es ist nicht die ökonomische Beziehung, die die Betriebe zusammenhält, sondern die Beziehung der Óbschtschinost und Solidarität, die die Betriebe nicht nur als ökonomisches Unternehmen benutzen.

Aber Boris, schon Alexander II[44], schon Stolypin[45]...
... versuchten die Óbschtschina zu zerstören ...

... aber es gelang ihnen nicht.
Ich sage auch, warum: Bei Stolypin trafen äußerst interessante Widersprüche aufeinander. Auf der einen Seite war es für die Forcierung des industriellen Wachstums notwendig, die Óbschtschina zu zerstören, um eine Masse freier Arbeiter zu erhalten. Aber: Die Óbschtschina war gleichzeitig noch die steuerliche Basis des russischen Staates. Wenn die Óbschtschina schnell zerstört worden wäre, dann hätte das bedeutet, daß die steuerliche Basis eher zusammengebrochen wäre als neue Arbeitsplätze für die Menschen entstanden wären, die aus der Óbschtschina herauskamen. Im Ergebnis versuchte Stolypin, die Óbschtschina nicht zu zerstören, sondern eben zu korrumpieren. Daraus ist aber nichts weiter gefolgt. Erstens weil die Óbschtschina weiter existierte, allerdings nur in entarteten, mutierten Formen.

Und nicht nur das, Boris. Ich verstehe es so: Die Deklaration über das Land von Lenin machte die Óbschtschina zur allgemeinen gesellschaftlichen Struktur.
Aber natürlich. Die Bolschewiki selbst erkannten das nicht. In gewissem Sinne haben sie weit mehr das Programm der Narodniki[46] realisiert als ein marxistisches, das ist offensichtlich. Das sagt im übrigen viel über den Nutzen der Narodniki, die Rußland besser verstanden. *(lacht)* Es kommt ja nicht von ungefähr, daß Lenin und Marx sich sehr ernsthaft mit dem Sozialismus der Narodniki befaßten.

Was aber geschah nun mit der industriellen Óbschtschina? Die gegenwärtige Macht befindet sich in genau derselben Situation. Auf der einen Seite wol-

---

44 Alexander II, Zar von 1855 bis 1881.
45 Stolypin, Pjotr, Ministerpräsident des Zaren Nicolaus II.
46 Narodniki, deutsch: Volkstümler. Eine sozialrevolutionäre Bewegung in der zweiten Hälfte des 19. Jahrhunderts.

len sie die Modernisierung, und dafür muß man die industrielle Óbschtschina zerstören. Das gilt unter anderem für die wechselseitige Verantwortung zwischen Verwaltung und Arbeiterschaft. Andererseits: Wenn man sie schnell zerstört, dann werden wir nicht nur 60 Prozent Produktionsrückgang für fünf Jahre haben, sondern 100 Prozent. Das wäre das Ende, denn andere Mechanismen gibt es nicht. Deshalb gingen sie einen anderen Weg, sie haben sie korrumpiert. So kommt es, daß die Óbschtschina bis zu einem gewissen Grad Solidarität kennt, auf der anderen Seite in ihrem Inneren aber schon Spannungen, Widersprüche usw. Der Direktor ist irgendwie auf Seiten der Arbeiter, aber er erhält dabei doch, sagen wir 5.000 Dollar im Jahr in einer guten Fabrik, aber der Arbeiter erhält nichts. Aber irgendwie *(lacht)* gehört er noch mit zu den Arbeitern ...

Das ist wie früher, es wiederholt sich.
Ja, ja! Absolut wiederholt es sich. Wir sehen gegenwärtig eine Situation wie am Anfang des Jahrhunderts bei den Betrieben.

Wenn du also sagst, wir verloren ...
... wir verlieren zur Zeit die Óbschtschinost. Ob das gut oder schlecht ist, ist eine zweite Frage, und vielleicht haben wir sie auch noch nicht verloren. Zur Zeit ist die Wirtschaft im sozialen Bereich in drei Sektoren aufgeteilt geworden: Es gibt einen äußerst engen formalen Bereich, vor allem in Moskau und Leningrad usw. Das sind gewissermaßen Enklaven der westlichen Wirtschaft. Der zweite Sektor ist die nichtformale Wirtschaft. Den dritten Sektor bilden die Óbschtschina im Stadium der Auszehrung.

Sie treten auf der Stelle, manche orientieren sogar ausdrücklich zurück ...
Ich würde sogar mehr sagen: Wer gibt Valuta für Rußland? Gazprom usw. Das heißt, unsere Exporteure, die auf dem Weltmarkt tätig sind. Sie sind mehr konkurrenzfähig als unsere Betriebe. Die Betriebe, die nach den neuen politischen Prinzipien organisiert sind, sind dem nicht vergleichbar. Umgekehrt, Gazprom – das ist die typische korporative Struktur der Óbschtschina. Diese drei Sektoren sind natürlich nicht voneinander isoliert. Sie sind sehr eng miteinander verbunden. Ein und dieselben Leute finden sich da wieder.

Du erinnerst dich natürlich, daß Gajdar bzw. der IWF Anfang der neunziger Jahre sagten, daß die Óbschtschina-Strukturen die schlechtesten denkbaren sozialen Strukturen seien, daß sie die Ursache dafür seien, daß Rußland diese Krise habe und so weiter. Sie müssten liquidiert werden ...

Es geht nicht, sie zu liquidieren.

Aber sie haben so argumentiert, sie haben ihre Reformen so angesetzt ...

Ja, und daraufhin gab es einen riesigen Produktionsabfall. Das Wichtigste dabei ist, sie hatten ganz klar die finanzielle Basis zerstört in ihrem Kampf mit der Gemeinschaft. Das ist die Steuerkrise, die wir heute haben.

Die dort ihre Ursache hat ...

... aber klar! Schau, was geschieht bei der Privatisierung? Nehmen wir z. B. ein Stück privatisiertes Staatsgebilde. Das Stück Staat trägt eine begrenzte Verpflichtung, nicht genug damit, daß der Betrieb einfach nur Geld aus dem Staatsvermögen herauszieht, wie das Betriebe von der Art Gazprom, die Wasserwerke und viele andere machten, die riesige Gelder einfach direkt aus dem Budget zogen, von denen die Armee, die Wissenschaft usw. finanziert werden müßte. Aber jeder Betrieb unterhält seine eigene soziale Sphäre, die Betriebe kommen für die Aufrechterhaltung der Ordnung auf und entscheiden eine Masse von Fragen. Jetzt wird ein Betrieb privatisiert. Nachdem er privatisiert wurde, hört er entweder auf, diese Funktionen wahrzunehmen, oder er beginnt sie weiter fortzusetzen, aber gleichzeitig verwandelt er sich in einen Verlustbetrieb. Nicht weil er schlecht arbeitet, sondern weil er notwendige öffentliche Aufgaben erfüllt, die im Prinzip der Staat erfüllen sollte. Dafür einen Ausgleich seiner Verluste vom Staat zu fordern, besitzt er das volle Recht, moralisch, wirtschaftlich und juristisch. Da der Staat diese Funktionen nicht auf sich nehmen kann, ist er gezwungen, die bereits privatisierten Betriebe zu subventionieren. Statt Unterstützung von den Betrieben zu erhalten, geht er dazu über, diese zusätzlich zu füttern. So entsteht eine beängstigende neue Krisenrunde, weil das Geld dafür nicht ausreicht.

Sie wollten Kolchosen liquidieren, die Sowchosen, die industriellen Óbschtschinas usw. – haben sie es geschafft, oder haben sie es nicht geschafft?

Sie haben es nicht geschafft, aber sie haben sie korrumpiert. Das ist das Fürchterliche. Das heißt, sie lösten die Óbschtschinas nicht auf, aber denaturierten sie. Sie haben ihnen beigebracht, auf Grund von Subventionen zu leben. Nun grob gesagt: In Rußland wurde immer geklaut, natürlich. Aber auch das hat sich verändert. Darüber gab es jetzt verschiedene Aufsätze: Der Maßstab, in dem jetzt geklaut wird, steht in keinem Verhältnis zu dem, wie jemals zuvor geklaut wurde. Es ist eine andere Art von Diebstahl, nicht nur mehr. Heute wird anders gestohlen, so ist nie zuvor gestohlen worden. Das heißt, man hat den Leuten beigebracht, zu stehlen, auf neue Art zu stehlen, nicht nur vom Maßstab her, sondern einfach ohne jegliche Verantwortung zu stehlen. Innerhalb der Óbschtschina entstand eine soziale Spannung, die die effektive Arbeit der Óbschtschina behindert. Das ist das schreckliche Elend, warum bei uns keine sozialen Explosionen stattfinden trotz der gräßlichen Situation der Hälfte des Volkes und einer äußerst schlechten Lage der alten Teile der Bevölkerung. Schau: Die Wirklichkeit der Óbschtschina ist in einem gewissen Maße die Solidarität des Volkes, jetzt ist der Gemeinschaftssinn des Volkes in Frage gestellt, die Solidarität ist gering. Sie lebte, aber die Mechanismen funktionieren schon nicht mehr. Die klassischen Mechanismen des westlichen Kapitalismus, der die Gewerkschaften hervorgebracht hat, die traditionellen Arbeiterbewegungen, gibt es ebenfalls nicht, weil die Óbschtschina sie blockiert hat. Im Ergebnis ist die Bevölkerung unzufrieden, sie leidet, aber bei allem gibt es keine Proteste, keinen organisierten Widerstand, nicht in der Óbschtschina, nicht in den klassischen proletarischen Formen.

Das heißt, für die Macht erwies sich die Situation im Allgemeinen als nützlich, dieses Nicht-Dahin und Nicht-Dorthin.

Ich verstehe dich so, daß man versuchte, die Gemeinschaftsstrukturen zu liquidieren, aber daß man damit keinen Erfolg hatte bzw. nur zur Hälfte erfolgreich war ...

... nicht nur keinen Erfolg hatten, man konnte es nicht. Nicht wie Gajdar sagte: Man hat mir zu wenig Zeit gegeben. Es ist nicht so, daß man keine Zeit gegeben hätte. Es ist vielmehr so, wenn er es noch schneller gemacht hätte, hätte das nur einfach in einer Katastrophe geendet.

Ja, das hat er ja selbst zugestehen müssen ...

Deshalb konnten sie es einfach gar nicht schneller machen.

Aber was bedeutet das? Folgt daraus – aus unserem westlichen Verständnis gefragt – mehr oder weniger Kapitalismus? Ist das mehr oder weniger Demokratie?

Nun, zuerst zu der Frage über den Kapitalismus: Als mein Buch »Restauration in Rußland« in englischer Sprache[47] erschien, war das für mich sehr komisch, was die englischen Kritiker, vor allem die scharfzüngigen Trotzkisten schrieben: Wie stellt sich das bei Kagarlitzki dar? Auf der einen Seite sagt er, daß Rußland kapitalistisch wurde, auf der anderen sagt er, daß es in Rußland keinen Kapitalismus gibt. Aber für den Menschen, der hier im Lande lebt, steht die Frage einfach nicht so. Wir wissen sehr gut, daß wir sehr bald Teil des weltweiten Kapitalismus sein werden, als Subjekt des Weltmarktes, sagen wir, oder als Objekt der Aktivitäten des IWF usw. Insofern sind wir selbstverständlich ein kapitalistisches Land. Der Weltmarkt existiert hier, der Weltkapitalismus existiert hier, auch wenn es die russische Bank ist, er wird hier gewissermaßen erweitert ...

... insofern ist Rußland ein Teil der heutigen offenen Welt ...

... ja, als zukünftiger Teil dieser Welt sind wir natürlich ein kapitalistisches Land. Aber darüber hinaus bleibt Rußland seine eigene Welt, es bleibt in seinem Stand, wie du sehr gut weißt. Bis zu einem gewissen Grade wirken gewisse selbständige Tendenzen gesetzmäßiger Prozesse, welche wir hier sehen, die ganz sicher nicht zur kapitalistischen Welt gehören. Dasselbe sagte übrigens Rosa Luxemburg[48] in Bezug auf die ursprüngliche Akkumulation des Kapitals. Oder Lenin, der schrieb, daß Rußland sowohl unter dem Kapitalismus litt als auch unter seiner nicht ausreichenden Entwicklung. Wir haben genau diese Situation.

In welchem Sinne bestehen heute in Rußland nichtkapitalistische Strukturen?

Nun, das einfachste Beispiel, über das wir ja schon verschiedentlich gesprochen haben: Die Arbeiter bekommen ihren Lohn für drei Monate nicht, aber gehen zur Arbeit. Das ist keine kapitalistische Beziehung zur Arbeit. Der Punkt ist dabei nicht, ob es um hohe oder niedrige Ausbeutung geht ...

... die Menschen leben ja trotz allem ...

47 Boris Kagarlitzki: Restauration in Russia, Verso, London 1995.
48 Luxemburg, Rosa, Akkumulation des Kapitals.

Ja, sie leben, und ob! Eben weil es kein Kapitalismus ist! Ist es möglich im Kapitalismus zu leben und drei Monate keinen Lohn zu bekommen?

Nicht möglich, versteht sich.
Aber bei uns ist das möglich, das ist normal. Das sind die Strukturen der Óbschtschina. Die Menschen leben auf Kosten der Solidarität der Gemeinschaft. Das ermöglicht dem Staat, seinen Verpflichtungen nicht nachzukommen – aber sie bezahlen auch dem Staat nicht die Steuern, das muß man im Kopf behalten. *(lacht)* Also die kompakte wechselseitige Haftung. Das ist der korporative Bau der Óbschtschina, der nicht nur alte Elemente, vermischt mit sozialistischen bewahrt, sondern einfach aufgrund anderer Gesetzmäßigkeiten als die kapitalistische Welt existiert: Das sind die Gesetze der naturalen Wirtschaft, einer Wirtschaft des unmittelbaren geldlosen Tauschhandels. Lohn wird nicht gezahlt, aber dafür werden Produkte ausgehändigt ...

Die Menschen leben auf dieser Grundlage nicht nur vom Geld.
Selbstverständlich! Ein anderes Beispiel: Ein Arbeiter erhält seinen Lohn in Naturalien; seine Fabrik produziert beispielsweise Porzellan. Man gibt ihm Tassen. Also geht er die Tassen verkaufen und lebt davon. Der Staat erhält nicht eine Kopeke Steuern, denn der nicht gezahlte Lohn wird aufgeführt, aber die Abgabe von Tassen kann man für die Steuer nicht angeben. *(lacht)* Nichts also! In der Ukraine hat eine Fabrik ihre Mitarbeiter mit Särgen losgeschickt.

Ich habe gehört, daß man Mitarbeiter mit Kunstpenissen losgeschickt hat ...
Jaja, das ist natürlich keine kapitalistische Struktur. Und doch arbeiten diese Betriebe ziemlich produktiv auch ohne diese Strukturen, und da sie ganz ohne Geld auskommen, können sie ihre Produkte außerhalb der Grenzen zu wahnsinnigen Preisen anbieten ... *(lacht)* – Aber hier noch ein anderes Beispiel: Wenn man die Geschichte Rußlands nimmt, dann ist offensichtlich, daß die Schwächung der Bauern damit einhergeht, daß Rußland sich in den Weltmarkt einfügt. In dem Maße, in dem Rußland sich in den Weltmarkt einfügt, wird das Korn zur Ware, man muß es ausführen, und die Leibeigenen werden zu Bauern. Das ist der Punkt. Vor dem 18. Jahrhundert gab es viele verschiedene Arten der Abhängigkeit. Aber 18. Jahrhundert, namens der Eingliederung Rußlands in den Weltmarkt, wurde es nötig, den Leibeigenen ihre Rechte als freie Bauern zu geben. Alle Bauern sollten möglichst in geringer Abhängigkeit stehen – denn

alle Produkte sollten möglichst außer Landes gehen. Aber trotz allem mußte man den Bauern ja ernähren. Also mußte man ihm seine Existenz ermöglichen. *(lacht)* Folge: Die Óbschtschina konsolidiert sich. Im 16. und 17. Jahrhundert zerfällt die Óbschtschina, im 18. Jahrhundert konsolidiert sie sich wieder, weil das westliche Kapital hierher kommt. Heute erleben wir wieder einen sehr ähnlichen Prozeß.

Ich habe mich in meinem letzten Buch[49] selbst sehr viel mit diesen Fragen befaßt. Da bleibt vor allem eine Frage offen: Wie steht es mit der Demokratie?

Zur Demokratie diese Frage: Wieso gibt es bei uns eine solche Vielzahl von »Parteichen«, aber keine Partei? Demokratie im westlichen Sinne existiert hier nicht nur nicht, sie ist auch nicht möglich, weil eine bürgerliche Gesellschaft andere soziale Beziehungen erfordert. Das heißt nicht unbedingt, daß sie besser seien als die, die wir haben, einfach nur andere.

Andere? Wie andere? Unabhängiger? Gebundener?

Abhängige und unabhängige, nicht abhängige Personen, die mit anderen Personen in eine vertragliche Beziehung treten, die klare festgeschriebene Verpflichtungen vor dem Staat besitzen. Kollektive Beziehungen gibt es nur über den Staat als Beziehung zu allen anderen Bürgern, darüber hinaus gibt es nichts. Bei uns im Óbschtschinatyp ist die Beziehung der Menschen zueinander von kollektiven Verpflichtungen geprägt und nicht von individuellen. Jetzt aber versucht der Staat, sich mit den Leuten wie mit Bürgern zu verständigen. *(lacht)*

Der Staat beschäftigt sich mit dir als Staatsbürger nicht persönlich, sondern als Mitglied dieser oder jener Gemeinschaft.

Genau! Genau! Bürgerliche Rechte existieren im Prinzip bei uns nicht und können nicht existieren. Insofern die Beziehungen in der Regel zwischen Korporationen bestehen und der Austausch über sie läuft, ist das keine bürgerliche Gesellschaft. Alles hängt von den Korporationen ab, aber anders als in der bürgerlichen Gesellschaft, wo es ja auch Korporationen gibt, aber eben freiwillige Korporationen. Das mag mit wirtschaftlichen Interessen verbunden sein, aber mit solchen, die meine eigenen Aktivitäten am Markt betreffen.

---

49 Kai Ehlers, Herausforderung Rußland. Vom Zwangskollektiv zur selbstbestimmten Gemeinschaft. Eine Bilanz zur Privatisierung (siehe Anhang).

Also, halten wir fest: Sofern es bei uns Solidarität gibt, ist sie freiwillig, bei euch lebten die Menschen in den dörflichen Gemeinschaften, in den gemeinschaftsähnlichen industriellen Strukturen u. ä., sie waren kontrolliert durch den Staat, jetzt ist – wie wir besprochen haben – eine neue Situation eingetreten. Glaubst du, daß die Menschen sich in dieser Situation freiwillig zusammenschließen können?

Ich denke, es gibt keinen anderen Ausweg als schließlich freiwillig, denn die alte Zwangsgemeinschaft gibt es schon nicht mehr, aber sie existiert noch in den Traditionen. Warum können die sowjetischen Gewerkschaften nichts werden? Es gibt keinen Grund außer dieser Tradition der Gemeinschaften, der Korporationen, der Assoziationen, die das Gefühl der Sicherheit geben, und sei sie auch fiktiv. Da hinauszugehen, das ist ein Schritt in die Ungewißheit.

Du meinst, es ist für die Menschen auch einfach notwendig, sich in diesem oder jenem Sinne auf freiwillige Weise miteinander zu verbinden?

Ja, unbedingt. Die Menschen beginnen sich zu verbinden, weil der Staat ihnen keinen Lebensschutz mehr gewährt. Warum sind die heutigen russischen Bürger mit ihrem Staat so wenig zufrieden? Weil der Staat sich wenig in ihr Leben einmischt. Sie fordern, daß er sich in ihr Leben einmischen soll, aber einmischen, um zu unterstützen, natürlich, daß er beschütze, helfe, sich beteilige. Das heißt, sie wollen den staatlichen Paternalismus, sie beschimpfen den Staat, weil sie ihm nicht mehr vertrauen können.

Sie wollen, daß der Staat weiter hilft, aber der Staat hilft nicht mehr. Was folgt daraus?

Daraus folgt, daß das Mißtrauen in den Staat wächst. Das ist das erste. Zum zweiten wachsen aber in diesen denaturierten, diesen korrumpierten gemeinschaftsähnlichen Strukturen so etwas wie neue kollektive, assoziative Beziehungen heran.

Wachsen heran? Können wachsen oder sind schon gewachsen?

In der Politik, sagen wir, in den Gewerkschaften. Im Prinzip sind Gewerkschaften nötig, nicht der westliche Typ, aber die heutigen Gewerkschaften entsprechen auf einer Seite den westlichen Gewerkschaften, das ist nicht unbedingt beängstigend, auf der anderen Seite sind sie den neuen Fragen nicht gewachsen, die heute stehen. Das heißt, die können die Probleme der korrumpierten

Óbschtschina nicht lösen. Das heißt: Wie kann ein Gewerkschaftsführer die Interessen der Arbeiter schützen, der zugleich Direktor ist? Im übrigen sind die alten Gewerkschaften zum Teil noch erhalten und bilden so eine Behinderung für die neuen. Wären sie vollkommen hinüber, dann entstünden so oder anders einfach neue, jetzt kränkelt das so sich hin. Dann die kommunistische Partei: eine Superóbschtschina. Ja, die KPRF ist eine korporative Gemeinschaft, eine Superóbschtschina. Sie verbindet die Masse der Pensionäre und Leute der alten Generation in den Städten und Dörfern auf dem Lande. Der größte Teil der Partei kommt vom Lande, das ist sehr bezeichnend. Man sammelt sich um traditionelle Werte. Die Partei gibt gewisse vertraute Vorstellungen rund um den Gedanken der Óbschtschinost und gibt denen, die ihre Sicherheit verloren haben, in diesem oder jenem Sinne in gewisser Weise das Gefühl des Schutzes zurück, und sei es nur, daß man dort Arbeit findet. Dort sind ja auch Kommunisten. Wenn der Chef der Administration Kommunist ist, dann kann man seine Arbeit beim Parteikomitee finden. Im übrigen ist das nicht einmal eine politische Frage, sondern einfach eine von alten Beziehungen.

Und außer dem Parteikomitee gibt es da noch andere Möglichkeiten unterzuschlüpfen?

Ja, aber diese Partei ist das Hindernis für den Aufbau einer neuen linken Partei, die nicht auf den Grundlagen der klassischen westlichen radikalen Ideen entstünde, sondern den sozialen Protest in dieser Gesellschaft den hiesigen Verhältnissen entsprechender formulieren könnte. So ist die Partei ja nur für die soziale Versorgung ihrer eigenen Mitglieder da. Insofern: Superóbschtschina. Wenn man sich ernsthaft mit ihr auseinandersetzen will, muß man das Problem der sozialen Versorgung ihrer Mitarbeiter lösen. *(lacht)* Diese Superóbschtschina ist zum einen ein Schutz, sie unterstützt die Menschen in dieser Krise, auf der anderen Seite ein Hindernis für die Entstehung einer neuen freien sozialen Kraft ...

Das geht natürlich auf den Weg nach rechts ...

... nun, klar ...

... das ist vielleicht nicht ganz so angenehm.

Ich würde nicht sagen, daß das gut oder schlecht ist. Es ist eben so.

Was habt ihr noch?

Wir haben eine Situation, in der demokratische Institutionen in den Regierungsetagen simuliert werden ...

Was bedeutet das?

Das bedeutet, wir haben ein Parlament, welches nichts entscheidet. Wir haben Wahlen, aber alle wissen, wenn sie bei den nationalen Wahlen nicht richtig wählen, dann werden die Wahlen annulliert. Deshalb wählt man, wie es notwendig ist. Der Chauvinismus provoziert die Macht, die Rechte zu mißachten.

So ein Bewußtsein ...

... während der Wahl konnte man es sehen. Das war das allgemeine Gefühl, im Fernsehen wurde darüber geredet. Nun bitte, was soll's? Wenn Jelzin verspielt, gibt es Bürgerkrieg. Wer ist dann schuld? Die Autoritäten sprachen so: Wenn wir die Wahl verlieren, gibt es Bürgerkrieg.

Ich erinnere mich. Ich war selbst zu der Zeit hier im Lande.

Nun, also. Das ist wie ein Mechanismus, der durchdreht. Die Räder drehen sich, aber das Gefährt kommt nicht vom Fleck. Auf der anderen Seite gibt es diese Strukturen der Obschtschina, die funktionieren. Das ist der Grund, warum wir trotz allem eine offensichtliche demokratische und einiges an tatsächlicher Freiheit haben. Meiner Meinung nach hat das neue System kein Verlangen nach einer totalen Kontrolle über die Bevölkerung. Einige demokratische oder halbdemokratische Institutionen ermöglichen es, die Last vom Staat abzuwälzen und ihm ein schönes Gesicht für den Westen zu geben. Im Westen wird das im Prinzip sehr gut verstanden, daß man ihn täuscht, und nimmt den Betrug mit Vergnügen an. Das ist wie in Albanien. Wie war es da? Was ist das für ein Kapitalismus? Alle wußten bestens Bescheid. Für den Westen ist der Betrug ebenfalls bequem, so muß er Rußland nicht voll in den Weltkapitalismus einbeziehen, und vor Ort geschieht noch etwas anderes. Vor Ort werden Entscheidungen nach den Strukturen der Obschtschina und nach Mechanismen des Clans getroffen, die anschließend in dieser oder jener Weise in demokratische Prozeduren umgeformt werden.

Man spielt ...

... nein, das ist kein Spiel ...

... ein Ritual aber ...
Das Ritual ist absolut notwendig, weil die Entscheidungen, die man informell irgendwie getroffen hat, die Folgen dieser Entscheidungen, formalisiert werden müssen. Ihrem Wesen nach ist diese Entscheidung keine rechtsstaatliche, aber die Formalisierung der Ergebnisse dieser Prozesse betreibt man rechtsstaatlich.

Unter dem demokratischen Boden, dem sogenannten, geschieht also etwas vollkommen anderes ...
Aber die, die sich innerhalb dieser Prozesse befinden, sind interessiert an gewissen demokratischen Formen. Sie haben kein Eigentum, und diese formalen Beziehungen können ihnen gewisse Rechte, institutionalisierte Möglichkeiten usw., geben. Es ist also nicht nur so, daß sie ihre Beschlüsse nur übertünchen, im Allgemeinen brauchen sie sie. Aber sie sind nicht in dem Maße nötig, wie das im Westen der Fall ist.

Es ist also keine Diktatur ...
... und keine Demokratie ...

Also, was ist es dann?
Im Prinzip natürlich eine Oligarchie, auf jeden Fall einer Oligarchie ähnlich. Aber was dem Land bei dieser Oligarchie noch sehr hilft, das ist, daß es sich dabei um eine pluralistische Oligarchie handelt. Wir haben nicht einen Oligarchen wie bei Aristoteles, wir haben einen Pluralismus der Oligarchien, Korporativen. Das ist eine korporative Oligarchie, in dem Sinne demokratisch.

Sergei Kurgenjan[50] hat schon vor fünf Jahren mir gegenüber davon gesprochen ...
Alle reden so, nicht nur Kurgenjan. Nehmen wir auch den Terminus »nomenklaturni Kapitalism«, den gebrauchen jetzt auch alle. Was ist also geschehen? Es ist wichtig, das in seinen globaleren Zusammenhängen zu begreifen: Der Kapitalismus, der hierher kam, war nicht in der Lage und im Prinzip auch nicht gezwungen, hier eine echte Demokratie zu schaffen oder westliche Formen der Marktwirtschaft. Er war nur gezwungen, unsere Gesellschaft kompatibel zu machen, übersetzbar zu den westlichen politischen Struk-

---

50 Kurgenjan, Sergei, Theatermacher, eine schillernde Figur der Perestroika-Radikalen zwischen links und rechts zu Zeiten Gorbatschows, rückte später zunehmend nach rechts.

turen und dem westlichen Markt. Das ist ähnlich wie beim Computersystem, das ein anderes System imitiert.

Sie hätten dann aber einen sehr großen Fehler gemacht, als sie beschlossen, die Strukturen der Óbschtschina zu liquidieren, wenn sie nur die Kompatibilität erreichen wollten ...

Subjektiv war das ein Fehler, ganz zweifellos! Man muß die subjektiven Entscheidungen und Maßnahmen, sagen wir, die Gajdars, aber unterscheiden von dem objektiven Prozeß der wirklichen Entwicklung, an denen er teilgenommen hat. Subjektiv wollte er sie liquidieren, darin liegt ja auch die Kraft, etwas zu zerstören, wegzuräumen, das ist ja doch auch sehr interessant ...

... er wollte reinigen.

Genau! Sie dachten, wenn sie das Vorhandene zerstören, können sie den maximalen Effekt erzielen. Aber dann begriffen der Westen und die russische herrschende Macht besser, was eigentlich vorging, und sie setzten den Kapitalismus westlicher Prägung und die westliche Art der Demokratie als so eine Art Transistor ein, als ein System der Überleitungen von einem System zum anderen. Jetzt sind diese »Peredniki«, die Übergänger in unserer Gesellschaft, jetzt sind sie real vorhanden, wir müssen uns mit ihnen befassen, sie sind keine Fiktion, keine Dekoration. Insofern kann man auch nicht sagen, daß unsere Demokratie nur eine Fassade ist. Sie ist natürlich eine Fassade – aber die Fassade ist ja auch ein Teil des Gebäudes.

Also richtig und nicht richtig zugleich – vielleicht nicht nur eine Fassade: Es ist eine Tür.

Vollkommen richtig. Die Fassade ist ja auch der Teil des Gebäudes, in dem sich die Tür befindet und die Fenster befinden, durch die es hinein- und hinausgeht, richtig, richtig. In diesem Sinne ist die demokratische Fassade ein notwendiger, ein konstruktiver Bestandteil des Gebäudes. Sogar in Moskau ist das zu erkennen. Da siehst du alte Gebäude stehen.

In der Provinz ist es noch sichtbarer, sehr typisch im Ural. Wenn du an die Fassade herantrittst, dann hast du diesen stalinistischen Klassizismus, aber dahinter hast du die uralten Gemäuer aus ältesten Zeiten und beides in einem Gebäude.

Das ist ja typisch für die russische Geschichte.

Ja, ich habe gesehen, wie diese Fassaden in den letzten Jahren entstanden. Aber sag mir, was heißt das nun alles für eurer Land? Ihr habt keinen Kapitalismus erhalten, ihr habt keine Demokratie erhalten, was also steckt hinter den Fassaden? Was habt ihr wirklich erhalten?

Wir erhielten sehr viele westliche Verbrauchsgüter. Geändert hat sich die Qualität des Konsums. Apropos Globalisierung: Nur eine kleine Geschichte aus meinem Leben. Ich habe einen Freund im südlichen Afrika, Jeremy Cronin, er ist einer der Ideologen der Kommunistischen Partei, ein Ideologe des linken Flügels der Kommunistischen Partei, ein Mitglied der Kommunistischen Partei. Sein Sohn ist ungefähr im selben Alter wie meiner, ein kleiner englischer Gentlemen. Jeremy brachte mich dort im Raum seines Sohnes unter. Als ich hineinging, dachte ich, das ist das Zimmer meines Sohnes: Dort hingen dieselben Poster, dieselben Spielzeuge, dieselbe Einrichtung, alles war genau gleich mit winzigen Unterschieden. Aber das war südliches Afrika, und dies war Rußland; sie sind schwarz, wir sind weiß. *(lacht)* In diesem Sinne: Die Veränderung des Konsums – das war eins der Elemente der Mobilisierung. Die Wirklichkeit der heutigen Russen ist selbstverständlich nicht mit jener der Amerikaner gleichzusetzen. Aber der amerikanische Verbraucher und der russische Verbraucher sind gleich. *(lacht)* In diesem Sinne wurden wir ein Teil der globalen Gesellschaft, ohne sagen zu wollen, ob das gut oder schlecht ist. Es ist ja nicht alles gut, was wir früher hatten. Aber eine Sicherheit, was wir nun eigentlich haben, gibt es nicht. Jetzt tritt ein Vertreter der Stadtverwaltung auf und sagt: Was sollen wir tun? Der Müll hat sich gewandelt. Der heutige russische Müll ist nicht mehr derselbe wie der alte sowjetische. Das ganze System der Müllverwertung ist zusammengebrochen, denn jetzt haben wir Plastikmüll, Dosen usw. *(lacht)*

In der Tat ein großes Problem. Aber was ...

... außer dem Müll?! ...

... hat sich noch geändert? *(beide lachen)*

Im Grunde ist das Leben natürlich freier geworden, auf jeden Fall für Intellektuelle, das ist ganz offensichtlich, das ist die reine Wahrheit. Es wäre einfach nur Unsinn zu leugnen, daß das ganze Leben beweglicher geworden ist – für eine begrenzte Schicht. Dabei muß man sehen, daß das eine sehr begrenzte Schicht ist. Nichtsdestoweniger haben wir einen gewissen realen Fortschritt. Du weißt ja, wie das früher war, was man alles für Dokumente brauchte, um ein Buch zu erhalten usw. Jetzt gehe ich zur Post oder zur Bibliothek, ins Archiv usw. Es ist nicht so frei, daß einfach nur Bardak[51] herrsche, dies alte russische Wort, grenzenlose Normenlosigkeit, aber in gewissem Sinne ist das, was wir jetzt haben, für die russischen Menschen ganz organisch.

Wenn der Staat den russischen Menschen freigelassen hat, dann zeigte er sich immer als Anarchist. Auch hier fehlt wieder die Tradition der bürgerlichen Gesellschaft. Und diese Anarchie erweist sich in gewissem Sinne als vollkommen organischer Teil der Gesellschaft, nicht nur bei den Intellektuellen. Die Intellektuellen leiden sogar eher, ihr Weltbild zerfällt. Aber erkennbar ist – die Gesellschaft lebt, ja, lebt und befindet sich im Plus. Wir wurden eine provinziellere Gesellschaft, das heißt, für den russischen Menschen ist es heute weit weniger interessant, was jenseits der Grenzen geschieht. Wenn man früher den Fernseher einschaltete, hörte man fünfzehn Minuten Neuigkeiten aus dem Ausland, wenn du jetzt einschaltest, ist da nichts, keine internationalen Nachrichten. In diesem Sinne wurden wir provinzieller. Auch sind einige Komplexe nicht vollwertig. Und schließlich, ziemlich paradox, hat der sowjetische Mensch erfahren, was Kapitalismus ist, und auf lange Sicht die Perspektive gewonnen, sich mit ihm auseinandersetzen zu müssen. Nicht jetzt, es ist noch zu früh. Aber es gibt schon ein gewisses Verständnis von neuen Spielregeln, neue soziale Beziehungen angesichts dieser Fassade, die man benutzen kann. Es gibt ein gewisses Verständnis davon, welcher Art diese Fassade ist, was dahinter liegt, was sich davor auf der Straße abspielt. Das heißt, wir haben aufgehört, eine isolierte Gesellschaft zu sein. Und das ist eine Errungenschaft, das ist ein Plus.

Aus der entstandenen Situation folgt eine neue Mischung ...

... ja, das gute russische Wort Mix ...

... zwischen Kapitalismus und den Strukturen der Obschtschina?

Nein, das glaube ich nicht. Daraus folgt nur eine weitere Serie von Krisen, zur Zeit. Dann werden wir sehen, was aus der Krise herauskommt. Jetzt ist ungewiß, was dieses Regime leisten kann. Alles wäre ausgezeichnet, wenn es ein minimales Wachstum der Wirtschaft zustande bringen könnte.

51   Bardak – vollkommenes Chaos, Unordnung.

Zur Zeit gibt es aus der Disproportionalität zwischen kapitalistischen und gemeinschaftsorientierten Strukturen keinen Ausweg ...

... zur Zeit wachsen die gemeinschaftsorientierten Strukturen, aber es erhebt sich diese Disproportion, es verfällt das System der Finanzen, also, es ist dieser Mix, nichts entwickelt sich eindeutig, von daher ist erst einmal Krise angesagt. Aber in Zukunft könnte es verschiedene Auswege aus der Krise geben. Zunächst die langfristige Perspektive, mag sein ein linkes Szenario, obwohl zur Zeit wenig in diese Richtung weist: Das wären Modelle einer gemischten Ökonomie und so eine Art Volkssozialismus. Das wäre dann der Fall, wenn die Gemeinschaftsorientierung der Óbschtschina bewußt neu als Grundlage angenommen würde, wenn sie begänne sich zu entwickeln und sich so ein neuer öffentlicher Sektor herausbildete. Es kann aber auch umgekehrt ein Auswuchs der jetzigen patriarchalen Barbarei kommen, das hieße, daß sich die Barbarisierung der Wirtschaft fortsetzte.

Da werden dann Lebed[52] oder ähnliche Leute kommen.

Es ist nicht einmal wichtig, welche Leute es dann sind. Die Menschen können wechseln. In Bezug auf die Barbarei ist einerseits das weitere Eindringen des Kapitalismus in die Óbschtschina äußerst interessant, ihre noch weitere Korrumpierung, auf der anderen Seite aber auch das Eindringen unseres Typ des korporativen Totalitarismus in die Wirtschaftskultur des kapitalistischen Sektors und darüber hinaus auf den Export. Ein Beispiel: Goldstar, eine koreanische Firma, ein großer transnationaler Konzern, ist in Rußland tätig. Was macht er? Er bezahlt die Arbeiter mit Fernsehern. Jetzt gab es eine Befragung bei Arbeitern amerikanischer Companien auf dem Territorium Rußlands. Meines Wissens auch in der Ukraine. Sie sagen voraus, daß in ein, zwei Jahren diese Companien die sowjetische, nach-sowjetische Beziehung zur Arbeit übernehmen oder irgendwelche Mischformen. Das heißt, es ist vollkommen verständlich, daß auf der einen Seite alles auf Export ausgerichtet ist, aber soweit sie zu uns kommen, passen sie sich dem Verhältnis zur Arbeit an, das wir hier haben *(lacht)* – in einem gewissen Sinne erfolgreich, aber in barbarischerer Form. Es besteht also durchaus die Möglichkeit, daß wir den Kapitalismus korrumpieren. Es ist nicht auszuschließen, daß der Prozeß so herum verläuft.

52 Lebed, Alexander, General. Beendete den ersten tschetschenischen Krieg, trat dann mit einem »Programm des gesunden Menschenverstandes« als Kandidat zur Präsidentenwahl 1996 an.

Hältst du das für einen möglichen Ausweg aus dieser unentschiedenen Situation?

Ich denke, daß in nächster Zeit, für die kurzfristige Perspektive keine Auswege existieren, jedenfalls keine, mit einer Perspektive für Linke, also mit einer realen Alternative. Warum? Um eine konstruktive Alternative zu entwickeln, wäre nicht nur ein politisches Subjekt nötig, es müßte auch ein soziales Subjekt geben. Welcher Art müßte dieses soziale Subjekt sein? Wenn sich die Óbschtschina stabilisiert oder umgekehrt, wenn sie korrumpiert wird bis zum Ende, dann haben wir vielleicht auf der einen Seite linke und nicht nur linke, sondern einfach werktätige Intelligenz und Millionen arbeitslose Budgetnikis, Lehrer, Ärzte, Wissenschaftler, Arbeiter der sozialen Sphäre, die die Gesellschaft verändern müssen, um zu überleben, denn in der Gesellschaft, deren Modell wir uns eben angeschaut haben, gibt es für sie in dieser Menge keine Zukunft. Für die Fassade sind sie nicht nötig, dort wird eine andere Struktur gebraucht. Umbringen kann man sie nicht. Man kann darüber nachdenken, aber offen die Bildung, offen die Gesundheitsfürsorge umzuändern, ist nicht möglich. Auf der anderen Seite will man die soziale Sphäre vernichten. Das heißt, es beginnt ein Kampf, in dem die Budgetnikis mit dem Bereich der Óbschtschina gleiche Interessen haben, denn sie bilden einen Teil ihrer sozialen Struktur, und umgekehrt sind die Óbschtschinas das notwendige Arbeitsfeld für sie. Wenn sich die Bewegung zur Wiederbelebung der Óbschtschina und die Bewegung der werktätigen Intelligenz zu einem Block zusammenfinden, dann kann daraus eine mächtige soziale Kraft werden. Daraus kann dann auch eine politische Kraft entstehen. Aber bisher ist das nicht geschehen. Die Óbschtschina befindet sich in dem Stadium des Übergangs, und es ist unklar, wohin sie sich entwickeln wird; die Intelligenz in der sozialen Sphäre befindet sich in dem Zustand, daß sie im Moment zu keinem Widerstand fähig ist. Das hängt mit dem Wechsel der Generationen zusammen, damit, daß man nicht gewohnt ist, einschneidende Lösungen zu treffen. Sogar bei der Intelligenz. Wenn die Macht einen offenen Kurs auf Vernichtung dieser Schicht einschlagen würde, daß man Schulen schließt, daß man Bildung beseitigt, dann würde der Widerstand beginnen. Aber jetzt? Nicht hierhin und nicht dorthin. Das heißt alle sozialen Prozesse werden davon abhängen, welche politischen Entscheidungen das Regime in den nächsten zwei Jahren ergreifen wird.

So oder so glaubst du aber, daß die sozialen Prozesse mit den Strukturen und der weiteren Entwicklung der Óbschtschina zusammenhängen?

Wenn sich diese Schicht aus der sozialen Sphäre fände, dann über die Struktur der Óbschtschinas. Zur Zeit lebt jeder für sich. Die Sphäre könnte sich auch in Richtung von Kooperativen wenden, aber das ist ohne Perspektive, denn nicht eine der Kooperativen wird sie beschützen. Sie finden Schutz nur, wenn sie sich mit den Menschen, mit Studenten, mit Lehrern treffen. Das Niveau des Bewußtseins ist äußerst niedrig. Was können sie tun? Sie können sich anfangs zusammenschließen, aber je mehr sie sich zusammenschließen, um so mehr wird man sie niederhalten.

Verstehe, aber besteht Aussicht, daß sie sich zusammenschließen?
Sicher werden sie das, nur jetzt noch nicht. Nimm z. B. die Lehrer. Sie streiken in periodischen Abständen. Aber im Grunde sind sie eher dabei, die herrschenden Kräfte zu unterstützen. Aber die bedrücken sie, geben nach, bedrücken, geben nach. Die Macht ist nicht bereit sich mit ihnen anzulegen. Das ist das eine. Oder es beginnt ein wirtschaftliches Wachstum und sei es das kleinste, aber dann würde sich die Situation schon ändern. In gewissem Sinne wäre das für die Macht ganz entsetzlich. Wenn die Krise eingeschränkt wird, wird das für die russischen Autoritäten eine Katastrophe. Dann wird die Óbschtschina aufleben, jetzt lebt sie ökonomisch auf der Ebene der Selbsterhaltung. Aber dann wird die Óbschtschina aufleben, sie wird Verbindungen knüpfen, und was bleibt, beginnt sich zu konsolidieren. Es beginnt ein wirtschaftliches Wachstum. Es kommen neue Leute, das heißt, Leute beginnen mit einem Kampf um die Verteilung der Früchte des wirtschaftlichen Wachstums – Klassenkampf also.

Diese Situation können aber auch Menschen wie Barkaschow, wie Schirinowski, Lebed oder ähnliche nutzen …
Nein, wenn der Kampf im Namen des wirtschaftlichen Wachstums geführt wird, dann ist das die Zeit für die Linken. Das ist so, wenn der Kampf um die Verteilung der Früchte geht. Leute wie Barkaschow sind im öffentlichen Bewußtsein nicht sehr verankert. Woran wachsen die Kräfte der Rechten überall in der Welt? Eben nicht bei der Verteilung der Früchte, sondern im Namen der Aufteilung einer schrumpfenden Torte. Das kann sich nur an die Schwachen wenden.

Das ist mir zu einfach …

Schau, wenn die ökonomische Torte wächst, wenn es einige Anteile gibt, die es gestern nicht gab, dann versucht der herrschende Kreis, sich den größten Teil zu nehmen, aber die Werktätigen sagen, entschuldigen Sie bitte, gebt uns davon ab. Das ist der traditionelle Klassenkonflikt. Wenn aber umgekehrt die Torte schrumpft und schrumpft und schrumpft, dann kann die herrschende Klasse nichts abgeben, oder sie gibt einfach nichts. Das heißt, es beginnt ein Kampf zwischen den Elenden, die stark sein wollen, und den Schwachen, denen man etwas nehmen kann. Man muß nur die Schwachen finden, die man verantwortlich machen kann. Das ist die Mentalität eines Le Pen[53], Schirinowski, Barkaschow und aller möglichen. Das gibt ein Ziel, man kann es von jemand nehmen – Ausländer, Emigranten, Türken, Tschornie usw. Hier ist soziale Solidarität nicht mehr möglich. Wirtschaftliches Wachstum hat dagegen immer zum Anwachsen einer Arbeiterbewegung geführt, überall auf der Welt. Die Arbeiterbewegung entsteht immer als Antwort auf die Schandtaten des Kapitalismus, wenn es etwas zu verteilen gibt, die Krise des Kapitalismus oder die kapitalistische Krise ist die schlechteste Zeit für die Arbeiterbewegung. Dann wird die Arbeiterbewegung selbst schwach. Weil dann nicht mehr klar ist, worum es eigentlich geht. Deshalb wird das wirtschaftliche Wachstum in die Richtung der Verschärfung der sozialen Widersprüche, die Verschärfung, sagen wir, der klassenmäßigen Elemente gehen, nicht unbedingt im Sinne des Klassenkampfes von Karl Marx, aber klassenmäßiger Elemente. Und das bedeutet dann auch ein Wachstum der Linken.

Aber dieselben korporativen Strukturen wirken doch auch für die Rechten.
Nur wenn die Situation vollkommen schlecht wird, haben die Rechten die besseren Chancen. Zur Zeit unterstützen die Strukturen der Óbschtschina eine unglaubliche Amortisation der sozialen und wirtschaftlichen Krise. Welches Land kann bei einem Fall der Produktion um sechzig Prozent überleben? Welches andere Land könnte so überleben? Und nicht nur Aufstände, das sowieso, sondern die Menschen leben, sie leben. Genauer, sie sind mit dem Überleben beschäftigt. Das ist der mächtigste Amortisator.

Das überzeugt mich noch nicht. Warum sollten Menschen nicht zu den Rechten gehen, wenn sie verelenden, wenn sie sich ausgebeutet, ausgeraubt fühlen?

---

53   Le Pen, Jean-Marie, Vorsitzender des franz. Front National.

Die Rechten haben ihnen nichts anzubieten, Rechte sind in einer bürgerlichen Gesellschaft weit stärker. In der bürgerlichen Gesellschaft ist die Vereinigung der rechten, also der freiwillige Zusammenschluß zum Zweck, Schwächere niederzudrücken, natürlicher als der Zusammenschluß in Strukturen einer Óbschtschina.

Warum?

Die Óbschtschina ist schwieriger. Die Óbschtschina ist ja im Grunde nach dem Prinzip der Solidarität aufgebaut. Im besten Falle kann eine Óbschtschina mit einer anderen im Kampf liegen. Aber die Óbschtschina ist nicht mit den Grenzen identisch, die die neuen Rechten aufzeigen. Was könnte sein? Man könnte die Teile der Gesellschaft unterdrücken, die nicht nach den Prinzipien der Óbschtschina organisiert sind. Aber die neuen Rechten kommen gerade aus dem Teil, der nicht nach Óbschtschina-Strukturen organisiert ist. Sie verbinden Leute nach anderen Prinzipien. Sie könnten eher selbst Objekt von Unterdrückung werden.

Aber im Inneren der Óbschtschina, also sagen wir, der russischen Óbschtschina, da können sie doch ...

Nein, wer ist eine Óbschtschina? Die Tschetschenen sind z. B. keine Óbschtschina, die Kaukasier, überhaupt die Tschornie sind keine Óbschtschina, jedenfalls nicht im sozialen Sinne. Sie haben nicht diese Strukturen. Vor allem anderen sind sie Händler, sie kommen herbei und handeln. Sie haben keine Verbindung mit der örtlichen Bevölkerung, sie sind fremde Elemente, und gegen sie wendet sich eine sehr starke Unterdrückung. Aber die Sache ist, sie sind letztlich keine Schwachen. Sie sind sehr gut organisiert, sie haben ihre eigene ethnische Solidarität, die ihre eigenen Resultate hat. Wir haben dieses Phänomen in Tschetschenien gesehen: Im Verlauf des Krieges ist die antitschetschenische Stimmung beständig gesunken in Rußland. In einem Land, das Krieg mit Tschetschenien führt, könnte man erwarten, daß die antitschetschenische Haltung im Lande wächst. Nichts dergleichen, umgekehrt. Alle Umfragen zeigen, daß die antitschetschenische Stimmung in Rußland beständig gesunken ist im Verlaufe des Krieges. Warum? Weil der Tschetschene sich als stark erwies und als solidarisch. Da hat sich also eine andere gleichberechtigte Korporation gebildet.

Wie? Sie haben sich untereinander solidarisch gezeigt?

Nein, die Russen haben nur gesehen, daß die Tschetschenen den Krieg gut führen. Die russische Armee fällt auseinander, die tschetschenische Armee kräftigt sich. Mehr noch, die tschetschenische, sagen wir, Diaspora hat sich im Verlauf des Krieges gezeigt. In ihrem Kampf für die Unabhängigkeit, die sie sehr unterstützt hat, hat sie sich aber nicht gegen die Russen gestellt. Tschetschenien hat sich äußerst gut gezeigt als nicht ethnische Gesellschaft, sondern als bürgerliche, besser gesagt als staatliche. Im Ergebnis war die Propaganda des russischen Nationalismus in dieser Frage bodenlos, weil es keine reale Grundlage für die Russen gab, sich auf die Tschetschenen zu werfen. Warum? Erstens war das alles einfach beängstigend: Die hatten Karabiner, ich nicht. Zweitens war da die hohe Solidarität zwischen ihnen. Das heißt, sie genießen Hochachtung, weil sie eine starke Gemeinschaft sind, wenn auch keine Óbschtschina im sozialen Sinn.

Du denkst also, daß der Gedanke der Óbschtschina und die Strukturen der Óbschtschina mehr für die Linke arbeiten?

Nun, heute wirkt sie mehr für das Zentrum, das heißt, eigentlich für niemanden, einfach fürs Überleben. Sie wirkt dahin, daß die Gesellschaft überleben kann bei ihrem gegenwärtigen Zustand. Und das bedeutet, sie ist nützlich für die gegenwärtige Macht.

Für die gegenwärtige Macht?

Ja, der gegenwärtigen Macht kommt die gegenwärtige Lage der Dinge zupaß. Die Amortisation der Óbschtschina erlaubt der Bevölkerung, den fürchterlichen Zustand anzunehmen, in dem sie sich befindet.

Das heißt, die gegenwärtige Macht gründet sich auf die neuen Óbschtschinas?

Ja, genau. Die Óbschtschina ist für die Macht ein Bestandteil von sich selbst. Das ist wie im Regime der Zaren. Wieder diese Paralelle zum zaristischen Regime. Das zaristische Regime liebte die Óbschtschina nicht. Auf der anderen Seite hatte es Angst, sie zu zerstören. Die kam ihm zupaß, dort wurden die Steuern eingetrieben, es gab weniger Aufstände usw. Das heißt, für die zaristische Macht war die Óbschtschina immer eine doppelwertige Beziehung. Aber wenn alles normal ist, dann wirkt die Óbschtschina für die bestehende Macht, objektiv. Sie behindert jede beliebige revolutionäre Agitation. Aber das gilt nur bis zu einem bestimmten Moment, dann ändert sich alles.

Du erinnerst dich natürlich, wie die Narodniki, wie Vera Sassulitsch[54] bei Marx und Engels anfragten, was sie von der Óbschtschina hielten. Und sie antworteten ...
... daß im Großen und Ganzen die Narodniki recht hatten.

Er schrieb ihnen, die Óbschtschina könne einen Weg zum Kommunismus eröffnen, wenn im Westen die Revolution siege. Wenn wir das heute überdenken, was hat sich deiner Meinung nach im Lauf der Zeit nun gezeigt?
Ich denke, Marx hatte recht, ganz einfach. *(lacht)* Das ist so eine Sache. Viele Dinge, die Marx im 18. Jahrhundert schrieb, treffen eher für das Ende als für die Mitte des 20. Jahrhunderts zu. Die Neoliberalen haben große Arbeit geleistet, um die Prognosen von Marx zu erfüllen. *(lacht)*

Na ja, bei uns hat die Revolution nicht stattgefunden ...
Die Frage ist ja, warum es keine Revolution gab. Es gab eine soziale Reform. Und heute findet dieser bemerkenswerte Vorgang statt, den ihr Sozialabbau nennt. Wenn ihr euch weiter in dieser Richtung bewegt, dann werden wir noch sehen, was da in einigen Jahren sich im Westen entwickelt. Die erste Reaktion werden die neuen Rechten sein, und es ist durchaus nicht sicher, ob es nicht eine neue Welle der Linken gibt, wenn die Linken keine Idioten sind. Aber wenn es eine neue Generation gibt, ich meine nicht von der Generation her, sondern Leute, die nicht von früheren Niederlagen niedergeschlagen sind. In diesem Sinne neue Generation. Die Generation der sechziger Jahre, all diese Ideologen, Führer, linken Politiker, die an den Ideen der sechziger Jahre gearbeitet haben, sind heute niedergeschlagen.

Wenn wir auf diese Entwicklungen schauen, dann kommt mir die Frage ...
Noch eine Sache, vergiß deine Frage nicht. Der »Gang ins Volk«, den die Narodniki im 19. Jahrhundert machten, der massenhafte, organisierte, ist in kurzfristiger Hinsicht total gescheitert, sie begriffen das Volk nicht. Obwohl natürlich ihre Lehrer, ihre Ärzte ihre Ideen im Volk hinterlassen haben. Aber 1905 ist eben diese Óbschtschina, die die Narodniki nicht überzeugen konnten,

---

54 Sassulitsch, Vera, aktive Narodnikin (korrekt: Narodnitsa), bekannt durch ihren Brief an Karl Marx, in dem sie ihn danach fragte, ob die Óbschtschnina Rußlands Weg zu einer kommunistischen Gesellschaft verkürzen könne. Marx antwortete spät, aber immerhin, das könne wohl sein, aber nur, wenn im Westen eine proletarische Revolution stattfände. Dann könne Rußland evtl. der Umweg über den Kapitalismus erspart bleiben.

in den Aufstand gegangen und führte ihre Revolution durch. Hat auch nicht gewonnen, aber hat doch trotzdem ihre Wirkung gehabt. Was ich sagen will: Wir sehen erneut die interessante Parallele: Die Óbschtschina ist heute keine konkret bestimmte Basis für die Linken, sie ist eine potentielle soziale Basis, in der man arbeiten muß, für die man kämpfen muß, mit der man sich auseinandersetzen muß. Aber es gibt keine Garantie, daß das einfach unseres ist, nichts dergleichen.

Die Frage, die sich mir hier stellt, lautet: Was folgt aus all dem? Bei uns gab es die erwartete Revolution nicht, bei uns findet zur Zeit der Sozialabbau satt, wie du ihn richtig nennst. Das bedeutet, der sogenannte Sozialstaat wird zerstört, abgebaut. Bei euch zerfällt eurer Sozialismus ...

... die Elemente von Sozialismus ...

... ja, die Elemente von Sozialismus und es ist zur Zeit nicht erkennbar, was aus dem Vorhandensein dieser Strukturen der Óbschtschina folgt. Welche Schlußfolgerungen, welche neuen Vorstellungen sind aus all dem für die heutige, für die weitere Entwicklung zu gewinnen?

Nun, erstens: Marx hatte recht, unter anderem auch mit seinen Beobachtungen über Rußland. Darüber hinaus gibt es noch eine ganze Menge anderer Dinge bei Marx und Engels, mit denen sie recht hatten, etwa auch mit dem ziemlich tragischen Verlauf der russischen Revolution, den sie vorhersagten, daß es eine Diktatur geben, daß das keine Klassendiktatur sein werde usw. Das heißt, es gibt Elemente der Voraussagen, aber sie trafen nicht ein wie die Weissagungen bei Ödipus. Wörtliche Verwirklichungen von Voraussagen gibt es nicht *(lacht)*, es kommt immer irgendwie anders. In diesem Sinne haben die marxistischen Prophezeiungen eine sehr große Kraft gehabt, aber lassen zugleich die Schwäche unserer Interpretation ihrer Voraussagen erkennen. Ich meine besonders auch die grundlegenden wissenschaftlichen Prognosen. Dafür muß man nicht den Klassikern die Schuld zuweisen, sondern sich selbst.

Aber (stöhnt) wo befinden wir uns heute?

Nun, mir scheint, wir befinden uns heute an der Schwelle eines wichtigen Übergangs. Für den Westen war das erste Symptom dafür, daß da etwas Neues beginnt, Frankreich im Jahre 1995, die Streiks des Jahres 95. Sie zeigten zunächst gewisse Grenzen, bis zu denen der Sozialabbau getrieben werden kann. Das hieß, wenn die Grenzen weiter hinausgeschoben werden, wird der Widerstand wachsen. In Deutschland ist dieser Punkt einfach noch nicht erreicht. Es sind eben unterschiedliche Länder. Deshalb zieht sich der Prozess in Deutschland bezeichnenderweise lange hin. Aber trotz allem gibt es gewisse Grenzen, über die hinauszugehen nicht möglich ist. Sobald die Widerstände bis zu einem gewissen Maß wachsen, steht die Frage nach einer Alternative, wie weiter. Zur Zeit gibt es nur begrenzte Ziele, sprich, es gibt keine. Sobald die Grenze der neoliberalen Auftritte deutlich wird, objektiv, daß sie nicht mehr akzeptiert werden, werden eben dieselben Neoliberalen zeigen, daß es Varianten gibt, sogar bei ihnen. Wo vorher kein Geld im staatlichen Sektor in Frankreich war, wurde plötzlich etwas gefunden, nachdem das Land einen Monat in Streiks lahmgelegt war.

Ja, man fand Geld, einmal ...

... nein, das zeigt ein Symptom. Die Linken werden immer verlieren, weil sie die Regeln des Spieles akzeptieren. Das ist zum Beispiel ein scharfes Sparprogramm. Solange wir es akzeptieren, wird es im Rahmen dieses Budgets kein Geld geben. Ein anderes Beispiel. Was da geschrieben wird über den Abbau des Staatseinflusses, als Entmachtung. Der Staat soll nichts empfangen, weil er nichts geben kann. Da kann man von niemanden etwas fordern, es gibt keine Adresse, weil keiner etwas hat *(lacht)*, und das Geld bleibt nur in kleinen Kreisen der Elite. Solange die Gesellschaft bereit ist, diese Gesetze als natürliche Gesetze zu akzeptieren, wird sie die Niederlage in jedem beliebigen Fall akzeptieren müssen. Das Problem ist nur, daß schließlich Störungen der Regeln auftreten, wenn die Gesellschaft diese Niederlagen einfach nicht mehr ertragen kann. Früher oder später beginnt ein anwachsender Prozeß der Verletzung der Regeln, gesamtgesellschaftlich oder nicht, aber auf jeden Fall eine massenhafte Tendenz, die nicht nach den Gesetzen handelt, die das System vorgibt.

Ein anderes Beispiel sind die Chiapas in Mexiko. Was heißt das? Sie handeln nicht nach den Regeln. Sie gehen nicht wählen, sie akzeptieren die klassische Arbeitsteilung nicht. Sie nehmen die Waffe und lassen die Bürokraten einfach nicht rein. Aus diesen Entwicklungen, scheint mir, erwächst eine neue Alternative.

Welche Rolle spielt der Staat dabei? Da habt ihr ja harten Anschauungsunterricht bekommen.

Nun, was geht ungefähr vor sich? Alles wurde privatisiert, nicht? Es ist bekannt, daß viele Betriebe seitdem nicht mehr arbeiten, daß sie von Subventionen leben, und übrigens gibt es keine Varianten, du kannst als Eigentümer das Eigentum verteilen – es ändert sich nichts. Es gibt keine unternehmerische Bourgeoisie, deshalb gibt es keine festgelegten Investitionen, Hunger usw. Was macht die örtliche Macht? Sie beginnen die Betriebe vor Ort zu nationalisieren. Im Ergebnis haben wir anstelle des alten monolithischen Staatssektors dezentralisierte Staatssektoren mit örtlichen, gemeinschaftsbezogenen korporativen Verbindungen. Die Óbschtschina beginnt sich neuerlich und in neuer Form zu rekonstruieren, in spontaner Wiese, nicht der Art, daß sie sich als Narodniki oder als Sozialisten deklarieren oder irgendwelche Bücher gelesen hätten. Die Betriebe haben nun konkret diese Situation. Also, es kommt der Chef, sagt, was zu tun ist, und beginnt sie in dieser Weise zu nationalisieren.

Vorgeblich die reinste Notwendigkeit ...

Ja, ja. Dann nationalisieren sie den zweiten Betrieb, den dritten usw., und siehe da, übers Jahr hat der Direktor schon einen ganzen kleinen Staatssektor. In der Region bei jedem Gouverneur. Und Moskau? Das größte Unternehmen ist Moskau, die Regierung von Moskau. Darüber hinaus hat man viele große Unternehmen zurückgenommen, so die privatisierte SIL[55], AZLK[56]. Da ist die Riesenkette »Russisches Bistro«, ein neues Unternehmen. Sie haben die Metropolitan für sich genommen. Die Metro entwickelt sich. Sie hat ihre eigene Reklameabteilung, ihre eigenen touristischen Firmen. Die Metro hat ihre eigene Gesellschaft für Fast food, Metro Express. Das ist alles Staatssektor. Das alles wächst zudem spontan im Namen der Privatisierung, sogar auf ihre Kosten. *(lacht)* Wenn man also über Formen des Sozialismus oder gemischte Wirtschaft spricht, dann haben wir hier gewisse Muster schon vor uns. Das soll nicht heißen, daß das, was die Bürokraten in Rußland heute machen, gut sei. Ich will damit sagen, daß derselbe Prozeß, wenn er nicht bürokratisch abliefe, nicht zufällig, nicht nur unkontrolliert, sondern bewußt, mehr oder weniger gelenkt und koordiniert, wenn danach die Strukturen der Wirtschaft im Ganzen ausgerichtet und die Gesellschaft auf humaneren, auf demokratischeren Grund gestellt würde, die Wiedergeburt der Óbschtschina auf dem territorialen Niveau ermöglichte. Das wäre ein mächtiger Prozeß mit riesigem Potential. Darüber

---

55 SIL, Moskau, Sawod imeni Lichatschowa, deutsch: Lichatschow-Werk; zu 90 Prozent im Besitz des russischen Staates. Produziert werden Lastkraftwagen, Busse und Limousinen.

56 AZLK, Awtomobilni sawod imeni Leninskowo Komsomola, deutsch: Automobilfabrik im Namen des Leninschen Komsomol.

hinaus ließe das einige neue Ideen entstehen. Dieser Staatssektor würde ökologischer zum Beispiel. Schließlich ist das alles auch mit territorialen Fragen verbunden. Es gibt ja immer dieses Problem: entweder Arbeitsplatz oder Ökologie. Aber in den Regionen kann man dieses Problem auf regionalem Niveau miteinander verbinden. Das ist im übrigen nicht nur ein rein russisches Experiment ...

Das hat natürlich weitergespannte Bedeutung. Diese Frage des Regionalismus ...

Regionalismus und wenn du willst munizipaler Sozialismus. Dieser Regionalismus kann kapitalistisch sein oder bürokratisch, er kann aber auch sozialistisch sein. Das hängt vom Herangehen ab und von der politischen Entwicklung.

Ja, ich denke, daß Regionalismus eine enorme Bedeutung hat und aus der beschriebenen Situation notwendig folgt.

Das ist natürlich auch eine Alternative zur Globalisierung. Man sagt ja, wir könnten heute keine globale Alternative vorschlagen. Regional können wir das aber *(lacht)*, und die Summe der regionalen Alternativen, wenn sie koordiniert wird – das ist dann schon mehr als nur eine regionale Alternative.

So gesehen, ist Regionalismus in der Tat von globaler Bedeutung, wenn auf allen Ebenen, an allen Orten Gebiete wachsen, in denen man unter den Bedingungen des globalen Marktes, aber nach eigenen Gesetzen aktiv ist. Ich verstehe das so.

Genau, deswegen muß man keineswegs Angst haben vor einer Regionalisierung Rußlands. Wovor haben unsere offiziellen Ideologen Angst?

Sogar andersherum: Ich denke, daß die Regionalisierung Rußlands zukünftige Entwicklungsmöglichkeiten, begehbare Wege anzeigt, wenn Regionalisierung nicht in Nationalismus abgleitet.

In meinen Augen, ja. Mehr noch, jetzt haben wir mit einigen Mitgliedern der KPRF gerade ein Dokument als Alternative zum Programm KPRF verabschiedet. Dort schrieben wir genau die These; daß die Regionalisierung und die Gründung regionaler öffentlicher Sektoren als Anzeiger des spontanen Prozesses zu verstehen sind, welche übrigens die alte Linke in keiner Weise beachtete. Sie denken immer noch an die Sowjetunion.

Sie widmen ihr schon Aufmerksamkeit, aber sie ängstigen sich davor...

Ja, sie haben Angst ...

Das ist bei uns genauso. Ein schlechter Witz, aber unsere alte Linke hat ebenfalls Angst vor einer allgemeinen Regionalisierung, von der sie eine Schwächung des Staates befürchtet.
  Aber die Regionalisierung in Rußland zeigt, daß sie keineswegs mit der Schwächung des Staates einhergeht. Die Rede ist nicht von Abwesenheit des Staates, die Rede ist von einem anderen Verständnis des Staates. Der Staat auf regionaler Ebene spielt eine sehr große Rolle. Man braucht einen Staat, der sich selbst dezentralisiert. Wenn die Auflösung des Zentralstaates einhergehen würde mit einer größeren Zugänglichkeit für die Bürger vor Ort, dann wäre das ja eine äußerst begrüßenswerte Entwicklung. Eine andere Sache ist, daß die Liberalen genau das zur Zeit nicht wollen.

Kannst du dir vorstellen, daß Rußland Anzeiger, Beispiel, vielleicht sogar Impulsgeber dieses Prozesses werden könnte?
  Das würde einem natürlich sehr gefallen. Russen, Juden, *(lacht)* lebende Menschen haben natürlich immer den Wunsch, Beispiel für andere zu sein. Aber ernsthaft: Wahrscheinlich ist es so. Es liegt etwas Wahres darin. Ich denke, Rußland kann eine große Rolle dabei spielen, der Welt zu zeigen, daß es neue Alternativen gibt. Davon bin ich überzeugt. Es ist ja klar, daß Mittelasien, Aserbeidschan niemals wieder mit Rußland zusammenleben werden. Eine russische Mission wäre natürlich ein guter Stimulus. Psychologisch muß man allerdings sehr vorsichtig mit dieser Idee sein, auch ideologisch und überhaupt aus vielen Gründen.

Unbedingt! Deshalb spreche auch nicht von einer russischen Mission. Ich sehe lediglich einen objektiven Prozeß der Art, daß Rußland einen neuen Weg gehen wird. Das muß man sich nicht ausdenken, das geschieht einfach.
  … neu für sich selbst …

… na klar, dieser Weg beginnt hier, aber er ist natürlich beispielhaft. Die Zeit für solche Imperien wie es die Sowjetunion war, ist einfach vorbei …
  Ja, Rußland geht wieder einmal nicht den Weg, der ihm vom Westen vorgeschlagen wurde. Das ist eine Tatsache. Es wiederholt sich wieder einmal das Paradoxon der russischen Geschichte, daß jedesmal dann, wenn Rußland versucht, den Westen zu imitieren, im Ergebnis etwas anderes dabei heraus-

kommt. Das beginnt mit Peter[57], nein, das beginnt übrigens schon mit der Taufe Rußlands.

Man spricht bei euch zur Zeit von einer polyzentristischen Welt, das ist ein Wort, das ich 1992 selbst als Ergebnis meiner Untersuchungen der russischen Wirklichkeit fand, und dann in meinem dritten Buch über Rußland beschrieben habe – jetzt höre ich, daß euer Außenminister Primakow[58] davon spricht. Was ist das? Haben sie selbst den Ort verstanden, an dem sie stehen? Muß man das so verstehen?

Ja, ja, natürlich. Primakow ist kein ungebildeter Mann. Er ist Orientalist, und vermutlich liest er auch Literatur, im Unterschied zu, sagen wir Kosyrew[59], der im Verständnis des Landes nur ein »Malschik maschora«[60] ist, ein Junge aus einer elitären Familie. Man muß da nicht zu prinzipiell rangehen. Auf der einen Seite ist das gut, daß wir diese historische Lektion erhalten haben, ich will sagen, daß Rußland immer zuviel über sich gegrübelt hat. Für uns ist es nicht schlecht, eine gewisse Zeit als Dritte Welt zu verbringen, allein schon, um zu begreifen, daß die Welt nicht so ist, wie wir das dachten. Grob gesagt, dachten die Leute ja immer, daß das, was in Indien, in Afrika, in Lateinamerika Realität ist, keinerlei Bedeutung für uns hat. Jetzt ist uns gezeigt worden, daß das eine wichtige, direkte Bedeutung hat. Das ist eine gute, nützliche Lektion für die russische Gesellschaft, um für die Zukunft ein bißchen mehr Solidarität aufzubringen *(lacht)* und mehr Verständnis für globale Entwicklungen. Eine andere Sache ist, daß so oder so Rußland nicht Dritte Welt bleiben wird, es wird ein bißchen dort verweilen, aber dort nicht bleiben.

Ein Umweg also wieder einmal mit vielen Unbekannten.

Ja, Rußland ist einfach gezwungen, einen nicht standardisierten Weg zu gehen.

***

Hier verlangte Goscha, der Sohn Boris Kagarlitzkis, die Aufmerksamkeit seines Vaters.

Wir verschoben die weitere Klärung dessen, was ein nicht standardisierter Weg sein könnte, in eine nächste Runde unseres Gespräches.

---

57 Gemeint ist Peter I.
58 Primakow, Jewgeni, Außenminister und Ministerpräsident.
59 Kosyrew, Andrei, Außenminister von Oktober 1990 bis zu seiner Entlassung im Januar 1996.
60 Wörtlich: »Junge der guten Laune«, leichter Junge, tendenziell Playboy.

Gespräch, Teil 3: Über die mögliche Wiedergeburt der Óbschtschina

Fortsetzung mit frischem Tee und gesammelten Kräften.

Boris, wir sind bei dem Gedanken angekommen, daß Rußland, und dies vielleicht beispielhaft für andere, einen ungewöhnlichen Weg beschreiten müsse. Das provoziert natürlich sofort die Frage: Was ist ein ungewöhnlicher, ein nicht standardisierter Weg?

Ein ungewöhnlicher Weg, das meint natürlich das, was vorher noch von niemandem gemacht worden ist. Generell ist das Schlimmste, was der Linken, übrigens nicht nur bei uns, sondern in der ganzen Welt, nach den zwanziger Jahren geschehen konnte, die Konzeption der Modellhaftigkeit. Jede beliebige Entwicklung muß sich nach irgendeinem Modell ausrichten, so wie die russischen Sozialdemokraten sich nach dem Modell der deutschen Sozialdemokraten ausrichteten. Und die Bolschewiki-Menschewiki versuchten aufrichtig, in Rußland eine Sozialdemokratie aufzubauen wie in Deutschland. Nur es hat einfach nicht geklappt. Es konnte nicht sein. Gerade die extrem begrenzte Situation, die sich 1917 ergab, erlaubte den Menschen eigentlich nicht, irgend etwas nach bestimmten Modellen und fertigen Rezepten zu machen, weil die Situation im Prinzip ohne Vorgänger war. Sie zwang die Menschen, irgendwelche nichtstandardisierten Lösungen zu finden, gute oder schlechte, das ist nicht wichtig. Ich sage nur, daß die Lage von 1917 die russiche Gesellschaft zwang, und nicht nur die Bolschewiki, im Unbekannten zu suchen. Aber anschließend wurden eben diese Entscheidungen, gleich ob gut oder schlecht, ebenfalls in Modelle verwandelt, für andere, für die kommunistische Bewegung.

Das ist in der Tat eine der tragischsten Entwicklungen, daß diese gewissermaßen spontanen Entscheidungen anschließend zu Modellen erhoben wurden.

Ja, und später, als diese Modelle nicht paßten, sagen wir für den Westen oder für andere Länder, hat man nicht nach neuen Wegen gesucht, sondern nach alternativen Modellen, das heißt, man ging wieder von etwas schon Bestehendem aus. Im Prinzip ist der einzige Weg für Rußland heute, den Weg nicht standardisierter, unerwarteter Lösungen zu gehen. Das ist seine große Chance, sein großes Vermögen, aber auch seine Tragödie. Das ist eine Notwendigkeit.

Gültige Antworten können nur aus dem sozialen Experiment, aus der sozialen Umgestaltung selbst kommen. Wir können daher gegenwärtig keine fertige Alternative beschreiben, und das noch aus einem zweiten Grunde: weil das soziale Subjekt, die soziale und die politische Kraft, die fähig wäre, die Alternative zu entwickeln, bisher nicht existiert.

Aber die Menschen leben doch ...

Ja, die Menschen leben und mehr noch: Sie leben in einem erheblichen Maße auf Kosten der Vorräte der davorliegenden Zeit und des Erbes des alten sowjetischen Regimes. Mag das nun gut sein oder schlecht. Wieso kann das Land bei diesem erschreckenden Abfall der Produktion existieren? Weil der Vorrat sozialer Beziehungen existiert, wie wir es in Bezug auf die Óbschtschina besprochen haben, und rein physisch ist der Vorrat an Stabilität hoch, weil die Häuser gebaut sind, weil die Menschen Wohnungen haben. Ich habe diese Wohnung, ich brauche doch keine neue. Die Menschen haben in der Regel Kleidung und alle möglichen Bedingungen zum Leben, welche sie jetzt nicht erst erarbeiten müssen. Bei ihren heutigen Einkünften könnten sie das schon nicht mehr. Und wieder dieselbe Situation: Wir befinden uns vor der Wahl. Entweder wir verlieren beständig, was wir haben, denn von zweihundert Dollar kann man nicht leben, oder wir leben auf dem Niveau von 500 Dollar und verbrauchen die Ressourcen, die wir haben. Entweder die Menschen senken ihre Ansprüche bis zu dem Niveau, das ihrem realen Einkommen entspricht, oder sie versuchen, die Gesellschaft zu ändern, um das zu erhalten, was sie haben. Merkwürdig, aber wahr: Sofern es einen revolutionären Stimulus im heutigen Rußland gibt, ist das nicht der, etwas zu erhalten, sondern das zu bewahren, was vorhanden ist. *(lacht)*

Ist es nicht so, daß es überhaupt nur darum geht, einfach zu überleben?

Überleben sowieso. Man muß verstehen wie die Menschen leben. Sie leben und denken, irgendwann wird dieser grauenhafte Traum mal zu Ende sein. Nicht, daß das Frühere zurückkommt, aber es wird irgendein gutgefügtes Leben sein, wo es ein Ufer gibt, alles irgendwie okay sein wird. Mit einer guten russischen Redewendung gesagt: »wsjo ustroitzja«, alles richtet sich *(lacht)*, »polutschtitsja«, es gelingt, ohne Subjekt, ganz an sich selbst irgendwie. Göttliche Schöpfung. Die Hand ist nicht sichtbar *(lacht)* ...

... aus dem Himmel, von Gott, vom Zaren ...

... über den Markt, ja, nicht wichtig, woher. Aber irgendwann kommt der Moment, wo die Leute gezwungen sind, sich zu organisieren, entweder weil es schlechter wird, oder umgekehrt, um in den wirtschaftlichen Aufschwung zu kommen, spontan zum Selbstschutz. In meinem Verständnis besteht die Aufgabe der Linken heute darin, diesen spontanen Prozeß zu begreifen, der bereits real stattfindet, nicht irgend etwas auszudenken aus dem Kopf, sondern zu sehen, was am Boden bereits stattfindet, die realen Prozesse, wenn auch vielleicht sehr schwach, die es tatsächlich gibt, und die Alternativen auf dem Boden dieser Prozesse auszuarbeiten. Alles, indem man diese spontanen, möglicherweise schwachen Prozesse versteht, sich mit ihnen auseinandersetzt und sie in organisierte und starke, herrschende Bewegungen verwandelt.

Wie denkst du, kann das vor sich gehen? Organisieren sich diese Menschen irgendwie selbst, oder tut es jemand für sie?

Nun, ich glaube vor allem, daß man unbedingt eine politische Organisation haben muß. Eine Gewerkschaft wird gebraucht, eine normale Gewerkschaft, notwendig ist auch eine politische Partei.

Gibt es eine? Sie fehlt immer noch ...

Die einzige dem ähnliche politische Kraft ist die Kommunistische Partei, aber nur mit ähnlich klingenden Worten. Wenn ich sage, wir brauchen eine Partei oder eine Gewerkschaft, dann heißt das natürlich auch, daß wir nicht zu einer Partei oder einer Gewerkschaft der Vergangenheit zurückkehren können. Ich denke, daß eine alte Partei nicht möglich ist.

Meinst du nicht, daß die Menschen sich möglicherweise selbst organisieren, daß sie einfach gezwungen sind, sich selbst zu organisieren in den Sowchosen, in den Kolchosen, eben in den Strukturen der Obschtschina, über die wir gesprochen haben?

Dahin gehen sie natürlich. Denn klar: Worin besteht das alte Verständnis einer politischen Partei, sei es im Sinne Kautskis oder Lenins? Avantgarde! In Grund liegt da bei Lenin ein verblüffender logischer Fehler, den er nicht bemerkte: Die Avantgarde kann ja schon vom Prinzip her das Kriegsvolk oder die kriegerische Bewegung nicht regieren. *(lacht)* Die Avantgarde ist das eine, aber die Leitung ist etwas anderes.

Exakt!
Die Avantgarde kann und darf niemandem Befehle geben. Sie soll die schwerste Aufgabe auf sich nehmen. Sie soll vorangehen, aber das heißt noch lange nicht, daß alle mit der Avantgarde gemeinsam unterwegs sein sollen. Umgekehrt, die Avantgarde soll den Weg erkunden, den nachher die Hauptmasse gehen kann. Vorangehen – ja, aber sie müssen zurückkommen. Darüber schrieb übrigens auch Marx. Ja, reale Forderungen gibt es heute, reale soziale Anforderungen, die spontan entstehen, aber man muß sie in klügere, in umsetzbarere, in radikalere Formen umwandeln.

Also, du willst sagen, es braucht neue Formen der Organisation?
Es wird notwendig sein, die Lektion neu zu durchdenken, welche die Narodniki hinterlassen haben, die die Beziehung zur Óbschtschina ja hoch bewerteten, die Bedeutung der Selbstorganisation, die Bedeutung der Tradition, der Tradition des Volkes als Alternative zum Kapitalismus. Die Frage ist, ob du auf diese natürlichen Formen der Selbstorganisation setzt, die Menschen dabei unterstützt, politisch zu werden, Worte zu finden, wenn nötig, ihnen zu helfen, sich selbst zu begreifen, ihnen zu helfen, ihre eigenen Ziele zu verstehen, ihnen zu helfen, sich zu organisieren und sich zu vereinigen ...

Du meinst, daß eine Avantgarde die Aufgabe auf sich nehmen soll, den Menschen die Möglichkeit der Selbstorganisation zu erklären?
Nicht erklären. Das ist dasselbe ...

... zeigen?
Nicht die Rolle des Lehrers, der nur erklärt und doziert, die Sache ist so und so und so. Nein, wenn du so willst, das Element des Bewußtseins bilden. Die Leute wollen etwas tun, aber sie verstehen oft selbst nicht, warum sie das tun und warum es dann nicht klappt.

Ich verstehe das so, allgemein gesprochen: daß ein Mensch beobachtet, was heute vorgeht, und einfach nur erklärt, was da eigentlich geschieht.
Ja, genau, als Element des Bewußtseins! Nicht der Leitung, sondern des Verstehens. Denn wenn man dasselbe mit Verstehen tut, mit Perspektive für die Entwicklung der Situation, dann ist das etwas anders. Das zweite ist die Koordination verschiedener Entwicklungen. Wir haben verschiedene spontane Pro-

zesse gesehen, den Widerstand der Óbschtschina, die überlebt, ungeachtet der Marktentwicklungen und ungeachtet der staatlichen Bürokratie. Wir sehen, daß ein Verlangen nach einem gesellschaftlichen Sektor besteht, das besteht real und ist sehr stark zu spüren. Es ist ein Bedürfnis nach nicht an den Markt gebundenen Lösungen. Das beginnt bei den Fragen des intellektuellen Eigentums bis zu dem Punkt, an dem Privateigentum so verstanden wird, daß mehr geklaut wird. Es wurde ja schon immer geklaut. Aber wenn die Zahl der Leute, die klauen, um vieles höher liegt als jene, die kaufen oder kaufen können, dann ist das schon eine andere Sache, dann zeigt sich, daß da etwas schon dem Prinzip nach nicht funktioniert.

Das Verlangen nach einem öffentlichen Sektor zeigt sich auch in der Produktion. Nach dem Zusammenbruch der sowjetischen Gesellschaft hat sich eine Tendenz unter den Linken hier und auch im Westen gezeigt, aus dem staatlichen Eigentum zu entfliehen. Das heißt, die Idee des Staatseigentums selbst ist diskreditiert. Man hat sich lieber mit Kooperativen befaßt, mit Betrieben, in denen die Werktätigen einen Teil des Kapitals besitzen usw. In Rußland ist auch das vollkommen danebengegangen. Diese Betriebe erwiesen sich als abhängiger von staatlichen Zuwendungen als die Betriebe, die nach einfachen kapitalistischen Prinzipien arbeiten. Nur, in diesen Betrieben werden die Arbeiter nicht einzeln ausgebeutet, sondern gruppenweise, die Óbschtschina beutet sich selbst aus. In der Óbschtschina wirkt das Gesetz der Selbstausbeutung. Denn die Óbschtschina hat keine Quellen für die Investition und kann sie nicht haben. Deshalb werden die Eigentümer in einer Óbschtschina die Óbschtschina stärker ausbeuten als einfache Kapitalisten.

Aber zugleich kann man beobachten, daß ein spontaner öffentlicher Sektor sich in den Regionen entwickelte, auf der Grundlage der Regionalisierung. Das heißt, die nachsowjetische Erfahrung teilte bereits mehrere Lektionen aus. Es ist schon ein Stück Weges gegangen worden. Es ist schon nicht mehr 1981.

Kann man diese Aspekte, die diesen neuen nicht standardisierten Weg ausmachen könnten, irgendwo schon beobachten?

Vor allem in den Regionen Rußlands. In dieser Welt, wo man sich gegenseitig unterstützt, wo man ja ziemlich unabhängig von Moskau lebt. Dort bildet sich eine mehr oder weniger autonome Gesellschaft; dort entwickelt sich ein eigener öffentlicher Sektor, ein staatlicher Sektor, Betriebe, die in den Händen der regionalen Regierung liegen. In vielen Regionen beginnt die soziale Sphäre sich ziemlich autonom zu entwickeln. Uljanowsk ist ein sehr interessantes Beispiel dafür. Dort investieren alle Betriebe in einen öffentlichen Fonds ...

... Betriebe investieren in neugegründete öffentliche Fonds?

Ja, alle Betriebe zweigen eine begrenzte Summe Geldes aus ihren Mitteln ab zur Gründung eines öffentlichen Fonds des Regierungsbezirkes bzw. auch mehrerer öffentlicher regionaler Fonds. Aus diesen Fonds teilt die Regierung zusammen mit den Betrieben aus, die das Geld geben. Das mag nicht so vollkommen demokratisch sein, aber es geht von Vertretern leitender Organe aus. Das heißt, es ist kein Geld, das die Bürokratie ausgibt, sondern es sind auch diejenigen an den Entscheidungen beteiligt, die das Geld geben. Obwohl nicht einer von ihnen alleine entscheiden kann, wem er Geld gibt. Das Geld geht als Subvention in die Landwirtschaft, es geht aber im wesentlichen nicht in die Unterstützung einzelner Betriebe, sondern in den Aufbau von Infrastrukturen, in Wege, höhere technologische Standards, Ausrüstungen etc. Das ist ja ein fürchterliches Problem im heutigen Rußland, daß die technischen Ausrüstungen vor Ort ausfallen. Darüber haben wir ja auch schon öfter gesprochen. Dafür bieten die landwirtschaftlichen Betriebe, die kein Geld haben, ihre Produkte in den Städten der Region billiger an als in anderen Regionen.

Aber das ist keine Selbstorganisation.

Das ist Selbstorganisation auf der Ebene, sagen wir, des Korporativismus. Das ist nicht die Selbstorganisation der Massen. Das ist die Selbstorganisation der mittleren Bürokratie.

Also, Selbstorganisation im Vergleich zum früheren Zentralismus.

Ja, ja, genau das, ganz klar. Das wollte ich auch gerade ausführen. Und was noch interessant ist: Was sie noch machen, um nicht von anderen Regionen kaufen zu müssen. Sie haben für die Einwohner des Uljanowsker Regierungsbezirks Marken ausgegeben, aber nicht aus Armut, sondern um sich vor der äußeren Welt zu schützen. Andernfalls kämen alle herbei und würden alles wegkaufen.

Bei uns nennt man so etwas Gruppenegoismus.

Wenn du willst, kann man das so sagen. Aber das hängt natürlich damit zusammen, daß sich die Region bereits unter dem Druck der russischen Regierung befindet. Übrigens sind an der Wolga bereits fünf oder sechs weitere Regionen diesen Weg gegangen. Die Tendenz ist auch in anderen Bezirken zu beobachten, im Bezirk Woronesh, soweit ich weiß auch im Kirowski Oblast usw.

Was unterscheidet diese Politik von dem, was Linke vorschlagen könnten?

Erstens sind das isolierte Schritte, in denen die neuen Beziehungen auftauchen. Um daraus etwas Prinzipielles werden zu lassen, müssen wir diese Schritte sehen, verstehen, was dort vorgeht, und es auf einen demokratischeren, breiteren Boden bringen.

Was heißt das?

Das bedeutet, zur Zeit ist die Demokratie in diesem Prozess sehr beschränkt, gerade wegen des Gruppenegoismus. Dieser Gruppenegoismus muß durch einen demokratisch organisierten Kollektivismus ersetzt werden, durch Vertreter.

Demokratischer Kollektivismus? Was bedeutet das konkret?

Wie gesagt, es gibt bei uns zur Zeit keine fertigen Modelle. Auch Uljanowsk ist kein Modell. Es ist nur eine Erscheinung ...

... das geschieht da einfach ...

... ja, es geschieht einfach, und man kann hier Elemente möglicher zukünftiger Entscheidungen sehen. Nur das, nicht mehr. Aber die Sache ist, daß wir in diesen Regionen Rußlands die Geburt eines anderen Typs von Staat beobachten können, auf jeden Fall im Verhältnis zu dem Staat, den wir früher hatten, also nicht zentralisiert, mit starken sozialen Programmen und starkem öffentlichem Sektor, mit hoher sozialer Verantwortlichkeit, aber sie muß kontrolliert werden, sie muß durchsichtig sein, sie muß mit örtlicher Selbstverwaltung verbunden sein. Zur Zeit geht diese Dezentralisation nur bis zu einem eng begrenzten Niveau, es ist das Niveau der regionalen Elite. Wir müssen das weiter voranbewegen.

Gibt es denn auch bereits Ansätze zu dieser Entwicklung auf der Ebene von Bezirken, kleinen Städten, Sowchosen, Kolchosen, Dörfern ...?

In den Dörfern hin und wieder. Aber auch dort, nun ja, man muß die Widerstände genau beachten. Sehr oft wird Demokratie auch auf dem niedrigsten Niveau nur simuliert. Zum Beispiel die Wahl der Direktoren. Die Wahl des Direktors kann eine ebensolche Fiktion sein wie die Wahl eines Präsidenten. Die bäuerlichen Leiter verstehen sich selbst sehr oft als Interessenvertreter der Bauernschaft, und das heißt, die sind fast alle gewählt. Aber die Wahl findet häufig so statt, daß es nichts zu wählen gibt.

Ich weiß, ich habe es selbst gesehen. Oft sind sie zugleich Direktoren, Vorstände der Kolchose und bekleiden auch sonst noch weitere Funktionen. Das ist keine Diktatur, es ist einfach so ...

Das ist wie das weißrussische Modell. Weißrußland ist wie eine einzige sowjetische Sowchose, eine einzige große Óbschtschina. Warum ist die städtische Bevölkerung von Minsk aufgebracht gegen Lukaschenko[61], aber in den Dörfern und kleinen Städten sind alle in Freundschaft für ihn? Weil sie auf der Ebene des Staates eine Wiederholung der für die gewohnten Lebensverhältnisse sehen, die im übrigen durchaus demokratischer sind als das, was gegenwärtig in der Ukraine vorgeht.

Was ist daran demokratisch?

Es ist die Óbschtschina ...

Beschreib das bitte genauer ...

Ich betone noch mal: die korrumpierte Óbschtschina. Die korrumpierte Óbschtschina hat ihre innere Elite oder Oligarchie. Sie hat im materiellen Sinne schon sehr viel für sich gewonnen, das heißt, sie lebt in der Regel besser, und sie beutet ihre Genossen in der Óbschtschina in beachtlichem Maße aus und kontrolliert zugleich die Macht innerhalb der Óbschtschina. Aber solange die Óbschtschina noch nicht endgültig auseinandergefallen ist, können sie sie politisch nur kontrollieren und ihre Position halten, wenn sie die spontane öffentliche Meinung in diesem Kollektiv berücksichtigen. Das heißt, sie können nicht direkt gegen den Willen des Kollektivs handeln. Das Kollektiv wirkt als sein ganz eigenes Korrektiv bei der Annahme von Entscheidungen. Praktisch hat das Kollektiv keine positive Initiative, aber die Möglichkeit, negative Aktivitäten zu blockieren.

---

61   Lukaschenko, Alexander, Präsident Weißrußlands seit 1994.

Ich erinnere mich, daß wir vor fünf Jahren schon über diese Fragen miteinander sprachen. Ich erzählte dir damals, daß ich selbst in den Dörfern beobachtet hatte, wie man in diesen patriarchalen Verhältnissen lebt, und du sagtest damals: Ja, in den Dörfern ist das möglich, aber in den Fabriken, in industriellen Gemeinschaften ist das nicht möglich, weil die Direktoren dort andere sind. Glaubst du, daß das, was auf den Dörfern möglich ist, heute auch in den Städten möglich ist?

Das ist ein ziemliches Paradox. Ich habe darüber geschrieben, daß in Städten, in provinziellen Städten, nicht in Moskau, Moskau ist ein Thema für sich, in provinziellen Städten das Leben gemeinschaftsorientierter geworden ist als früher ...

... in welcher Art?

Das hängt alles mit dem Problem des Überlebens zusammen. Auf der einen Seite geben die Betriebe ihren Arbeitern weniger als früher. Früher bekam er Gesundheitsfürsorge, Wohnung, Kindergarten, Babykrippen, Urlaub, möglicherweise sogar ein Auto – alles über den Betrieb. Dazu noch die Kantine, ich weiß nicht, was noch alles, buchstäblich alles. Jetzt erhält er vom Betrieb wesentlich weniger. Aber der Staat, der einige Funktionen übernommen hat, erweist sich als unfähig. Deshalb hängt der Arbeiter vom Betrieb in gewissem Sinne noch stärker ab, denn das, was er überhaupt bekommen kann, kann er nur vom Betrieb bekommen. Eine andere Sache ist, daß das jetzt alles nicht sehr stabil ist. Und ich wiederhole: Die Menschen innerhalb der industriellen Óbschtschina lieben ihren Direktor nicht. Auf der anderen Seite ist klar, daß sie von dem Betrieb abhängig sind. Der Betrieb könnte geschlossen werden. Das wollen sie nicht, und der Direktor will es auch nicht.

Das heißt, von unten gibt es keine Alternative.

Zur Zeit nicht.

Und von oben?

Ich glaube, wir stehen vor einem weiteren Schub der Korrumpierung der Óbschtschina. Da wird sich zeigen, daß die Direktoren schon nicht mehr zur Óbschtschina gehören. Die Óbschtschina wird sich erhalten, sogar unter Einschluß eines Teils ihrer Bürokraten, aber ohne die äußerste Oberschicht. Die geht nach oben ...

... nach Moskau ...

... dem Sinn nach, ja, nicht körperlich nach Moskau, sondern in metaphysischem Sinne. Auf der anderen Seite wird die Óbschtschina geschlosener, volksnäher, fähiger zu eigenen Initiativen. Das ist die eine Seite der Medaille. Die andere Seite: Wir beobachten einige Enklaven einer Beziehung westlicher Art zur Arbeit, also kleine Unternehmen in Moskau, in St. Petersburg. Das ist dann eigentlich so ziemlich das gleiche wie im Westen. Nur sind die Menschen ärmer. Aber sie können vielleicht auch reicher werden. Einige unserer kleinen Firmen bezahlen zwei, dreimal mehr als vergleichbare Firmen in Amerika, dem Lohnarbeiter, nicht dem Chef. Alles kommt vor. Aber im Prinzip haben wir natürlich auch diesen modernisierten Sektor, den rein kapitalistischen Sektor. Und so kann man sagen, daß im letzten halben Jahr sich dort Widersprüche eingestellt haben: Früher haben die Leute gesehen, daß es ihnen dort besser ging als im traditionellen Sektor. Deshalb war für sie alles in Ordnung. Sie brauchten nichts weiter. Jetzt sind sie unzufrieden mit diesem und jenem. Das hängt damit zusammen, daß erstens in diesem modernisierten westlichen Sektor Arbeitslosigkeit aufkommt, darüber hinaus die Möglichkeit, die sozialen Garantien zu verlieren, die alten sowjetischen. Paradox genug, ist diese Angst gerade unter diesen Leuten besonders stark. Sie erhielten ihre sozialen Leistungen noch nach den alten Preisen, verdienten aber in westlicher Währung. Das Unverhältnis zwischen westlicher Entlohnung und sowjetisch berechneten Sozialkosten war für sie äußerst günstig. Jetzt droht das wegzufallen. Im übrigen wachsen im modernisierten Sektor eigene Widersprüche, die den bekannten klassischen Widersprüchen vergleichbar sind ...

... konkret?

Wenn der Protest aus den Strukturen der Óbschtschina sich mit der Unzufriedenheit aus dem Bereich des modernisierten Sektors verbindet, dann wird das eine äußerst mächtige, explosive Kraft.

Vielleicht ergänzen sie einander.

Erinnerst du dich an die bekannte Diskussion über die Verbindung von Arbeiterschaft und Bauern im damaligen Rußland? Was war die Arbeiterklasse in Rußland am Anfang des Jahrhunderts? Das war der modernisierte Sektor. Das waren Leute, die nicht in der Óbschtschina lebten, die eine weit höhere Bildung hatten als die mittlere im Lande. Die normalen Arbeiter in Moskauer und

St. Petersburger Betrieben waren gebildet, mit höheren Gehältern, zwar niedrigen, aber doch im Vergleich zur übrigen Gesellschaft hohen. Generell war die Arbeiterklasse für das damalige Rußland objektiv seine Elite. Sie waren wenig, drei Millionen. Das ist nicht viel. Gar nicht zu sprechen von den Transportarbeitern, den in den Kommunikationsmitteln Beschäftigten usw. Die Explosion der damaligen Gesellschaft war möglich durch die Verbindung dieser beiden Kräfte. Sie trafen sich in der Entdeckung gemeinsamer Interessen. Das war: Frieden. Das war Land – obwohl das ein sehr komplizierter Punkt war, der letztlich unentschieden blieb.

Aber die Interessen waren keineswegs deckungsgleich.
Es trafen sich zwei sehr unterschiedliche Bewegungen. Dazu kam der ganz besondere melting pot, die Armee. Die jungen Männer mußten alle zur Armee, in den Krieg, und es entstand der Typ des Soldaten, der ein bißchen Arbeiter und ein bißchen Bauer war, und dort trafen sie sich. So spielte der Soldat eine sehr entscheidende Rolle. Aber die Verbindung zwischen diesen beiden Bewegungen war keine automatische. Das ist wahr: Es waren keine gleichartigen Interessen. Hier kommt die große Rolle des politischen Bewußtseins ins Spiel ...

Meinst Du, daß die Entwicklung der Óbschtschina eine russische Besonderheit ist?
Zweifellos! Aber wenn du Mexiko, Lateinamerika usw. nimmst, dann siehst du, daß in den Ländern der Dritten Welt diese Gemeinschaftsstrukturen ebenfalls existieren. Es gibt sie nur nicht im Westen.

Ja, die Gemeinschaftsstrukturen gibt es in diesen Ländern schon, aber sie existieren nicht im Zusammenhang mit einem derart zentralisierten Staatswesen.
Richtig, da ist Rußland eine Ausnahme, weil Rußland eine modernisierte Óbschtschina hat. Nicht ein einziges anderes Land hat eine modernisierte Óbschtschina, sie haben alle die patriarchalen Óbschtschinas.

Diese Pole von Zentralismus hier und Óbschtschina da und innerhalb der Óbschtschina zwischen Selbstverwaltung und Bürokratie. Das ist ja wohl typisch für Rußland ...
Das ist zweifellos russisch. Aber das Problem der Mischung verschiedener Typen von Protest, verschiedener Typen von Interessen, das ist natürlich kein

rein russsisches Problem. Das ist ein globaleres Problem. Was die Post-Modernisten schreiben, die es bei uns jetzt auch gibt: Sie betrachten diese vielgestaltigen Formen des Protestes, Formen der Unzufriedenheit, und sie stellen sich die mechanische Summierung dieser verschiedenen Unzufriedenheiten vor, die Homosexuellen hier, nationale Minderheiten dort. Eine solche mechanische Vereinigung wird es niemals geben. Sie ist prinzipiell nicht möglich. Hier liegt ja gerade die Aufgabe der Linken, eben einen nicht mechanischen Integrationsprozeß zustande zu bekommen ...

Also gut, das wächst also aus der Notwendigkeit, aus der Not gar eine Art neue Óbschtschinost heran. Wer ist der Beobachter? Du sagst, wir müssen beobachten, wir müssen das bewußte Element stärken usw. Wer ist das Subjekt dieser Tätigkeiten? Wer beobachtet, wer fühlt das, wer tut das?

Mir scheint, daß ein neuer Typ linker Aktivisten, wenn er entsteht, dann in diesem neuen Sektor entsteht. Das heißt, es gibt das bekannte Problem der Vereinigung der Intelligenzija mit dem Volk. Volk – das ist im Grunde die Óbschtschina. Warum haben die klassischen Marxisten den Terminus Volk so gar nicht gemocht? Klassen wollten sie sehen. Aber im Grunde ist die Óbschtschina nicht klassenmäßig zu fassen, sie war das Volk.

Das sind eben Korporationen.

Ja, genau. Das heißt ja nicht, daß es keine klassenmäßigen Interessen gibt, aber eben einfach nicht in klassenmäßige Strukturen gefaßt. Das ist sehr wichtig. Oder sie sind als Klassenstrukturen gefaßt, aber in sehr geringem Maße. Und demgegenüber gibt es eine riesige nicht als Klasse formierte Masse, die hin und herschwankt in diesem Eimer, aber eben nicht mehr als hin und her schwankt. Formierte Gruppen entstehen dagegen im heutigen Sektor, dort, wo es zeitgemäße Technologie gibt, dort, wo mehr oder weniger lebendige Unternehmen existieren. Äußerst interessant, was gegenwärtig linke Jugendgruppen machen, Studenten. Jetzt wurde beispielsweise ein neuer russischer Komsomol gegründet. Das sind nicht alte Mitglieder, es sind neue, 6000 Menschen, sehr wenige Arbeiter, es gibt einige Bauern, und vor allem sehr viel junge, aber vor allem ganz junge Leute, Studenten, aber nicht aus den oberen Schichten der Gesellschaft, sondern aus den unteren, »Rasnoschinzen«, intellektuelle Emporkömmlinge ... *(lacht)*

Verstehe, es wiederholt sich in einem gewissen Sinne die Differenz zwischen Plechanow[62] und Lenin. Plechanow setzte auf den neuen Teil der Industriearbeiter, die Bauern waren für ihn Tölpel. Lenin setzte zwar auch auf die Arbeiter, wollte aber, daß sie sich mit den Bauern verbinden. Hast du von ähnlichen Strukturen jetzt gesprochen?

Ganz genau! Wir haben heute eine Situation, die denen der russischen Narodniki sehr ähnlich ist. Hier die Zeitung *Latinski Quartal*. Ich habe sie dir, glaube ich, früher schon gezeigt. Das ist eine radikale Zeitung. Sie ist absolut nicht didaktisch. Sie ist darüber hinaus auch nicht besonders politisch. Obwohl an den Artikeln klar erkennbar ist, daß die, die die Zeitung herausgeben, Linke sind, und daß die Leserschaft in diesem Sinne orientiert ist. Das ist eine vollkommen andere Kultur. Das ist die Kultur im wesentlichen von jungen Leuten, ein wenig anarchistisch, ein wenig stilisiert nach den Vorgaben der westlichen 68er-Kultur. Und die findet großen Zuspruch. *(zeigt)* Hier z. B.: Wir wollen Michael Jackson[63] nicht! Oder hier: Gegen Bill Gates, Microsoft, für den Schutz von Hackern. Sie haben eine Dauerkampagne gegen die Armee, ein bißchen pazifistisch sind sie auch. Das ist eine Art von Generation, aus der so etwas wie eine neue Intelligenzija entstehen kann. An diesen jungen Leuten ist schon erkennbar, daß sie nicht nur am Geld interessiert sind, sie werden keine neuen Russen, sie werden nicht wie im Westen leben, sie werden nicht auswandern nach Westen. Um die Gesellschaft für sich selbst mehr oder weniger annehmbar zu machen, für ihren Standard, werden sie sie ändern müssen. Diese Stimmung ist bei ihnen sehr stark.

Aber sie werden auch nicht ins Volk gehen.

Ich denke sie werden. Sie werden. Wir sind nur noch nicht bei dieser Phase angekommen. Es geht nicht alles so schnell. Der neue Komsomol ist in diesem Sinn ein sehr interessantes Experiment. Dort sind solche jungen Leute, und dort gibt es Jungen und Mädchen aus dem Dorfe. Dort mischt es sich. Zur Zeit ist das alles sehr wenig, ziemlich auf Sparflamme. Aber einzelne haben sich in einigen Regionen getrennt von der Partei als Kandidaten aufstellen lassen, und sie wurden gewählt. Im Laufe einer ziemlich kurzen Zeit werden wir eine Bewegung neuer linker Kultur erhalten, frei von Überlebtheit, von Dogmatismus – nicht allein stalinscher Natur, sondern auch der Perestroika. Die Linken, die

---

62 Plechanow, Georgi, arbeitete die Ergebnisse der Narodniki-Bewegung kritisch auf.
63 Jackson, Michael, Popmusiker (»King of Pop«), gestorben 2009.

Mehrheit jedenfalls, hängen zur Zeit der Perestroika nach. Für uns war das ja eine äußerst wichtige Zeit. Ein großer Teil der Menschen, mit denen ich heute zu tun habe, leben noch irgendwo 1990, bestenfalls noch 1992, nur nicht 1997.

Was willst du damit sagen?

Das heißt, daß sie mit Streitgesprächen, mit Diskussionen fortfahren, die ihren Sinn bereits verloren haben, die eben mit der Zeit damals zusammenhängen. Sie denken immer noch darüber nach, wie Jelzin nicht richtig aufgetreten ist, wie er alles schlecht gemacht hat, daß er die Sowjetunion zerstört hat usw. Na klar, war das nicht gut, aber das wissen wir ja inzwischen alle. Man muß die neue Lage untersuchen und in ihr neue Elemente finden. Und was die Krankheit der nichtkommunistischen Linken ist: die Angst vor dem Staat. Die Angst der Kommunisten ist entgegengesetzt: Sie betrachten den Staat als guten Ratgeber, gut, hilfreich.

Du sprichst von Sjuganow.

Sie hängen an ihren alten Vorstellungen: Was für ein Staat ist der Jelzinsche Staat? Warum sollten wir den Staat Jelzins schützen. Warum sollten wir einen Staat stärken, in dem Jelzin, Tschubais, Tschernomyrdin usw. sitzen? Das ist nicht mein Staat. Aber daraus folgt am Ende natürlich, daß wir keinen anderen Staat schaffen können, der unserer sein wird.

Ich verstehe dich so, daß diese möglichen zukünftigen Linken sich von den alten wie Sjuganow unterscheiden – und dies vor allem in der Frage des Staates.

Zweifellos. Das ist eine prinzipielle Frage. Man muß das Fahrrad nicht mehr erfinden, es ist schon lange erfunden. Das Elend besteht darin, daß die Linken – nicht nur in Rußland – Dinge vergessen haben, die vor achtzig Jahren offensichtlich waren. Als es überhaupt keinen Staat gab. Eine Diskussion um mehr oder weniger Staat hat unter diesem Gesichtspunkt absolut keinen Sinn. Wenn sich Linke auf die Position stellen, den Staat überhaupt zu verteidigen, dann verlieren sie natürlich. Wenn ein anderer Teil der Linken, die sehen, wie dieser Teil der Linken, sagen wir unsere linken Staatler, untergegangen sind, nun sagen, daß sie grundsätzlich gegen den Staat sind, dann erweisen sich als außerstande, den Liberalen eine Alternative entgegenzusetzen, weil es eine Alternative ohne Staat nicht gibt. Der Staat ist die Institution der Organisation des öffentlichen Lebens, davor kann man nicht einfach die Augen verschließen. *(lacht)* Das heißt nur die Flinte ins Korn zu werfen. Nichtstaatliche Alternative, nach dem Motto: komm, laß uns einzeln leben, das ist einfach vollkommener Quatsch. Oder zu sagen, der Staat verfällt, Gott sei Dank! Der Staat verfällt – aber er verfällt nicht so, wie man es möchte. *(lacht)* Diese Diskussion ist im Grunde ohne Sinn. Die Diskussion geht nicht darum, mehr oder weniger, gut oder schlecht, sondern zum ersten darum, welchen Typ Staat wir haben wollen, und zweitens, was tun wir mit diesem Staat? Das heißt, wie kommen wir aus dem gegenwärtigen Zustand in den anderen.

Völlig einverstanden, es geht nicht darum, daß wir keinen Staat bräuchten, sondern darum, daß wir einen anderen Staat brauchen.
Genau. Unseren jetzigen Staat zu stärken und zu schützen, wie Sjuganow es macht, wenn er sich zum Beispiel gegen die Abtrennung Tschetscheniens wendet, weil das die russische Staatlichkeit schädigen würde, dagegen spreche ich mich persönlich aus. Ich verstehe es so, wenn Rußland eine demokratische, rechtsstaatliche, freie Gesellschaft wäre, mit einer sozialistischen Wirtschaft und so weiter, und wenn dann irgendwelche gräßlichen Fundamentalisten oder Nationalisten aufträten, dann wäre das ein anderes Gespräch. Aber wenn man eine autoritäre, korrumpierte, wie Sjuganow selbst sagt, volksfeindliche Macht hat und ein Teil des Landes versucht, sich zu befreien, unter dieser Ordnung nicht leben will, welches moralisches Recht hat Sjuganow dann, diese Menschen zu halten?!

Auch er spricht übrigens von Óbschtschinost und darüber hinaus auch von Sobórnost ...
... von Óbschtschinost nicht, von Sobórnost.

Mir gegenüber sprach er 1994 ausdrücklich von Óbschtschinost und Sobórnost ...
... für ihn ist Sobórnost und Óbschtschinost ein und dasselbe, aber das sind zwei ganz verschiedene Dinge. Sobórnost ist die Idee, wenn alle zusammen in einem gemeinsamen Geist vereinigt sind, in einer russisch-orthodoxen Stimmung, die auch die Idee der Staatlichkeit mit einschließt, so ein allgemeiner Zustand der Seele. Ehrlich gesagt, da gibt es einige sehr interessante Details. Was hat es z. B. mit der Theorie der Sobórnost auf sich, wie es Konstantin Leontjew und die russischen Konservativen sehen, die damals der Tradition der Narodniki entgegenstand? Als Mitte des letzten Jahrhunderts deut-

lich wurde, daß die Narodniki die kommende Ideologie werden würden, da versuchten die russischen Rechten, die Konservativen, ihre eigene Version von Volkstum aufzustellen. An die Stelle der Óbschtschina stellten sie die Konzeption der Sobórnost, des MIR.[64] Das ist nicht nur einfach die Óbschtschina, das ist die Óbschtschina, die rund um die Kirche herum organisiert ist, die russisch-orthodoxe Óbschtschina, also die ethnische Óbschtschina und nicht die wirtschaftlich oder soziale. Die Óbschtschina nicht als sozialer und wirtschaftlicher Organismus, sondern als Organismus, sagen wir ...

... als geistig-kultureller, geistlicher...
... ja, und eng verbunden mit dem Staat. Diese ganze Konzeption der Selbstherrschaft des russisch-orthodoxen Volkstums ist ziemlich verwundet, aber in der Art, wie sie bis zum Ende des vorigen Jahrhunderts kam, als Konzeption der Sobórnost war das ein Versuch der Konservativen, eine monarchistische christlich-orthodoxe Alternative gegen die revolutionäre Konzeption der Narodniki zu setzen – bezogen auf dieselbe Realität, denn das war ja real, und sie verstanden, daß die Narodniki sie richtig sahen. Worin besteht also die Übung des Führers der kommunistischen Partei? Er arbeitet nicht auf die progressiven Narodniki hin, nicht auf die Linken, sondern auf die rechten, auf die konservativen Ideologen der Sobórnost.

Gibt es noch andere, die so argumentieren? Ich verstehe es so, daß Leute wie Barkaschow ebenfalls auf diesem Klavier spielen. Du sagtest gestern, nein, aber ich denke, er setzt ebenfalls auf Sobórnost und es wäre nötig, ihnen auf diesem Feld entgegenzutreten ...
Nein, nein, so nicht. Man muß verstehen, Linke, die in diese Richtung denken, werden niemals von Óbschtschinost reden, Linke werden vom Lohn sprechen, von Arbeitsplätzen, und so mit dem Menschen aus der Óbschtschina arbeiten, an seinen konkreten Interessen. Die Rechten dagegen werden sehr viel von Sobórnost reden, aber arbeiten werden sie mit isolierten Individuen.

Verstehe, aber vielleicht sollten die Linken auch von der Óbschtschina sprechen, eben weil die Rechten davon sprechen.

---

64 Mir – wörtlich: Dorfplatz, Welt, Frieden, Name der ersten russischen Weltraumstation.

Sollen sie, ich bin nicht dagegen. Ich trete ja selbst dafür auf. Ich meine nur, bei den Rechten trägt das Thema Óbschtschina eine sehr große Demagogie. Und mehr noch, die Rechten richten sich sehr oft genau an die sozialen Gruppen, die im Grunde nicht in diesen óbschtschinen Strukturen leben, die atomisiert sind, aber Wehmut darüber empfinden, die sich schlecht fühlen, weil sie diese Beziehungen nicht haben.

Die Rechten benutzen diese Gefühle ...!

Ja, ich sage, die Leute wenden sich an Menschen, die sich schlecht fühlen, die gern in der Óbschtschina wären, aber es nicht sind.

Genau das!

Und sie setzen auf diese Widersprüche. Das ist übrigens bei Erich Fromm in »Escape from Freedom« beschrieben, wie die Rechten an diesen Sehnsüchten ansetzen. Aber rechter Radikalismus oder Faschismus gibt nur die Illusion einer Óbschtschina. Er baut die Pseudo-Óbschtschina auf, eine Óbschtschina, die nicht vereinigt ist auf der Basis gemeinsamer Arbeit, gemeinsamen Alltags, nachbarschaftlichen lebendigen Interessen, sondern auf Ideologie, Rasse, Treue gegenüber einem Führer usw. usw. Das ist die Pseudo-Óbschtschina oder Anti-Óbschtschina, wenn du so willst.

Ich stimme deinen Beobachtungen voll zu. Aber wenn du als linker Kritiker, als Beobachter, einfach auch nur als Mensch diesen Prozeß siehst, den wir soeben besprochen haben, und dann beginnst, von der Óbschtschina zu sprechen – wer hört dir zu?

Sehr viele hören mir zu. Ich befinde mich persönlich in einer recht paradoxen Situation. Ich kann jetzt leicht Artikel unterbringen. Früher, sagen wir vor acht, vor sieben oder sechs Jahren, sogar noch vor fünf Jahren, konnte ich politisch wesentlich mehr bewegen als heute. Jetzt kann ich politisch überhaupt nichts bewegen. Aber gerade deshalb lädt man mich zum Fernsehen ein, veröffentlicht mich sogar in einigermaßen gut gelesenen Zeitschriften. Das war früher praktisch nicht möglich. Vor einigen Jahren konnte ich nicht schreiben, obwohl ich politisch mehr Möglichkeiten hatte. Ich war Abgeordneter und so weiter. Heute, paradox, aber wahr, gibt es eine Nachfrage nach linken Intellektuellen.

Es fehlen natürlich die Ideen ...

Ja! Das heißt natürlich nicht, daß daraus politischer Einfluß folgt. Bisher nicht. Jedenfalls ist das bisher nicht sichtbar. Aber was die Óbschtschina betrifft, so hatte ich Gelegenheiten, ziemlich viel mit diesen Komsomolzen zu arbeiten, zu schreiben, aufzutreten, das heißt, es gibt Resonanz. Es ist sichtbar, daß die Menschen zuhören, sie wollen Bescheid wissen. Aber es gibt eine große Gefahr. Es besteht die Gefahr, sich an einer Idee festzubeißen wie an einer defekten Schallplatte. Die Leute haben etwas Wichtiges für sich entdeckt, eine äußerst wichtige, wesentliche Sache sogar, aber durch die ständige Wiederholung erscheinen dann selbst diese wahren Gedanken nach einer gewissen Zeit als vollkommene Leere, weil die Worte ihren Sinn verlieren. Das heißt, man muß immer konkret davon sprechen, worüber die Leute sprechen wollen, also nicht immer dasselbe Wort Óbschtschina, Óbschtschina, Óbschtschina wiederholen. Oder wie es Sjuganow macht: Sobórnost, Sobórnost, Sobórnost, Staat, Staat, Staat. Je mehr Sjuganow über den Staat spricht, um so weniger bedeutet das Wort. Wenn wir über einen konkreten Staat sprechen, dann hat das Bedeutung, sei es die Frage von Weißrußland, sei es die Beziehung zur Ukraine, die Beziehung zu Tschetschenien, über die Beziehung des Staates zu seinen Bürgern, über Steuern usw. Oder umgekehrt die Frage der Arbeitskollektive, die Frage des Lohns usw. Über diese Fragen, über konkretes Gespräch müssen die allgemeinen Ideen gehen.

Wer unter den neuen Komsomolzen hört dir zu?

Sie haben gerade begonnen, eine eigene Zeitung herauszugeben, eine kleine, ungefähr so wie die *Latinski Quartal*, aber schlechter. In *Latinski Quartal* druckt man mich auch. Dort habe ich übrigens gerade über diese Dinge geschrieben. Die neuen Komsomolzen haben eine interessante neue Konzeption formuliert: neue Sowjetmenschen.

Neue Sowjetmenschen?

Ja, Nowi Sowjetski, gegenübergestellt den alten Sowjetmenschen wie auch den neuen Russen. Es gibt die neuen Russen und die alten Sowjetmenschen und zwischen ihnen tobt der Kampf – und diese jungen Leute schlagen nun neue Sowjetmenschen vor. Das ist so ihre Vorstellung. *(lacht)* Also Menschen, die gewisse Ziele der sowjetischen Gesellschaft aufnehmen, aber schon nicht mehr in der alten Zeit, nicht in der alten sowjetischen Gesellschaft leben. Sie können auf der einen Seite nicht nach den Prinzipen des marktwirtschaftlichen Kapitalismus leben oder jener paternalistischen neuen Nomenklatura, und die alte Nomenklatura ist für sie sowie so schon absolut unannehmbar, fremd, einfach nur noch Vergangenheit. Darüber hinaus hatte ich die Möglichkeit, mehrere Male im Radio aufzutreten. Ich sagte dort, daß für die Generation, die jetzt unter zwanzig bis fünfundzwanzig ist, kein großer Unterschied zwischen Breschnew und Rotkäppchen besteht.

Ich verstehe das so, daß es zur Zeit eine Organisation oder eine Bewegung, die ähnlich denkt, wie du jetzt gesprochen hast, nicht existiert.
Als politische nicht. Es findet eine große Diskussion statt, darüber, daß es notwendig ist, eine solche Organisation oder eine solche Bewegung zu gründen, kann sein auf der Grundlage dieser Komsomolzen, kann sein auf einer anderen. Ich bin kein großer Optimist in dieser Frage. Ich halte es persönlich für nötig, da sehr vorsichtig zu sein. Man muß sich nur nach vorn bewegen. Organisierte Formen finden sich, wenn es eine reale Bewegung gibt, wenn es mehr gibt als Ideen, wenn es auch konkrete Mittel gibt ...

Wie sehen das deine alten Freunde, Alexander Busgalin, Kolganow und andere?
Unterschiedlich. Das ist schon ein sehr persönliches Gespräch im Grunde. Das ist für eine westliche Leserschaft schon nicht mehr interessant, denke ich. Aber sagen wir Busgalin steht innerlich den amerikanischen Linken nahe. Er sitzt in der Universität, er führt seine Diskussionen unter seinesgleichen, verstehst du, so ein kleiner, enger Kreis akademischer Intellektueller, die die ganz saubere Linke sein können, weil sie mit der realen Politik nichts zu tun haben.

Ich möchte nur wissen, wie es um die übrigen Linken steht.
Nun, Busgalin hat große Angst vor Populismus. Dabei ist reale Politik natürlich immer irgendwie populistisch, wie sollte es anders sein. Busgalin orientiert auf einen akademischen intellektuellen Kreis, dazu auf die Veteranen der Perestroika, die linken, reinen, guten, ehrlichen Leute. Aber im letzen Jahr ist er auch auf den Positionen des Postmodernismus angekommen. Ich hörte gerade aus den USA, wo Busgalin sich zur Zeit aufhält, von einem Freund, daß er dort für Postmodernismus kritisiert worden sei. Das ist ja wohl paradox, nicht?

Und im übrigen Rußland? Gibt es da Leute, die so denken wie du? Die nicht von Sobórnost sprechen, die nicht einfach nur Liberale sind?
Natürlich gibt es einige Soziologen, die in diese Richtung arbeiten. Valentin Rupetz[65] z. B., Gregori Piragow[66] aus der alten Generation, von den jungen Tarassow, solche Journalisten wie Alexander Segal[67], Anatoli Baranow, der jetzt der Helfer des Chefredakteurs der *Prawda* ist. Was ich sage, ist weder absolut die Ausnahme, noch absolut typisch. In einem Teil der Gesellschaft findet diese Diskussion statt, aber auch nicht so, daß ich sagen könnte, daß man um mich herum so denkt.

Ich verstehe sehr gut. Ich habe in den zehn Jahren, in denen ich die Entwicklung bei euch untersuche, hier in Rußland sehr viel über Óbschtschina gehört und gesprochen, ich habe selbst diese Gedanken hier in eurem Lande entdeckt, und habe selbst sehr viel dazu gearbeitet und habe mein neuestes Buch darüber geschrieben, genau darüber. Deshalb bin ich einigermaßen verblüfft, von dir so viel über Óbschtschina zu hören ...
Als ich das letzte Mal in Ostberlin war, hatte ich den Eindruck, daß bei den Ossis ein starkes korporatives Gemeinschaftsbewußtsein besteht. Es ist nur anders organisiert.

Ja, aber sie hatten natürlich eine andere Geschichte ...
... eingeschlossen starke landsmannschaftliche Züge. Zum Beispiel sind Sachsen eben Sachsen und sie wollen auf keinen Fall mit Berlinern verwechselt werden. *(lacht)* Also die Erfahrungen mit dem sowjetischen System lagen natürlich auch sehr stark auf Weißrußland, sogar stärker als auf den Russen, auf Weißrußland in dem Maße, daß die Óbschtschina dort, zwar in ziemlich primitiver Form, aber doch zum politischen Muster wurde ...

Früher wurde auch viel von der Schweizer Óbschtschinost gesprochen, hast du dich damit beschäftigt?
Nein, ich weiß eigentlich nichts über die Schweiz. Das ist für das übrige Europa doch eine ziemlich rätselhafte Welt.

---

65   Rupetz, Valentin, Soziologe.
66   Piragow, Gregori, Soziologe.
67   Segal, Alexander, Journalist.

Dort lebt die Óbschtschina ...

Ja, man versammelt sich noch in den Dorfgemeinden. Ein sehr interessantes Beispiel sind die Chiapas in Mexiko, was dort Subkommandante Marcos[68] tat. Er begann die Agros calientes aufzubauen, hölzerne Amphitheater, wie bei den alten Griechen, wo sich die Óbschtschina versammeln kann, um ihre Dinge zu erörtern. Aber dabei spricht er auch von der Notwendigkeit der Modernisierung der Óbschtschina, auf der einen Seite ist das die patriarchale indianische Óbschtschina, zweifellos, auf der anderen Seite – was fordern sie? Sie fordern Computerschulen, Wege, Bildung. Das ist alles schon nicht mehr die klassische patriarchale Óbschtschina.

Etwas Neues wächst dort heran ...

Ja, dort gibt es etwas, was die Linken hier sehr interessiert, die neuen Linken, die Vereinigung der neuen technischen Bildung mit dem Geist der Óbschtschina, mit der Konzeption der Óbschtschina. Subkommandante Marcos wurde im letzten Jahr buchstäblich schon beinahe zur Kultfigur, obwohl ihn ein Jahr zuvor noch niemand kannte.

Aber sag bitte, wie kann eine autoritäre Óbschtschina zu einer demokratischen werden?

Ja, das ist die wichtigste Frage! *(lacht)* Hier stellt sich die Frage der Rolle der Linken und im tiefsten Sinne der neuen Bildung der Gesellschaft. Die Revolutionierung der Óbschtschina hat diesen Inhalt, daß heißt, wir müssen in Richtung einer inneren Wandlung gehen. Sie geschieht aber in der Óbschtschina nicht, wenn sie nicht an politische Aktivitäten angeschlossen ist. Sie wird nur demokratisch durch einen echten evolutionären Prozeß. Sobald sie an politische Aktivitäten angeschlossen ist, werden sich in ihr die Widersprüche verschärfen, und dann wird es sehr starke Forderungen nach innerer Demokratie geben. Das kann man schon jetzt sehen, wenn es um den Kampf zur Rettung von Betrieben geht. Sagen wir die Arbeiter fordern radikalere Maßnahmen, der Direktor sagt nein. Dann drohen sie dem Direktor mit dem Streik, der Direktor sagt, bitte nicht im Winter, im Sommer jederzeit ... Aber jetzt gibt es schärfere Konflikte. Noch werden die alle in der Leitung entscheiden, noch ...

---

68 Subkommandante Marcos, politische Kunstfigur der Zapatistischen Armee der Nationalen Befreiung (EZLN).

Was wäre Demokratie in der Obschtschina?

Voraussetzung wäre eine normale Demokratie im Lande als Ganzes, soweit es die regierenden Organe betrifft, die Fassade, von der ich sprach. Wenn das ganze Land in der Weise nach den Prinzipien westlicher Demokratie organisiert würde, wäre das auch das Ende unseres Systems. Es kann so nicht funktionieren. Das verstehen unsere und das verstehen auch die westlichen Propheten der Demokratie. Im Grunde waren die Sowjets die organischste Form. Es ist kein Zufall, daß die einzigen wirklichen Widerstände gegen Jelzin in den Sowjets bestanden. Und nicht zufällig hat Jelzin die Sowjets bis zum letzten Dorfsowjet hin aufgelöst. Der Sowjet erwies sich als eine ziemlich organische Form der Repräsentanz. Er ist ein großes Repräsentativorgan, Organe, die ihre Abgeordneten nicht professionalisierten. Es blieb halbprofessionell, eine sehr interessante Form. Es gab professionelle und nicht professionelle, der Sowjet war ein Transistor zwischen der politischen Klasse und der übrigen Bevölkerung.

Ich denke, eine Richtung wäre der Kampf für die politische Reform, die auf die Wiederherstellung des Systems der Sowjets gerichtet wäre, nicht Sowjetsystem im Sinne der Sowjetunion, sondern des Systems der Sowjets, wie es von 1988 bis 1993 bestand. Man mag mir sagen, daß das bei mir nur Nostalgie ist, weil es eine sehr wichtige Periode meines eigenen Lebens war, aber schau, die Sowjets bildeten sich spontan 1905, 1917. Als kaum einer der Politiker sich am Leben der Sowjets beteiligte, entstanden sie wiederum spontan aufs Neue, ganz aus sich heraus; aber natürlich waren die Sowjets von 1905, die von 1917 und die von 1988 bis 1993 unterschiedliche Sowjets, aber als repräsentative kollektive Organe, die nicht nur die Exekutive kontrollieren und einige wichtige Entscheidungen treffen und nicht nur Organe der Selbstverwaltung sind, sondern auch mit der Macht direkt verbunden sind, das ist in meinem Verständnis ein sehr demokratisches System, und in diesem Sinne war die sowjetische Verfassung von 1991, 1992 eine äußerst demokratische Verfassung, nicht nur demokratischer als die, die wir jetzt haben, sondern auch demokratischer als wir sie in den westlichen Ländern haben. Und es ist auch klar, warum diese Verfassung beseitigt wurde. Obwohl man das auch nicht idealisieren soll. Du hast ja mein Buch über die Quadratur des Kreises gelesen; da gab es massenhaft Probleme, unglaublich viel Idiotie. Es ist kein Modell, es ist einfach eine interessante Erfahrung.

1994 habe ich in Novosibirsk an einer Tagung über die Selbstverwaltung, einer Gesetzesvorlage für deren Einrichtung teilgenommen. Das war nach der Liquidierung der Sowjets. Ich bemerkte, daß sie kamen, weil sie alle fühlten, daß sie etwas Neues vor Ort brauchten, aber die Alten, die früher in den Sowjets gearbeitet hatten, waren nicht gekommen und die Neuen, die gekommen waren, verstanden nicht sehr gut, worum es ging, sie hatten keine Erfahrung, sie wußten von nichts. Am Ende gingen sie einfach auseinander ohne irgendwelche erkennbaren Resultate, Also, die Neuen wissen nicht, wie sie die Dinge anfassen sollen, und vor Ort setzten sie den Direktor wieder ein – das wars dann.

In der Tat.

Was folgt daraus? Glaubst du, daß in diesem Volk, das so desillusioniert wurde, ein neues Verlangen nach den Sowjets entstehen wird?

Nun, zunächst betrachte mal die Tatsachen: Zwischen der Revolution von 1905 und der von 1917 vergingen zwölf Jahre, wie du weißt. Ich denke, vor uns liegen – lange oder nicht lange – noch einige Wege durch den Tunnel, um es so zu sagen. Ja, die Situation ist grauenhaft, eine Alternative für morgen gibt es nicht. Und einen alternativen Weg muß man erst noch finden.

Aber man hat ja nicht nur die alten Sowjets liquidiert. Die neue Verwaltung ist ja auch schon wieder diskreditiert ...

Absolut diskreditiert. Mehr noch, nicht nur, daß es nicht besser wird, es wird schlechter. Das ist die zweite These. *(lacht)* Ich bin kein Befürworter der These: Je schlechter, desto besser. Wie ich schon sagte: Die Geschichte der Arbeiterbewegung zeigt, daß die interessantesten Explosionen in Europa, nicht in Rußland, in Europa, immer in den Zeiten stattfanden, in denen es besser war, nicht schlechter. 1968 lebte der Westen gut, das waren goldene Jahre, aber womit haben sie geendet? Gerade diese Jahre, also, »Je schlechter, desto besser«, das ist keine Antwort. Das ist schon komplizierter. Man muß aus den Syndromen der Niederlage nach 1993 lernen. Das war eine beängstigende Sache, obwohl die Kommunisten noch am meisten dabei gesiegt haben, 1993. Man muß die Syndrome der Niederlage studieren. Das ist auch wieder kein rein russisches Problem. Das ist ein Problem der Linken in aller Welt. Warum haben die westlichen Linken, die doch viel weniger geschlagen sind als die sowjetischen, diese Syndrome viel mehr verinnerlicht als wir? Da ist natürlich ein Problem des Wechsels der Generationen, des Wechsels der Stimmung der Gesellschaft, die Gesellschaft kann nicht sofort wechseln. Das ist wie ein Kater, nach Perestroika, die eine Zeit des Enthusiasmus war, folgte eine Zeit der Apathie, der Entpolitisierung, Katzenjammer, du verstehst. Das ist nur natürlich ...

Wie kann ein Volk lernen, das gerade in eine solche Bildungskatastrophe gestoßen wurde, wie die Menschen der bisherigen Sowjetunion?

Das ist ein beängstigendes Problem, aber jetzt ist für die gegenwärtige Macht die gefährlichste Periode. Sie wird sich noch gut zehn Jahre fortsetzen. Wenn wir die Gesellschaft sehen, in der zwei Drittel der Bevölkerung ungebildet sind, oder halbgebildet, wie die Amerikaner sagen, funktional gebildet sind, das heißt Auslagen in den Geschäften lesen können und fertig; wenn wir also eine solche Gesellschaft mit einer funktionalen Bildung sehen und sich darin nur eine kleine, schwache Elite mit Bildung befindet, dann besitzt diese Elite nicht nur Macht, weil Wissen Macht ist, sie muß ihre Macht auch benutzen, um ihre eigene Herrschaft aufrechtzuerhalten. Andere sind dazu gar nicht fähig. Aber wir sind noch nicht soweit, daß die Gesellschaft so stark differenziert ist in Ungebildete und Gebildete, und das System ist sehr träge. Das System der Bildung, der Gesundheitsfürsorge, jedes beliebige System hat eine sehr große Trägheit, das gilt auch für die Strukturen der Óbschtschina, deshalb erhalten die Menschen trotz allem noch weiter eine Ausbildung. Das verfällt nicht alles von einem Tag auf den anderen. Schon jetzt ist eine ganze neue Generation gebildeter Menschen aufgezogen worden. In der Zeit, über die wir gesprochen haben, in den letzten zehn Jahren ...

... obwohl in den Schulen die Dinge rasant abwärtsgehen. Ich war vor Ort in mehreren Schulen des Landes. Ich habe gesehen, was dort vor sich geht ...

... schlechter ist der Unterricht schon, schlechter. Aber ich spreche von etwas anderem. Es ist nicht so, daß bis 1993 alle Leute gebildet waren und seitdem haben wir ein Volk von ungebildeten Idioten. Nichts dergleichen! Auf der einen Seite erhalten wir noch eine ziemlich hohe Ausbildung für die neue Generation, auf der anderen Seite entstehen aber schon neue soziale Widersprüche, und die Leute spüren, daß man das Recht auf Ausbildung liquidieren will. Deshalb denke ich, daß diese Konflikte sehr groß werden. Die Ausbildung wird noch weiter funktionieren, aber für die Abgänger wird es keine Arbeitsplätze mehr geben.

So ist es doch schon jetzt.
  Das wird sich noch verschärfen. Die Leute, die eine Ausbildung erhalten, haben Köpfchen und Verständnis genug, um zu begreifen, was man mit ihnen macht. Obendrein ist der Markt noch ein ausgezeichneter Lehrer, was den modernisierten Bereich angeht. Nach den Gesetzen des Marktes lebt in Wirklichkeit allein der modernisierte Sektor. Aber die, die da arbeiten, begreifen auch die Widersprüche des Marktes, nicht nur seine angenehmen Seiten. Erinnerst du dich, was ich gesagt habe? Die Sowjetunion häufte eine ganze Menge unterschiedliche Widersprüche auf, nicht nur einen. Es ist das, was die Soziologen einen Multiplikatoreneffekt nennen, wenn eins das andere anheizt. Ich habe den Eindruck, daß sich die gegenwärtige russische Macht einer vergleichbaren Situation gegenübersieht. Sie ist nicht fähig, die Probleme zu lösen, und häuft die Widersprüche an. Das geht nur bis zu einem bestimmten Moment. 1980, als Kudükin und ich zusammen die Zeitung *Die linke Wende* herausgaben und schrieben, daß die Sowjetunion an diesen Widersprüchen auseinanderfallen werde, sagte man uns, das sei Schwarzmalerei, denn so, wie es war, so werde es noch weitere fünfzig Jahre sein, und so könne es unbegrenzt lange weitergehen.
  Wir sagten, zehn, fünfzehn Jahre Maximum. Das war 1980. Jetzt haben wir dieselbe Situation. Wieder haben die Leute das Gefühl, daß das, was jetzt geschieht, ewig so weitergehen könne. Aber es kann nicht.

Wenn die Widersprüche sich anhäufen, heißt das natürlich nicht, daß daraus automatisch ein neues Bewußtsein, eine neue Linke, eine Revolution folgen wird, es könnte doch sein, daß gerade diese Situation eben doch von den Schirinowskis, Barkaschows und solchen Leuten ausgenutzt wird ...
  Zweifellos, aber vielleicht nicht die Schirinowskis oder Lebeds. Sie sind Figuren des heutigen Tages, Figuren der Zeit der Apathie. Aber es ist sehr gut möglich, daß darüber hinaus, wenn es keine Alternative gibt, noch andere aus diesen Kreisen hervorgehen. Das ist sehr wohl möglich.

Und sie werden die Bildungskrise ebenfalls nutzen ...
  Ja, zweifellos! Ich will nur sagen, daß die Lage in der Bildungsfrage noch nicht so schlecht ist, wie sie sein könnte oder wie sie noch sein wird. Auf der anderen Seite wird die Anhäufung von Widersprüchen natürlich nichts automatisch in Gang setzen. Da stimme ich vollkommen zu. Es gibt jedoch ein wichtiges

Aber: daß die Krise des gegenwärtigen russischen Experimentes schon nicht mehr das Problem der Sozialisten, sondern bereits das der Neoliberalen ist ...

... und für uns, ich meine, für die kapitalistischen Länder.
Ja, sie fürchten nicht zufällig, Rußland zu verlieren, nicht nur deshalb, weil Rußland für sie ein Markt wäre. Es gibt noch zwei Gründe: Zum einen ist Rußland gewissermaßen symbolisch für sie unheimlich wichtig. Nach dem Zusammenbruch der Sowjetunion ist es für sie zwingend notwendig, daß Rußland, wenn es schon kein rein kapitalistisches Land wird, so doch wenigstens ein Land wird, das den Triumph des Kapitalismus belegt. Deshalb wird ein Zusammenbruch des jetzigen Rußlands für die Hegemonie der neoliberalen westlichen Welt ein sehr schwerer Schlag sein, und sie werden alles tun, damit das nicht geschieht. Zum zweiten in Bezug auf den Staat. Könnte sein, daß der Staat geschwächt wird. Es gibt ja sehr verschiedene Staaten: Liechtenstein, Belgien, Deutschland oder Rußland. Ich glaube nicht, daß der deutsche Staat derart schwach werden wird, ganz zu schweigen von der europäischen Vereinigung usw. Ich denke eher, daß der deutsche Staat schwächeren Staaten Europas seine neoliberale Maßnahmen aufdrängt und das dazu führt, daß diese Staaten schwächer werden. *(lacht)* Aber Rußland kann, wenn es heraustritt aus der Bahn des IWF, von seinen geographischen Voraussetzungen her nicht nur als Staat eine Alternative sein, sondern ziemlich befähigt sein, eine eigene Wirtschaftspolitik zu betreiben, sogar als Teilnehmer der Weltwirtschaft.

Du willst sagen, daß ein starker russischer Staat für die westlichen Länder wichtig ist? Warum?
Erstens symbolisch, zweitens – nehmen wir Ungarn. In Ungarn kamen die Linken an die Macht, sie haben eine sehr lukrative Richtung eingeschlagen: Wir machen, was der IWF diktiert, weil wir ein kleines Land mit vielen Schulden sind, und wir können gar nicht anders. Im Grunde ist das Demagogie, sagen wir so, zur Hälfte ist das Demagogie, zur Hälfte liegt darin eine gewisse Realität. Wie kann Ungarn allein dem IWF widerstehen, der Weltbank, der NATO usw. Nun, Rußland hat da mehr Chancen, zumal alles, was in Rußland geschieht, auch noch symbolische Bedeutung für alle anderen hat, die sich in einer vergleichbaren Situation befinden.

Klar, Rußland ist ein Land mit reichen Ressourcen ...

... reiche Ressourcen, ja! Das Volk ist nicht so entwickelt, aber ausreichend. Einige Atombomben gibt es auch noch *(lacht)*, und das alles ist ein wesentlicher Unterschied zu anderen kleineren Staaten. Das ist nicht Ungarn. Dieses Rußland ist im Weltmaßstab nicht stärker als das Rußland am Anfang des Jahrhunderts, das heißt, Rußland ist wieder zurückgefallen, dieses Rußland ist abhängig, dieses Rußland bewegt sich auf die Spitze einer Krise zu, das ist offensichtlich, man hält an einer idiotischen Vorstellung von Modernisierung fest, aber trotz alldem spielte Rußland auch im vorigen Jahrhundert seine Rolle und könnte das auch jetzt ...

Aber in diesem Rahmen möchte man vom Westen her Rußland auch halten, nicht mehr und nicht weniger.

Das kann auch noch lange gehen, solange die Gasleitungen nicht abgeknipst werden und Gas gebraucht wird. Auf der einen Seite werden wir ausgeraubt, auf der anderen Seite blieb der staatliche Paternalismus erhalten.

Das ist eine Art Schicksalsunion zwischen den westlichen Ländern und der russischen Regierung.

Klar, unser Staat schafft natürliche Ressourcen, versorgt den Westen mit billiger Energie, nicht anders als ein Land der dritten Welt, und kann auf dieser Grundlage die sozialen Spannungen im Land im Zaum halten. So funktioniert das System. Aber es kann nicht ewig so weitergehen. Wie lange kann man auf Kosten von Gazprom leben, wenn Gazprom das Land ausraubt, es ausraubt und zugleich ernährt? Das ist wie eine Selbstkolonisierung. Gazprom verhält sich im Land wie eine koloniale Verwaltung.

Warum helfen Amerika, Deutschland, der IWF Rußland?

Außer der schon genannten symbolischen Gefahr, außer der Gefahr, daß Rußland sich selbständig machen könnte, ist es so, daß Rußland gleichzeitig dazu dient, nach Osten zu drohen wie auch die mitteleuropäischen Länder nach Westen zu treiben. *(lacht)* Solange reine Westler – Gajdar, Kosysrew u.a. – an der Regierung waren, dienten sie dem Westen allerdings weitaus weniger effektiv als jetzt Tschernomyrdin und die ihm umgebenden nomenklaturischen Kapitalisten.

Inwiefern effektiver?

Weil die Nomenklaturisten, also Tschernomyrdin und andere, zum einen zwar tun, was der Westen will, nicht weniger als zuvor die Westler, weil sie zum anderen aber im Inneren des Landes nicht mit westlichen Methoden arbeiten, die hier nicht greifen, sondern mit den bekannten sowjetischen, die effektiver sind. Deshalb können sie dem Westen viel besser dienen als die reinen Westler. Das ist wieder die Frage von der Fassade und dem übrigen Bau ...

Das heißt, der zukünftige Prozeß, über den wir gesprochen haben, wird sich in diesem Rahmen abspielen.

Die gegenwärtige Opposition ist nicht in der Situation, diese Macht in Frage zu stellen. Aber die Macht befindet sich selbst in einem solch schlechten Zustand, daß eine Wiederholung eines der Perestroika ähnlichen Prozesses durchaus möglich ist. Das heißt die Macht zersetzt sich selbst, und die neuen sozialen Kräfte werden einen Prozeß der Selbstreformation der Macht erzwingen. Selbstreformation ist in Rußland immer gleichbedeutend mit Selbstliquidierung. Das gilt natürlich vor allem, wenn Jelzin aufgibt, stirbt oder ähnliches. Selbst wenn er bis 2000 regiert, selbst wenn er noch eine dritte Periode macht. Früher oder später wird er sterben, er kann nicht ewig leben. *(lacht)* Allein das wird schon der Beginn einer sehr großen Krise sein. Man sagt, jetzt hat er keine Erben. Solange er lebt, wird es keine Nachfolger geben, weil die Logik der autoritären Macht keine Nachfolger zuläßt. Wenn wir eine Monarchie hätten, dann wäre alles einfacher.

Dann gäbe es einen Sohn ...

... ja, aber so gibt es keinerlei Nachfolger. Solange er lebt, gestattet er keinem Politiker, realer Nachfolger zu werden. Ein Nachfolger ist gefährlich, er könnte nach der Macht greifen. *(lacht)* Wenn Jelzin aber stirbt, werden wir eine scharfe Krise haben, in der alle die genannten Faktoren zum Tragen kommen. Und weiter werden sich neue soziale Kräfte schon im Kampf entfalten. Nicht so, daß sie dastehen und warten. Die bestehende Opposition wird sich mehr und mehr diskreditieren, es werden neue Entwicklungen auftreten. Und im Ergebnis gibt es neue politische Kräfte.

Welchen Einfluß hat die Diskussion pro und contra Nationalstaat auf diese Entwicklung?

Was meinst du damit? Rußland kann kein Nationalstaat im strengen Sinne sein, es ist ja ein Vielvölkerland. Selbst wenn wir nur das Fürstentum Moskau für sich allein hätten, dann würde selbst das ein Vielvölkerstaat sein.

Ich meine, werden aus dem Ende der Sowjetunion Lehren gezogen, daß ein monolithischer Staat schlecht war?

Es ist einfach so: Rußland muß ein Vielvölkerstaat sein. Das ist ein weiterer Grund, warum ich glaube, daß die neuen Rechten oder russische Faschisten eine Niederlage erleiden werden. Schau dir an, gestern sagte Lyschkow[69], es gebe eine Million Muslime und ungefähr eine halbe Million Juden auf zehn Millionen Einwohner in Moskau. Da hast du es. In dieser Situation kann der russische Nationalismus einfach nicht durchkommen, das geht einfach nicht, einfach weil es sehr starke Kräfte gibt, die dagegen ankämpfen. Zur Zeit, sagen wir, duldet die muslimische Óbschtschina, die tschetschenische, diese Häßlichkeiten, die mit ihr angestellt werden, weil sie fürchtet, es könnte noch schlimmer kommen. Aber wenn es eine direkte Drohung gibt, daß es jetzt schlimmer werden soll, wenn diese kleinen Schritte der rassistischen Politik in einen offenen russischen Faschismus übergehen würden, dann werden sie einfach – schießen, dann werden sie einfach die Waffen zur Hand nehmen und Widerstand leisten, und sie werden erfolgreich Widerstand leisten. *(lacht)* Sie werden einfach sehr effektiv kämpfen. Deshalb denke ich, das wird einfach nicht durchkommen.

Glaubst du, daß in dem, was heute bei euch geschieht, etwas Exemplarisches liegt? Ich meine exemplarisch dafür, daß so eine Art von Staat, wie der sowjetische es war, heutigentags nicht weiterexistieren kann?

Selbstverständlich. Auch der gegenwärtige. Wir wissen nur die Daten nicht.

***

Nach einer kleinen Unterbrechung, noch einmal verursacht durch Goscha, dem der Vater ein paar dringende Fragen beantworten muß, setzen wir das Gespräch fort.

***

---

69 Lyschkow, Juri, von 1992 bis 2010 Oberbürgermeister von Moskau.

Also Boris, wir sprachen vom Verfall, wir sprachen von der neuen Zeit, davon, was sein wird, wir sprachen über den Rahmen, in dem das geschehen könnte, wir sprachen über Óbschtschina und daraus evtl. entstehende neue Formen der gemeinschaftlichen Organisation. Wir haben von der Bildung gesprochen und über mögliche neue Ziele. Bleibt die Frage, wie die Menschen dafür zu gewinnen sein könnten.

Wenn ich das wüßte, säße ich jetzt wahrscheinlich nicht hier, sondern an einem anderen Platz. Aber eine gewisse Erfahrung haben wir in diesen zehn Jahren natürlich schon gesammelt. Bei den Informellen, die wir vor zehn Jahren waren, gab es viel Selbstgefälligkeit, uns schien es so, als ob alles sehr einfach sei, einfach mit den Leuten zu sprechen, weil der sowjetische Mensch sehr gleichartig war, wir wußten alle, mit wem wir sprachen, das war die Erfahrung unserer Gesellschaft. Jetzt ist das wesentlich schwieriger. Du hast die Gesellschaft Ende der achtziger Jahre gesehen, sie war gleichartiger, da war es einfacher zu arbeiten und zugleich schwieriger. Auf der einen Seite begriffen bis zu einem gewissen Maße alle alles, auf der anderen Seite gab es Dinge, über die konntest du reden, aber niemand begriff sie. Denn wenn du eine Erfahrung hattest, die nicht in dem großen Kollektiv gemacht worden war, und du sie diesem Kollektiv erklären wolltest, dann war das sehr schwer. Weil das große Kollektiv einfach nichts anderes sah, was über seine eigenen Erfahrungen hinausging. In Zukunft, denke ich, wird die linke Bewegung auf keinen Fall gleichartig sein, sie wird auf verschiedenen Ebenen angesiedelt sein. Das ist kein Argument gegen eine Organisation, es ist eins für eine Organisation, für eine Partei, wenn du willst. Das heißt, man braucht eine Partei, nicht als Monolith, aber als Koodinator, als System von Verbindungen zwischen den verschiedenen Ebenen der verschiedenen Arten von Bewegungen ...

... jaja, wieder einmal eine Organisation neuen Typs ... *(beide lachen)*

... aber wirklich neueren Typs, dieses Mal. Übrigens, ich glaube gar nicht, daß Lenins Partei neuen Typs so neu war gegenüber der vorangegangenen Sozialdemokratie. Also nein, heute keine Partei als Avantgarde, nicht topdown, von oben nach unten ...

... nicht als Staat ...

... ja, nicht als Staat, sondern als verbindendes Band zwischen unterschiedlichen Arten der Aktivität, unterschiedlichen Arten der Linken, wenn du willst ...

... Diskurs ...
   ... nicht nur Diskurs, sondern auch mit technischen Verbindungen von unten. Ich weiß ja nicht, was dort in der Stadt Jurijpinska vorgeht, aber ich muß es wissen. Wenn dort eine Gruppe ist, mag sie sich mit ihren Angelegenheiten befassen, wir können verschiedene Kämpfe und verschiedene Ansichten darüber haben, aber die Partei kann uns verbinden ...

... die Partei als Netz.
   Genau, genau, die Partei als Netz! Das ist es, was wir brauchen, eine netzartige Struktur. Das bespreche ich übrigens gerade sehr stark mit den Komsomolzen, daß man eine neue politische Organisation als Netz haben muß. Das muß man nicht einmal Partei nennen.

Klar, der alte Begriff Partei transportiert auch den alten Gedanken.
   Ja, Netzwerk, über die Netzidee schreiben jetzt auch unsere linken Soziologen, Zeit des netzgemäßen Handelns, der Idee des Netzes usw. Netze können sehr effektiv sein, weil sie Informationen sehr schnell verbreiten. Für solche netzartigen Aktivitäten gibt es zwei Beispiele aus dem Rußland am Anfang des Jahrhunderts, das ist die russische Revolution des Jahres 1905, die Oktoberstreiks des Jahres 1905. Die haben sich über die Wegestationen verbreitet. Das heißt die Arbeiter unterrichteten die Kutscher und so ging es von Wegestation zu Wegestation. *(lacht)* Die nächste russische Revolution war ganz anders. Die war nicht netzartig. Für uns heute ist die Idee der netzartigen Struktur nichts prinzipiell Neues.

Aber ihr als neue Linke, reformsozialistisch, neusowjetisch, oder wie soll ich sagen, ihr müßt natürlich aus den bisherigen Versuchen lernen, wie es auf keinen Fall sein darf – wie siehst du es, wurde gelernt?
   Das ist auch wieder so ein Punkt, wo wieder das Gesetz der Trägheit wirkt. Die Linke, und nicht nur die nachsowjetische, russische, sondern auch die westliche, hat sich in die Selbstkritik verbissen: Oh, was sind wir für Leute! Wir haben den Staat idealisiert. Oh, wir glaubten an Stalin! Oder umgekehrt, oh, wir glaubten an die Sozialdemokraten. Dies und weiteres, diese endlose Selbstgeißelung, diese öffentliche masochistische Selbstgeißelung ...
   Das ist in der Tat nicht mehr nötig ... Es reicht! Es reicht! Es reicht! Mehr noch, nun gut, wir haben uns jetzt genügend selbst gegeißelt, der Rücken ist schon ganz wund ...

Aber wie anders? Gab es denn einen anderen Weg?
Nein, nein, ich bin ja nicht dagegen. Das war natürlich notwendig. Für eine bestimmte Zeit war das absolut notwendig. Es ist nur einfach nötig, zur rechten Zeit einzuhalten. Man muß in allem Maß halten. *(lacht)*

Darum frage ich: Wie anders? Wie weiter?
Das Problem ist nicht, die Dinge nicht zu wiederholen. Wir wissen ja bereits, daß eine monolithische Organisation nicht sein muß, daß der Staat als weltliche Kirche, der Staat als Lehrer, daß das alles abgelehnt werden muß, ebenso die Partei als Kirche, die Partei als Lehrer. Das ist übrigens keine Frage des Pluralismus, auch im Pluralismus kann es die Partei als Kirche, die Partei als Lehrer geben. Es gibt auch pluralistische Sekten, viele totalitäre Sekten bilden zusammen Demokratie *(lacht)*, aber in ihrem eigenen Inneren ist jede für sich totalitär. *(lacht)* Das muß alles abgelehnt werden.

Das Problem liegt darin, wie man diese neuen Netze aufbaut. Denn diese Strukturen des netzartigen Widerstands sind ja zugleich die Strukturen der neuen Gesellschaft. Das ist schon die Infrastruktur, das System der Verbindungen, das ist schon die Basis der neuen ...

Klar, klar! Aber wo beginnt es?
Ich denke, es beginnt mit dem Widerstand. Zum Beispiel im konkreten Kampf für die Erhaltung der Bildung. Als Abgeordneter hatte ich zwei reale politische Erfolge, nun, nicht ich persönlich, sondern unsere Gruppe: Der erste war der Kampf um die Rettung der Kindergärten in Moskau. Wir standen als Abgeordnete auf Seiten des Protestes, wir stimmten der Privatisierung geschlossener Kindergärten nicht zu. Zusammen mit den Eltern zusammen mit den örtlichen Sowjets. Einige wurden natürlich geschlossen, aber die totale »Abwicklung«[70] haben wir verhindert. In diesem Prozeß spielte unsere Gruppe von Abgeordneten die koordinierende Rolle der Aktivitäten.

Der zweite Kampf ging gegen Lyschkow und Popow, die den Franzosen den Gagarin-Platz verkaufen wollten, den ganzen Platz. Das gelang nicht, weil wir die Aktivitäten der örtlichen Anwohner, der örtlichen Sowjets und einen Teil der Moskauer Abgeordneten zusammengeführt haben, einschließlich einiger Sendungen im Fernsehen usw. Als Lyschkow den ersten Stein für die neue

---

70 Hier deutsch gesprochen.

französische Kompanie setzte, wurde die geplante Baustelle von Anwohnern einfach besetzt. Sie ließen das einfach nicht zu. Und dann kamen Abgeordnete dazu. Die konnte man zu der Zeit nicht einfach wegräumen. Der Platz steht bis heute. Das heißt, die Netzstrukturen erweisen sich als effektive Organisation für den Widerstand bei konkreten Übergriffen.

Lenin nannte das ja wohl Teepolitik ...
Ja, darin liegt natürlich auch ein großes Aber. Das Hauptelend unserer heutigen Gesellschaft in Rußland ist das beängstigende Defizit an Solidarität. Jeder ist bereit zu kämpfen für seine eigenen Interessen. Warum gibt es keine Massenaktivitäten? Das ist die Schwäche der Óbschtschina. Die Óbschtschina ist in sich selbst geschlossen. Einer Óbschtschina fällt es außerordentlich schwer zu verstehen, was in der Nachbar-Gemeinschaft vorgeht. In sich ist die Óbschtschina sehr solidarisch, aber sie hat sehr wenig Solidarität mit der anderen.

Sie bekämpfen einander?
Nicht immer, aber ein Problem ist, aus sich selbst heraus kann die Óbschtschina keine Solidarität organisieren, die über sie hinausgeht.

Ich selbst gebrauche zwei verschiedene Begriffe: gegenseitige Hilfe in der Óbschtschina und Solidarität zwischen den Óbschtschinas.
Ja, richtig, aber diese Beziehung zwischen den Óbschtschinas gibt es nicht. Dieses Defizit an Solidarität kann nur durch politische Aktivitäten überwunden werden, die nicht aus der Óbschtschina kommen. Das ist eine prinzipielle Sache.

Gegenseitige Hilfe existiert, aber Solidarität nicht – wie kann da angesichts der heute stattfindenden Privatisierung, angesichts der Vereinzelung der Menschen in der Arbeit Solidarität entstehen?
Darauf habe ich keine fertige Antwort, das muß ich geradeheraus sagen. Napoleon[71] sagte: Man engagiert sich und wird sehen. Es ist nicht zuletzt eine Frage der Politik, die innerhalb der Óbschtschina diskutiert wird, das heißt, eine Frage der Strukturen, die in verschiedenen Óbschtschinen gegeben ist. Dafür braucht man als erstes eine Gewerkschaft. Eine Gewerkschaft, eine normale,

---

71 Napoleon Bonaparte, Feldherr, seit seinem Staatsstreich von 1799 bis 1804 Erster Konsul der Französischen Republik, von 1804 bis zu seiner Verbannung nach Elba 1815 selbstgekrönter Kaiser Frankreichs.

muß auch so arbeiten. Die neuen Gewerkschaften können auch netzartig sein, und sie können die Rolle übernehmen, für ein Netz der Solidarität zwischen den Óbschtschinas zu sorgen. Das ist dann natürlich die Basis für die Aktivität linker Aktivisten, die an verschiedenen Teilen der Gesellschaft gegenwärtig sein können. Gewerkschaft, Partei, politische Organisationen sind dann nicht nur netzartig in dem Sinne, daß sie von außen kommen, sie müssen auch mit dem Innen so verbunden sein, daß die Menschen, die innerhalb der Óbschtschina für Solidarität eintreten, auch die Aufgabe haben, Verkünder für die Verbindungen zwischen den Óbschtschinas, den Kollektiven für die gesamte Gesellschaft zu werden.

Aber ich wiederhole: Eine fertige Lösung dazu habe ich nicht. Mehr noch, ich bin zutiefst davon überzeugt, daß es eine fertige Lösung in der Theorie nicht gibt, die kann nicht aus der Theorie kommen, sie muß aus der Praxis hervorgehen ...

Wie kann aus der Óbschtschina, die eine Zwangsgemeinschaft war, eine Óbschtschina werden, die du selbst wählst?

Ich denke, das kann nicht künstlich hergestellt werden. Das kann nur Resultat eines komplizierten Prozesses der gesellschaftlichen Transformation sein. Gleichsam (stöhnt) ... Ich würde sagen, die Lage des heutigen Rußland, die ziemlich schlecht ist, wirft die Leute einfach in die Situation, daß sie experimentieren müssen, und während des Experiments wachsen oft Kräfte, von denen man vorher keine Ahnung hatte ...

Gespräch, Teil 4: Selbst gewählte Gemeinschaft und die Frage der Solidarität

Boris, uns blieb jetzt noch eine Frage. Wir sprachen über die Gemeinschaftsstrukturen, du erinnerst dich, darüber, daß man sich in der Óbschtschina gegenseitig hilft, aber zwischen den einzelnen Óbschtschinas kaum – oder sich sogar gegenseitig bekämpft. Bleibt also noch einmal der Frage genauer nachzugehen, wie sich Solidarität zwischen den Gemeinschaften entwickeln kann, wenn in der Gesellschaft gleichzeitig eine Vereinzelung durch die Privatisierung stattfindet.

Nun, persönlich gesprochen, ist das natürlich eine der wichtigsten Fragen, eine der schwierigsten. Mehr noch, hier sollte der sogenannte subjektive Faktor die wichtigste Rolle spielen, das heißt, wenn die óbschtschinenartige Organisation für sich selbst ausreichend wäre, dann wären die Linken als politische Bewegung nicht besonders notwendig. Dann könnte die Óbschtschina sich selbst beschützen, oder könnte selbst ihre eigenen Ziele verwirklichen. Aber genau hierin besteht die Aufgabe, daß man Netze aufbauen muß, daß man horizontale Strukturen aufbauen muß, die die Leute verbinden, die sich dort in den Óbschtschinen befinden. Warum? Weil im Prinzip ein gemeinsames Interesse besteht, das allgemein oder sogar gleich ist für die ganze Gesellschaft.

Im Prinzip – das bedeutet, daß die Leute es selbst nicht wissen?

Nicht immer. Persönliches Interesse und Bewußtsein über das eigene Interesse ist ja nicht dasselbe, das heißt, Leute kennen ihre Interessen, sie wissen, was daran allgemein ist oder auch nicht, oder sie denken einfach nicht darüber nach. Manchmal sind die Interessen daher noch nicht allgemein, sondern einfach erst mal nur gleich. Sie sind noch nicht erkannt als allgemeine. Das ist in großem Maßstabe natürlich eine Frage, die aus dem Inneren der Óbschtschina gelöst werden muß. Aber man muß sagen, daß natürlich keineswegs alle Gemeinschaften in Rußland Óbschtschinas sind. Keineswegs alle, um so weniger, als sich die Óbschtschina, wie besprochen, selbst im Stadium der Korrumpierung befindet. Es existiert also ein großer Teil der Gesellschaft, der nicht gemeinschaftlich gebunden ist. In diesem Teil befindet sich der größere Teil der nichtkommunistischen Linken. Sie haben keine Verbindung mit der Óbschtschina, mit irgendeiner geschlossenen Gemeinschaft usw.

Sie sind vielleicht sogar dagegen ...
Einige sind dagegen, einige dafür, unterm Strich befinden sie sich jedenfalls nicht in diesem gemeinschaftlichen Leben. Die Aufgabe besteht nun darin, Möglichkeiten der Vereinigung zu finden. Zur Zeit gibt es sie nicht. Es geht um eine Verbindung zwischen der aus dem modernisierten Sektor der Marktwirtschaft entstehenden neuen Linken und jenen Teilen der Gesellschaft in der Óbschtschina, die mit ihren Lebensgewohnheiten weitermachen, die in der Óbschtschina weitermachen als wäre nichts.

Generell wächst in der Gesellschaft zur Zeit ja der Neid, die Mißgunst, das Prinzip des jeder für sich selbst usw., von daher erhebt sich natürlich die Frage: Wie kann das geschehen? Wie?
Ich wiederhole, das ist eine Frage der Praxis. Das kann nicht über die Theorie entschieden werden. Theoretisch ist eine Antwort da: der Aufbau von netzartigen Strukturen, welche verschiedene Óbschtschinas, verschiedene Prozesse miteinander verbindet. Aber wie das in der Praxis geschieht, das ist bereits eine Frage des politischen Handelns. Ich denke, daß es eine bestimmte Perspektive im Zusammenhang mit dem Zerfall der kommunistischen Partei gibt, der gegenwärtig vor sich geht. Die kommunistische Partei ist ja eine geschlossene korporative Struktur, selbst eine Gemeinschaft im Sinne einer Groß-Óbschtschina. Sie ist unfähig, die Rolle des horizontalen Koordinators zwischen verschiedenen Gemeinschaften zu erfüllen. Auf der anderen Seite gibt es regionale Abgeordnete, die vom Gebiet nicht über Parteilisten, sondern als unabhängige Kandidaten über Territorien gewählt worden sind. Sie sind in der Regel mit den Leuten vor Ort verbunden. Sie haben in begrenztem Maße bereits Beziehungen untereinander, die unabhängig von Parteilisten, unabhängig von den Parteioberen sind. Es gibt den neuen Komsomol, der irgendwie diese Aufgabe übernehmen könnte, wobei unklar ist, ob er es wirklich tut.

Könnte ein Teil der neuen Gesellschaft, auch aus den Kreisen der neuen Russen, ebenfalls daran teilnehmen?
Was macht den neuen Russen aus? Daß er die Óbschtschina im ganzen ausbeutet! Sie sind daran interessiert, die bestehende Ordnung aufrechtzuerhalten. Da gibt es eine sehr interessante Erscheinung, die Tatsache nämlich, daß die russischen Betriebe nicht gegründet sind auf Arbeitsbeziehungen westlicher Art. Sie sind aufgebaut auf Ausbeutung entweder bestehender Ressourcen oder

bestehender Kollektive. Es gibt einige wenige Fälle, in denen neue Russen neue Kollektive auf der Grundlage normaler kapitalistischer Ausbeutung angestellter Arbeitskräfte gründen. Das gibt es, aber das ist ein sehr kleiner Teil, der meistens zudem als äußerst spezialisiertes Kollektiv arbeitet. Diese neuen Kollektive bekommen Geld von großen Kollektiven, die aus früheren staatlichen zurückgeblieben sind, die jetzt auch privatisiert wurden. Sie sind nur wie Transistoren, die Geld aus dem einen alten Sektor der Wirtschaft, in den anderen neuen schaffen. Darin besteht die Funktion dieser Firmen.

Mit anderen Worten, reiner Kapitalismus kommt in Rußland äußerst selten vor, im westlichen, im modernisierten Verständnis des Kapitalismus, das sind kleine Enklaven. Mehr noch, da wo es normale kapitalistische Betriebe gibt, könnten die sogar Verkünder einer positiven Politik werden, denn in der Regel sind sie demokratischer organisiert in Bezug auf die Ausbeutung der Óbschtschina, in Bezug auf die Ausbeutung der Tradition usw. Und sie stehen einer neuen sozialen Ordnung nicht ablehnend gegenüber.

Wir treffen also auf die Tatsache, daß die Art der Ausbeutung im Lande im großen und ganzen eine feudale ist ...

... mehr oligarchisch als feudal, das muß man wohl immer wieder betonen ...
Nun, natürlich nicht Feudalismus im Sinne bestimmter Legitimität, sondern im Sinne oligarchischer Strukturen, es sind die alten Ausbeutungsverhältnisse im neuen kapitalistischen Gefäß. Die Elite ist daran interessiert, den Status quo zu erhalten. Sie sind unfähig zu radikalen sozialen Veränderungen.

Ich wiederhole meine Frage: Wie kann sich unter diesen Umständen Solidarität in der Óbschtschina aufbauen, und wie können Verbindungen zwischen den Óbschtschinas, entstehen, was kann die Linke dafür tun, genauer, welche Menschen können das Sujekt dieser Tätigkeit sein?
Wenn du willst, dann die neue Intelligenzija, oder man könnte auch sagen, die Leninschen Berufsrevolutionäre, die allerdings nicht im Leninschen Sinne professionelle Revolutionäre sind, sondern ... Warum ist Lenin auf diese Idee der Berufsrevolutionäre gekommen? Das ist ja ebenfalls nicht zufällig, daß diese Idee ausgerechnet in Rußland entstanden ist. Auf der einen Seite die óbschtschinaartigen Strukturen, auf der anderen die Abwesenheit einer bürgerlichen Gesellschaft. Das heißt, zwischen den Óbschtschinas – Wüste! Diese Wüste kann nicht mit natürlichen, sie kann nur mit künstlichen Verbindungen aus-

gefüllt werden, Verbindungen durch Organisationen, die die Beziehungen und Netze künstlich aufbauen und halten.

Aber das klingt ja schon wieder...

... ich will damit nicht sagen, daß wir zur Avantgardepartei zurückkehren sollen. Ich meine etwas anderes, ich meine, daß man so etwas braucht wie eine berufsmäßige Tätigkeit zur Herstellung des politischen Netzes. Das heißt, politische Mittel werden den Weg zur Vereinigung schaffen.

Kannst du dir nicht vorstellen, daß die Menschen auch ohne diese Linken einfach gezwungen sein werden, Verbindungen untereinander herzustellen?

Ja, kann ich, aber sie können nicht. Man kann das Problem so beschreiben: Die, die diese gesamtgesellschaftlichen Verbindungen brauchen, können sie nicht aufbauen, aber die jetzige Elite will nicht, daß zwischen den Gemeinschaften Verbindungen hergestellt werden. Das heißt, man braucht ein politisches und soziales Subjekt, das auf der einen Seite fähig ist, auf der anderen Seite auch interessiert ist, diese Verbindungen herzustellen. Ein solches Subjekt gibt es heutzutage in Rußland nicht. Und das Problem besteht über alles andere hinaus darin, dieses Subjekt zu begründen *(lacht)*, das heißt, darüber hinaus, daß wir horizontale Verbindungen schaffen müssen, müsen wir auch noch das Subjekt schaffen, das fähig ist, diese horizontalen Verbindungen herzustellen. Es ist ganz und gar unwahrscheinlich, daß das gelingt.

Es gibt doch Menschen, die leben müssen, wie du z. B., wie andere vergleichbare, die nicht an den Óbschtschinen teilnehmen, die aber auch nicht Teil des modernisierten kapitalistischen Rußland sind, sondern so leben, wie du lebst, es gibt doch sehr viele solche Menschen.

Ja, sehr viele, und genau auf sie muß man setzen. Das ist die Intelligenz neuen Typs, der neuen Generation, wenn du willst, nicht die alte sowjetische Intelligenz, die ist auseinandergelaufen, sie ist schon zerstört, auf die kann man nicht rechnen. In diesem Zusammenhang muß man über die Budgetnikis reden, die Lehrer, die Ärzte, das sind die Leute, die zwischen Óbschtschinas stehen, die leben in diesem Raum. Diese Schicht kann zum Generator der vereinigenden Kräfte werden.

Noch einmal genauer: Kann die Verbindung ohne Linke entstehen?

Ich glaube nicht, weil es dann keine interessierten Subjekte gäbe. Die Tatsache, daß es diese Verbindungen jetzt nicht gibt und Linke als reale Kräfte auch nicht gibt, ist der empirische Indikator dafür, daß hier ein notwendiger Zusammenhang besteht.

Gut, sagen wir es andersherum: Was wären Linke heute bei euch?
Das wäre ein Bewegung, die darauf orientieren würde, den Menschen die Möglichkeit zu geben, sich kollektiv zu organisieren, kollektiv ihre Interessen zu schützen und irgendwie diese Horizontale zur gegenwärtigen Ordnung, zur gegenwärtigen Macht zu begründen. Denn die Macht ist daran interessiert, daß die Óbschtschinas und Gruppen von Menschen voneinander isoliert sind, weil dann die Macht in der Lage ist, ziemlich autoritär zu regieren und nicht auf Widerstand stößt. Dabei kann sich die Macht sogar einen Anschein von Demokratie erlauben, weil die Gesellschaft ohnehin nicht in der Lage ist, diese demokratischen Möglichkeiten zu gebrauchen. Wenn niemand die demokratischen Möglichkeiten gebraucht, niemals wirklich Demokratie droht *(lacht)*, dann können diese Gesellschaften Demokratie haben so viel es beliebt.

Es sollte eine neue Beziehung zwischen dem einzelnen und ...
... den Gemeinschaften, ja. Ich sagte ja schon, daß die Óbschtschina sich im Stadium der Entartung befindet, zum Zweiten ist bemerkbar, daß die Óbschtschina nicht nur angenehme Seiten hat, sondern auch negative. Man muß sie nicht idealisieren. Von der Óbschtschina muß man natürlich zu einem demokratischen Kollektiv kommen.

Wie kommt man dahin?
Ich denke nur über den Prozeß einer neuerlichen politisch-sozialen Umgestaltung. Wenn man nur irgendwie mit der bestehenden Óbschtschina handelt, dann wird sie nur das Objekt der Aktivitäten anderer sein. Das heißt, auch die Maßnahmen müssen andere sein.

Das bedeutet doch nichts anderes, als daß neue Narodniki kommen müssen.
Nun, im Prinzip ja, zweifellos.

Aber sie haben doch schon ihren Versuch gehabt ...

Nun, wichtige Maßnahmen der russischen Revolution folgten aus den Vorstellungen der Narodniki. Man muß es so sagen: Die Narodniki hatten unrecht in ihrer Beziehung zu den Sozialdemokraten und in ihrer Beziehung zum Marxismus, die haben sie nicht richtig eingeschätzt, aber man muß sagen, daß die Marxisten sich in noch stärkerem Maße verschätzt haben in den Narodniki. In diesem Sinne ist klar, daß man die russische Revolution von 1905 und 1917 sehr gut mit marxistischen Kategorien analysieren kann, aber daß sowohl die Revolution von 1905 als auch die von 1917 entschieden durch die Vorstellungen und Handlungsweisen der Narordniki geprägt und objektiv durch die Ereignisse in und um die Óbschtschina und der hinter ihr stehenden Bauernschaft geprägt war. Das ist ohne Zweifel so! Aber ich wiederhole, die erste Rolle spielte in der Revolution der Soldat. Das heißt, die Armee wurde der Schmelztigel, der die Óbschtschina mit der Stadt verschmolz, und auf der anderen Seite Óbschtschina mit Óbschtschina verband, und auf diese Weise ein allgemeines gesellschaftliches Interesse herstellte. Heute gibt es nichts dergleichen.

Heute bricht überhaupt die bisherige Utopie vom Sozialismus zusammen, der Marxismus wurde ein Schimpfwort ...
Nein, das sind Worte noch von 1991. In begrenzten Kreisen hat sich das gehalten, aber jetzt ist die Tendenz eine andere. Jetzt ist die Tendenz eher die, daß die linken Ideen irgendwie Mode werden bei uns.

Alte Ideen, bei alten Menschen ...
... im beliebigen Sinne. Heute gründet doch jeder Beamte, dem man nicht ermöglicht, eine Karriere zu machen, seine eigene sozialistische Partei, so wie Petrow[72], Schakum[73] usw. Jetzt gilt es als prestigeträchtig, ein bißchen links zu sein. Eine andere Sache ist, daß man dann eine rechte oder sogar sehr rechte Politik macht. Das ist irgendwie nicht miteinander verbunden. Aber ein bißchen mit den Gedanken der sozialen Gerechtigkeit, des Sozialismus usw. zu spielen, etwas Gutes über Marx zu sagen, das ist zur Zeit guter Ton bei der Macht, bei der Opposition, das ist eine allgemeine Tendenz.
Aber die Menschen sind einfach nur demoralisiert. Sie wurden nicht weniger Sozialisten oder mehr. Auf der einen Seite blieb der sowjetische Mensch der spontane Sozialist, der er vorher auch war. Da hat sich wenig geändert. Mehr noch zei-

---
72 Petrow, Juri, Gründer einer sozialdemokratischen Partei.
73 Schakum, Martin, Gründer einer sozialdemokratischen Partei.

gen einige Untersuchungen, unter anderem die von Patruschowa[74], daß sich diese Tendenz eher verstärkt. Auf der anderen Seite sind die Leute nicht gezwungen, offizielle alte sowjetische Losungen zu wiederholen. Aber die haben sie sowieso nie geglaubt. Ich denke, daß in kulturell-psychologischer Hinsicht zur Zeit für die Linke eine äußerst günstige Situation in Rußland besteht. Sie war nie so gut für die Linken. In meinem ganzen Leben hat es in der Sowjetunion nicht eine so angenehme Situation für einen linken Intellektuellen gegeben, ich meine nicht in materiellem Sinne, sondern in kulturell-psychologischem. Das ist zur Zeit beispiellos gut. Allerdings folgt daraus nicht der geringste politische Einfluß. Daraus folgt allein, daß ich von Zeitungen mehr Einladungen bekomme zu schreiben, als ich es physisch schaffen kann. Aber daraus folgt nicht, daß mein politischer Einfluß gestiegen wäre. Er war vor fünf Jahren wesentlich höher. So eine paradoxe Situation. Ich denke jedoch, daß diese kulturelle Situation sich früher oder später auch auf die Politik überträgt. Von der Universität höre ich, daß praktisch alle jungen Leute, die sich heute dort politisch interessieren, sich als Sozialisten betrachten. Das ist eine beispiellose Situation für unser Leben, absolut. Ich wiederhole jedoch: Nicht einer von ihnen beteiligt sich an irgendwelchen politischen Aktivitäten.

Es ist nur eine Stimmung ...

Genau, eine Stimmung. Sie lesen irgendwelche Artikel in der *Nesawissimaja Gaseta*, sie lesen diese oder jene Borschüren über Marx oder so, aber ansonsten gehen sie ihren Dingen nach. Das ist im Prinzip so wie die Linken zur Zeit im Westen *(lacht)*, so wie die westliche Intelligenz heute lebt. Wenn es schon eine linke Organisation gäbe, würden sie sie wählen, so ähnlich, wie das bei euch mit der PDS ist. Aber bei uns gehen sie nicht wählen, sie können sich nicht einmal theoretisch orientieren, deshalb ist die Lücke zwischen der kultur-psychologischen Stimmung der Gesellschaft und der politischen zur Zeit sehr deutlich. Ob es gelingt, sie zu überwinden oder nicht, das ist die Frage. Wieder eine politische Frage, keine theoretische.

Welche Möglichkeiten für eine praktische Entwicklung siehst du?

Ich denke, daß in nächster Zeit nicht viel passieren wird. Wir haben noch einen langen, vielleicht auch nicht sehr langen, aber ziemlich mühsamen Weg

---

74 Patruschowa, Jelena, Soziologin.

durch die Wüste vor uns. Das heißt, neue Bedingungen dafür, daß sich eine Solidarität, sogar in geringstem Maße in dem Vakuum zwischen den Óbschtschinas entwickelt, das braucht ebenfalls eine lange Zeit, eine große Arbeit und die Möglichkeit, die Generationen zu wechseln und die Stimmungslage der ganzen Gesellschaft.

Deshalb glaube ich, daß in nächster Zeit der Autoritarismus der Macht wachsen wird, auf der anderen Seite dieser passive óbschtschinabezogene Widerstand, das heißt, die Sabotage der Maßnahmen der Macht, mögliche einzelne Aufstände. Du erinnerst dich, wie die Arbeiter buchstäblich über Nacht die Wege im Kussbaß sperrten, sie blockierten, auch die Eisenbahn; an einem Ort setzten sie die örtliche Administration fest. Solche örtlichen Vorgänge können sich häufen und bedeutender werden. Aber es gibt keine Kraft, die daraus eine große Bewegung machen könnte. Deshalb sehen wir zur Zeit keine große Alternative.

Das könnte schon ein gutes Schlußwort sein, es gibt da aber noch eine weitere Frage, die ich nicht übergehen möchte: Was heißt das Ganze aus deiner Sicht für die allgemeine Entwicklung unserer heutigen Welt?
Ich glaube, daß wir als erstes die Grenzen des Neoliberalismus erleben. Neoliberalismus ist im Kern die Aggression des Zentrums gegen die Peripherie, die zugleich von Reaktionen im Innern des Zentrums begleitet ist. Das ist der Inhalt der neoliberalen Reform. Wenn früher die Aggression gegenüber Peripherie von progressiven Reformen innerhalb der Länder des Zentrums begleitet war, man konnte die Länder der Dritten Welt ausrauben und dafür den Wohlfahrtsstaat Europa einrichten, Gesundheitswesen, Bildung usw. alles von staatswegen, so hat der Neoliberalismus die Lage geändert. Er benutzt die Ressourcen der Dritten Welt für Aggressionen gegen die westliche Arbeiterschaft im Sinne der Senkung des Preises für die Arbeitskraft zum Beispiel, das bedeutet Senkung der Reallöhne unter dem Druck der Konkurrenz der Dritten Welt. Der alte Kolonialismus zog die Ressourcen raus, indem er die Produktion führender Produkte im Land des Zentrums aufbaute und dafür gezwungen war, den Arbeitern des eigenen Landes den sozialen Wohlstand zuzugestehen. Es gab zugleich einen zweiten Faktor: die Einflußnahme auf die organisierte Arbeiterbewegung im Lande und in der Sowjetunion, auch wenn man ein schlechtes Verhältnis zur Sowjetunion hatte, war sie doch ein Einflußfaktor. Jetzt hat sich die Situation geändert. Jetzt führt die Aggression gegen die Peripherie zugleich

zur Reaktion im Zentrum. Und da steht dann das Problem, daß diese Aggression überzogen, übertrieben wird. Ich bin ja weit entfernt davon, Nationalist zu sein, und ich bin auch weit entfernt davon zu glauben, daß unser Elend von den Amerikanern oder vom transnationalen Kapital verursacht wird, aber in einem gewissen Sinne steht die Notwendigkeit einer nationalen Befreiung, das ist eine Tatsache. Eine gewisse Aufgabe der nationalen Befreiung Rußlands ist heute real, das ist nicht von Nationalisten ausgedacht, das ist nicht Propaganda. Eine andere Sache ist, daß das in idiotischen Formen mystifiziert wird.

Was soll das sein: nationale Befreiung?

Das ist die Befreiung unserer Wirtschaft und unserer Gesellschaft von der Kontrolle und der Ausbeutung von Seiten des IWF, der Weltbank, einiger großer westlicher Finanzgesellschaften. Das ist vollkommen real. Aber diese Befreiung kann nicht in der Form des Kampfes gegen westliche Institute vor sich gehen. Westliche Institute sind hier ja nicht selbst mit ihren Mitteln anwesend. Sie wirken durch unsere russischen Institute. Und die Nationalisten denken, das alles machen konkrete Leute. Aber es geht überhaupt nicht um konkrete Leute. Es geht um das System. Deshalb nach Tschubais Sjuganow einzusetzen, das wird das System lediglich so weiterführen, wie es jetzt ist. Die Nationalisten sehen die Kompradorenbourgeoisie nur in der Gestalt bestimmter Personen, die sich an den Westen verkaufen. Insofern sie überzeugt davon sind, daß in unserer Gesellschaft alles gut ist und es nur einzelne schlechte Menschen gibt. Die Situation ist aber genau umgekehrt. Die Nationale Befreiung kommt nur durch eine tiefe soziale Umgestaltung. Sie kommt von selbst als Resultat der Umgestaltung. Denn der IWF kann mit den neuen Instituten dann schon nicht mehr so arbeiten wie mit denen davor. Nicht von selbst, sagen wir, aber sicher als Folge und als nächste letzte Etappe nach der sozialen Umgestaltung. Deshalb muß man mit der sozialen Umgestaltung beginnen, für die wir zur Zeit als Gesellschaft nicht bereit sind. Das ist das Tragischste. Aber wenn es Rußland gelingt, den Neoliberalismus zu stoppen, dann wird das ein tiefer Bruch mit sämtlichen gegenwärtigen kapitalistischen Systemen. Und dies um so mehr, als Rußland nicht das einzige Land in dieser Lage ist. Es könnte dann also einen Dominoeffekt geben. Wie weit das noch vor uns liegt, in welchen Formen das vor sich gehen könnte und ob das überhaupt kommt, das ist eine große Frage. Ich sage nur, gerade deswegen machen sich die westlichen Finanzzentren solche Sorgen um Rußland und die gegenwärtige Macht, nicht etwa nur, weil sie dort nichts Gutes sehen.

Sie brauchen sie gegen den Süden und um ihre Hegemonie zu halten.

Ja, auf der einen Seite unterstützen sie die Macht, ungeachtet einzelner offensichtlicher Fehltritte dieser Macht, die sie noch besser erkennen können als wir hier. Auf der anderen Seite forcieren sie die NATO und breiten sich im Osten aus. Warum? Weil sie nicht davon überzeugt sind, daß es gelingt, Rußland im jetzigen Zustand zu halten, und davor haben sie entsetzliche Furcht. Im Grunde ist die Entscheidung der NATO-Ausweitung von Angst geprägt, sie ist ein Resultat dessen, daß der Westen fühlt, daß er nicht fähig ist, die Situation unter Kontrolle zu halten. Und die Geste löst die sozialen Probleme natürlich nicht, die der Angst zugrunde liegen, mehr noch, sie könnte kontraproduktiv wirken. Der Westen tritt an die Stelle des Warschauer Paktes, aber es ist nicht ausgemacht, ob die Ausweitung des westlichen Einflusses nicht doch starke antiwestliche Reaktionen hervorruft, in deren Folge ähnliche Prozesse ablaufen wie vorher im Warschauer Block.

Es kann sehr wohl sein, daß die NATO sich in kurzer Zeit gegenüber Polen, Ungarn und der Tschechoslowakei vor denselben Problemen sieht wie seinerzeit Rußland.

Diese Positionen finden sich heute auch bei Sozialisten. Bei ihnen hört man wieder Meinungen wie: Wir haben hier bei uns heute eine Situation wie nach Versailles. Was meinst du dazu?

Das eine absolut unpassende Parallele, denn Rußland ist absolut nicht vergleichbar mit Deutschland nach dem Ersten Weltkrieg. Eine andere soziale Struktur. Deutschland hatte keine Óbschtschinasstrukturen. Deutschland hatte eine Niederlage erlebt, hatte eine Krise, ja, aber auch die Krise hatte einen anderen Charakter. Es ist aber sehr typisch für die sowjetische Intelligenzija, in solchen Analogien zu denken. Sie denkt nicht analytisch, sie denkt analogisch. Aber Analogien sind nur bedingt hilfreich. Man kann sie benutzen, um bereits gewonnene Resultate einer Analyse besser zu verstehen, als Illustration. Statt dessen benutzen unsere Intellektuellen die Analogie als Möglichkeit des Verstehens. So kommen vollkommen idiotische unpassende Vergleiche zustande.[75]

---

75 Anzumerken ist, daß auch die in diesem Buch dokumentierten Gespräche in der einen oder anderen Weise, von der einen oder anderen Sicht her immer wieder zu ähnlichen Vergleichen kommen.

Man hört, daß sich Rußland heute erniedrigt fühle, ähnlich wie seinerzeit Deutschland, daß daraus eine Stimmung gegen den Westen erwachse ...

Ja, nur die antiwestliche Stimmung hat einen vollkommen anderen Charakter als der Nationalismus des Weimarer Deutschlands nach dem Ersten Weltkrieg. Wenn man schon eine Analogie vornimmt, dann sollte sie eher mit Ländern der Peripherie angestellt werden, mit China in den zwanziger Jahren z. B., mit der Geschichte des Irans, Lateinamerikas. Deutschland war doch kein Opfer der Ausbeutung durch andere Länder. Es war erniedrigt durch andere, aber es verblieb doch Teil des Westens.

Das sehe ich auch so. Es blieb Teil des herrschenden Blocks.

Das ist ein prinzipieller Unterschied, das ändert alles. Das ist ein vollkommen anderes Bild. Das ist ein anderer Nationalismus, das ist eine andere Erniedrigung, das ist eine andere Beziehung zwischen inneren und äußeren Faktoren, nichts ist da gemeinsam.

Aber es gibt doch zur Zeit starke nationalistische Töne.

Das zeigt nur, daß unsere politisierte Intelligenzija nicht denken kann.

Ich denke, es ist sogar gefährlich, wenn so geredet wird. Gerade aus diesem Gerede folgt möglicherweise erst die beschworene Stimmung.

Ja, zum Teil. Aber wenn sie nicht denken können, läßt sich daran auch nicht viel ändern. Denken muß man über konkrete Dinge. Für die Mehrheit im Lande, fürchte ich, haben solche Gedanken überhaupt keinerlei Bedeutung.

Gut, vielleicht auch nicht gut. Sag mir bitte: Óbschtschina, nationale Befreiung – was steht da für dich an erster Stelle?

An erster Stelle steht die soziale Frage. An erster Stelle steht die Umgestaltung der Gesellschaft. Die allererste Aufgabe, die ansteht, ist die Verbindungen zwischen den Óbschtschinas herzustellen, damit die sich überhaupt erst schützen können. Und was auf regionaler Ebene eine gewisse Rolle spielen kann, das ist die regionale Bürokratie. Die steht auch einfach vor dem Problem des Überlebens der Gesamtgesellschaft, der regionalen.

Wenn Sjuganow die Óbschtschina mit der nationalen Frage zu Rußlands Besonderheit verbindet, was sagst du dazu?

Die Óbschtschina ist generell keine besonders typische russische Form. Es gibt hier einige russische Besonderheiten, daß die Óbschtschina bis zu den industriellen Formen überlebte, bis zum Ende dieses Jahrhunderts. Das ist natürlich eine russische Besonderheit. Aber das ist nichts besonders Nationales, insofern z. B. in nichtrussischen Regionen Rußlands ebensolche Óbschtschinas existieren und die Óbschtschina im Grunde sowieso absolut kosmopolitisch ist. Die Reaktionäre möchten unbedingt, daß die Óbschtschina die Gemeinschaft des MIR ist, das heißt die geistliche Óbschtschina. Aber nichts dergleichen existierte. Der Hauptgrund, warum die orthodoxe Kirche in Rußland so gescheitert ist, besteht darin, daß es niemals irgendeine Sobórnost in Rußland gegeben hat, das war einfach eine ausgedachte Geschichte. Es hat niemals eine geistige Óbschtschina in Rußland gegeben. Die Kirche war ein Teil des Staates und für die Óbschtschina ein äußerer Faktor. In Deutschland, im Protestantismus, gibt es eine geistliche Óbschtschina. In Rußland gibt es aber keine Sobórnost. Das ist prinzipiell nicht möglich. Der russische Mensch ist prinzipiell nicht fähig zur Sobórnost. Die orthodoxe Kirche war ein Institut über der Óbschtschina, sie war für sie äußerlich und fremd.

Dem kann ich nicht folgen: Wie kann eine Solidarität zwischen den Óbschtschinas sein ohne Sobórnost, ohne verbindende Gedanken ...

... nein, nein, gemeinsame Gedanken, die müssen zweifellos sein. Aber nicht in religiösem Sinne. Solidarische Kollektive, zweifellos, aber nicht in der Qualität geistlicher Gemeinschaften.

Nun gut, lassen wir es dabei. Hier gibt es noch viele offene Fragen. Aber kommen wir für heute zum Schluß. Eine letzte Frage deshalb: Welcher gemeinsame Weg könnte zwischen russischen Linken und westlichen Linken bestehen?

Wir leben ja in einer globalisierten Gesellschaft. Insofern sehen wir uns sehr ähnlichen Problemen gegenüber. In meinem Verständnis beinhaltet der Netztyp von Organisation eine tiefere Integration zwischen den Linken der verschiedenen Länder. Ein einfaches Beispiel ist, was ich dir über Computerpiraterie erzählt habe. Wenn wir uns hier z. B. Problemen gegenübersehen, die uns Microsoft stellt, das seinen Sitz, sein Stabsquartier in New York hat. Da haben wir in Zürich, Hamburg, New York oder Moskau absolut dasselbe Problem, das sie unser Ausgeliefertsein gegenüber ihrem Monopol ausnutzen wollen, um uns zu zwingen, ihre Preise zu zahlen. Da hast du ein Beispiel für konkrete Solidarität, die organisiert werden muß.

Ein solches Netz, das sich seinerseits der Computer bedient, kann auf der Stelle global organisiert werden. Auf diese Weise bist du verbunden. Dieselben Texte kannst du aus Afrika, aus Rußland, aus dem östlichen Asien, Europa usw. bekommen. Mit anderen Worten, hier ergibt sich eine große Möglichkeit für Solidarität. Früher bestand Solidarität im Engagement für einen fremden Kampf: Ich verstehe, daß ihr Kampf gerecht ist – ich unterstütze sie. Aber heute muß man Solidarität verstehen als gemeinsame Aktivität in konkreten Fragen von allgemeinem Interesse.[76]

---

76 Gekürzte Fassungen des Gespräches wurden in verschiedenen Zeitungen veröffentlicht, u.a. in Freitag, 35, 2. August 1997; in ak (analyse und kritik) Nr. 407, 23. Oktober 1997 und der *Schweizer Wochenzeitung*, Nr. 48, 27. November 1997.

April/Mai 1999

Nach dem Bankenkrach vom August 1998

Die Situation: Rußland hat einen neuen Höhepunkt seiner Agonie erreicht. Nach vergeblichen Versuchen des kranken Jelzin, beraten von seiner Tochter Tatjana Djatschenko, die er zu seiner persönlichen Imageberaterin gemacht hat, den Bankenkrieg zwischen den Oligarchen zu schlichten, und ihren Einfluß auf die Politik durch Entlassung Beresowskis[77] aus dem Sicherheitsrat einzuschränken, hat sich die überhitzte Konkurrenz und Spekulation im Bankenkrach vom 17. August 1998 entladen. Die künstliche Blüte der zurückliegenden Jahre bricht zusammen. In Moskau herrscht Panik. Es folgt ein widersprüchliches Krisenmanagement kurzlebiger Regierungen: Kirijenko, Tschernomyrdin, Primakow, Stepaschin[78] lösen einander im Halbjahrestakt ab. Ein erneuter Mißtrauensantrag der Opposition gegen Jelzin in der Duma folgt, kommt aber auch dieses Mal nicht durch. Wer im Mai 99 durch die Läden geht, versteht auch, warum: Es ist wieder alles zu kaufen. Mehr noch, wo vor dem Krach nur noch Importwaren zu sehen waren, tauchen nun zunehmend Waren auf, die als heimische Produktion gekennzeichnet sind. Gespräche über die Folgen des Krachs vertiefen diesen Eindruck: Rußland beginnt sich vom Westen abzukoppeln, der Kosovokrieg, der auch Europa in der Krise zeigt, beschleunigt diesen Effekt.

Das folgende Gespräch findet in einem Gang am Institut für politische Studien statt (ehemals Abteilung für internationale Beziehungen), wo Boris Kagarlitzki zur Zeit als Dozent tätig ist.

---

77 Boris Abramowitsch Beresowski war als einer der einflussreichsten Oligarchen die graue Eminenz hinter der Regierung Jelzins.
78 Stepaschin, Sergei, 12. Mai bis 9. August 1999 Ministerpräsident von Rußland.

Ausgewählte Daten dieser Zeit auf einen Blick:

30.06.1997	Jelzin ernennt Tochter Tatjana Djatschenko zur »Imageberaterin«.
15.09.1997	Jelzin lädt Oligarchen zu sich ein, um Bankenkrieg zu schlichten.
16.09.1997	Krise: Regierung kann Staatsanleihen nicht bedienen.
03.11.1997	IWF verschiebt die Auszahlung der nächsten Tranche auf 1998.
05.11.1997	Jelzin entläßt Beresowski aus dem Sicherheitsrat.
23.03.1998	Jelzin entläßt Kabinett; Sergei Kirijenko[79] wird Ministerpräsident.
17.08.1998	Bankenkrach: Höhepunkt der russischen Finanzkrise.
23.08.1998	Jelzin entläßt Kirijenko, nominiert Tschernormyrdin erneut als Ministerpräsidenten.
11.09.1998	Tschernomyrin entlassen, Jewgeni Primakow wird Ministerpräsident.
27.10.1998	Jelzin im Sanatorium.
29.03.1999	Jelzin beruft Wladimir Putin zum neuen Sekretär des Sicherheitsrates.
12.05.1999	Primakow entlassen, Nachfolger Sergei Stepaschin.
Mai 1999	Fünf-Prozent-Klausel für Wahl eingeführt.
15.05.1999	Mißtrauensantrag gegen Jelzin wegen Tschetschenien scheitert.
Juni 1999	Jugoslawienkrieg.
11.06.1999	Russische Fallschirmjäger besetzen Flughafen von Prishtina.

(Weitere Daten in der Chronologie im Anhang.)

---

[79] Kirijenko, Sergei, Ministerpräsident von April bis August 1998.

Das Gespräch: Es gibt keinen Weg zurück.

Ich bin dieses Mal gekommen, um zu erfahren, welche Lage bei euch nach dem Bankenkrach entstanden ist. Meine wichtigste Frage: Wir haben letztes Jahr über gesellschaftliche Strukturen gesprochen, die als korporative Strukturen existieren. Was hat sich durch den Krach daran geändert, insbesondere in Moskau?

Nun, erstens hat der Krach gezeigt, daß es unmöglich ist, mit dieser neoliberalen Politik fortzufahren. Im großen und ganzen verstehen das nicht nur die Gegner dieser Politik, sondern in starkem Maße auch ihre Befürworter. Insbesondere die, die mit dem inneren Markt und irgendwelchen Produktionsvorgängen verbunden sind. Es gab einen sehr interessanten Aufsatz vor ungefähr zwei Monaten, in der *Iswestija*, einer prowestlichen, neoliberalen Zeitung, daß Milton Friedmans[80] Konzept hinterfragt werden müsse. Primakow unterstützt diese Aussage. Mit anderen Worten, die Politik, die bis zum 17. August 1998 durchgeführt wurde, kann man nicht weiter durchführen. Das verstehen im allgemeinen alle. Und zweitens änderte sich die soziale Basis des Staates. Vor 1998 existierte eine ziemlich stabile soziale Basis in Moskau und größeren Städten, die man die neue nach-sowjetische mittlere Klasse nennen konnte. Mit anderen Worten, wir hatten eine Masse räuberischer neuer Russen. Und eine solche Schicht wie die neuen Russen baut um sich herum natürlich eine gewisse Menge von Arbeitsstellen auf. Diese Banken und diese Strukturen haben aber praktisch nichts produziert. Das war nur Verbrauch und Weiterverbrauch von vorhandenen Ressourcen. Aber so oder so brauchte man dafür Bankstrukturen, brauchte man Personal, brauchte man Spezialisten, um Papiere herauszugeben, brauchte man Technik, um Computer zu bedienen, brauchte man Menschen mit Fremdsprachenkenntnissen, brauchte man Papiergeld. Und klar brauchen diese Leute auch wieder ihre Spezialisten, weil sie schon beginnen, sich gegenseitig zu verbrauchen. Man braucht natürlich gute Friseure, Werkstätten für die Mercedes, Gesundheitstechnik usw. Und all diese Menschen haben großes Geld verdient. Und sie bedienen ja nicht nur die neuen Russen, sondern auch sich gegenseitig. Es erschienen dann auch Hochglanzjournale. Alle westlichen Journale kamen in russischen Varianten heraus. Burda gab *Lisa* heraus usw. Und weitere Journale dieser Art. Diese soziale

---

80 Friedman, Milton, Inspirator und Leiter der monetaristischen Chicagoer Schule.

Schicht ist nicht nur entstanden, sie ist auch sehr schnell reich geworden. Und auch Jelzin selbst hat sich in den letzten Jahren schneller bereichert als die neuen Russen. In den Jahren 97/98 fand eine Umverteilung von Eigentum zwischen den neuen Russen, der Staatsbürokratie und dieser neuen Mittelklasse statt. Die neuen Russen begannen Geld auszugeben für ihre Firmen, für ihre Belange, und so entstand diese Schicht. Mehr noch, in Moskau zum Beispiel lebte man in den letzten Jahren reicher und besser als in Paris oder anderen westlichen Städten. Für den Dienstleistungsbereich bezahlte man in Rußland wesentlich mehr als anderswo. Auch teure Autos sind kein Defizit mehr. Am 1. August ist diese Basis zusammengebrochen und damit faktisch die Basis für das Regime. Das war schon eine arbeitende Klasse, aber eben eine, die für die Elite tätig war. Das waren Angestellte, Arbeiter, Arbeitsplätze, aber eben im Rahmen dieses parasitären, zerstörerischen Modells. Diese Basis war im Verhältnis zum Land im ganzen natürlich eine sehr kleine Minderheit, vielleicht zwei, drei Prozent neue Russen, wenn man alle diese sich gegenseitig ergänzenden Strukturen zusammennimmt. Das alles ist nach dem 1. August zusammengebrochen. Darunter litten natürlich einerseits die neuen Russen, und zweitens litten darunter natürlich die Mitglieder dieser mittleren Schicht. Die Banken schlossen, kleine private Firmen machten Bankrott, die neuen Russen schränkten ihren Konsum scharf ein, das heißt, es gingen einfach ganz viele Arbeitsplätze verloren. Daß dabei auf materiellem Gebiet sehr viel verlorenging, ist keine Frage. Diese Menschen, die sich weitgehend modernisiert hatten, viel ins Ausland gereist waren, hatten viel Geld an ausländischen Banken deponiert. Der Krach entzog dem bestehenden System einfach die Basis, einschließlich seiner sozialen Ressourcen. Schließlich ist noch sehr wichtig, daß der Zusammenbruch des Rubels die Beziehung der Direktoren und der Ökonomie stark veränderte. Bei dem hohen Kurs des Rubels im Verhältnis zum Dollar war es profitabel gewesen, Geld in fremder Währung anzulegen, zweitens war Export nur profitabel, auch für die staatlichen Strukturen, wenn man auch selbst Rohstoffe exportierte und dafür Gebrauchsgüter importierte.

Es entstand eine spezielle Symbiose zwischen den Strukturen der Macht und dem parasitären Kapital. Nehmen wir z. B. die Strukturen Beresowskis, Vereinigte Bank, Sibneft[81] und die Machtstrukturen. Dazu kommt noch eine Reihe

---

81 Sibneft, fünftgrößte Ölförderungsgesellschaft im Gebiet der Chanten und Mansen in Nordsibirien, Eigentümer Roman Abramowitsch. Sibneft und Yukos versuchten verschiedentlich zu fusionieren, nach der Verhaftung Chodorkowskis 1993/94 wurde Sibneft von Gazprom aufgekauft.

kleinerer Firmen, die die großen bedienten. Oder auch Bank Imperial und Gazprom, Prombank. Oder Potanins[82] Onexim Bank Orilsk Nikel. Oder Menatep und Yukos[83]. Jede Bank hatte um sich herum eine solche Struktur, die den Konzern finanzierte und so die Verbindung von Export von Rohstoffen und Import von Gebrauchsgütern ermöglichte. Diese Strukturen gingen verloren. Die Preise für Öl fielen; der entsprechende Import entfiel. Die Bankstrukturen zerfielen. Das heißt, der Banksektor litt stark. Für die Produzenten, die für den inneren Markt arbeiteten, wurde die Situation dadurch besser. Die Waren wurden billiger. Die Konkurrenzfähigkeit ging steil nach oben. Es gab Mittel für die Produktion, nicht sehr hohe, aber sie flossen. Und sie fühlten sich einfach sicher. Unter anderem auch der Militärische Komplex, einer der größten Exporteure des Landes und Vertreter des technischen Fortschritts im Lande. Heute arbeitet der Militärische Komplex rentabel. Das führte zur Revanche des Staatskapitals gegenüber dem privaten Sektor, das sich wesentlich effektiver erwies als der private Sektor. Und zu einer Stärkung der Positionen Primakows. Das sind reale Erfolge. Die sind unübersehbar. Sie haben zu einer gewissen Stabilisierung geführt. Wohin das weiterführen wird, das muß man sehen.

Na ja, man kann einiges sehen ...
... das kann man sogar in Moskau. Die Situation in Moskau im September war erschreckend. Es herrschte Panik. Moskau hat die Krise natürlich mehr getroffen als alle anderen Städte. In Moskau konzentrierte sich diese mittlere Klasse. In Moskau konzentrierten sich die Banken: Die Situation geriet praktisch außer Kontrolle. Es gab Panikkäufe. Die Tresen waren einfach leer. Es kam das Gefühl auf, daß in Moskau der Hunger beginnt. Die Importe aus dem Ausland waren eingestellt. Andere Regionen konnten sich mehr oder weniger durch ihre regionale Produktion halten. Moskau nicht. In Moskau war die Produktion faktisch völlig zerstört. Auch in den Vororten lag sie danieder.

Also es gab nichts. Diese Panik hat natürlich Primakow genützt, denn die prowestliche Regierung war völlig demoralisiert. Sie waren bereit, jeden beliebigen zu akzeptieren, wenn er nur die Ordnung aufrecht erhalten konnte. Was machten die Menschen im Alltag? Das konnte man z. B. auf dem Thälmannplatz gegenüber von meinem Haus sehen. Da wurde ein Markt improvisiert, wo im

82 Potanin, Wladimir, Oligarch, Onexim Bank, gilt als systemtragend.
83 Yukos – Größte Ölfördergesellschaft Rußlands bis zu ihrer Zerschlagung durch die Inhaftierung Michael Chorkowskis 2003/4

August und September auf den improvisierten Flickenauslagen Waren angeboten wurden. Das ging bis zum 15. September. Inzwischen gibt es vier oder fünf solcher Märkte. Die Preise sind erschwinglich, einigermaßen stabil. Das heißt, das Leben geht irgendwie weiter. Die Mittelschicht erholte sich auch wieder; nicht alle Arbeitsstellen gingen verloren. Die Banken gingen auch nicht Bankrott. Aber statt Primakow dankbar zu sein, daß alles so glimpflich ablief, kommt jetzt aus dieser Schicht Kritik an Primakow. Man will wieder zurück zu den Verhältnissen von vor 96 und 97. Aber klar ist natürlich, daß das nicht möglich ist. Es gibt keinen Weg zurück.

Warum gibt es keinen Weg zurück?

Weil der Typ der Wirtschaft gewechselt hat. Der Aufbau der Wirtschaft auf dem Export von Rohstoffen und dem hohen Rubelkurs ist nach der Entwertung des Rubels und nachdem praktisch alles privatisiert wurde, was zu privatisieren war, nicht möglich. Die weitere Wirtschaft kann nur im Wiederaufbau der industriellen Produktion aufgebaut werden. Man kann natürlich weiterhin auch Rohstoffe gewinnen, aber billige Rohstoffe auszuführen ist nicht mehr möglich. So ein Mini-Kuweit in Moskau oder anderen Regionen ist nicht mehr möglich. Einfach nur die Ressourcen ausrauben, die aus der sowjetischen Zeit übriggeblieben sind, ist auch nicht möglich. Alles, was man erreichen konnte, ist bereits geraubt. Die Verkehrswege verfallen. Der Soli-Fonds zerfällt. Die Unternehmen verfallen. Das Telefonnetz verfällt. Man muß Geld investieren. Man kann nicht einfach so weiterexistieren, indem man die Strukturen von vor zwanzig Jahren weiter benutzt, man muß sie weiterentwickeln, muß sie modernisieren. Die Modelle, die benutzt wurden, um die Ressourcen zu fördern, kann man nicht weiter anwenden. Da geht es einfach nicht weiter. Deshalb war der Zusammenbruch 98 einfach gesetzmäßig. Die Frage ist nur, warum er kam. Manche glauben, er sei einfach ein Fehler. Aber im Prinzip war er schon 96 zu erwarten. Umgekehrt ist es. Er wurde künstlich noch zwei Jahre hinausgezögert.

Gut, ich habe verstanden. Es hat eine neue Phase eurer Entwicklung begonnen. Die Frage ist nun: Was für eine Phase hat da begonnen?

Ich denke, daß wir das selbst nicht wirklich wissen. Einige Dinge wurden gemacht, die absolut notwendig waren. Aber daraus geht noch nicht hervor, wie es weiterläuft. Prinzipiell klar ist nur geworden, daß es Wege aus der Krise gibt.

Aber nicht mehr. Also, was ist geschehen? Der hohe Rubelkurs wurde auf einen niedrigen umgestellt, der russische Waren konkurrenzfähig macht. Das heißt, daß der Import Schritt für Schritt zurückgefahren wurde, und es begann ein industrielles Wachstum. Das nennt man im Englischen recovery; das ist noch kein Wachstum, aber eine Wiederherstellung von Produktion. Seit Oktober haben wir jeden Monat einen Anstieg der Produktion. Das ist das erste. Das zweite besteht darin, daß einige Maßnahmen von Staatsseite aus ergriffen wurden, damit die Werktätigen wieder ihren Lohn bekommen. Sie bekommen nicht alles, was ihnen bisher vorenthalten wurde. Aber neue Schulden für Pensionen und für Löhne wurden nicht gemacht. Und die Menschen freuen sich, weil sie jeden Monat Bargeld bekommen. Das sind noch sehr kleine Beträge ...

... das sind ja wirklich neue Schritte! Bis zu diesem Zeitpunkt habe ich das Bild vor Augen, daß Menschen arbeiten, ohne Geld zu sehen, oder nicht einmal arbeiten, sondern einfach nur anwesend sind, ohne dafür etwas zu erhalten.

Ja, jetzt arbeiten sie und bekommen auch Lohn. Allerdings bekommen sie sehr wenig. Auch die Pensionen sind sehr niedrig. Aber insgesamt hat sich dadurch die soziale Spannung etwas gelockert, und vor dem Hintergrund der Garantie, daß das Geld weiter fließen wird, kann die Regierung vorsichtig an die Restauration der Produktionsstrukturen gehen. Mit anderen Worten, die Betriebe, die sich bereit erklären, den Lohn zu zahlen, bekommen Unterstützung von Seiten des Staates. Bisher war es gewinnbringend, die Löhne zurückzuhalten, jetzt bringt es Gewinn, sie auszuzahlen.

Das dritte ist: Die Politik der Zentralbank ist ein kleines Wunder. Seit dem Krach bekämpfen sie die Inflation durch Einspeisung von Geldern. Nach allen monetaristischen Theorien entsteht Inflation dadurch, daß die Zentralbanken Geld drucken. Aber hier kommt die Inflation aus anderen Quellen. Die Immissionen der Bank fördern nicht die Inflation, sondern grenzen sie ein. Das ist ein Wunder, das keiner versteht. Was hat die Regierung bei Gajdar, Tschernomyrdin und Kirijenko getan? Sie schufen die Bedingungen, die die Inflation hervorbringen mußte. Aber sie kämpften nicht gegen die Ursachen des Geldes, sondern kämpften mit der Achtung vor dem Geld. Die Preise stiegen. Und das war so ähnlich wie bei Stalin. Er sagte: Wo kein Mensch ist, gibt es auch keine Probleme. Das war auch ihre Politik: Kein Geld, also auch keine Inflation. Man häufte Schulden an, ohne Geld war das egal. Da es kein fließendes Geld gab, konnte das einfach so anwachsen. Praktisch hatte niemand bares Geld. Und so stiegen die Preise, die keiner bezahlen konnte. Das Vakuum zwischen der Inflation und der Geldmasse kompensierten sie mit dem Dollar. Der Dollar ersetze faktisch den Rubel. Des weiteren kompensierten sie den Rubel durch alle möglichen Ersatzwährungen. Über Barter, also Tauschhandel, über Vergütungen usw. Schließlich hatten sich ungeheure Warenmengen angesammelt, die nicht verkauft werden konnten, weil kein bares Geld im Lande war. Tschernomyrdin begann bares Geld zu drucken, um die Waren zu verkaufen. Aber da das Geld trotzdem nicht reichte, mußten die Preise fallen. Das alles geschah, während gleichzeitig die Löhne eingefroren waren, das Geld aber mehr wurde, weil es gedruckt wurde. Bedenke, bei eingefrorenen Löhnen haben die Menschen trotzdem nicht gestreikt. Das ist ein Trick, den man nur einmal ausspielen kann. Das war die Spitze der Politik Kirijenkos.

Also, um zurückzukommen auf die jetzige Situation: Im Prinzip orientiert sich die jetzige Politik aufs Ganze gesehen auf einen gewissen Anstieg der Inflation, um die Kaufkraft der Bevölkerung wieder anzukurbeln und die heimische Produktion weiter in Gang zu setzen. Zugleich ist aber auch klar, daß die Anlagen der Produktion und die gesamte technische Infrastruktur in einem denkbar heruntergekommenen Zustand sind. Es bedarf also gewaltiger Investitionen. Es entsteht also eine sehr paradoxe Situation, daß ein wirtschaftliches Wachstum entsteht, dieses Wachstum aber schon die realen Möglichkeiten des Landes überschreitet. Also das, was man eine überhitzte Wirtschaft nennt. Kaum ist das Land aus der Krise, schon ist es bei einem Wachstum von acht oder zehn Prozent. Für die Modernisierung werden natürlich ungeheure Gelder gebraucht. Das erklärt, warum Beresowski derart beunruhigt ist, denn Geld kann nur von den Oligarchen kommen. Es bedeutet, die großen Konzerne zu nationalisieren.

Da hieße doch Enteignung ...
... in dieser oder jener Form Enteignung, zweifellos! Das wäre technisch sehr einfach. Denn praktisch ist das Kapital ja gestohlen: Beresowski, Potanin und andere; das lief ja alles ungesetzlich. Enteignung wäre der einzige Weg, Kapital zu akkumulieren. Aber die Regierung will das nicht. Primakow hat solche Pläne nicht. Beresowski weiß natürlich, daß eine andere Variante praktisch nicht besteht. Von daher versucht er die Regierung unter Druck zusetzen, macht eine Politik der Intrigen und öffentlichen Kampagnen, in denen er schreiben läßt, daß das Land von Tag zu Tag in Erwartung eines Umsturzes lebe.

Wie lange kann man so leben?

Kann man. Wir leben so seit 93, da hatten wir schon unseren Umsturz, wie du weißt. Ja, nein, man kann so leben. Aber es entsteht natürlich ein politischer Konflikt. Die Regierung geht den Weg eines staatsanwaltlichen Krieges mit Beresowski. Auf ökonomischem Gebiet geht es um Korruption, da sammelt man Material gegen ihn. Das geht so nach sowjetischer Manier, politische Fragen als kriminelle abzuhandeln. Das Problem ist, es gibt keinen Mechanismus, wie die Regierung an das Geld kommt, das sie braucht, um es für die Modernisierung einzusetzen. Aus meiner Sicht hängt dieses Problem damit zusammen, daß es keine linke Opposition im Lande gibt. Alles befindet sich in den Händen der Oligarchen und Bürokraten. Es fehlen die elementarsten politischen Vorstellungen. Es erinnert alles ein wenig an die Zeit vor Perestroika. Da begann auch alles mit dem Kampf gegen die Korruption, gegen Bürokratie, gegen den Suff. Jetzt geht das wieder so. Man versucht eine minimale Ordnung herzustellen. Man versucht einige größere staatliche Konglomerate herzustellen, die theoretisch zu Lokomotiven der Modernisierung werden sollen. Aber da ist wieder das Problem, daß ohne Investitionen, also ohne Geld keine Modernisierung sein kann. So haben wir eine Situation, daß sich die Kräfte gegenseitig blockieren. Aber wenn es nicht gelingt, die Kraft der Oligarchen zu brechen, dann wird das einfach zum Untergang des Landes führen. Dann kann das Zentrum keine einzige Frage wirklich entscheiden, und dann übernehmen die Gouverneure die Macht, besser oder schlechter. Das bedeutet den Zerfall des Landes.

Du hast jetzt von ökonomischen Problemen gesprochen. Was heißt das auf politischer Ebene? Ich habe verstanden, daß die Kräfte im Lande sich zur Zeit gegenseitig blockieren. Aber das ist ja nicht neu. Vorher haben sich die Oligarchen gegenseitig blockiert. Jetzt blockieren sich alle gegenseitig.

Nein, was war der Grund dafür 96 bis 98? Der Grund war, daß die Ressourcen praktisch überzogen waren. Und die Oligarchen nur noch auf gegenseitige Kosten wachsen konnten. Deshalb begann der Krieg zwischen den Oligarchen. Davor waren sie einig, aber nach 96 begannen sie gegeneinander Krieg zu führen. Jetzt sind sie alle wieder zusammengeschweißt. Das ist ein viel schärferer Konflikt. Auf der einen Seite steht der ganze Staatssektor, auf der anderen Seite stehen die Oligarchen, die sich mit dem Westen und dem Internationalen Währungsfonds verbünden. Sie blockieren sich nicht gegenseitig, sie blockieren die Regierung. Der IWF versucht die Regierung zu blockieren. Aber der Punkt ist, daß das nicht lange so gehen kann, weil sie so das ganze Land blockieren.

Wie könnte ein Ausweg aussehen?
Ich sehe zwei mögliche Varianten: Die schlechte habe ich schon benannt. Das ist einfach der Zerfall des Landes. Dagegen stehen zwei mögliche gute Auswege, einer weniger gut, der andere besser: Entweder es gelingt der Regierung in absehbarer Zeit, die Macht der Oligarchen zu brechen, wenn auch nicht ganz, oder man findet einen Kompromiß, in dem die Regierung die Bedingungen diktiert. Das wird dann keine vollständige Enteignung, aber die Oligarchen müssen zurücktreten. Von der Bevölkerung würde eine solche Entwicklung nach den Erfahrungen, die man seit Beginn von Perestroika mit den Oligarchen machen mußte, eher positiv aufgenommen werden.

Also, ich verstehe das alles so, daß ihr die Krise an dem Punkt eurer Entwicklung hattet, als es nichts mehr zu privatisieren gab, weil alles schon verteilt war und die Oligarchen begannen, einander zu bekriegen. Hätte es eine andere Möglichkeit gegeben, wenn die Oligarchen Geld gegeben hätten?
Ja, das ist die Frage des Kompromisses. Warum ist das die wahrscheinlichere Variante? Weil die Regierung keine Regierung von Revolutionären ist, sie macht keine Politik in Richtung einer Massenbewegung, sie ist eine Regierung der Technokraten. Die denken nicht an Sozialismus, Menschenrechte oder solche Probleme. Sie werden diese Frage rein pragmatisch entscheiden. Und der für sie bequemste Weg ist ein Kompromiß mit den Oligarchen. Man muß sie ein bißchen bedrängen, ein bißchen einschüchtern, aber nicht um eine Revolution zu machen, sondern um sie für einen Kompromiß bereitzumachen. Für den Kompromiß reicht es, daß ein einigermaßen sichtbares wirtschaftliches Wachstum erreicht wird.

Klingt logisch, besser vielleicht realistisch, aber was heißt das für die Struktur?
Es heißt, daß die Oligarchen die Kontrolle über die Ressourcen behalten, daß alle Finanzströme über den Staat laufen und einigen großen Korporationen zukommen, die für das wirtschaftliche Wachstum verantwortlich sein sollen. Das ist blanker Keynes: staatliche Aufträge, staatliche Infrastruktur usw.

Kannst du dich erinnern, wie du vor zwei Jahren gesagt hast, daß in den Regionen so etwas wie eine Verstaatlichung beginnt?

Ja, genau, das gleiche, was ich eben beschrieben habe, beginnt auch auf regionalem Niveau. Man sieht, daß schon jetzt eine Reihe von Unternehmen auf regionaler Ebene nationalisiert werden, wo bereits eine Entprivatisierung stattfindet. In Moskau hat Lyschkow das schon mit SIL gemacht. In Moskau gab es Verstaatlichung in großem Maßstab, aber nicht effektiv. In den Regionen, wo das Ganze eingegrenzter stattfindet, läuft das viel effektiver. Der Grund ist einfach: In der Stadt, in Moskau war sehr viel Geld, das in den Betrieb gesteckt wurde, was die kleinen Betriebe kaputtgemacht hat ...

Kannst du das bitte genauer erklären?

Also schau, wenn in einer Provinzstadt nationalisiert wird, dann weiß man dort, daß man es so machen muß, daß der Schritt sich rentiert. Man hat dort kein Geld für Experimente. Sie machen es, damit es funktioniert. Was macht Moskau dagegen? Hier gab es im August unheimlich viel Geld. Lyschkow nahm es und investierte ohne Rücksicht auf Gewinn, um Arbeitsplätze zu schaffen – und das war's. In der Provinz kann man sich so etwas einfach nicht leisten.

Der Krach hat also dazu geführt, daß auch Moskau stärker den Weg der Wiederverstaatlichung gehen muß?

Nein, so nicht. Es ist einfach so, daß in Moskau vorher sehr viel Geld war, aber eine äußerst nicht effektive und korrupte Bürokratie. Das ist so, weil alle Ressourcen über Moskau verwaltet werden, zum Nutzen Moskaus. Nicht mehr so stark wie früher, aber doch so, daß Moskau noch keine Probleme hat.

Aber ich spreche von etwas anderem, ich spreche von dem Kompromiß. Der führt dazu, daß nach Keynes wieder eine Entwicklung des staatlichen Sektors beginnt, ein wirtschaftliches Wachstum auf einer sehr schmalen Basis. Das heißt in kürzester Zeit stehen wir wieder vor den gleichen Problemen, nur auf einem anderen Niveau. Und alles beginnt von vorne. Der andere Weg, der mir besser gefällt, ist der ohne diesen Kompromiß: wachsender Druck auf die Oligarchen von der Regierung, wachsende Spannung, die sich auch nach unten fortsetzt. Das könnte dann zu einem Wechsel der Macht führen. Das hieße, daß die Oligarchen zurückgedrängt werden, daß die Ressourcen effektiver genutzt werden können. Und das hieße, daß die Ressourcen in eine Demokratisierung des politischen Systems fließen können. Kann sein, daß wir dann eine neue Verfassung bekommen. Da können auch neue linke Kräfte entstehen, nicht diese antisemitischen und antimuslimischen wie jetzt, sondern solche, die sich auf die Werktätigen stützen. – Die erste Variante ist wahrscheinlicher, aber die zweite gefällt mir besser.

Gut Boris, das habe ich verstanden. Du bist wieder einmal für die optimistische Variante. *(beide lachen)* **Wie könnte sich das denn in nächster Zeit politisch umsetzen? Es stehen ja die nächsten Wahlen bevor. Könnte es sein, daß die Konservativen, speziell auch die KP, wieder Zulauf bekommen?**

Nein, der Wahlkampf zeigt eine für die Patrioten eine eher unangenehme Sache, nämlich, daß es für eine patriotische Politik zur Zeit keine Basis gibt. Daß es in der Bevölkerung eine allgemeine patriotische Stimmung gibt, ist eine Tatsache. Aber eine Stimmung ist kein politischer Faktor. In Rußland hat es während der Zeit der Perestroika und in der ersten Hälfte der 90er eine starke sozialdemokratische Stimmung gegeben und eine starke zentristische. Der Sozialdemokratismus hat sich vollständig verflüchtigt. Aus meiner Sicht geschieht Ähnliches mit dem Patriotismus. Er hat keine Basis, außer bei kleinen Bürokraten der Duma und bei Teilen der Intelligenz. Was sind denn Patrioten? Das sind beleidigte Geschäftsleute und beleidigte Beamte. Ihr enges Interesse wird in jeder Diskussion sofort deutlich. Alle Versuche in diesem Patriotismus so etwas wie ein Konzept zu sehen, führen in den Zusammenbruch. Was geschieht wirklich? 1995 war es so, daß alle politischen Kräfte sich irgendwie an sozialdemokratischen oder zentristischen Ideen ausgerichtet haben. Der Sozialdemokratismus wurde derart breitgetreten, daß der »Sozialdemokratischen Partei« schon nichts Eigenes mehr blieb, weil ihre Sprüche schon von allen Seiten benutzt wurden. Es siegten dagegen diese oder jene Gruppen, die die sozialdemokratischen Parolen für ihre eigenen Ziele benutzten, »Jabloko« etwa oder auch die KPRF. Sie haben jede auf ihre Weise sozialdemokratische Rhetorik benutzt. Das Gleiche wird jetzt mit den Patrioten passieren.

Die verschiedenen Kräfte werden ihre Maßnahmen mit patriotischen Worten verkleiden. Das wird natürlich erst mal zu großer Verwirrung bei den Wählern führen. Wer ist Patriot von den Patrioten? Bei der Wahl werden wir dann Superpatriotismus, Hyperpatriotismus und Super-Hyperpatriotismus haben. Das ist das, was zu erwarten ist. Die Organisationen, die auf reinen Patriotismus setzen, werden dabei am meisten verlieren. Sie verlieren ihr Gesicht.

Diese Wahlen werden von zwei Positionen beherrscht: Auf der einen Seite von allen diesen patriotischen und superpatriotischen Kräften. Auf der anderen Seite bringt die neue Bestimmung der Fünf-Prozent- Klausel im Unterschied zu früheren Wahlen die paradoxe Situation zustande, daß die Menschen sich mehr zu Blöcken zusammenschließen – und auf diese Weise mehr kleine und Kleinstblöcke in die Duma kommen könnten, als die Analytiker erwarten. Letztes Mal hatten wir bei einer riesigen Zahl einzelner Kandidaten im Ergebnis eine sehr konsolidierte Duma mit vier großen Sektionen, sehr kompakt, mit starken Fraktionen. Diesmal wird es vielleicht mehr linke und vielleicht auch mehr rechte Blöcke geben, aber ohne wirklichen Einfluß über starke Fraktionen. Wie diese Duma arbeiten wird, ist nicht vorauszusagen.

Wie ich dich verstehe, ist die Situation sehr offen.

Ja, offen. So wie man 88 kein allgemeines Resultat der Perestroika prognostizieren konnte. Heute befinden wir uns am Anfang einer neuen Etappe der Perestroika. Alle Entscheidungen, die in den nächsten anderthalb Jahren getroffen werden, werden vorübergehende sein. Sie geben uns nur die Spielregeln für die folgenden wichtigen Entscheidungen.

Erinnerst du dich, wie wir vor anderthalb Jahren über Restauration gesprochen haben? Du hast ja sogar ein Buch dazu geschrieben. Ich habe seitdem auch viel darüber geschrieben und gesprochen. Ich fand für mich den Begriff soziale Restauration, als ich sah, wie Lebed arbeitet, wie Lyschkow wirkt. Sie nutzen alte Strukturen und arbeiten mit ihnen. Kannst du dir vorstellen, daß eine solche soziale Restauration sich fortsetzt?

Wir bekommen so oder so eine Gesellschaft, in der der Staat eine größere Rolle spielen wird. Bestimmt werden gewisse minimale soziale Garantien wieder aufgestellt, mit denen der Staat ein gewisses wirtschaftliches Wachstum und Arbeitsplätze schaffen kann. Etwas anderes wird es nicht geben. Dabei blieb die Frage offen: Demokratischer Staat oder korrumpierter oligarchischer Staat? Es wird auf jeden Fall kein liberaler Staat. Er wird entweder oligarchisch oder oligarchisch-bürokratisch korrumpiert. Oder er wird demokratisch, mit Elementen von Sozialismus. Zur Zeit läuft alles in Richtung der ersten Variante. Eine demokratisch-sozialistische Variante wird zur Zeit für eher unwahrscheinlich gehalten. Dafür ist es zu früh. Das gefällt mir nicht, aber man muß natürlich sehen, daß sich Entwicklungen immer in Etappen vollziehen und jede Etappe ihre eigene Dynamik hat, mit immer neuen Erwartungen bei den Menschen.

Nun gut, dann meine letzte Frage für dieses Mal: Wie wirkt der Krieg, der gegenwärtig bei uns in Europa[84] stattfindet, auf diese Situation?
Für Rußland ist dieser Krieg nützlich. Er gibt Rußland die Möglichkeit, wieder in die internationale Politik einzusteigen. Rußland ist nicht mehr nur Befehlsempfänger des Westens. Rußland ist ein bremsender Faktor für die Aggression des Westens gegen Jugoslawien. Aus meiner Sicht ist es gut, daß Rußland nicht einfach Bündnispartner von Milošević[85] ist. Daß Milošević nicht die Figur ist, die mit uns befreundet ist. Aber es gibt das Problem Jugoslawien, Serbien. Das ist kein Problem Milošević. Es gibt die historischen Beziehungen zum serbischen Volk, ungeachtet dessen, ob die Serben gut oder schlecht sind. Als Hitler die Sowjetunion überfiel, verteidigte Serbien die Union trotz Stalin. Das ist es, worum es geht. Heute ist Jugoslawien ein Objekt der Aggression. Es hat eine sehr schlechte Regierung mit einer ganz und gar nicht richtigen Politik. Aber ungeachtet dessen, das Land ist Objekt von Aggression – und das ist es. Richtige oder falsche Politik, moralisch oder nicht moralisch, das ändert nichts an der politischen Beziehung. Das ist das erste. Zweitens gab der Krieg Rußland die Möglichkeit, seine Militärindustrie auszulasten. Militärischer Keynesianismus. Die Armee bekam ergänzende Ressourcen. Sie konnte ihr Selbstgefühl verbessern. Das Ganze ist ein Faktor der Stabilisierung für Rußland. Die dritte Frage ist, was dabei insgesamt für Rußland herauskommt. Sagen wir einfach, eine doppelte, widersprüchliche Regierung. Iwanow[86] reist in den Balkan, Primakow ebenso; sie machen eine klare Politik. Dann kommt Tschernomyrdin, persönlicher Vertreter von Jelzin, macht eine total entgegengesetzte Politik, die die Aktivitäten des Kriegsministeriums blockiert. Tschernomyrdin tritt praktisch als Parteigänger des Westens auf. Iwanow und Primakow wollen Jugoslawien beschützen, Tschernomyrdin will nichts dergleichen unternehmen. Der Konflikt ist offensichtlich. Die Spaltung der jugoslawischen Regierung entspricht dem Konflikt in Rußland. Da sind die Signale des MID[87] und die Tschernomyrdins entgegengesetzt. Das Außenministerium erklärt, man

---

84 Luftangriffe der NATO im Kosovo, März bis Juni 1999.
85 Milošević, Slobodan, Präsident Serbiens (1989–1997) und Jugoslawiens (1997–2000).
86 Iwanow, Sergei, stellvertretender Direktor des FSB, 2001–2003 Verteidigungsminister.
87 MID – Ministerium für auswärtige Angelegenheiten.

werde Serbien schützen, wenigstens auf diplomatischer Ebene. Tschernomyrdin will nichts unternehmen. Ich denke, was geschieht, wird von dem weiteren Verlauf des Krieges abhängen, ob eine offene militärische Unterstützung stattfindet oder nicht. Kann sein, daß bei neuen Entwicklungen zwischen dem Weißen Haus und dem Kreml Tschernomyrdin seine Rolle als Vermittler wieder verliert. Er weiß nichts vom Balkan, er hat keine Ahnung von militärischen Dingen, er hat keine Ahnung von Diplomatie. Er hat sich nur mit Gas und Öl beschäftigt. Wie kann ein solcher Mensch im Außenministerium tätig sein! Aber klar, im Außenministerium sitzen ja keine Idioten. Mehr noch, das MID ist eines der Ministerien, in dem sehr gut ausgebildete Kader arbeiten. Das sind alte sowjetische Kader, gute sowjetische Kader. Sie werden die Probleme – trotz Tschernomyrdin – in dieser oder jener Weise schon lösen. Man muß ja wissen: Ein Ölembargo würde Rußland natürlich vor eine existentielle Situation stellen. Es würde bedeuten, die Beziehungen auf einem prinzipiellen Niveau abzubrechen. Das wäre auch ein Ende für die Regierung Primakow. Er wird geschätzt als jemand, der eine gerade, erkennbare Politik macht, der sich auch vor dem Westen nicht wegduckt. Andererseits – die Blockade von der See her zu unterlaufen, das würden die USA als Casus Belli ansehen. Was Rußland also machen kann, ist eine minimale diplomatische Antwort. Die Stimmung in der Bevölkerung ist für eine solche Unterstützung. Und die Schiffe liegen auch schon bereit. Wenn Unklarheiten auftreten, dann müssen letztlich die Kommandeure vor Ort entscheiden. Das ist eine äußerst gefährliche Lage.

Meine Meinung dazu: Die Schiffe sollten das Embargo durchbrechen. Du magst mich für einen Militaristen halten *(lacht)*, aber ich denke, auf solche Dinge muß man antworten. Ich bin fest davon überzeugt, daß weder die Amerikaner, noch die Italiener oder sonst jemand die russischen Schiffe angreifen würde. Ich denke, Rußland hat eigentlich keine andere Wahl, als seine eigenen Interessen hier zu vertreten und darauf zu vertrauen, daß seine Partner – ich spreche vom Westen! *(lacht)* – mit gesundem Menschenverstand und nicht irrational reagieren. Ich glaube, daß das innenpolitische Risiko größer ist als das außenpolitische. Die größte Katastrophe wäre, dem Embargo zuzustimmen. Das hieße, daß Rußland sich aus seiner Rolle als politische Kraft in der Welt verabschiedet.

Oktober/November 1999
Terror und Wahlen – Moskau im Schock

Die Situation: Wahlen zur Duma im Dezember und Präsidentenwahlen im März des kommenden Jahres stehen bevor. Der kranke, kaum noch arbeitsfähige Jelzin hat Wladimir Putin, seit März des Jahres bereits Nachfolger von Beresowski als Chef des Sicherheitsrates, seit September Ministerpräsident, für die Präsidentenwahl als seinen designierten Nachfolger vorgeschlagen. Der IWF flankiert mit einem neuen Kredit. Im August und September erschüttert eine Serie von schweren Bombenanschlägen das Land, die Hunderte von Toten fordert. Putin schreibt die Anschläge tschetschenischen Extremisten zu und begründet damit die Eröffnung des zweiten tschetschenischen Krieges.

Meine Gespräche dienen diesesmal der Erkundung der Frage, wer im Wahlkampf wo steht und wie der tschetschenische Krieg auf den Wahlkampf wirkt. Mein erster Eindruck: Die Bereitschaft zu Gesprächen hat deutlich nachgelassen – zum einen wegen der Überlastung durch die Wahlveranstaltungen etc., zum anderen wegen wachsender Verschlossenheit und aus Desinteresse gegenüber dem Westen. Genereller Tenor: Revanche, Verdrossenheit gegenüber dem Westen, Begeisterung für einen Mann – Putin –, der endlich einmal durchgreift. Insgesamt eine wenig erfreuliche Bilanz. Boris Kagarlitzki ist angesichts der Politik Putins, des schmutzigen Vorwahlkampfes, der wachsenden Gewaltbereitschaft im Lande, der allgemeinen Kriegsbereitschaft erstmalig, seit ich ihn kenne, ohne Alternative. Er fürchtet eine mögliche Diktatur. – Das Gespräch findet bei ihm zu Hause statt.

Ausgewählte Daten dieser Zeit auf einen Blick:

28.07.1999	IWF-Kredit über 4,5 Mrd. US $.
07.08.1999	Tschetschenische Kämpfer besetzen Dörfer in Dagestan.
09.08.1999	Jelzin schlägt Wladimir Putin als neuen Ministerpräsidenten und designierten Nachfolger im Präsidentenamt vor.
16.08.1999	Putin wird von der Duma als Ministerpräsident bestätigt.
31.08.1999	Anschlag im Einkaufszentrum unter dem Manegen-Platz in Moskau; 41 Verletzte.
05.09.1999	Anschlag auf Wohnanlage russischer Truppen in Bujnaksk (Dagestan); 22 Tote, 88 Verletzte.
08.09.1999	Anschlag auf Wohnhaus in Moskau, 95 Tote, mehr als 300 Verletzte.
13.09.1999	Anschlag auf weiteres Wohnhaus in Moskau, 121 Tote.
16.09.1999	Anschlag auf Wohnhaus in Volgo-Donsk; 17 Tote, ca. 200 Verletzte.
23.09.1999	Bomben-Dummy des FSB in einem Hochaus in Rjazan entdeckt.
30.09.1999	Beginn des 2. Tschtschenienkrieges.
01.10.1999	Tschetscheniens Präsident Aslam Maschadow von Putin nicht mehr anerkannt. Gleichzeitig Bodenoffensive russischer Truppen.
05.10.1999	Maschadow ruft Kriegsrecht in Tschetschenien aus.

Vorgreifend:

19.12.1999	Wahlen zur Staatsduma: KPRF wird mit 24 % stärkste Partei, dicht gefolgt von der Putin nahestehenden neuen Partei Einheit mit 23,3 %.
31.12.1999	Jelzin tritt zurück, entschuldigt sich im TV für seine Fehler. Putin wird Übergangspräsident.

(Weitere Daten in der Chronologie im Anhang.)

Das Gespräch: Bei Boris Kagarlitzki zu Hause

Einen demokratischen Ausweg aus dieser Krise gibt es nicht

Boris, vier Anschläge in einem Monat! Wie fühlst du dich? Was ist das für eine Situation?
 Persönlich geht es mir gut, aber die Situation ist gräßlich. Es ist eine der schlechtesten Perioden, die wir erleben, gesellschaftlich gesehen, natürlich. Wenn man nicht beachtet, was draußen geschieht, kann man fast normal leben. Aber in jeder schlechten Lage gibt es immer irgendeinen Ausweg. Im Moment gelingt das allerdings niemandem. Obwohl es in anderen Etappen theoretisch diese Möglichkeiten gegeben hätte, theoretisch. Zur Zeit sehe ich Folgendes: Erstens: auf kurze Sicht jedenfalls nicht. Das ist das Erste. In der Gesellschaft wächst das Gewaltpotential, aber nicht kriminelle Gewalt, sondern staatliche und persönliche Gewalt. Aus meiner Sicht ist der größte Teil des sogenannten Terrorismus ein Ergebnis von Aufträgen dieser oder jener politischen oder oligarchischen Strukturen, mit denen sie ihre Probleme lösen wollen.

Glaubst du das? Denkst du das, oder weißt du das?
 Nun, das eine weiß ich, das andere sehe ich so. Etwa dies: Tschetschenien ist heute blockiert. Die offizielle Version ist, daß der Terrorismus aus Tschetschenien kommt. Das ist absolut lächerlich. Das Potential an Terrorismus, das wir heute haben, ist nicht größer als vor der Blockierung Tschetscheniens. Das heißt nicht, das Tschetschenien nichts damit zu tun hat. Aber es gibt eine Reihe von Faktoren, die in Frage kommen. Zum Beispiel in der Stadt Petrosawodsk wird das Kind eines örtlichen Geschäftsmannes entführt. Da gibt es praktisch keine Tschetschenen. Das Kind verschwindet und taucht dann in Inguschetien wieder auf. Es ist vollkommen klar, daß vom Territorium Inguschetiens aus eine solche Aktion nicht geplant werden kann. Da gibt es keine tschetschenische Diaspora. Das ist nicht Moskau, nicht St. Petersburg. Man muß wissen, wie die Menschen vor Ort leben, wie sie arbeiten, wie sie mit den Kindern umgehen. Es ist also vollkommen klar, daß das alles aus örtlichen Strukturen heraus organisiert wurde. Dabei vermutlich nicht einmal aus den üblichen kriminellen Strukturen heraus. Es sind irgendwelche Menschen, häufig sogar ganz respektable Leute,

unter ihnen auch welche aus Moskau. Und die Tschetschenen spielen die Rolle von, sagen wir, Subkontraktoren. Durch Tschetschenien zieht sich so eine Auftragsspur. Das ist ähnlich wie mit dem Geld in Zypern. Aber das Geld geht gar nicht nach Zypern. Das Geld liegt in London, New York usw. Man braucht nur einen Ort, durch den es geschleust werden kann. Geldlogistik. Diese Rolle hat Tschetschenien in den letzten Jahren gespielt. Wenn es nicht Tschetschenien ist, ist es ein anderer Ort.

Ich kam gestern zu meinen Freunden, die mich hier am Flughafen abholten. Das erste, was ich hörte: Gut, daß jetzt etwas gegen die Tschetschenen unternommen wird. Aber nicht, daß wir etwas gegen die Tschetschenen hätten – sie kriegen ihre Aufträge von dort ... Ich frage: Was heißt von dort? Nun, das ist doch klar, antworteten sie. Die Russen führen Krieg mit den Amerikanern. Sie vergeben wahrscheinlich beide Aufträge, und die Tschetschenen führen es aus. Was hältst du von solchen Reden?

Nun, Kai, es ist verständlich, daß da bestimmte Aufträge ausgeführt werden. Es gibt keinen Grund, Aslan Maschadow nicht zu glauben. Er hat klar mitgeteilt, daß Beresowski ihm die Handy-Verbindungen der tschetschenischen Kämpfer finanziert. Das ist im Grunde alles sehr einfach und offensichtlich. In Tschetschenien gibt es Tausende arbeitslose Männer, die nur eins können – schießen, überfallen, herumrasen. Das ist nicht ihre Schuld, das ist ihr Elend. Seit Beginn der Perestroika hat sich niemand um sie gekümmert, keine Arbeit, keine Bildung. Jetzt sind sie Banditen, Tagelöhner. Wenn sie andere Chancen hätten, wären sie anders. 60.000 Männer ohne Arbeit, dazu ein Dutzend Warlords, die diese Männer jederzeit heranziehen können, irgendwelche Banden zu bilden, Gruppen. Und alles für Geld. Für irgendeinen Austausch. Mach dir diese Umstände klar. Alle Aufträge kommen über Tschetschenien, natürlich über Tschetschenien. Wieso Amerika? Wenn Amerika Rußland zugrunde richten will, brauchen sie dafür kein Tschetschenien. Dafür reicht ihnen der Kreml. Um amerikanische Interessen in Rußland durchzusetzen, dafür gibt es die russische Administration des Präsidenten. Dafür gibt es das Außenministerium. Dafür gibt es den FSB, der dafür sorgt, daß die Politik gemacht wird, die den Amerikanern nützt. Um westliche Interessen zu bedienen, dafür braucht es kein Tschetschenien. Auch das Gerede vom arabischen Terrorismus oder sonstigen islamischen Terrorismus ist Ausdruck russischer Propaganda. Sogar die *Nesawissima gazeta*, die Beresowski gegründet hat, die aktive Propaganda gegen Bin Laden machte, mußte jetzt einräumen, daß es einen Bin Laden nie gab.[88] Das sind alles Enten. Hervorgebracht von der Propaganda der russischen Armee und der russischen Regierung. Eine andere Sache ist, daß es da Einfluß des Wahabismus als Ideologie gibt, auch Gruppen, die sich dafür bilden. Da ist es angenehm zu sehen, daß Leute, die 95 noch Wahabiten waren, jetzt Linke geworden sind. Das kann man an ihren Zeitungen und Aktionen gut verfolgen. Warum läuft das so? Die Antwort ist einfach: Die Ursache ist der vollkommene Zusammenbruch des Anspruches einer demokratischen Gesellschaft, des Glaubens an den Fortschritt, die Modernisierung. Und übrigens auch des Zusammenbruchs der linken Idee. Einerseits akzeptieren sie die Gesellschaft nicht, die es heute in Rußland gibt, akzeptieren sie die westliche Lebensart nicht, und glauben an eine irgendwie bessere Gesellschaft. Und sie glauben, daß das möglich sei mit progressiven, zivilisierten Mitteln von heute. Was daraus folgt, ist ein muslimischer wahabitischer Islam. Der wahhabitische Islam verbietet nicht, sich mit persönlichen Geldangelegenheiten zu befassen. Er hindert niemanden reich zu werden. Bassajew[89] ist übrigens ein nicht gerade armer Mensch. Nicht der Bassajew von Budjonnow[90], sondern der von heute. Das ist schon ein ganz anderer Mensch.

Ja, da fließt ja einiges Geld ...
Stimmt, aber warum sollen Menschen sich nur in Rußland oder Europa verändern können? So wie Menschen in Rußland degradieren können, können sie das auch in Tschetschenien. Zumal es dort noch einige Gründe mehr gibt. Es gibt also einigen Einfluß aus Arabien, aber nicht in dem Maße, wie uns die russische Propaganda das weismachen will. Was ist schon Tschetschenien. Tschetschenien ist isoliert, ist zu einem Drittel nur ein Durchzugsgebiet. Und das bleibt so, selbst wenn der Wahhabismus dort Fuß fassen sollte.

Ich denke, Maschadow und seine Leute wissen das. Sie versuchen einen Weg zu finden.

---

88 Hier irrte Boris Kagarlitzki wie viele andere, die aus dem überdimensionierten Hochspielen Osama Bin Ladens und Al Qaidas auf deren Nichtexistenz schlossen. Das ändert jedoch nichts am grundsätzlichen Gehalt seiner hier gemachten Aussagen.
89 Bassajew, Schamil, einflußreichster tschetschenischer Warlord, verantwortlich für eine Reihe von Terroranschlägen seit 1998, getötet 2006 von einer Bombe. Der konkrete Hintergrund blieb dunkel.
90 Geiselnahme von Budjonnow vom 14. 06.–18. 06. 1995.

Maschadow ist eine tragische Figur. Er ist vor allem ein sowjetischer Offizier. Und zwar einer der besseren Offiziere der sowjetischen Armee. In der *Nesawissimaja Gaseta* habe ich in einer der Biographien über ihn gelesen, daß er einer von den drei besten Artilleristen der sowjetischen Armee war. Ein Mensch, der von seiner Ausbildung her, von seiner Kultur her, von seiner Sympathie her nach Rußland orientiert ist – um ihn herum 60.000 arbeitslose Männer, Spezialisten für terroristische Operationen. Soll man die doch in die russische Armee holen! Dort herrscht Mangel an Kadern. Da könnten sie eine eigene Abteilung bilden. Man schließt einen Friedensvertrag mit ihnen. Die Sache wäre ganz einfach. Es braucht keine besondere intellektuelle Anstrengung, um das zu sehen. Die Sache ist aber einfach die – man will es nicht. Das heißt für irgend jemanden in Moskau ist es profitabel, daß sie da sitzen ohne Arbeit, aber mit Waffen.

Der russischen Regierung mag es ja vielleicht nützlich sein, daß sie kämpfen. Aber es gibt ja einen Unterschied zwischen dem ersten tschetschenischen Krieg und dem zweiten ...

... der Unterschied ist groß. Zunächst mal ist die Beteiligung der russischen Gesellschaft zu Tschetschenien eine andere. Auch von Seiten der Tschetschenen; 94/95 gab es Rassismus, gab es Nationalismus, aber da gab es auch etwas anderes. Da gab es eine sehr starke Unterstützung für die Tschetschenen. Das kam nicht nur aus der allgemeinen Idee der Selbstbestimmung der Nationen, des Volkes oder so ähnlich, da ging es nicht einmal um Internationalismus. Damals war die Erinnerung an die Schießereien im weißen Haus noch ganz frisch, und es gab noch eine große Schicht der Bevölkerung, die die Politik Jelzins ablehnte. Es herrschte so eine Stimmung: Nun, man hat uns hier in Moskau niedergemacht, wir hatten keine Waffen, wir konnten nichts machen. Aber die Tschetschenen, die haben's gepackt. Es war dieselbe OMON, es waren dieselben Generäle, die das weiße Haus zusammengeschossen hatten, die jetzt gegen die Tschetschenen vorgingen, General Gratschow[91] übrigens. Man hat die eigenen Wünsche nach Widerstand einfach auf die Tschetschenen übertragen. Man war sogar neidisch. Man begriff Tschetschenien ja immer noch als Teil der früheren Sowjetunion, als Teil des jetzigen Rußlands. Paradox, aber wahr: Zu der Zeit waren die Menschen bereit, den Wunsch nach Unabhängigkeit Tschetscheniens zu unterstützen, weil sie die als einen Teil von sich begriffen. Das ist unsere

---

91   Gratschow, Pawel, General. Er war von 1992 bis 1996 russischer Verteidigungsminister.

Bevölkerung; das sind unsere Menschen, auf die kann man doch nicht schießen. Gegen die kann man doch nicht so angehen. Das wäre doch Bürgerkrieg. So hat man das damals gesehen.

In den folgenden drei Jahren hat sich die Situation radikal geändert. Jetzt begreift man Tschetschenien nicht mehr als eigenes Territorium, jetzt sieht man diese Menschen nicht mehr als unsere. Gleichzeitig lief die demagogische Propaganda, daß das doch unser Territorium ist, das wir uns nicht wegnehmen lassen dürfen. Vorher herrschte das Gefühl, unsere Leute kann man doch nicht bombardieren, jetzt waren es aber nicht mehr unsere Leute.

Das zweite, was sich verändert hat, war: Sie haben selbst schuld. Tschetschenien 97/98, das ist der absolute wirtschaftliche Verfall. Wenn da ein bißchen besser gewirtschaftet worden wäre, wenn es da wenigstens ansatzweise eine Produktion gegeben hätte, dann wäre das alles anders gewesen. Aber da war eben nichts. Klar, daß das nicht ohne Zutun Moskaus so war. Man hat sich einfach nicht gekümmert. Nicht etwa, daß man beabsichtigt hätte, in einen zweiten Krieg zu gehen. Es war ihnen einfach gleichgültig. Tschetschenien war schon für niemanden mehr interessant. Man hat es einfach vergessen. Unter solchen Umständen wurde das Land einfach ein Gebiet für Banden unter Waffen. Wichtig wurde natürlich der Krieg mit Dagestan, als sie in das muslimische Dagestan einfielen. Das hat Rußland dann schon als Angriff auf sich begriffen. Putin hat sehr erfolgreich argumentiert, die tschetschenischen Banden hätten Dagestan überfallen; wir schützen sie. Damit hatte der Konflikt schon einen völlig anderen Kontext. Und die Generale Rußlands konnten in Dagestan zum ersten Mal einen Sieg einfahren. Das war der erste Sieg seit zwanzig Jahren, gerechnet von Afghanistan an. In zwei Regionen, fünf Dörfern konnten wir siegen! Du kannst dir nicht vorstellen, wie wichtig diese Erfahrung für unsere Generäle war. Faktisch hat die Armee in Dagestan unsäglich gewütet, am Anfang noch zivilisiert, dann schlimmer und schlimmer. Siegen konnten sie nur, weil die tschetschenischen Kämpfer von der Bevölkerung Dagestans nicht unterstützt wurden. In Tschetschenien hatten die tschetschenischen Kämpfer die Taktik des Kleinkrieges angewandt, stürzten in kleinen Gruppen auf die großen Konvois der russischen Truppen und tauchten dann sofort wieder in den Dörfern unter, wo sie von der Bevölkerung nicht zu unterscheiden waren. In Dagestan konnten sie diese Taktik nicht anwenden. Da war es sogar so, daß die Dagestani ihrerseits diese Taktik gegen die tschetschenischen Gruppen anwandten. So konnten die tschetschenischen Kampfgruppen schließlich aufgerieben werden. In der Folge des dagestanischen Erfolges konnte dann der Krieg in Tschetschenien beendet werden.

Das verstehe ich nicht: Wieso konnte die Erfahrung aus Dagestan anschließend in Tschetschenien genutzt werden, wenn doch dort die Bevölkerung die Kämpfer unterstützte?

Dazu muß man wissen, warum die Tschetschenen Dagestan überfielen. Geopolitisch ist das klar: Dagestan hat eine Schlüsselstellung in der Region als Gebiet, durch das die Pipelines vom Kaspischen Meer führen. Interesse an dem Öl hat eine große Korporation in Rußland, Sibneft, deren Eigentümer Boris Abramowitsch Beresowski ist. Und dort ist der wichtigste Mann Roman Abramowitsch[92]. Die Förderung sibirischen Öls ist teuer. Das aserbeidschanische Öl ist billiger zu fördern. Deshalb war es für Beresowski prinzipiell wichtig, daß das aserbeidschanische Öl destabilisiert wird. Also hier kommt viel zusammen. Politisches Interesse, kommerzielles Interesse, Intrigen in Moskau, Interessen des Militärs. Die Dynamik der Ereignisse ist äußerst verwickelt. Dazu kommen die wahabitischen Agitatoren und noch die innere mangelnde Stabilität des Kaukasus.

Und dann noch die Front gegen den Islamismus.

Das ist für den Export. Das ist eine Idee; die die russische Führung den Amerikanern verkaufen möchte: Wir kämpfen in Tschetschenien nicht für uns, sondern für ein zivilisiertes Europa. Wir verteidigen den Westen, die Zivilisation. Im Kern ist dem russischen Beobachter vollkommen egal, ob der Westen da verteidigt wird oder nicht. Eine andere Sache ist, daß der Rassismus inzwischen beängstigend ist.

In Moskau.

Leider nicht nur in Moskau. In Moskau wahrscheinlich stärker als in anderen Teilen des Landes, aber nicht nur. In Sibirien vielleicht weniger, aber an der Wolga vielleicht noch stärker als in Moskau. Tschernigorow, der Gouverneur von Stawropol ist vielleicht der einzige, der sich dagegenstemmt. Er ist Kommunist, Mitglied der Sjuganow KP, aber ziemlich unabhängig. Er ist praktisch der einzige unter den Gouverneuren, der gegen den Rassismus angeht. Er wen-

---

92 Abramowitsch, Roman, Oligarch

det sich nicht nur gegen das Gerede von tschetschenischen Banditen, sondern betont, daß sie Bürger Rußlands, daß sie unsere Nachbarn sind, daß es nicht richtig ist, mit ihnen zu streiten usw. Er besuchte Maschadow.

Wohin läuft das Ganze?

(stöhnt) Es gibt drei Varianten: Erste – es endet mit gar nichts. Es geht weder vor noch zurück. Das ist übrigens etwas, was in Rußland sehr häufig vorkommt. Es gibt aber noch zwei andere Varianten: Die angenehmere, die wohl vom Kreml vertreten wird, ist diese: Man kann innerhalb von acht Monaten gewinnen mit großen Verlusten. Das wird niemanden stören, aber es wird auch bedeuten, daß die Zensur intensiviert wird. Die Frage ist nicht, wie viele Einwohner getötet werden, sondern wie viele wir im Fernsehen zeigen. Irgendwann kommt dann Putin oder Jelzin auf weißem Pferd als Sieger geritten. Eine Variante dieser Variante wäre, daß der Krieg mit einem Mißerfolg endet, daß die russische Armee aufgerieben wird. Sehr gut möglich. Für den Fall ist nichts vorbereitet. Das gäbe totales Chaos. Das könnte sein wie die Franzosen vor Moskau im 18. Jahrhundert. Das Ergebnis würde das gleiche sein, als ob man gesiegt hätte. Politisch heißt das alles: entweder Putin als Gescheiterter oder Jelzin forever.

Die dritte Variante wäre ein Aufstand der Armee, die nicht siegen und nicht verlieren kann und die sich einer chaotischen Situation gegenübersieht. Eine Revolte der Armee wäre aber etwas, woran in der Kremlführung überhaupt nicht gedacht wird.

Und in dieser Situation steht das Land vor den Wahlen. Was wird tatsächlich geschehen: Wahlen oder Krieg? Oder Krieg nur vor Ort und Wahlen im übrigen Land?

Warum haben sie Angst vor den Wahlen? Weil dieses Szenario, das du eben benannt hast, dem von 1916 ähnelt. Da war auch nichts entschieden. Aber tausend bewaffnete Männer, das war schon eine Macht. Heute ist nichts dergleichen denkbar. Heute gibt es keine politische Kraft, die so etwas führen könnte. Aber das Problem ist eigentlich nicht die Wahl. Die Wahlen selbst sind keine Bedrohung für die Macht. Unsere demokratischen Institutionen haben überhaupt keine Bedeutung, nichts zu melden, deshalb konnten sie ungestört arbeiten. So oder so entscheidet Jelzin, mit einer gewissen Balance zwischen den verschiedenen Gruppen. Was die Duma entscheidet, spielt keine Rolle. Letztes Mal war klar, der Sieg wird bei Jelzin liegen, ganz gleich wie gewählt wird. Dieses

Mal ist aber alles anders. Nach dem August 2008 hat sich die herrschende Klasse gespalten. Jede Gruppe fürchtet alle anderen. Merkwürdig genug, entstand so ein Pluralismus zwischen Rechten und Linken, zwischen verschiedenen Ideen, einfach ein Pluralismus zwischen diesen verschiedenen bürokratischen Banden, korrupten Bürokratien. Jede Gruppe orientiert auf die Übernahme des Eigentums der anderen, mag sein sogar deren physische Auslöschung. Das kann auch nicht ausgeschlossen werden. Dem Volk in dieser Situation die Wahl zu lassen, das will niemand aus diesen Gruppen, nicht Lyschkow, nicht Beresowski, nicht Tatjana Djatschenko.

Also welche Funktion haben dann die Wahlen? Sie werden doch wohl auf jeden Fall abgehalten werden.

Die Dumawahlen werden auf jeden Fall stattfinden. Da ist nichts zu befürchten. Das ist nur so: Da schätzen alle Gruppen ihre Chancen ab. Abhängig von dem Kräfteverhältnis werden sie dann ihre nächsten Schritte bestimmen. Warum denke ich, daß das ein offenes Spiel ist, unter anderem auch mit Blick auf Tschetschenien? Man muß nur die Resultate von Dezember abwarten. Da wird es nicht einmal Fälschungen geben. Nicht eine einzige Gruppe ist bei diesen Wahlen an Fälschungen interessiert. Das ist eine einfache psychologische Frage. Die Resultate dieser Wahl ergeben eine superlative Meinungsumfrage. Und diese Umfrage ist natürlich äußerst interessant für alle Beteiligten. Eine Umfrage auf Staatskosten. Nach dem Dezember wird dann nachgedacht, wie es weitergehen soll. Nach dem Dezember wird sich die Lage rasant verschlechtern. Entweder müssen sie sich verabreden, oder sie müssen etwas ändern, wenn sie sich nicht einigen können. Und keine der beiden Varianten ergibt auch nur die geringste Perspektive für eine demokratische Wahl des Präsidenten. Zu ergänzen ist noch, daß diese gewaltige Meinungsumfrage auch noch vor dem Hintergrund der Präsidentenwahlen in der Ukraine stattfindet, früher als in Rußland. Wenn Kutschma[93] auf demokratische Weise Präsident wird, dann kann das stabilisierend auf Rußland wirken, weil dann die russische Elite denkt, man kann es machen wie in der Ukraine. Dann wird es entweder Jelzin oder vielleicht Putin. Wenn Kutschma durchfällt, dann ist das für die russische politische Schicht eine Katastrophe, denn das wäre dann ein Wechsel der Eliten in der

---

[93] Kutschma, Leonid, war nach der von ihm 1991 mitbeschlossenen Auflösung der UdSSR (im Belowescher Naturpark) in den Jahren 1992/1993 Ministerpräsident. Nach erfolgreicher Wahl amtierte er von 1994 bis 2005 als Präsident der Ukraine.

Ukraine. Und das würde bedeuten, daß eine langsame reformistische Entwicklung nicht möglich ist. Es würde bedeuten, daß die Entwicklung dann revolutionären Charakter annimmt. Das Land ist aber für eine Revolution absolut nicht bereit. Es gibt keine Kräfte, und die psychische Verfassung der Menschen ist absolut nicht revolutionär. Das Land ist unbeweglich. Eine Revolution im alten Sinne, wie wir Linke sie verstehen, kann nicht stattfinden. Was in ein paar Jahren sein wird, weiß ich nicht.

Also was ergibt sich? Keine allmähliche reformistische Entwicklung, aber auch keine Revolution. Ergebnis: Spannungen, Umstürze, Chaos, Diktaturen, alles nicht auf demokratischem Wege, alles nicht auf humanem Wege. Ich denke, der Westen ist an einer solchen Entwicklung interessiert. Wenn du heute die amerikanische Presse zu Rußland liest, hat sich die Haltung geändert. Früher sprachen sie da von Reform und Demokratie in Rußland, jetzt wollen sie Stabilität und Ordnung in Rußland unterstützen.

Sie wollen ein kalkulierbares und kontrollierbares Rußland ...

Ja, das wollen sie, aber die Macht wird dann wesentlich patriotischer und nationalistischer. Das gefällt dem Westen auch sehr. Patriotismus und Nationalismus führen zur Isolation Rußlands. Das ist weniger gefährlich für den Westen. Weil ein nationalistisches Rußland keine aktive Rolle in der Welt spielen kann. Zum zweiten bedeutet das eine Konservierung des Alten, weil eine nationalistische Regierung keine Modernisierung voranbringen kann. Das nützt dem Westen auch. Und drittens enthält dieses Projekt des bürokratischen Kollektivismus keinen Ansporn dafür, daß Rußland sich aus dem Status des peripheren Kapitalismus befreit. Es kann sich innerlich verändern, aber nicht in dem Maße, daß es einen Platz im internationalen Kapitalismus einnehmen kann.

Da irrt sich der Westen wieder einmal, denke ich.

Im Ergebnis ja, aber jetzt bildet der Nationalismus die zweite Reihe der kapitalistischen Expansion. Die Nationalisten werden Rußland mit einer Art Kompradorenbourgoisie in den internationalen Kapitalismus einreihen. So ähnlich wie seinerzeit die Diktaturen Südamerikas. Sie lösten die Abhängigkeit von den USA, aber Peripherie sind sie geblieben. Oder mal so gesagt: Wenn eine Stabilisierung im Zuge des bürokratischen Kollektivismus stattfindet, dann wird das so oder so einige positive Effekte haben. Wenn die Gesellschaft stabil bleibt, wenn auch mit geringem wirtschaftlichem Wachstum, dann wird das eine gewisse Belebung der Arbeiterbewegung bringen, es werden sich gewisse stabile intellektuelle Kreise bilden, neue Ideen usw. Es ist klar, daß unsere Arbeiterklasse korporativ ist und unterwürfig, trotzdem werden sich Arbeitskonflikte ergeben. Da, wo es wirtschaftliches Wachstum gibt, dort wird es Unruhen geben. So wie vor einem halben Jahr bei McDonald's. Die Konflikte wird es nicht bei den ärmsten und elendsten Gewerkschaften ganz unten geben, keineswegs. Im Bankensektor wird es Konflikte geben. Nicht aus klassischer Solidarität, sondern aus Gier: Das kann auch andere Sektoren betreffen.

Ich denke, daß so eine Regierung, die auf den Korporativismus setzt, eine gewisse Stabilität haben kann, sich konsolidieren kann ...

Auf lange Sicht kann sie sich nicht stabilisieren, weil es da einfach objektive ökonomische Probleme gibt, die dieses Modell nicht lösen kann. Es kann die Situation auf zwei, drei Jahre stabilisieren. Danach wird es heftige Widersprüche geben.

Was siehst du – eine chilenische Lösung?

Nein, was ist Chile? Chile ist südamerikanische Emotion und deutsche Gründlichkeit. Das hat bei Pinochet zu Zehntausenden Toten und zu Lagern geführt. So etwas ist für Rußland nicht zu erwarten. Wenn wir eine Diktatur bekommen, dann nicht lange und ziemlich schwach. Es fehlen einfach die Kader für eine volle Zentralisierung. Aber schwach heißt nicht, daß sie nicht brutal sein kann; das ist schließlich auch noch eine ästhetische Frage. *(beide lachen)*

September 2000
Lageskizze, Arbeiterbewegung ... Putin räumt auf

Die Situation: Wladimir Putin hat Jelzin als Präsident abgelöst. Die Machtübergabe vollzog sich, von vielen unerwartet, scheinbar problemlos, nachdem Jelzin sich zum Jahreswechsel 1999/2000 im TV verabschiedet und sich dabei unter Tränen für seine Fehler entschuldigt hatte. Wladimir Putins erste Amtshandlung bestand darin, Jelzin und seiner Familie Freiheit von zukünftiger Strafverfolgung zu garantieren. Im zweiten Zuge entfernte er in der Person Tatjana Djatschenkos die Jelzinsche »Familie« von ihren Posten. Im dritten legte er über alle bestehenden Verwaltungsstrukturen hinweg eine Kontrollstruktur von sieben ihm direkt unterstellten Gebietsadministratoren. Mit einer Reform des föderalen Systems sicherte er sich das Recht, Gouverneure abzusetzen und Regionalparlamente aufzulösen. In Gesprächen appelliert er daraufhin an das Überlebensinteresse der Oligarchen. Den Krieg in Tschetschenien läßt er mit brutaler Härte führen. Außenpolitisch versucht er Rußland auf neue Weise in die internationalen Netze einzuklinken – GUS, NATO, USA, G8, überall ist Putin dabei. Damit sind die äußeren Weichen für die von ihm angekündigte Wiederherstellung des russischen Staates gestellt. Die politische Stimmung im Lande läßt sich nicht treffender charakterisieren als mit der Eingangsantwort Boris Kagarlitzkis auf meine Frage nach der Gesamtlage:»Nun, du siehst selbst, sie ist äußerlich stabil, ungeachtet solcher Dinge wie der Katastrophe der »Kursk«, die für die Regierung unangenehm sind, oder wie der Brand des Fernsehturms. Außerdem geht der Krieg weiter. Aber keiner dieser Vorfälle ist für sich genommen eine Bedrohung für die Macht. Mehr noch. Nicht einer dieser Vorfälle ändert die Spielregeln. Aber psychologisch verändert sich das Land. Doch das geschieht unter der Hand, unsichtbar. Im Untergrund baut sich etwas auf. Das kann man so offen nicht sehen, es geschieht unsichtbar.«

Ausgewählte Daten dieser Zeit auf einen Blick:

31.12.1999	Putin garantiert Jelzin Freiheit von Strafverfolgung, entläßt Tatjana Djatschenko.
25.01.2000	Gipfeltreffen der GUS; Putin Vorsitzender des GUS-Rates.
07.02.2000	Grosny von russischen Truppen eingenommen.
11.02.2000	Rußland und Londoner Klub vereinbaren vorzeitigen Abbau von Altschulden.
26.03.2000	Putin im 1. Wahlgang (52,94 %) vor Sjuganow (29,21 %) zum Präsidenten gewählt.
13.05.2000	Dekret Putins zur Einrichtung von sieben administrativen Großregionen.
31.05.2000	Reform des föderalen Systems: Präsident kann zukünftig Gouverneure absetzen und Regionalparlamente auflösen.
04.06.2000	Russisch-amerikanisches Gipfeltreffen in Moskau zu ABM-Vertrag und US-Plänen.
13.06.2000	Wladimir Gussinski[94], Eigentümer des Medienzentrums Media-Most festgenommen.
10.07.2000	Dekret Putins zur Erhöhung der Renten um 125–140 Rubel.
21.–23.07.2000	Putin beim G8-Treffen in Okinawa.
28.07.2000	Putin lädt Oligarchen zur Aussprache ein.
07.08.2000	Neues Steuergesetz. Geringere Steuern für Unternehmer
08.08.2000	Anschlag in der Metrostation Puschkinplatz in Moskau; dreizehn Tote, 90 Verletzte.
12.08.2000	Untergang des Atom-U-Boots »Kursk«.
15.08.2000	Nationaler Protesttag im Transportwesen; Forderung ausstehender Löhne.
24.08.2000	20 % höhere Gehälter für Militär, Polizei, Zoll, Vollzugsbeamte und Steuerpolizei.
27.08.2000	Der Moskauer Fernsehturm brennt.

---

94 Gussinski, Wladimir, Eigentümer des Media-Konzerns Media-Most, war der erste, unter den in der Zeit Jelzins groß gewordenen Oligarchen, gegen den Wladimir Putin vorging.

Sept. 2000	Konflikte (Streiks, Proteste) um das geplante neue Arbeitsgesetz.
10.09.2000	Bildung eines Staatsrats: Gouverneure und Führer der großen Parteien. Der Rat ist außerkonstitutionell, dem Präsidenten direkt zugeordnet.

(Weitere Daten in der Chronologie im Anhang.)

Das Gespräch: Im Untergrund baut sich etwas auf.

Boris, gib mir bitte eine Einschätzung der Gesamtlage.

Nun, du siehst selbst, sie ist äußerlich stabil ungeachtet solcher Dinge wie der Katastrophe der »Kursk«, die für die Regierung unangenehm sind, oder wie der Brand des Fernsehturms. Außerdem geht der Krieg weiter. Aber keiner dieser Vorfälle ist für sich genommen eine Bedrohung für die Macht. Mehr noch. Nicht einer dieser Vorfälle ändert die Spielregeln. Aber psychologisch verändert sich das Land. Doch das geschieht unter der Hand, unsichtbar. Im Untergrund baut sich etwas auf. Das kann man so offen nicht sehen, es geschieht unsichtbar.

Was? Wo?

In der Gesellschaft sammeln sich psychologische Aspekte, unsichtbar, noch nicht genau beschreibbar, von denen auch noch nicht klar ist, wohin sie sich wenden. Zum Beispiel die Arbeiterbewegung. Zahlenmäßig ist das Niveau der Bewegung niedriger als im Jahr 98. Das Jahr war ein gewisser Höhepunkt, da wurden Straßen gesperrt usw. Nachdem Primakow an die Macht kam, ist das Niveau gefallen. Das zeigen alle statistischen Daten. Auch nach dem Rücktritt Primakows gab es keinen starken Anstieg. Das heißt mit Primakow war die Hoffnung auf ein besseres Leben verbunden. Auch im Laufe des darauf folgenden Jahres zeigen die Statistiken keinen Anstieg der Aktivitäten an. Aber da, wo es Konflikte gab, waren sie in der Regel schneller, schärfer, besser organisiert als früher. Das heißt ein zahlenmäßiger Rückgang, aber ein Wechsel der Qualität. Was sagt das über die nächste Etappe? Auf der einen Seite verliert die alte sowjetische Gewerkschaft FNPR weiter an Mitgliedern und Einfluß. Zu beobachten ist, daß aktive Mitglieder zunehmend unabhängig von der Führung tätig werden. Stattdessen gibt es mehr und mehr direkte Verbindungen zwischen Gewerkschaften verschiedener Richtungen auf horizontaler Ebene, die die Bürokratie unterlaufen. Neu ist die Vereinigung *Saschita*[95]. Das ist eine ziemlich radikale Gewerkschaft. Sie war lange marginal mit ungefähr tausend Mitgliedern. Jetzt ist sie auf ca. 33.000 Mitglieder angewachsen. Entscheidend ist, daß sie eine Führung hat, die strategisch denkt, Oleg Scheinis.[96] Er ist auch unabhängiger Abgeordneter in der Duma. Er ist ein fähiger

---

95 »Saschita« – deutsch: Schutz, Verteidigung.
96 Scheinis, Oleg, Gründer der Gewerkschaft *Saschita*.

Führer. Er führte *Saschita* auf den Weg einer gewerkschaftlichen Avantgarde. Im ideologischen Sinn. Sie treten in Konflikten ziemlich radikal auf. Andere Organisationen, die weniger radikal sind, folgen ihnen. Die mittlere Ebene der FNPR geht mit ihnen. Sie sind nicht in der Lage, selbst Kampagnen zu initiieren, aber sie schließen sich an. In diesem Sinne hat *Saschita* die Rolle eines Vorreiters. Für die Gewerkschaften kommt jetzt ein sehr ernsthafter Moment, das ist der Konflikt rund um das neue Arbeitsgesetz. Das neue Arbeitsgesetz, das jetzt vorbereitet wird, wird wohl das schärfste, das es heute gibt, abgesehen von Verhältnissen in Afrika oder Asien. Aber dort sind die Verhältnisse nicht in Gesetze gefaßt.

Seit wann läuft dieser Konflikt?

Im Frühjahr gab es eine erste Kampagne gegen den Kodex. In der Duma soll er im September beraten werden. Jetzt ist er auf Dezember verschoben worden. Man fürchtet die Folgen.

Die Auseinandersetzung hat also schon begonnen.

Ja, sie läuft sehr heftig. Die Frage ist nur, wie viele Arbeiter verstehen, was ihnen da droht. Klar gesagt, ist ja das Recht auf gewerkschaftliche Organisation überhaupt das Recht auf Organisation. Vor Ort wird dieses Recht gefordert. Der Kodex sieht ein Verbot eigener Organisationen vor, andererseits wird den Arbeitgebern das Recht zugesprochen, selbst Gewerkschaften zu gründen. Das heißt, auf der einen Seite erschwert man den Gewerkschaften ihre Arbeit, auf der anderen Seite kann die Verwaltung jederzeit eine fiktive Gewerkschaft aus drei Menschen bilden. Nach dem bisher bestehenden Gesetz war es so: Wenn in einem Betrieb zwei Gewerkschaften tätig waren, dann mußte mit beiden Verträge gemacht werden. Jetzt kann das Unternehmen zwei, drei Leute zu sich bestellen, mit ihnen einen Kollektivvertrag abschließen und alle anderen einfach ignorieren.

Das heißt, die drei entscheiden allein ...?

... man macht ihnen Vorschläge. Kollektivverträge werden ohnehin nur in den größten Unternehmen abgeschlossen. Außerdem geht es um die Regelung des Mutterschaftsurlaubes und all die anderen sozialen Fragen. Und was das Wichtigste an der neuen Regelung ist: Die Unternehmen sollen das Recht haben, den Arbeitstag bis auf zwölf Stunden auszudehnen. Das soll nicht alles auf einmal eingeführt werden, sondern nacheinander. Aber es bedeutet praktisch eine unbeschränkte Ermächtigung der Unternehmen zur Verlängerung des Arbeitstages. Wer den Vertrag individuell oder kollektiv nicht akzeptieren will, wird einfach entlassen. Dazu kommt eine Reihe von Regeln und Kontrollvorschriften. Das Unternehmen sammelt Informationen über das persönliche Leben der Arbeiter. Praktisch wird das Ausspähen erlaubt. Klar kann das ganze Material, welches das Unternehmen sammelt, auch an andere Organe weitergegeben werden. Die Unternehmer erhalten ein legales Recht, ein Dossier ihrer Arbeiter anzulegen. Die Dossiers enthalten dann nicht nur Daten zu deren Arbeitsverhalten, sondern auch politische Daten und sogar solche zur sexuellen Orientierung. Unternehmen und Verwaltungsorgane können diese Daten untereinander austauschen, Polizei, FSB usw.

Das klingt bei dir so, als würde dieser Kodex bereits praktiziert ...

Nein, nein, das wird so von der Regierung geplant. Das wurde vor einem Monat in der *Nowaja gazetta* veröffentlicht. Im Frühjahr gab es dazu Demonstrationen. Einige kleinere Streiks. Es gab auch eine ganze Reihe von Veröffentlichungen in der Presse. Theoretisch ist es jetzt möglich, daß dieser Kodex eingezogen wird. Obwohl ich glaube, das wäre noch schlechter. Besser man sieht, was da geplant wird, als daß der Kodex nur etwas übergebügelt und so umformuliert wird, daß man nicht mehr begreift, was eigentlich Sache ist.

Nicht ausgeschlossen übrigens, daß sie absichtlich einige ekelhafte Passagen in diesen Entwurf eingefügt haben, um dann die etwas geglättete, aber immer noch üble Variante als Verbesserung verkaufen zu können.

Als Putin antrat, hat er in seinem sogenannten Nationalen Programm erklärt, daß er sich mehr mit sozialen Fragen beschäftigen wolle, daß er den kollektiven Fragen mehr Aufmerksamkeit widmen wolle, gleichzeitig erklärte er aber auch, daß weniger für soziale Fragen ausgegeben werden müsse. Er begründete das damit, daß es ungerecht sei, wenn Reiche oder deren Frauen unentgeltlich Kindergärten nutzen könnten ...

Nun, zunächst muß man sagen: Sie befassen sich tatsächlich mit sozialen Fragen. Das ist jetzt der Arbeitskodex. Er ist noch nicht angenommen. Man wird sehen, was da kommt. Aber den Steuerkodex haben sie bereits angenommen. Der Steuerkodex ist ganz und gar skandalös. Früher hatten wir ein sehr schlechtes Steuersystem. Das war ganz gegen Menschen mit mittlerem Einkommen gerichtet. Menschen mit niedrigem Einkommen zahlten meist nichts, weil sie einfach nichts hatten. Aber wenn dein Einkommen über der Armutsgrenze lag, dann ging der Progreß rasch in die Höhe. Wenn du dann nicht mehr nur einigermaßen gut mit deinem Einkommen lagst, sondern reich wurdest, dann setzte der Progreß aus. Bei einem Einkommen von 100 bis, sagen wir, 500 Dollar, lagst du bei zwei Prozent, aber 3.000 oder 4.000 Dollar warst du schon bei dreißig Prozent angekommen. Aber ob du dann 6.000 oder sechs Millionen Einnahmen hattest, das machte schon keinen Unterschied mehr. Das war also ein Steuersystem gegen die Mittelklasse zum Nutzen der Reichen. Jetzt wird ein Durchschnittssatz von dreizehn Prozent gefordert. Also, wenn ich Honorare bekomme, dann zahle ich nicht mehr zwanzig oder mehr Prozent – wenn ich zahle –, sondern dreizehn. Aber Beresowskij zahlt auch dreizehn Prozent, das ist weniger als zuvor, wo er immerhin noch dreißig Prozent zahlen mußte. Das ist also wieder zum Vorteil der Großverdiener. Aber was das Wichtigste ist, auch die dreizehn Prozent sind undifferenziert und treffen im Kern nicht die unteren und nicht die oberen Einkommensschichten, sondern die Mittelklasse. Sie wird sich also weiterhin irgendwie entziehen. Und so setzt sich die Praxis des weißen und des schwarzen Geldes fort. Für schwarzes Geld muß der Unternehmer nichts zahlen und auch der Lohnabhängige nicht. So gehen große Teile des Geldflusses unterhalb der Steuergrenze weg.

Wieviel zahlt denn nun ein Arbeiter tatsächlich?

Auf das, was durch die Kasse geht dreizehn Prozent. Aber klar ist, daß sehr viel gerade auch bei der Mittelklasse an der Steuer vorbeigeht. Die Reichen können sich nicht vollkommen entziehen. Du kannst nicht für große Summen kaufen und verkaufen, selbst nicht bei den chaotischen Zuständen, die wir zur Zeit haben, ohne daß das auffällt. Wenn Du dann keine Steuern zahlst, dann schicken sie dir einen Steuerinspektor. Also bei den Reichen kann heute nicht alles einfach in die Taschen fließen, sie können sich vor den Zahlungen nicht ganz drücken. Aber der neue Steuerkodex gibt den Reichen die Möglichkeit, ihre Gelder legal abzuschreiben. Der Staat hat praktisch kein Geld für soziale Aufgaben. Die einzige Quelle sind Einnahmen aus dem Ölgeschäft. Darauf beruhen die Hoffnungen für soziale Unterstützung und soziale Programme. Aber die Einkommen aus dem Öl sind natürlich extrem instabil. Die hängen nicht von uns ab, die hängen von Weltmarkt ab, den wir nicht kontrollieren. Wir sind ja nicht einmal Mitglieder der OPEC. Im Prinzip ist die Erklärung Putins, die Reichen mit sozialen Leistungen nicht unterstützen zu wollen, eine Attacke gegen die Armen, weil die für alle Menschen zugänglichen sozialen Leistungen natürlich von den Reichen gar nicht genutzt werden. Sie haben ihre eigenen Kliniken, und zu meinen, daß sie unser Sozialgeld verbrauchen, ist totaler Unsinn. Aber der Anspruch der sogenannten gezielten sozialen Unterstützung macht es für die ärmeren Schichten natürlich schwerer, an diese Hilfen heranzukommen. Gezielte Stütze – das ist komplizierte Bürokratie.

Was ist mit gezielter Stütze genau gemeint?

Sie steht im Unterschied zur sozialen Garantie. Bei sozialer Garantie gehst du in die Schule und bezahlst dafür nicht; Schulunterricht ist frei. Das Recht steht allen zu. Wer Geld hat, sucht sich eine private Schule und bezahlt dafür. Gezielte Stütze bedeutet demgegenüber, alle zahlen, aber einzelnen Menschen werden individuelle Unterstützungen zuteil, damit sie die Schule besuchen können. Das setzt natürlich eine riesige bürokratische Maschine in Gang, die das Geld verteilt, das vorher einfach im sozialen System angelegt war. Allein schon, um zu prüfen, wer unterstützungsberechtigt ist oder nicht in vielen einzelnen Fällen. Das ist kein russisches Problem, sondern weltweit so. Am Ende bekommt ein großer Teil der Armen nichts, weil sie sich nicht durch die Bürokratie durchfinden. Andere kommen auf Grund von Falschangaben, Beziehungen oder einfach persönlicher Kenntnisse der notwendigen Vorschriften an die Gelder. Das Ganze wird also um vieles teurer. Es ist einfach nur ein Weg, das System der sozialen Sicherung zu zerstören. Genauso übrigens die eigentlich gute Idee, die Sozialfonds zusammenzuführen. Unter den heutigen Bedingungen Rußlands wird das einfach nur eine Aneignung des Sozialfonds durch den Staat. Man darf ja nicht abstrakt auf die Dinge schauen, sondern muß wissen, was die russische Bürokratie heute ist. Also, um es mal so zu sagen, wir haben heute in Rußland nicht nur die Wahl zwischen Butter und Kanonen, sondern die zwischen Butter, Kanonen und Bürokraten. Weil die Bürokraten viel mehr Geld verbrauchen als die Kanonen, ganz zu schweigen davon, daß die Bürokraten heute die geschäftlichen Entwicklungen behindern. Wenn wir von Beamten sprechen, dann sprechen wir zugleich von einer großen Masse bürokratischen Kapitals, welches das reale Geld kontrolliert und da nicht nur im staatlichen, sondern auch im privaten Sektor. Auf der einen Seite kontrolliert so der bürokratische Sektor den privaten und andererseits der private den bürokratischen. Das ist keine ideologische Kontrolle im Ganzen, sondern eine persönliche. Jeder kleine Beamte kann jedes konkrete kleine Unternehmen kontrollieren.

Auch im ländlichen Sektor?
Da läuft nicht das volle Programm. Die Risiken der Privatisierung von Land sind glücklicherweise so hoch, daß sie jede Initiative auf diesem Gebiet bremsen. Es gibt eine Agrarlobby für Privatisierung. Aber sie ist nicht sehr stark. Dem stehen all die anderen Kräfte, die auf die Regierung einwirken, gegenüber, die davon ausgehen, daß eine vollkommene Privatisierung des Landes destabilisierend wirken könnte, und sie blockieren die Agrarlobby, genauer die Agrarlobby für Privatisierung. Also, ich spreche nicht von der Agrarpartei und nicht von den Kommunisten. Die Kommunisten erweisen sich als vollkommen einflußlos, etwa bei der Privatisierung der Industrie, ungeachtet der Tatsache, daß sie die Mehrheit in der Duma hatten. Wenn die Regierung irgendwann hart entschiede, daß nun alles privatisiert werden solle, dann könnten sie das ohne weiteres durch die jetzige Duma bringen. Die Kommunisten würden für Geld alles machen. Ich spreche von konkreten Bestechungsgeldern. Also, das wäre nicht das Problem. Die Entscheidung zur Privatisierung wird einfach nicht getroffen, weil man die Folgen fürchtet. Die Sache ist, daß die agrarische Situation im Prinzip heute eine Katastrophe ist. Und natürlich behaupten unsere Liberalen, daß das daran liege, daß der Boden nicht privatisiert sei. Aber da, wo das Land kommerzialisiert wurde, ist die Situation noch schlechter.

Mir wurde berichtet, daß in Saratow versucht wurde, das Land zu privatisieren, aber es wollte niemand kaufen.
Was heißt wollte? Sie können nicht. Kein Geld! Die Bauern haben kein Geld, um das Land zu kaufen. Selbst wenn sie es unentgeltlich als privates Eigentum bekämen, dann hätten sie keine Mittel für Saatgüter, nicht für Technik, nicht für Benzin. Und entsprechend wird das Land veröden. Kollektive Betriebe können, wenn auch schlecht, bei einer gewissen Unterstützung arbeiten. Wenn du aber alles in einzelne Parzellen aufteilst, wird das für jeden einzelnen Wirt sehr schwierig, die Flächen zu bearbeiten. Und außerdem reicht es dann nicht für alle. Das bringt alles keine höhere Effektivität als das kollektive Wirtschaften, weil da und dort die gleichen Defizite an Einsatzmitteln bestehen, die von der Industrie nicht geliefert werden. Es macht also überhaupt keinen Sinn, über private Wirtschaft zu sprechen, weil sie ebenso nutzlos ist. Einen Sinn bekäme das

Ganze erst, wenn die gesamte Infrastruktur modernisiert würde. Das bräuchte aber große finanzielle Unterstützung. Und das ist wieder so ein Paradox, denn die Infrastruktur kostet dann mehr als der Import.

Sag bitte, kennst du Theodor Schanin?[97]
Klar kenne ich ihn.

Was hältst Du von seiner Arbeit? Ich meine, sein Buch über die expolare Wirtschaft[98]?
Ich habe das Buch nicht gesehen. Das ist sehr peinlich, weil ich ja Vorträge in seiner Schule halte. Ich denke aber, daß das eine seriöse Arbeit ist, soweit ich aus Vorträgen und einzelnen Aufsätzen darüber weiß. Schanin steht ja in der Tradition Tschajanows[99], einer unserer früheren besten Spezialisten in der Agrarfrage. Ich denke, Schanin ist der beste Spezialist zur Agrarfrage zur Zeit bei uns und im Ausland. Und auch die Leute in seinem Institut machen sehr gute Arbeit.

Ja, das sehe ich auch so. Sie sind ja dazu gekommen, nicht von formaler, nicht von informeller, nicht von realer oder was immer, sondern von extrapolarer Wirtschaft zu sprechen.
Im Prinzip haben wir eine Investitionskrise im Land. Im Prinzip wird alles durch zwei Faktoren bestimmt: vom Ölmarkt und wie schnell sich die Investitionskrise steigert. Daß der Fernsehturm brannte ist nur ein Symbol der Investitionskrise. Die Kabel im Turm wurden vor dreiunddreißig Jahren, also noch in der sowjetischen Zeit verlegt. Seitdem wurde keine Hand mehr angelegt. Das neue Business nutzte den Turm, aber kein Geld wurde für seine Modernisierung, für neue Kabel oder neue Apparaturen angelegt. Statt dessen wurde noch eine Spitze draufgesetzt. Nichts wurde neu angelegt, nur auf das Alte draufge-

---

97 Schanin, Theodor, Direktor der »Moskauer Hochschule für Wirtschaft und Soziales« und Prof. der Ökonomie an der Universität von Manchester.
98 Gemeint ist die reale Wirtschaft jenseits schematisierter Modelle von Kapitalismus oder Sozialismus, landläufig auch »informelle Wirtschaft« genannt. Schanin legt jedoch Wert darauf, daß er nicht nur von informellen, sprich ungeordneten, sondern von anderen Formen des Wirtschaftens spreche, in denen Geld nicht das einzige Äquivalent für ökonomische und soziale Beziehungen ist. Siehe zu diesem Thema ausführlich: »Gespräche mit Theodor Schanin« in: Kai Ehlers; Erotik des Informellen (siehe Anhang).
99 Alexander Tschajanow wandte sich gegen die zwangsweise Kollektivierung; er wurde 1937 als angeblicher Spion erschossen. Mehr zu seinen Thesen: Kai Ehlers, Erotik des Informellen (siehe Anhang).

sattelt. Das ist nicht nur an diesem Turm so. Dasselbe geschieht in jeder Fabrik. Und entsprechend dem kleinen wirtschaftlichen Wachstum, das wir seit 98 haben, steht das Land einfach vor der Bedrohung des technischen Zusammenbruchs, weil seit den letzten sechzig Jahren im Lande keine Modernisierung mehr vorgenommen wurde. So wie der Turm stammt ja vieles aus den sechziger Jahren oder sogar noch aus den Jahren davor.

Du erinnerst dich wahrscheinlich, wie wir über diese Tatsachen bereits vor zehn Jahren sprachen. Schon damals wurde der baldige Zusammenbruch der industriellen Infrastruktur erwartet ...

... ja, und seitdem hat sich diese Situation weiter verschlechtert. Niemand hat das Problem seitdem gelöst. Es hat sich statt dessen verschärft. Ich habe dazu in der *Novaja Gazetta* soeben einen Artikel geschrieben, in dem ich auf diese Dinge hinweise. Da gab es auch einen Artikel von Gregori Chanin[100], er schrieb, daß die jährliche Erschöpfung unserer Anlagen, die physisch zusammenbrechen, bei etwa acht Prozent liegt. Also, die nicht nur einfach veralten, sondern tatsächlich auseinanderfallen. Das ist der reale Untergang. Eine Wahrnehmung dazu gibt es praktisch nicht. Der Prozeß wird noch beschleunigt durch die gegenwärtige Entwicklung, wenn nur die Anlagen benutzt werden, die für den Export wichtig sind. Die anderen alten stehen. Wenn sie stehen, beschleunigt sich der Verfall. Und er wird noch weiter beschleunigt, indem das Wachstum sehr unterschiedlich stattfindet, an einigen Stellen kommt Geld rein, andere bleiben vollkommen zurück. Die Gelder, die reinkommen, werden nicht planmäßig dorthin geleitet, wo es nötig ist. Dazu kommt, daß lieber neue Anlagen gebaut werden, was schneller Profit abwirft, als alte zu reparieren. Das kann man besonders an den oberirdischen Warmwasserleitungen sehen, die zum Teil in erbärmlichem Zustand sind. Da baut man lieber neue Leitungen, als die alten zu reparieren. All das geschieht planlos nebeneinander. Das ist einfach eine Katastrophe. Die Folgen werden nicht lange auf sich warten lassen. Vielleicht schon in ein paar Monaten. Jedenfalls in kurzer Zeit. Das gleiche geschieht übrigens mit der Militärausrüstung. Was sie haben, sind nur rein repressive Materialien. Für Ausbildung fehlt das Geld. Man müßte investieren, um Lehrer, Generäle, Unterseeboote zu haben, gleich was. Aber das Geld geht nur in die aktuellen Gehälter, nicht in die Weiterentwicklung. So veraltet die ganze Ausrüstung.

---

100 Chanin, Gregori, Journalist.

Aber die »Kursk« war doch neu.
Das Problem mit der »Kursk« ist, daß man nicht in der Lage war, sie zu retten. Es fehlte die Spezialausrüstung. Der Untergang eines Unterseebootes allein ist nicht die Sensation. Unterseeboote können untergehen, das ist unausweichlich. Das ist nicht das Problem. Das Problem besteht darin, daß keine Bedingungen für den Service bestehen. Bei dieser Art von unzureichenden Sozialdiensten sind auch neue U-Boote schnell hinüber. Eine andere Sache ist noch das Niveau der Ausbildung, des Kommandos usw.

Aber in der Arbeiterschaft hat es praktisch keine Proteste gegeben, oder?
Bisher nicht. Aber ich wiederhole, die Bereitschaft zur Gewalt ist wesentlich höher als früher. Das zeigen alle Statistiken. Allerdings ist so eine Bereitschaft noch keine Politik, aber ein wichtiges Signal, das man beachten muß. Häufiger als früher gehen z. B. Streiks auch in Besetzungen über. Da werden Direktoren in ihren Büros festgesetzt und nicht herausgelassen. Das ist noch keine Bewegung, nur die Bereitschaft zu solchen Aktionen ist erkennbar höher. Das ist natürlich mehr eine Beobachtung an der Oberfläche.

Wir haben jetzt von sozialen Fragen gesprochen. Es gibt ja noch die regionalen Aspekte. Wie sieht es auf dieser Ebene aus? Ich meine in der Beziehung zwischen Zentrum und Region.
Es gibt ja nicht nur Probleme. Es gibt viele sich widersprechende, aber auch viele gemeinsame Interessen. Das ist ein ziemlich verwirrendes Bild, nicht uniform. Da gibt es Unzufriedenheit der Regionen darüber, daß Moskau Ressourcen und Eigentum an sich zieht und nicht teilen will. Gleichzeitig hat Moskau erschreckende Schulden. Moskau steht kurz vor dem Bankrott. Moskau fordert Hilfe von der Regierung, um den Bankrott abzuwenden. Die zentrale Macht ist interessiert daran, Moskau zu erniedrigen. Andererseits wissen Moskau und die zentrale Macht natürlich, daß sie Moskau nicht in den Bankrott gehen lassen können, weil das ein Bankrott des Landes wäre. Diese Art von Konflikt wiederholt sich praktisch in jeder Region, abgesehen von den sehr speziellen Problemen im nördlichen Kaukasus. Nehmen wir zum Beispiel Kondratenko[101],

---

101 Kondratenko, Nikolai, Gouveneur der Region Krasnodar. Er glaubt an die »jüdische Weltherrschaft« und führt eine Allianz von Ultranationalisten, Kommunisten und Kosaken dagegen ins Feld.

als bekannter Antisemit, als bekannter Rechter, fast Schwarzhunderter[102]. Derselbe Kondratenko tritt als einziger offen gegen den Krieg in Tschetschenien auf und ist bereit, mit den Tschetschenen über Wege der Unabhängigkeit zu sprechen. Der Grund liegt darin, daß regionale Interessen nicht nach ethnischen Gesichtspunkten laufen. Auf alltäglichem Niveau gibt es die ethnischen Konflikte, aber auf ökonomischer Ebene führt der Krieg im Nordkaukasus für die meisten Republiken in die Verelendung. Der Krieg ist auch deswegen ein Problem, weil das Kapital im Nordkaukasus tschetschenisches ist, und wenn man Geschäfte machen will, dann muß man mit den Tschetschenen reden. Sonst geht das Kapital in die Finanzierung der Warlords. So wie die Juden in verschiedenen Kulturen als Ferment des kleinen oder großen Geschäftes wirken. Wenn man das wegnimmt, dann bleibt einfach alles stehen. Das erklärt aber auch gleichzeitig, warum man sie haßt, so wie man auch die Juden haßt. Nehmen wir dagegen Inguschetien: Inguschetien leidet nicht nur unter dem Krieg, es bekommt auch humanitäre Gelder wegen des Krieges, einige Inguschen leiden unter dem Krieg, andere verdienen daran usw. usw. So kannst du alle Republiken durchgehen und triffst überall auf außerordentlich verwirrende und schwierige Situationen. Aber das interessanteste ist, daß es kein Problem des ethischen Separatismus gibt. Es gibt vielmehr die nicht gelösten Probleme zwischen Regionen und Zentrum. Es ist nur leichter, die ethnischen Probleme zu formulieren. Die tatsächlichen Probleme sind gerade nicht die ethnischen Probleme, sondern der russische Regionalismus. Russischer Regionalismus versteht sich als besondere Kraft und kommt als Anspruch einzelner Gouverneure auf eigene Macht daher. Das kann für die Zentralmacht eine echte Bedrohung werden. Anderseits stehen die Cliquen rund um die Gouverneure im Interessengegensatz zu den Bewohnern der Regionen. Wenn der Kreml einen Kampf um die Unterwerfung der Gouverneure unter die zentrale Macht beginnt, heißt das für die Menschen in den Regionen noch gar nichts Gutes.

Wie stehen die Oligarchen zu diesem Spiel?

Ich denke, es gibt keine Kämpfe zwischen den Oligarchen und Putin. Es gibt zwei Probleme: Putin will die Oligarchen irgendwie restrukturieren. Einige möchte er stärken, einige möchte er schwächen. Er möchte, daß die Oligarchen ihm persönlich dankbar und verpflichtet sein sollen. Putin will, daß die Oligar-

---

102 Die Schwarzen Hundert (Tschornaja sotnja) waren eine monarchistisch-nationalistische antisemitische Organisation in den letzten Jahrzehnten des Zarismus.

chen ihm gegenüber persönlich loyal sind. Das ist das eine. Das andere ist, daß die Oligarchen untereinander im Konflikt stehen. Das geht natürlich zum einen gegen Beresowskij. Darüber hinaus will aber der Kreis der FSBler um Putin herum eine Art eigenes Finanzimperium aufbauen.

(Hier endet das Gespräch abrupt, weil die Kinder die Aufmerksamkeit ihres Vaters einfordern.)

September 2001

Halbzeit – zwei Jahre Putin ...

Die Situation: Fast zwei Jahre ist Wladimir Putin inzwischen Präsident Rußlands. Die Aufregung um den Machtwechsel an der Spitze des Landes hat sich gelegt. Aus Mr. Nobody, der außer dem Krieg gegen die Tschetschenen kein Programm vorzuweisen hatte, wurde der erklärte Stabilisator, der allen alles verspricht. Den einen stellt er die Fortsetzung der liberalen Reformen in Aussicht, den anderen die Rückkehr zu den traditionellen russischen Gemeinschaftsstrukturen, stabile Profite durch Abbau der kostenlosen Sozialfürsorge hier, eine gerechtere, demokratischere und sozialere Gesellschaft dort. Vaterländische Gesten wie die soeben vom Präsidenten höchstpersönlich angeordnete Wiedereinsetzung der sowjetischen Hymne, modernisiert durch einen neuen Text, sollen diesen Kurs der Versöhnung symbolisieren. Selbst der Erzfeind USA ist in diesen Kurs mit eingeschlossen. Nach den verheerenden Anschlägen auf die Twin Towers bekundet Putin den Amerikanern Rußlands Solidarität und erklärt seine Bereitschaft zu einem effektiven Antiterror-Bündnis.

Es erhebt sich die Frage: Wie weit stimmen Worte und Taten, klassen- und völkerversöhnende Symbolik und Realität überein?

Das Gespräch findet im Institut für vergleichende Studien statt.

Ausgewählte Daten dieser Zeit auf einen Blick:

10.10.2000	Eurasische Wirtschaftsunion gegründet.
17.10.2000	Putin kündigt eine Rentenerhöhung um 10 % an.
10.11.2000	Gehälter der Staatsangestellten sollen um 20 % erhöht werden.
04.12.2000	Internationaler Haftbefehl gegen Gussinski.
01.01.2001	Steuerreform: in Zukunft Flatrate von 13 % für alle; indirekte Steuern erhöht.
24.01.2001	200 Demonstranten blockieren die Transsib; sie fordern ein Ende des Energienotstandes.
50.02.2001	Anschlag in der Moskauer Metrostation Belorussischer Bahnhof, zehn Verletzte.
27.02.2001	Landesweite Massenproteste gegen Mißstände im Bildungssektor.
14.03.2001	Mißtrauensvotum gegen Ministerpräsident Kasjanow scheitert.
28.03.2001	Rußland verzichtet auf weitere IWF-Kredite.
03.04.2001	Gazprom übernimmt die Kontrolle über den Fernsehsender NTW.
17.04.2001	Putin dekretiert Erhöhung der Renten.
21.04.2001	Gründung der Bewegung »Eurasia« durch Alexander Dugin.[103]
08.05.2001	Pro-Putin-Demonstration der Jugendorganisation »Idustschiewmeste«.
26.-27.05.2001	Gründungskongreß der SPS (Union der Rechten Kräfte).
06.06.2001	Novellierung des Umweltschutzgesetzes erlaubt Einfuhr von Atommüll.
19.06.2001	Landesweite Warnstreiks gegen die neue Arbeitsgesetzgebung.
21.06.2001	Neues Parteiengesetz erschwert die Bildung von Parteien.
22.06.2001	Yukos, Lukoil TNK und Sibneft bilden ein Konsortium.
15.07.2001	Staatsbesuch des chinesischen Präsidenten Jiang Zemin in Moskau.

---

103 Dugin, Alexander, nationalbolschewistischer Geopolitiker, Ideologe, Gründer der Partei »Eurasia«.

21.–22.7.2001   G8 Gipfel in Genua; auch russische Anti-Globalisten vor Ort.
02.08.2001   Neues Privatisierungsprogramm für Staatsunternehmen.
30.08.2001   Neue Schulbücher für den Geschichtsunterricht geplant.
11.09.2001   Anschläge in den USA; Putin erklärt Solidarität.
07.10.2001   USA bombardieren Ziele in Afghanistan.

(Weitere Daten in der Chronologie im Anhang)

Das Gespräch: »… auf dem Gipfel der Stabilität.«

Boris, bitte gib mir wieder einmal deine Bewertung der Lage bei euch.

Nun, formal haben wir Stabilität, Beruhigung. Gleb Pawlowski[104] erklärte, das Land befinde sich auf dem Gipfel der Stabilität. Mit der Formulierung bin ich einverstanden. Gipfel, das bedeutet in der Regel, es geht wieder abwärts. Wenn er gesagt hätte, eine Ebene der Stabilität, dann würde ich widersprechen, aber Gipfel, das trifft es. Gipfel der Stabilität ist natürlich ein Widerspruch in sich selbst. Gipfel hat etwas Dynamisches. Ich denke er beschreibt auch selbst, was geschieht. Auf der einen Seite haben wir tatsächlich nicht nur eine Stabilisierung des politischen Lebens, sogar des wirtschaftlichen Lebens, sondern sogar eine Beseitigung der Politik, die wir in den letzten zehn, fünfzehn Jahren hier in Rußland hatten. Es gibt noch die bekannten Strukturen, wie Einheit, KPRF, »Jabloko« usw., aber es gibt keine politischen Auseinandersetzungen. Es gibt Auseinandersetzungen zwischen konkreten Personen, es gibt innerhalb der Strukturen intensivere Auseinandersetzungen als zwischen den Strukturen, aber keine politischen Auseinandersetzungen zwischen den großen Lagern. Das ist das klarste Ergebnis des Putinschen Projektes. Im gelang eindeutig die Positionskämpfe zu liquidieren, die es zur Zeit der Jelzinschen Periode gab. Jelzin ist einen ganz anderen Weg gegangen; er hat keine Stabilität angestrebt, er hat Konflikte geschürt. Das konnte man charakterisieren als System der persönlichen Machtausübung. Putin kam, ausgebildeter Funktionär, noch dazu Funktionär des FSB, um die Konflikte zu beruhigen, zu stabilisieren. Die Sache haben sie entschieden. Das Problem ist nur, daß sie das auf einem absolut oberflächlichen Niveau gemacht haben. Alle die Konflikte, Widersprüche, Destabilitäten, die es im Rußland der letzten zehn, fünfzehn Jahre gab, waren ja Ergebnisse sehr tiefer struktureller Prozesse in der Gesellschaft, der Wirtschaft usw. Die Widersprüche der jetzigen Epoche bestehen darin, daß bei Niederschlagung der Symptome die Krankheit so aktiv ist wie zuvor. Sie setzt sich fort, sie entwickelt sich weiter. Man hat es nur geschafft die Symptome wegzunehmen. Ich sehe die Sache so: erstens die Art des Kapitalismus. Die Gesellschaft ist auf tiefen Disproportionen aufgebaut. Die russische Mittelklasse ist äußerst schwach. Die russische Industrie ist gewaltig, dabei

---

104 Pawlowski, Gleb, politischer Kommentator.

aber sehr schwach. Die Gesellschaft ähnelt eher einer der Dritten Welt von ihrer sozialen Struktur her als der des westlichen Europa. Das ist nicht einzigartig. Das war in Chile ähnlich oder Argentinien, wo die sozialen Strukturen ganz andere waren als die europäischen bei Einführung der kapitalistischen Ökonomie. Für Rußland ist dieser Widerspruch allerdings sehr viel schärfer. Rußland war ein Land mit hochentwickelter Industrie, hochentwickelter Bildung. Das ist eine Entwicklung, die dem Prinzip nach, das sagt das Abc der Politökonomie, zum Kataklysmus führen muß. Das ist eine Gesellschaft, die viel zu gut ausgebildet ist für das Niveau der Beschäftigung. Es entstehen ständig Frustrationen, Unzufriedenheiten mit der Lage, in der man sich wiederfindet. Die kulturellen Erwartungen liegen weit höher, als sie das gegebene System erfüllen kann. Das gilt nicht nur für die abhängig arbeitende Bevölkerung, das gilt paradoxerweise auch für die Unternehmen. Diese tiefe Frustration ist generell. Auch die Geschäfte, die heute möglich sind, sind weit entfernt von dem, was man erwartet. Das Business unterscheidet sich kaum von dem in der Dritten Welt. Dazu kommt, daß die Probleme von Region und Zentrum nicht entschieden sind und daß Putin sie jetzt mit administrativen Mitteln lösen will. Das ist natürlich schon der nächste Unsinn. Die Widersprüche sind selbstverständlich nicht administrativer Natur. Die Ursachen liegen viel tiefer. Sie liegen in der Natur der russischen Regionen. Wir haben eben noch diese alten, feudalen regionalen Eliten. Ohne diese Eliten gänzlich zu liquidieren, wird es überhaupt keine Stabilität des Landes geben. Ihre Art zu regieren ist für sich genommen schon destruktiv und muß beseitig werden. Und zum zweiten geht es gar nicht um Zentrum oder Region, sondern um die vollkommen katastrophalen Disproportionen zwischen den Regionen. Diese Disproportionen sind es, die die Probleme machen. Wenn das Zentrum jetzt seinen Einfluß auf die Regionen stärken will, bringt das überhaupt nichts für die Lösung der Disproportion zwischen den Regionen. Jede Region hat ihre Einheiten und muß besonders behandelt werden. Den einen, wie zum Beispiel Tatarstan, gibt man eigene Sprachhoheit, anderen muß man klarmachen, warum das für sie nicht gilt usw. Krasse Unterschiede gibt es auch in Fragen der wirtschaftlichen Unterstützung. Wenn Putin jetzt die administrative Anbindung der Regionen ans Zentrum stärkt, dann geschieht das in völligem Unverständnis gegenüber diesen Problemen. Was da installiert wird, ist so eine Art liberaler Nationalismus, der versucht, die ideologischen und kulturellen Unterschied zu neutralisieren, ohne an die eigentlichen Wurzeln heranzugehen, die nur in den sozialökonomischen Grundverhältnissen gefunden werden können. Man handelt einfach nur mechanisch, ohne an der Basis, vor Ort wirklich etwas zu verändern.

Du sprichst von den sieben Administratoren, die Putin eingesetzt hat.
Ja, wer sind diese Administratoren? Das sind einfach nur Leute, denen der Kreml vertraut. Ein anderes Kriterium gibt es da nicht. Zur Zeit sind diese Administratoren vollkommen ineffektiv. Schau dir beispielsweise an, was da im Fernen Osten passiert. Sie haben phantastische Befugnisse. Sie verstehen zu kommandieren. Befugnisse mehr als genug! Die regionale Elite fürchtet sie tatsächlich. Sie wechselten zum Beispiel Nostratenko[105] aus. Schau was passiert: Dem Administrator entgleitet alles. Neuer Gouverneur wurde ein Mann, der kein Mann des Kremls ist. Er ist eine Figur mit offenen Beziehungen zum kriminellen Untergrund. Das zeigt die Hilflosigkeit der Kreml-Politik in der Region. Das ist einfach irre, einfach alles aus dem Gleis. Der neue Gouverneur ist verheiratet mit einer Verwandten eines der bekanntesten örtlichen Kriminellen. Das ist das Gesetz der Diebe. Das wird nicht einmal geheimgehalten. Im Gegenteil, das wird herausposaunt. Oder nimm Nischni Nowgorod, wo Choderow[106] nur mit massiven Wahlfälschungen an die Macht gekommen ist. Das persönliche Rating von Choderow beträgt achtzehn Prozent. Ein Mann mit achtzehn Prozent kann als Vertreter der Partei der Macht gewählt werden. Wie geht das? Früher, unter Breschnew, um eine Wahl als Gouverneur zu gewinnen, mußte man mindestens bei fünfunddreißig Prozent liegen. Weiter: Irkutsk, Goworin[107] hat eine Wahl mit zwei (!) Prozent der Stimmenmehrheit gewonnen. Alle wissen, daß bei Wahlen der Grad der Fälschungen zwischen fünf und acht Prozent liegt. Wenn einer mit zwei Prozent gewonnen hat, dann ist klar, daß da nachgeholfen wurde.

Du hast von den Strukturen des Kapitals gesprochen, jetzt auch von den regionalen Problemen. Was steht noch auf der Tagesordnung?
Nun, natürlich der Krieg in Tschetschenien. Der ist erkennbar nicht bewältigt. Er hat sich vielmehr auf Rußland ausgedehnt. Im Vergleich zur sowjetischen Zeit degradiert Rußland. Die Degradierung allein schon ist gefährlich.

---

105 Nostratenko – Gouverneur der Republik Primorje mit der Provinzhauptstadt Wladiwostok. Nostratenko galt als extrem eigensinnig und tendenziell moskaufeindlich.
106 Choderow, Gouverneur von Nischni Nowgorod
107 Goworin, Boris; Gouverneur von Irkutsk

Degradierung? In welchem Sinne?

Die Sowjetunion hatte ein echtes System der Integration. Zum einen ein einheitliches politisches System für die unterschiedlichen nationalen Kulturen. Auf der anderen Seite gab es das ganz eigene System des sowjetischen Staates. Ja, es dominierte das russische Volk und die russische Sprache. Daran ist im Prinzip, wenn es die Mehrheit der Bevölkerung ist, nichts Schlechtes. Die Minderheiten hatten spezielle Möglichkeiten der Integration. Und der Staat regulierte formal auch den religiösen Faktor. Die größten Abstände waren die zwischen Christen und Muslimen und anderes mehr. Elemente der Diskriminierung ethnischer Minderheiten gab es auch. Ganz zu schweigen von der Stalinschen Völkerpolitik. Aber sogar die Tschetschenen, die massenhafter Repression ausgesetzt waren in der Zeit Stalins, einschließlich der Kämpfer, sprechen von der Zeit der 70er Jahre, der Zeit Breschnews, als dem goldenen Zeitalter, in dem alles gut war. In diesem Sinne ist Rußland im Vergleich zur Sowjetunion degradiert. Nicht daß die Sowjetunion das ideale Muster war, an dem nichts zu kritisieren gewesen wäre. Aber die Ordnung war klarer. Und jetzt steht die nationale Frage schärfer als zu der Zeit. Allerdings nimmt sie eine sehr interessante Form an. Positive Formen des Konfliktes zeigen sich. Im Gegensatz zum Ende der sowjetischen Zeit, als die nationalen Gruppen begannen, sich jede für sich selbst zu organisieren, gibt es jetzt Konflikte anderer Art. Alle nationalen Minderheiten, die die Tendenz der Vereinigung haben, sind gegen einen prawoslawischen Nationalstaat. In diesem Sinne treten die nationalen Minderheiten auch für ein vereintes Rußland auf, aber für ein anderes Rußland. Für ein Rußland des ethischen Pluralismus und nicht des prawoslawischen Monismus, nicht für eine Kulturdiktatur.

Ich kenne das aus Tatarstan, wo ich gewesen bin. Es ist genau so, wie du sagst. Sogar die tatarischen Nationalisten sprechen so.

Es ist sehr interessant, daß sogar die traditionellen Nationalisten sich derart verändern. Ich spreche sehr viel mit Tschetschenen. Dabei kam heraus, daß heute Aktivisten, die früher als Pro-Moskauer galten, jetzt als scharfe Kritiker auftreten Obwohl sie starke Parteigänger Moskaus waren. Wenn ich dagegen mit den Tschetschenen der dritten Macht spreche, die jetzt aus der Mitte Tschetscheniens hervorgehen, dann treffe ich dort zum ersten Mal Leute, die sich als Linke deklarieren. Manche von ihnen sagen, daß die tschetschenische Frage nicht anders als mit Hilfe der Arbeiterbewegung gelöst werden kann. Der einzige Weg zur Befreiung der nationalen Minderheiten ist eine Einigung der Minderheiten untereinander, also Tataren, Inguschen, Juden, Tschetschenen usw. Und andererseits die Vereinigung mit der Arbeiterschaft und allen anderen unterdrückten Kräften für ein anderes Rußland, das sich für alle seine Bürger gleichermaßen einsetzt. Das ist eine neue, sehr positive Erscheinung, aber das ist gerade Ausdruck jener Politik, die der Kreml heute durchführt. *(lacht)* Sie sind nicht nur nicht in der Lage, die alten Konflikte zu lösen, sie schaffen auch zugleich neue, solche positiven Konflikte. Da kann man nur Danke sagen, daß sie so eine Situation schufen.

Also, gehen wir weiter, Boris: Putins Stabilität, Region, Krieg in Tschetschenien – was steht im Zentrum?

Na ja, das Wichtigste ist das Kapital, wie in jedem beliebigen kapitalistischen Land. Das Problem wird sich verschärfen. Um so mehr als Rußland sich in Richtung eines normalen kapitalistischen Landes entwickelt. Mit der Besonderheit des Peripheren allerdings, aber trotzdem. Je normaler der Kapitalismus wird, um so stärker treten auch normale gewerkschaftliche Probleme auf, ebenso die Probleme der Entstehung einer Linken usw. Wir sehen natürlich die Krise der KPRF. Sie unterstützt Putin und will aber zugleich die größte Oppositionspartei im Lande sein. Das reißt die Partei natürlich einfach in Stücke. Bei Jelzin hatten sie es einfacher. Auf der einen Seite ist sie die größte linke Partei des Landes, auf der anderen hat sie eine ultrarechte Führung, die all den Werten der neuen linken Bewegung feindlich gegenübersteht. Sie steht zu Werten, die dem direkt entgegenstehen, zu Le Pen, den rechten Republikanern in Deutschland usw. Was die Wahlen betrifft, gibt es aber eine neue Dynamik. Dazu gab es kürzlich einen Artikel von Anatoli Baranow. Wenn Anfang der 90er der linke Block eher typisch in den kleinen Städten der Provinz war und die großen Städte oder Fabriken eher rechte Liberale gewählt haben, dann ist es jetzt eher umgekehrt: Die großen Städte entwickeln in starkem Maße ein linkes Potential, während das Dorf und die kleinen Städte konservativer wählen. In diesem Sinn hat alles seinen richtigen Platz eingenommen. Die Regierung reagiert mit dem neuen Arbeitsgesetz. Darüber sprachen wir ja schon letztes Jahr. Absolut repressiv. Das kann nur bei Zerstörung der Gewerkschaften funktionieren. Der Zerfall der Gewerkschaften wird aber aller Wahrscheinlichkeit nach eher neue Formen des Kampfes hervorrufen. Der Niedergang der Gewerkschaften bringt paradoxerweise eine scharfe Politisierung der Arbeiterbewegung hervor. Vor diesem

Hintergrund ist unsere Partei der Arbeit wieder zu sich gekommen, nachdem wir 94 vollkommen den Boden verloren hatten. Jetzt treten die Gewerkschaften an uns heran und erklären uns, daß man mit anderen, neuen Methoden aktiv werden muß.

Den Gewerkschaften, zumindest den Moskauer Gewerkschaften, scheint es aber ganz gut zu gehen. Jedenfalls hatte ich bei den Gesprächen, die ich jetzt mit Nagaitzew und anderen geführt habe, den Eindruck, daß sie ihre Handlungsspielräume abgesteckt haben ...

Richtig, die Gewerkschaftsbürokratie der FNPR leidet nicht besonders unter den neuen Gewerkschaften. Diese Leute sitzen in ihren Kantinen und beschäftigen sich mit der Verwaltung des Eigentums. Wenn die Gewerkschaften vor Ort faktisch liquidiert werden, dann werden Schmackow, Nagaitzew und meine sonstigen früheren Freunde nicht sehr leiden. Im Gegenteil, die heutigen Gewerkschaften sind eher Hindernisse für eine normale Arbeit. Und so dümpelt die alte Gewerkschaft so vor sich hin. Die alternativen Gewerkschaften dagegen beginnen sich zu vereinigen. Das schafft natürlich eine neue Dynamik. Das ist wie bei der antiglobalistischen Bewegung. Als es da viele kleine Gruppen gab, waren sie ohne wirklichen Einfluß, aber alle zusammen sind eine ernsthafte Kraft. Das ist so ähnlich wie bei unseren kleinen Gewerkschaften. Im Herbst wird es eine große Versammlung der FNPR geben. Da wird sich Schmackow noch einmal durchsetzen. Aber das wird auch nicht so einfach sein. Wenn Schmackow im Amt bleibt, dann könnte das schon eher zur Spaltung führen. Die Spaltung wäre für ihn sogar nützlich. Dann bleibt ihm der größte Teil des Vermögens mit der größeren Zahl der Mitglieder. In dem Sinne gewinnt er.

Ich beobachte eine gewisse Symbiose zwischen großen kollektiven Strukturen und kleinen Familienstrukturen, die sich gegenseitig unterstützten und ergänzen. Wie siehst du das? Vor allem in den Regionen.

Nun klar, Rußland, wir wissen, Rußland ist kein typischer europäischer Kapitalismus. An den Strukturen ist ja auch nichts Spezifisches. Die gibt es auch in Indien, in Afrika, in beliebigen nicht westlichen kapitalistischen Ländern. Das ist der typische periphere Kapitalismus. Deshalb sehen wir hier selbstverständlich verschiedene Elemente der Óbschtschinost, die sich, paradox, aber wahr, in Rußland heute verstärken. Die Óbschtschina in Rußland entwickelt sich weiter fort, aber sie transformiert sich, bildet ihre eigenen, quasi marktwirtschaftlichen Beziehungen. In pervertierter Form der Óbschtschina findet übrigens auch das Wachstum des Kriminellen statt. Die kriminellen Strukturen sind ebenfalls Formen der Óbschtschina. Organisierte, nicht gesetzliche Formen der Óbschtschina. Wodurch unterscheidet sich die russische Kriminalität von der westlichen? Im Westen ist die Kriminalität individualisiert. Sie wird ausgeübt von irgendwelchen Ausgeflippten, die sich die nächste Dosis setzen wollen. Diese Art von Kriminalität unorganisierter, spontaner Kriminalität ist bei uns geringer verbreitet. In Rußland ist die Kriminalität besser organisiert als in den USA. Es gibt Niederlassungen in den USA, einige auch in Berlin. Die Form des Kriminellen, die wir haben, ist der Kriminelle der Óbschtschina, der engstens verbunden ist mit den Traditionen der alten Óbschtschina. Einerseits ist die Gesellschaft stark kriminalisiert, andererseits unterliegen die Kriminellen stark den Normen des Lebens.

Generell gesehen entsteht da ja wohl so etwas wie ein Ausweg zum Überleben – bei dem man die Übergänge gar nicht so scharf unterscheiden kann ...

... das Problem des Überlebens steht ja in Rußland so oder so für alle. Einfach weil die Gesellschaft von innen her nicht stabil ist, nicht wirklich fest begründet. Das gilt sogar für die Elite. Ein Teil der Elite versucht seine Probleme auf Kosten der anderen zu lösen. Dazu muß man sagen: 98, auf dem Höhepunkt des Bankenkrachs, gab es einen sehr wichtigen Umschwung. Du weißt ja, wir haben keine festen Klassen, sondern nur sich verändernde Schichten. Damals fühlten die neuen Reichen die negativen Seiten der Marktwirtschaft, genauer ihrer neoliberalen Variante. Davor hatte die Privatisierung für sie neue Perspektiven eröffnet, einen neuen Lebensstil ermöglicht usw. Das brach im Krach alles zusammen, verbunden mit einem massenhaften Zusammenbruch der sozialen Standards, ganz vielen sozialen Perspektiven dieser mittleren Schicht der kleinen Direktoren und Manager. Das brachte erstens eine weite Verbreitung von Neurosen hervor, darüber hinaus aber zwei Lösungsvarianten: das nationale Projekt Putins mit leichten faschistischen Zügen. Kein harter Faschismus, aber doch starke autoritäre Elemente, doch starke korporative Ideen, die eine leichte Möglichkeit einer Entwicklung von Faschismus beinhalten. Auf der anderen Seite gab es Versuche der Solidarisierung mit den übrigen Teilen der Gesellschaft, den Erfolglosen. Das war die andere Tendenz. Die emotionale Situation war: Ich bin doch der Gute, der Erfolgreiche, der Kluge. Und warum ist mir alles danebengegangen? Ich habe keine Schuld. Das System hat schuld. Also die

Annäherung an den Staat hat sich sehr stark verändert. Im Inneren der mittleren Schichten, also im Inneren der gebildeten Gesellschaft, entstand so eine Polarität von faschistischen und linken Strömungen. Ich übertreibe ein bißchen. Mit vielen dazwischen liegenden Varianten. Aber letztlich gab es diese beiden Pole. So konnte man zu der Zeit gebildete Menschen mit offen faschistischen Ansichten treffen, etwa: Warum nicht alle Tschetschenen umbringen? Warum sie nicht in »KonzLager«[108] bringen? So etwas konntest du von gebildeten Leuten hören, die sich ansonsten mit der französischen Literatur des 19. Jahrhunderts befassen. Und es entstand Unwille mit Putin, denn Putin wurde kein Faschist. So haben wir diese paradoxe Situation, daß wir Putin anklagen, faschistische Sprüche zu machen, er aber andererseits nicht faschistisch genug auftrat, weil er offenbar kein faschistischer Führer werden wollte. Zugleich gab es eine Bewegung, die es schaffte, vierzig Menschen zur Antiglobalisierungs-Demonstration nach Genua zu schicken. Ich habe ja selbst daran teilgenommen. Vierzig Leute – was sind schon vierzig Leute. Aus Griechenland waren es 2.000. Aber es war bei uns Thema in allen Zeitungen.

Ich habe grade das Buch Sjuganows zur Globalisierung gelesen. Das hat mir wirklich ganz und gar nicht gefallen. Er zitiert beständig Lenin, Lenin, Lenin, aber mir wurde richtig übel davon ...

Na klar, Sjuganows Haltung zur Antiglobaisierungs-Bewegung ist nicht die des Parteigängers, sondern die von Peter Buchanan[109] in Amerika oder Le Pen in Frankreich, Deutsche Volksunion usw., auch wenn er Lenin noch so oft zitiert. Aus unserer Sicht ist es eine Schande, daß Putin an der G8 teilgenommen hat, aus seiner Sicht ist es sehr gut, daß er dabei war.

Was hat eine russische Antiglobalisierungs-Bewegung für eine Alternative? Was kann deiner Ansicht nach überhaupt Antiglobalisierung sein?

Eine russische Alternative zur Globalisierung kann es nicht geben. Die Globalisierung ist eben global. In dem Sinne wäre eine russische Alternative lächerlich. Wir können nur die Teilnahme unserer Regierung an der G8 kritisieren. Aber hier muß noch einmal gesagt werden, daß in Rußland zur Zeit eine Linke als politische Kraft nicht existiert. Die Frage ist allein, ob sie ein Faktor werden kann. Konkret ist das nicht erkennbar, theoretisch ist das möglich ...

---

108 »KonzLager« wird von Boris Kagarlitzki als russifiziertes Fremdwort benutzt.
109 Buchanan, Peter, Südafrika, Architekt, Schriftsteller, Ideologe des Modernismus.

Klar, ich wollte dich jetzt auch nicht auffordern zu spekulieren, was sein könnte. Meine Frage zielte auf etwas anderes. Ich möchte gern wissen, welche Vorstellungen unter dem Stichwort der Antiglobalisierung bei euch existieren. Sjuganow schreibt nur: Wir haben eine Alternative: den Sozialismus. Danach kommt dann nichts mehr, jedenfalls nichts Neues, außer – schwierig es zu sagen –, also sagen wir: national-bolschewistischen Parolen. Die Frage ist ja, wie eine zeitgemäße Alternative tatsächlich aussehen könnte.

Klar, ohne eine Enteignung der Oligarchen wird es keine Lösung in Rußland geben. Das vertrete ich ja schon seit langem. Mehr noch, es braucht eine Politik, die auch die örtlichen Eliten zerschlägt. Das kann einhergehen mit einer Verwaltungsreform, aber nicht um die einen Bürokraten durch die anderen auszutauschen. Es geht um eine tiefgehende Reform, die die örtlichen Eliten zerschlägt und neue Bedingungen schafft, die eine demokratische Entwicklung in den Regionen ermöglichen. Wenn wir eine massenhafte Enteignung der transnationalen russischen Oligarchen haben, dann bekommen wir eine Chance, so etwas zu entwickeln wie eine gemischte Wirtschaft. Eine solche Politik fände auch die Unterstützung der mittleren sozialen Schicht, denn die Menschen haben die Oligarchen einfach satt. Nicht nur die Bevölkerung im allgemeinen, sondern auch ein beträchtlicher Teil der Geschäftswelt denkt so. Die so aus dem äußeren Markt gewonnenen Gelder des transnationalen Kapitals können dann eingesetzt werden für die soziale Entwicklung, für die Entwicklung eines inneren Marktes, für die Modernisierung der Infrastruktur und die Lösung der bestehenden örtlichen Probleme. Im Buch von Colin Hines[110] *Localisation – an Alternative to Globalisation*, werden einige sehr gute Elemente aufgezeigt, obwohl natürlich einiges davon hier nicht möglich ist, weil Rußland ein äußerst großes Land ist, das seinen eigenen inneren Markt entwickeln kann. Wo wir die Außenwelt wirklich brauchen, muß man es machen. Aber wieso müssen wir Kohle aus Neuseeland einführen, wenn wir noch Kohle für zweihundert Jahre haben? Dasselbe mit der Landwirtschaft: Wofür brauchen wir Butter aus Neuseeland? Das ist nicht nur schlecht für unsere Bauern. Das ist auch verbrecherisch gegenüber Afrika. Die Nachfrage auf dem Weltmarkt steigt, und arme Länder müssen für höhere Preise kaufen. Das sind so einfache Beispiele. Andererseits gibt es so existentielle Dinge, die schon Primakow ansatzweise verstanden hat, obwohl er es nicht ungesetzt hat, weil es politisch nicht möglich war:

---

110 Colin Hines ist u. a. Mitglied im International Forum on Globalization in San Francisco, das an Alternativen zur Globalisierung neoliberalen Typs arbeitet.

Rußland als Land der Schuldner und als potentieller Führer der Länder der Dritten Welt. Sicher nicht in Gestalt des Imperiums, sondern als ein Land der Dritten Welt, das weiterentwickelt ist. Das heißt maximale kooperative wirtschaftliche und kulturellen Beziehungen nach Süden. Eine völlig andere Beziehung zu China, nicht nur Panzer und Waffen, sondern technische Zusammenarbeit, um das nördliche China zu entwickeln. Gebraucht wird langfristige Arbeit vor Ort. Gebraucht werden Arbeitskräfte aus China. Gebraucht wird russische Technologie in China, Technik die am realen Bedarf der Menschen ausgerichtet ist. Da sind wir in einer ähnlichen Situation wie Deutschland nach dem 2. Weltkrieg, als die Technik zerstört war und Deutschland seine neue Technik aufzubauen und ins Ausland zu exportieren begann. Der Unterschied zu uns ist nur, daß unsere Technik nicht zerbombt, sondern von selbst zerfallen ist. Aber im Ergebnis ist das vergleichbar: Wir sollten uns bemühen unsere Technik zu modernisieren und dementsprechend neue Technik auszuführen. Aber ohne maximale Investitionsprogramme, als Minimum ein keynesianisches Programm. Wenn wir von Sozialismus sprechen, dann ist Sozialismus natürlich nicht nur ein großer Staatssektor, sondern reale Beteiligung der Arbeiterschaft an der Verwaltung und Regierung. Ich bin kein großer Freund der Arbeiterdemokratie in der alten Form. Aber man kann sich weiterentwickeln zum System der Teilhabe, und in diesem Sinne kann die russische Óbschtschina selbstverständlich eine große Rolle spielen, nicht im autoritären Sinne Sjuganows, versteht sich. Die Óbschtschina hat ja zwei Gesichter, ein autoritäres und ein demokratisches. Das ist das doppelte Gesicht der russischen Óbschtschina, wie übrigens aller Óbschtschinas. Das doppelte Gesicht hängt zusammen mit dem sozialen Kontext, in dem sie lebt. Warum waren die Óbschtschinas bei uns autoritär? Weil sie in einem autoritären Staat errichtet wurden. Wenn eine Óbschtschina in einer demokratischen Gesellschaft aufgebaut wird, kann sie ihre demokratische Qualität entfalten. Dafür muß man sich befreien von politischen Illusionen des Sjuganowschen Typs.

Juni/Juli 2004

Zur Lage nach der (Wieder-)Wahl Putins und den Chancen der Linken

Die Situation: Moskau im Sommer. Die Duma soll ein Gesetz beschließen, nach dem das System der Vergünstigungen (Lgoti) durch eine finanzielle Kompensation abgelöst werden soll. Dieser Gesetzesvorschlag ist die Spitze einer Reihe von Maßnahmen, die im Zuge der zweiten Welle der Privatisierung unter dem Stichwort »Kommunale Reform« nunmehr durchgeführt werden sollen. In der Bevölkerung wächst landesweit der Protest. In Moskau organisiert die radikale Gewerkschaft *Saschita* »Mitings« (Versammlungen) unter dem Slogan: Schluss mit dem sozialen Genozid der Regierung. Nieder mit der unsozialen Regierung. Nieder mit Putin! Initiator ist Oleg Scheinis. Auch Busgalin, Kolganow, Damier[111] und andere bekannte Linke, einschließlich des Duma-Abgeordneten und Präsidentschaftskandidaten Glasjew[112] sind mit dabei. Boris Kagarlitzki treffe ich in neuer Funktion: Er ist jetzt Direktor des Instituts für Globalisierung mit einem Etat von 20.000 Dollar im Monat; er selbst hat zur Zeit ein festes Gehalt. Sein Förderer ist Alexei Petrowitsch[113], ein linker Geschäftsmann; dazu kommen als weitere Förderer die deutsche Friedrich-Ebert-Stiftung und die Rosa-Luxemburg-Stiftung. Wir sind keine Marginalen mehr, faßt Boris Kagarlitzki die neue Situation zusammen. Im Institut versteht man, wovon er spricht: Hier sitzen eine Handvoll Mitarbeiter/innen rund um die Uhr an sechs Computerplätzen, ausschließlich damit beschäftigt, das nationale und internationale Informationsnetz zu knüpfen.[114]

---

111 Damier, Vadim, Historiker, Stalinismusforscher, politischer Aktivist.
112 Glasjew, 2003 Abgeordneter des Wahlblocks »Rodina« (Heimat), Kandidat dieses Wahlblocks bei den Präsidentschaftswahlen 2004.
113 Petrowitsch, Alexei, Unternehmer.
114 Nach: Kai Ehlers, Rußland Aufbruch oder Umbruch?, S. 30 ff. Bestandsaufnahme (siehe Anhang).

Ausgewählte Daten dieser Zeit auf einen Blick:

14.03.2004	Präsidentenwahlen: Putin im 1.Wahlgang mit 71,2 % bestätigt.
29.03.2004	Osteuropäische Länder werden NATO-Mitglieder.
31.03.2004	Duma verabschiedet Bannmeilengesetz.
14.04.2004	Gehälter im Föderalen Dienst werden per Dekret erhöht.
18.04.2004	Anschlag auf Ausländer-Wohnheim in Moskau; 19 Verletzte.
20.04.2004	Grenzverträge Rußland–Ukraine. Wirtschaftsunion Kasachstan, Weißrußland, Ukraine, Rußland mit Perspektive einer späteren Zollunion.
20.–26.05.2004	Flußschiffer blockieren den Schiffsverkehr; sie fordern Zahlung ausstehender Löhne.
24.05.2004	Bergarbeiter blockieren Eisenbahnlinien: Sie fordern Zahlung ausstehender Löhne.
26.05.2004	Hungerstreik von Bergarbeitern in der Republik Chakasija. Forderung nach Auszahlung ausstehender Löhne.
01.06.2004	Zugverkehr zwischen Moskau und Grosny wieder aufgenommen.
04.06.2004	Duma beschließt neues Versammlungsgesetz.
10.06.2004	Rußlandweite Proteste gegen die Sozialpolitik der Regierung.
16.06.2004	Prozeß gegen M. Chodorkowski und P. Lebedew[115] eröffnet.
18.06.2004	Freier internationaler Geldverkehr bis 10.000 US-Dollar.
21.06.2004	Bergarbeiter der Region Primorsk kündigen einen Hungerstreik an. Es geht um Auszahlung ausstehender Löhne.
30.06.2004	Landesweite Proteste gegen geplante Monetarisierung sozialer Garantien.
20.07.2004	Putin läßt Anpassung der Renten an die Inflation vorziehen.
29.07.2004	Proteste in Moskau gegen geplante Monetarisierung.
29.07.2004	Regierung legt Privatisierungsplan für die Jahre 2005–2007 vor.
03.08.2004	Gesetz zur Monetarisierung in der Duma verabschiedet.

(Weitere Daten in der Chronologie im Anhang.)

---

115 Lebedew, Platon, Präsident der Bank Menatep, Bank des Yukos-Konzerns, siehe: Chodorkowski.

Das Gespräch: Rußland geht nirgendwohin

Wohin geht Rußland nach der Wahl?

Wohin geht Rußland? – Eine gräßlich offene Frage! Erste Antwort: Rußland geht nirgendwohin. Wie früher steht es am Ort. Das heißt, es bewegt sich, aber es kommt nicht vorwärts. Das ist das erste. In diesem Sinne kann man den ganzen putinschen Ansatz als eine Art Treiben mit dem Strom bezeichnen. Es gibt Aktivitäten, und die Macht hält sich mehr oder weniger gut und löst ihre Probleme in diesem Prozeß. Die Situation ist günstig. Die Abwertung des Rubels hat die Konkurrenzfähigkeit der Waren erhöht und den inneren Markt gestärkt. Der Wachstumsimpuls setzt sich fort. Dazu kommt, daß das Geld, das in den ersten Sektor floß, jetzt mehr oder weniger wieder auf den Markt zurückkehrt.

Auf der anderen Seite gibt es keinerlei Versuche für strukturelle Reformen. Das heißt, wir haben keine Reformen, sondern nur eine Vertiefung oder Fortsetzung der neoliberalen Politik, die wir in den 90ern hatten. Es muß also noch mehr privatisiert werden, jetzt auch die natürlichen Monopole, die die Gesellschaft zum Überleben braucht: Kommerzialisieren, was noch nicht kommerzialisiert wurde. Die Bildung kostenpflichtig machen usw. usw.

Kurz gesagt, unter Reform versteht die jetzige Regierung eine Stabilisierung der Strukturen, die in den letzten Jahren geschaffen wurden. Die Regierung war in den letzten Jahren der utilitaristischen Politik Putins so damit beschäftigt, Ordnung in der Elite zu schaffen, daß sie für tiefgehende Reformen überhaupt keine Zeit und Kraft und kein Interesse hatte. Aber jetzt sind die Verhältnisse im Land soweit geordnet, daß wir vermutlich vor einer neuen Welle neoliberaler Reformen stehen. Soeben ist ein neues Regierungsprogramm unter Fradkow[116] erschienen, das praktisch das Programm von Hermann Gref[117] wiederholt, das nur seinerzeit nicht realisiert wurde, weil das zu gefährlich war. Und jetzt, da die Situation mehr oder weniger stabil ist, soll das realisiert werden. Das wird garantiert Auswirkungen auf die Bevölkerung haben. Es beinhaltet die Kommerzialisierung der Bildung. Es wird den Zugang zu unentgeltlicher medizinischer Behandlung einschränken. Es wird den Wohnungssektor kommerzialisieren. Jetzt leben Menschen mit geringem Lohneinkommen immer noch

---

116 Fradkow, Michail, Ministerpräsident von März 2004 bis September 2007.
117 Gref, Hermann (Russisch: German Gref), Wirtschaftsminister von Mai 2000 bis September 2007.

in guten Wohnungen. Viele Menschen werden gezwungen sein, in schlechtere Wohnungen umzuziehen. Und zugleich entwickelt sich ein Boom am Liegenschaftsmarkt. Die Menschen werden aus Zweizimmerwohnungen in Einzimmerwohnungen umziehen und aus Einzimmerwohnungen wieder in kommunale Unterkünfte. Einige Familien werden gar keine Unterkünfte mehr haben. Eltern und Kinder werden zusammenziehen, die gerade auseinandergezogen waren und dergleichen. Es wird außerdem eine Nachfrage nach Wohnungen geben. Da ist also großes Geld im Spiel, große Profite. Das Elend der Bevölkerung ist einfach eine Goldgrube.

Putin trat ja damit an, daß er die Armut bekämpfen wolle. Innerhalb von drei Jahren werde alles gut oder wenigstens besser ...

Damit zwei Drittel besser leben können, muß man die Bedingungen für das andere Drittel radikal verschlechtern. Das ist faktisch der Inhalt der Reformen. In diesem Sinne ist Putins Kampf mit der Armut ganz ehrlich. Er wird gegen die Armut kämpfen, und das nach den Rezepten des IWF und der Weltbank, die schon seit fünfzehn Jahren gegen die Armut kämpfen. Wenn man die technischen, sozialen, moralischen oder, in alten Begriffen des Marxismus gesagt, den klassenmäßigen Charakter dieser Politik beschreiben will, dann ist das eine Politik der Contraproduzenten. Das heißt nichts anderes als die Gesellschaft zu polarisieren in eine wohlhabendere Minderheit und eine ärmere Mehrheit. Das führt auf jeden Fall zu Radikalisierung; der Schuß geht auf jeden Fall nach hinten los.

Kannst du das Programm Fradkows noch etwas konkreter beschreiben?

Nun, ich habe ja schon gesagt: Das ist die Kommerzialisierung der medizinischen Versorgung, der Versicherungen, der Wohnungen, die Privatisierung einer Reihe von Organisationen im öffentlichen Sektor. Tatsächlich werden das nicht so viele sein, denn da sind nur noch wenig übriggeblieben. Das wird die Umstellung von staatlichen Unterstützungen auf private sein. Das wird die Verminderung der Bildung für die Bevölkerung sein. Putin hat bereits öffentlich beklagt, daß unsere Bevölkerung zu stark gebildet ist, zu viele Menschen höhere Ausbildung erfahren und damit Schluß gemacht werden müsse. Ich denke, das endet damit, daß man mehr Menschen zu den Soldaten holen will. Aber auch das kann wieder einen gegenteiligen Effekt haben. Zum einen bringt das viele Jugendliche dahin, sich zu verweigern und zum zweiten, wenn sie in die Armee kommen, heißt das, daß man unausgebildete junge Männer mit Waffen ausrüstet. Da ist dann der Erfolg des Programms für die Macht gefährlicher als ein Mißerfolg. Aber wie auch immer, dieses Programm wird ausgeführt werden. Allerdings ist das Programm auf mehrere Jahre angelegt, und die Probleme, die aus dem Programm folgen, werden wachsen.

Das denkst du so ...
Ja, das ist, was ich denke. Ich gebe dir ein paar Überlegungen, warum das so nicht gehen kann: Wir haben die Mehrheit von »Einheitliches Rußland« in der Duma. Die Opposition stellt keinerlei reale Macht dar. In der Gesellschaft gibt es keinerlei Alternativen zu dem Regime. Nicht weil es sie nicht geben könnte, sondern weil sie vom politischen System nicht zugelassen werden. Aber das Wichtigste ist, daß es kein Bewußtsein darüber gibt, daß man kämpfen muß. So wird es also kleine Aktionen, Demonstrationen, Picketlines, kleine Streiks weiterhin geben. Die KP vertritt in der Duma nur ihre eigenen Interessen. Deshalb sehe ich keine Kraft, die die Macht zur Zeit stören könnte.

Aber es geschieht ja nicht alles nur heute, sondern das zieht sich über mehrere Jahre, und da wird sich echter Widerstand entwickeln, Unzufriedenheit, es wird ein Bewußtsein über die Notwendigkeit von Reformen und neue politische Kräfte heranwachsen. Es kann auch sein, daß die günstigen Umstände vorübergehen, daß die Preise für Öl fallen oder daß der Dollarpreis einbricht oder sonst etwas. Und das kann katastrophale Folgen haben.

Boris, wie oft haben wir schon über eine Situation gesprochen, die dir gar nicht gefällt. Und immer wieder bist du dieser Optimist, der auf kommende Massenbewegungen hofft ...
Meine Sichtweise, daß es keinen Widerstand gibt, unterscheidet sich gar nicht von der Sichtweise der Macht. Aber die Tatsache, daß es keinen Widerstand gibt, hat viel damit zu tun, daß die Macht nichts entscheidet, ganz anders als in den Jahren 92 und 93. Damals war der Sieg ganz auf der Seite des Regimes, aber das waren praktisch anderthalb Jahre Kampf. Streiks gab es, massenweise Auftritte, es gab Versuche, die Wahlvorgänge zu ändern, am Ende gab es sogar die bewaffneten Kämpfe in Moskau. Die wurden von der Macht niedergeschlagen. Ja, dieser Widerstand war nicht effektiv. Er fand unter widersprüchlichen, zum Teil einfach idiotischen Losungen statt. Wir sprachen ja oft von der Obschtschina. Wenn eine bäuerliche Revolte stattfindet, dann geschieht

das sehr häufig für gerechte Ziele, aber unter absolut reaktionären Losungen. Oft war es so, daß die vollkommen gerechten Aufstände der Óbschtschina unter reaktionäre Losungen gerieten. Weil diese Menschen, die nicht klassenmäßig organisiert sind, einfach keine allgemeinen sozialen Programme aufstellen können. Man beginnt bei seiner kleinen Welt und versucht die auf die Allgemeinheit auszuweiten bis ins Mystische hinein. Das läßt sich gut manipulieren. Das geschieht ja nicht nur in Rußland.

Das was in Rußland in den 90er Jahren geschehen ist, ist absolut keine Ausnahme. Aber jetzt kam ein grundlegender Wechsel. Erstens hat sich das Bewußtsein darüber erhöht, welchem Problem sich die Gesellschaft gegenübersieht. Allgemein stellte sich mehr oder weniger Stabilität ein. Eine Sache ist, wenn alles auseinanderfällt, wenn der Mensch nicht weiß, wo er hingehört, wenn der Arbeiter nicht einmal weiß, ob er morgen seinen Lohn bekommt, wenn er vielleicht auch noch halb Bauer ist und zugleich Kaufmann oder kleiner Budenbesitzer, oder überhaupt von nichts anderem lebt als vom Raub. Dann ist er nicht dies und nicht das. Wenn solche entwurzelten Menschen sich zusammentun zum Protest, dann tun sie es, um eine feste Struktur zu finden.

Aber das ist alles schon Vergangenheit. Tatsächlich ist die Gesellschaft stabiler geworden. Es findet ein ziemlich schneller Prozeß einer Klassenbildung statt. Das beseitigt nicht die verschiedenen gemeinschaftlichen Tendenzen, die sich im russischen Kapitalismus erhalten haben. Aber die Gemeinschaftskultur bildet sich jetzt in weiterentwickelten kapitalistischen Strukturen. Sie erhält sich weiter. Aber wir sehen in den letzten fünf oder sechs Jahren, daß sich diese Entwicklung an die Klassenbildung des zaristischen Rußland von 1905 bis 1917 anschließt. Das ist sehr wichtig.

Das zweite ist, daß eine neue Generation aufwächst, die eine andere Bildung hat und die schon andere Ziele für sich sieht. Wichtig ist zu sehen, Anfang der neunziger Jahre hatten wir eine extreme vertikale Mobilität, während wir gleichzeitig eine erschreckende soziale Ungerechtigkeit hatten. Menschen konnten von nichts zu allem aufsteigen. Irgendwelche Studenten wurden über Nacht zu großen Unternehmern. Auch Arbeiter konnten morgen Businessmen sein. Also, die Menschen hatten eine große Möglichkeit, ihre Probleme individuell zu lösen. Das galt natürlich nur für eine Minderheit.

Inzwischen sind die Kanäle nach oben gesperrt. Es wuchsen die Möglichkeiten für Menschen sich an ihrem Arbeitsplatz zu verbessern, wenn du Arbeiter bist, etwas bessere Bedingungen zu erhalten, wenn du Wissenschaftler in irgendeinem Institut bist, eine Arbeit zu finden, die dich etwas aus der Armut erhebt. Diese Kategorie von Menschen in großen Städten stieg an. Das alles ist so. Aber man kann nicht aus seiner sozialen Gruppe heraus. Die sozialen Gruppen bestimmen das Leben. Das hat selbstverständlich Auswirkungen auf die Mentalität. Es ist ein Unterschied, ob du deinen sozialen Status individuell veränderst oder im Rahmen deiner sozialen Gruppe. In letzterem Fall entsteht bei den Menschen natürlich ein viel höheres Motiv, ein Bedarf an Solidarität. Früher konnte man sagen: Auf Wiedersehen, ich verschwinde in ein besseres Leben, jetzt heißt es, zu einem besseren Leben gehen wir gemeinsam.

Wieder das Problem: Ist das jetzt Gruppenegoismus oder Solidarität?

Na ja, man konnte eben eine Zeitlang nur noch von individuellem Egoismus sprechen. Der Schritt vom individuellen Egoismus zum Gruppenegoismus ist ein großer Schritt. Elementare Solidarität entsteht.

Ich habe z. B. Gazprom vor Augen, als Korporation, in der man sich gut aufgehoben fühlen kann, auch als Angestellter oder Arbeiter.

Nein, so ist es nicht. Die Konflikte innerhalb von Gazprom wachsen. Innerhalb der Konsortien gibt es große Disproportionen. Das geht eher in Richtung von Klassenkonflikten, es ist offensichtlich, daß sie sich zwischen sozialen Schichten ereignen. Wenn du dir die Sektoren anschaust, die vom Obschtschina-Modell zum persönlichen Eigentum übergegangen sind, die also dazu übergegangen sind, ihre Sozialfonds durch Lohnzahlungen zu ersetzen, dann sind sie es gerade, in denen es jetzt Arbeitskonflikte gibt. Bei den großen Werken, die sich in den Städten befinden, sind die Konflikte geringer. Bei Norilsk Nickel[118] zum Beispiel gibt es einen harten Krieg zwischen Betriebsleitung und Gewerkschaften. In anderen Betrieben, die eher aus dem klassischen sowjetischen gemeinwirtschaftlichen Korporativismus kommen, unter ihnen auch Gazprom, gibt es weniger Konflikte. Aber die neuen Reformen versuchen diese Obschtschina-Strukturen zu zerschlagen. Man versucht sie in Richtung des Kommerzes zu ändern. In diesem Programm geht es, was die Beziehungen zwischen Arbeiter und Betrieb betrifft, Arbeiter und Staat, nur noch um Geld, und unter diesen Bedingungen fällt die Obschtschina auseinander.

---

118 Norilsk Nickel, Kupferwerke im Norden Sibiriens, Eigentümer Potanin.

Was passiert? Erstens reicht das Geld nicht, und zweitens zerstört diese Art der Beziehung zwischen Arbeitern, Betrieb und Staat jede informelle Beziehung, die die Menschen vorher verband. Statt dessen beginnt der Kampf gegeneinander. Das verändert natürlich auch die Ideologie.

Unser gemeinsamer Freund Vadim Damier sagte dazu, daß die Beziehungen, die es traditionell gab, heute alle zerschlagen seien. Er hat da ein ziemlich schwarzes Bild. Aber er ist ja auch schon generell nicht so ein Optimist wie du. Andere Linke, eher neutral, finden, daß Putin seine Sache gut mache. Gibt es irgendeine gemeinsame Sicht?

Die Diskussion wird geführt. Im Prinzip geht es um die Frage: Wird es Widerstand geben oder nicht? Aber du weißt ja: »The proove of the pudding is eating.« Also warten wir ab. Schauen wir.

Einverstanden. Gehen wir weiter zu überschaubaren Fragen: Wie sind die Kräfteverhältnisse jetzt nach der Wahl? Haben die Liberalen ihren Platz verloren? Sie werden ja wohl verantwortlich gemacht für die ganze Entwicklung ...

... nein, schau mal: Das Programm Fradkows und Putins ist weitaus rechter als das Programm der Union rechter Kräfte. Es gibt keine Unterschiede, aber das Programm Putins ist radikaler. Es ist ohne Kompromisse, brutaler, offen antisozial. Da sind keine Rücksichten auf sozialen Liberalismus. Warum? Nun, Putin muß keine Rücksichten auf Wählerstimmen nehmen. Putins Regime steht so fest auf dem Boden der Wahlfälschungen, daß auf diesem Gebiet nichts droht. Aber die Union rechter Kräfte kann sich keine Fälschungen leisten, sie stehen bei acht Prozent, mit zwei oder drei Prozent über der Sperrklausel ist nicht entschieden, ob sie wieder in die Duma kommt oder nicht. Die Fälschungsmaßstäbe Putins sind ja ganz andere. Da entscheiden drei, vier oder selbst acht Prozent weniger nichts. Eine Duma-Partei kann ihre Verluste mit nichts kompensieren, die Regierung kann einfach mehr auf Repression setzen. Dazu kommt, daß die Regierung immer noch populär ist. Sie hat seit drei Jahren nichts getan. Und eine Regierung, die nichts tut, begreift man als kleines Übel. Alles Weitere unterscheidet sich eben nur so, wie die Menschen sich das denken. Also, wenn Putin jetzt anfängt zu handeln, dann verliert er seine Autorität. Das wird sehr gefährlich. Ein aktiver Putin ist für die Bevölkerung nicht akzeptabel. Eine Regierung, die harte Worte macht, aber letztlich nichts tut, das ist das, was die Bevölkerung braucht. Harte Worte und Versprechungen, das mögen die Leute.

Aber wenn real etwas getan wird, ist das etwas anderes. Man wird bei der nächsten Umfrage sehen, wie hoch Putin dann noch ist. Ganz zu schweigen davon, daß die alten Rating-Daten eine Fälschung waren. Niemand unterstützt irgendeine Aktion von Putin. Für das Volk ist ein guter Putin ein toter Putin. Wir können daher einen Niedergang von Putins Rating im Laufe der nächsten Monate erwarten. Der Protest kann demnächst beginnen und buchstäblich eine halbes Jahr dauern. Ergebnis wird eine schärfere totale Macht sein.

Warten die Menschen?

Worauf? Wenn Putins Rating zum Minimum fällt, dann gibt es zwei Varianten. Entweder ein autoritäres Regime von Seiten der jetzigen Macht, oder es kommt der nächste Nachfolger, der dasselbe wieder von vorn versucht. Auf der linken Flanke werden wir den vollkommenen Zusammenbruch der KPRF erleben. Sie ist schon unter fünfzehn Prozent gefallen. Zur nächsten Wahl kann die Partei vielleicht noch mit zehn Prozent rechnen. Sie zerfällt in einzelne Gruppen: Nationalisten, Antifreimaurer, Liberal-Sozialisten, landsmannschaftliche Sekten. Dies alles zu synthetisieren ist unmöglich und sinnlos. Das Wichtigste aber ist, daß ihre Ideologie der Zeit nicht mehr gerecht wird. Sie zerfällt einfach in ihre Bestandteile. Aber der Zusammenbruch dieser alten Positionen macht natürlich den Raum frei für die Entstehung neuer. Ich weiß nicht, ob eine linke Front entsteht oder nicht, aber der allgemeine Platz ist offen. Und insgesamt kann man sagen, daß wir heute entschieden erfolgreicher tätig sein können als vor fünf, sechs Jahren. Wir haben Mittel, wir haben Themen, man hört uns zu, wir haben Unterstützer von vermögenden Leuten, die aber mit den Oligarchen nichts zu tun haben wollen. So erscheint mir die Situation ganz gesund.

Schön. Und wie steht es mit einer kooperativen Bewegung?

Im Großen sehe ich da nichts. Einzelne Fälle, aber im europäischen Sinne, nein.

August 2008
Von Putin zu Medwedew – Fahrerwechsel auf dem Tandem

Die Situation: Seit Mai 2008 heißt Rußlands neuer Präsident Dimitri Medwedew. Wladimir Putin wechselte auf den Posten des Ministerpräsidenten. In die allgemeine Wahrnehmung ging dieser Vorgang als Fahrerwechsel auf einem Tandem ein. Will man den Ankündigungen Medwedews glauben, dann begann in Rußland im Frühjahr 2008 eine neue Phase der Reformen. Vor dem Präsidentenwechsel orientierte er auf ein Wachstum, das die bis dahin erreichte jährliche Sieben-Prozent-Marke übersteigen sollte. Dabei werde er sich aktiv der Förderung der sozialen Sphäre widmen: Im Schweizer Davos hatte er den versammelten Vertretern des ausländischen Kapitals optimale Investitionsmöglichkeiten versprochen. Auf dem russischen Wirtschaftsforum in Krasnojarsk erklärte er, er werde sich als Präsident auf die vier großen Is konzentrieren – Institute, Infrastruktur, Innovationen, Investitionen und zudem die schon unter Putin beschlossenen vier nationalen Projekte verwirklichen, ohne die eine Modernisierung nicht möglich sei. Das waren Programme zur Förderung des Wohnungs-, des Bildungs-, des Gesundheitswesens sowie der Agrarwirtschaft, die von Putin im Jahre 2005 dekretiert, nach den massenhaften Protesten 2004 und 2005 aber steckengeblieben waren. Für die Realisierung dieses umfangreichen Programms brauche das Land gesetzestreue Bürger und eine freie Presse, erklärte Medwedew. Es gehe um Freiheit in allen Bereichen: um die persönliche Freiheit, um die wirtschaftliche Freiheit und letztlich um die Freiheit der Selbstverwirklichung. Politik und Medien begrüßten Medwedew als Wirtschaftsliberalen, der Putins Stil der autoritären Modernisierung durch Initiativen von unten fördern werde. Was von solchen Erwartungen zu halten ist, ist Gegenstand des folgenden Gespräches. Das Gespräch findet in den Räumen des Instituts für Fragen der Globalisierung statt.[119]

---

119 Situationsbeschreibung nach: Kai Ehlers, Kartoffeln haben wir immer (siehe Anhang).

Ausgewählte Daten dieser Zeit auf einen Blick:

10.10.2007	»Einiges Rußland« schlägt Medwedew, zu der Zeit Vizepräsident, als Präsidentschaftskandidaten für die Wahl 2008 vor.
11.10.2007	Medwedew schlägt Putin als neuen Ministerpräsidenten vor.
03.–04.11.2007	Landesweite Kundgebungen fordern Putin zur 3. Amtszeit auf, Putin lehnt ab
04.11.–02.12.2007	Pro- und Contra-Putin-Demonstrationen.
24.–25.11.2007	»Marsch der Nichteinverstandenen« in 40 Städten.
02.12.2007	Wahlen zur Staatsduma: »Einiges Rußland« mit 64 % weit vorn.
02.12.2007	Unregelmäßigkeiten bei der Wahl werden kritisiert.
02.03.2008	Dimitri Medwedew mit 70,2 % zum Präsidenten gewählt.
15.04.2008	Putin übernimmt Vorsitz von »Einiges Rußland«, ohne beizutreten.
06.05.2008	Gebührenerhöhungen für Gas, Elektrizität, Eisenbahnreisen, Telefon, Strom.
19.05.2008	Medwedew bildet Rat zur Bekämpfung der Korruption.
23.05.Mai/Juni	Medwedew in China, danach in Berlin, Gipfeltreffen der GUS in St. Petersburg.
06.–08.06.2008	XII. Internationales Wirtschaftsforum in St. Petersburg.
30.06.2008	Zusätzliche Anklagen gegen M. Chodorkowski und P. Lebedew.
07.–09.07.2008	Medwedew beim G8-Gipfel in Tokio.
09.07.2008	Medwedew kritisiert Abkommen USA/Tschechien zum Raketenabwehrsystem.
06.–08.08.2008	Sozialforum antiglobalistischer und reformsozialistischer Kräfte in Sibirien.

(Weitere Daten in der Chronologie im Anhang.)

Das Gespräch: Die echte Krise hat noch nicht begonnen.

Grüß dich Boris, ich möchte mit dir heute vor allem darüber sprechen, was Medwedews Antritt als Präsident bedeutet. Vorher aber ein paar Fragen zu einem deiner letzten Aufsätze, den ich gelesen habe. Da schreibst du, daß die Wirtschaft boomt, aber die Verteilung sehr problematisch ist ...

... ja, genau. Im Kern liegt das Problem darin, daß es mit dem Wachstum keine Erfolge gibt.

Es ist so, daß ein Kampf um die Wachstumsanteile geführt wird. In Moskauer Büros liegen die Löhne für die einfachsten Bürohilfsarbeiten heute nicht unter 20.000–23.000 Rubel, in Fabriken liegt der Lohn bei 18.000. Das ist so in Moskau oder auch Leningrad, außerhalb Moskaus sind wir dann schon bei 15.000 oder 10.000 – und in Orenburg oder anderen Provinzstädten nur noch bei 8.000. Dabei spreche ich nur von den Löhnen der unteren Kategorie, also von Löhnen für Leute mit durchschnittlicher oder niedriger Qualifikation, Hilfsarbeiten. In den höher qualifizierten Berufen liegen die Löhne bei 60.000 Rubel oder mehr. 3.000 Euro gilt als normaler Lohn. Die Mittelklasse arbeitet für 1.000 Euro oder 2.000 Dollar. Die Menschen klagen, daß man davon nicht leben kann, weil alles unheimlich teuer ist. Die Mietpreise steigen schneller als die Gehälter ...

Kannst du mal einen Richtwert für die Miete angeben ...

Die kleinste Bude 20.000 bis 40.000 Rubel. Und um so eine Wohnung zu kriegen, mußt du dich in Schale werfen, mit Schlips und Kragen auftreten, sonst kriegst du schon gar nichts. Das heißt, selbst die Mittelklasse hat ihre Probleme.

Das heißt Mann und Frau müssen beide arbeiten, um das zusammenzukriegen.

Ja, im Ergebnis gibt es viele verlorene Kinder.

Die werden in Kindergärten abgegeben ...

... viel zu teuer. Die früheren kommunalen Angebote wurden geschlossen, es gibt nur noch kommerzielle; ein paar neue gibt es, aber sehr wenige. – Und man muß wissen, Zwei- oder Drei-Zimmer-Wohnungen sind noch wesentlich teurer. Also, paradox, aber wahr, in der gegenwärtigen Situation entsteht eine soziale Spannung, die höher ist als vor acht Jahren, obwohl das allgemeine

Niveau erkennbar besser ist. Damals haben die Menschen einfach nur gehungert, einfach nur gedarbt. Man lebte von Kartoffeln und Kohl. In einigen abgelegenen Gegenden haben die Menschen nur noch von Gras gelebt. Aber wie lange kann man so leben? Das hat sich geändert. Aber erstaunlicherweise ist die soziale Spannung angestiegen, statt zu sinken.

Was ist der Grund – sind die Ansprüche gestiegen ...

Höhere Ansprüche, ein gewachsenes Gefühl der Ungerechtigkeit. Alle sehen ja, was im Land sonst vorgeht. Ein gewachsenes Selbstwertgefühl bei den Menschen. Die Selbstachtung der Menschen ist in diesen zehn Jahren gewachsen. Wenn sie schlecht behandelt werden, dann schafft das heute mehr Unwillen als vor zehn Jahren. Das Selbstwertgefühl der Menschen war vor zehn Jahren extrem niedrig, wesentlich niedriger als zu sowjetischen Zeiten. Man fand sich in einer Situation, in der alles zusammengebrochen war, alles idiotisch, umgeben von Verbrechen. Man hatte keine Zeit über Ehre, über Rechte und dergleichen nachzudenken, man war mit Überleben beschäftigt. Damals hat niemand an Streiks oder dergleichen gedacht. Jetzt ist das schon anders. Auch unqualifizierte Arbeiter beginnen Forderungen zu stellen. Nimm z. B. Renault, Autofabrik. Da werden Löhne ab 18.000 bezahlt für einfache unqualifizierte Arbeit. Die Mehrheit dort sind einfache Arbeiter, die nicht viel mehr im Sinn haben, als ihr Tagespensum. Die bleiben zwei, drei Monate, dann wechseln sie wieder ...

... also eine starke Fluktuation ...

... Ja, durchgehendes Material! Zwischen ihnen und der kleineren Schicht qualifizierter Arbeiter besteht eine starke Hierarchie. Das macht Solidarität sehr schwer. Gewerkschaftliche Tätigkeiten gab es da kaum. Da gab es eine Gewerkschaft, es ist die stärkste Gewerkschaft, die Autobau-Gewerkschaft MPRA.

Was heißt das?

Interregionale Autofabrik Gewerkschaft. Das ist die stärkste Gewerkschaft mit einer linken Führung, aber mehr als zweihundert Mitglieder kriegen sie nicht zusammen, obwohl in der Fabrik einige tausend Menschen arbeiten. Ganz anders bei Ford. Da arbeiten ca. 2.000 Menschen, von denen 1.500 in der Gewerkschaft sind. In anderen Fabriken sind es mal gerade zwanzig – aber aufs Ganze gesehen hat sich die gewerkschaftliche Aktivität erhöht. Du hast wohl vom Streik der Bahnbeschäftigten gehört. Sehr interessant, was die Presse schrieb: Die Bevölkerung sei betrogen worden, also unterm Strich gab es eine starke Unterstützung. Ich sprach mit vielen Menschen in Geschäften, auch rund um Moskau herum, einfachen Kunden, die in die Geschäfte kommen. Sie sagen, ja, Prachtkerle, daß sie gestreikt haben ...

Hast du Material zu diesen Vorgängen?

Du meinst soziologische Daten? – Warte – (kramt Bücher heraus) hier, das ist unser Journal *Linke Politik*, die dritte Ausgabe. Die erste war nicht so gut, jetzt läuft gerade die vierte; die fünfte ist in Vorbereitung.

Womit wird sie sich befassen?

Die fünfte wird sich mit den Wahlergebnissen und der Wahl Medwedews befassen. Alle Vierteljahre. (zeigt Artikel von diversen Autoren ...)

Gut Boris, ich werde mich damit befassen. Jetzt zu Medwedew und den Fragen, die mich in dem Zusammenhang beschäftigen. 2005 gab es starke Proteste gegen die Monetarisierung[120]. Putin trat dem mit seinem Programm der vier nationalen Projekte[121] entgegen, das Medwedew für ihn umsetzen sollte, also Förderung des Wohnungswesens, des Bildungs- und Gesundheitswesen, und der Landwirtschaft. Bei der Ankündigung blieb es dann im wesentlichen, soweit ich weiß. Jetzt trat Medwedew mit dem Versprechen an, dieses Programm umsetzen zu wollen. Er werde sich jetzt der sozialen Entwicklung zuwenden, erklärte er. Wie läuft es tatsächlich?

Nun, nichts dergleichen. Tatsächlich kommt eine internationale Krise, die diese Projekte alle beiseite schiebt. Die Krise entsteht natürlich nicht aus Rußland heraus, sondern aus Amerika. Aber Rußland wird mehr unter dieser Krise leiden als andere, mehr noch natürlich China. Allerdings nicht gleich sofort, sondern erst 2009. Schau, die echte Krise hat noch nicht begonnen, also mit einem Niedergang des internationalen Bruttosozialproduktes. Das wird nicht vor Ende 2008 einsetzen. Die chinesische Wirtschaft wird das arg treffen, sie ist auf gewaltiges Wachstum angelegt, angelegt auf hohen Konsum in den

---

120 Die Umwandlung garantierter Sozialleistungen in antragspflichtige finanzielle Unterstützung.
121 Zum Komplex Monetarisierung und »nationale Projekte« siehe auch: Kai Ehlers, Kartoffeln haben wir immer, Horlemann, 2010.

USA wie allgemein im Westen. Wenn der Konsum einbricht ist das bedrohlich für China. Die chinesische Wirtschaft ist wie ein Fahrrad – wenn du aufhörst zu treten, dann läuft es nicht mehr. Wenn die chinesische Wirtschaft in die Krise kommt, wenn auch in Europa die Produktion zurückgeht, dann sinken die Ölpreise. Die Spekulation mit Öl bricht zusammen. Diese Entwicklung trifft zwar auf eine russische Staatswirtschaft, die seit Ende der 90er radikal weniger verschuldet ist als davor. Dafür sind aber seitdem die verschiedenen russischen Ölkorporationen RosNeft, Trans-Neft, Gazprom, Lukoil[122] usw. heute hoch verschuldet. Alle verschuldet. Warum? Sie haben beständig nicht genug Geld für aktuelle Operationen. Sie haben zwar Vermögen, aber das einsetzbare Geld für die notwendigen aktuellen Investitionen fehlt beständig. Das Geld holen sie sich von westlichen Banken. Und die westlichen Banken geben das Geld, denn sie haben es. Aber die Zinsen laufen so hoch auf, daß neulich schon RosNeft beim Staat vorstellig geworden ist und um Auslösung von den Zinsen nachgefragt hat. RosNeft ist ja eine staatliche Kompanie, Lukoil und die anderen nicht. Aber sie sind alle hoch verschuldet. Die Kreditkrise in den USA, wo die Schuldenpyramide zusammenbricht, bringt auch unsere Korporationen alle in Schwierigkeiten. Das ist ja alles zusammen wie eine Pyramide, weil ja unsere Banken auch alle auf Krediten aus dem Westen aufgebaut sind. Nicht nur unsere Korporationen, auch die Banken sind alle hoch verschuldet, dazu kommt auch bei uns die Spekulation mit übertreuerten, kreditierten Liegenschaften, die nicht wirklich genutzt, sondern nur gekauft werden, um teuer weiterverkauft zu werden. Reine Spekulation. Das ist ebenfalls so eine Pyramide.

Aber es heißt doch immer, ihr hättet Gas, ihr hättet Öl, ihr hättet Ressourcen ...

Ja schon, aber wenn der Preis für Öl im Zuge der Krise innerhalb weniger Monate um ein Drittel sinkt, dann können zwar die großen Kompanien überleben, aber die kleineren und das ganze mittlere Business und die Banken gehen in den Keller. Sie können keine Mieten mehr zahlen, müssen räumen, das heißt, die Preise für Liegenschaften fallen ebenfalls rasant. Das ist natürlich vom Prinzip her gut. Es bedeutet, wir können erwarten, daß innerhalb von einem oder anderthalb Jahren zwei Drittel der Moskauer Mittelklasse in den Bankrott kommen.

[122] Lukoil, zweitgrößte russische Ölkorporation nach Yukos (bevor Yukos im Zuge des Verfahrens gegen Chodorkowski aufgelöst wurde)

Verstehe ich dich richtig, daß Medwedew, wenn er jetzt mit der Kritik am überzogenen Kreditunwesen der USA auftritt, im Grunde sich selbst kritisiert?

… Ja, das könnte man so sagen, obwohl ich das selbst noch gar nicht so gedacht habe. Da müßte man noch mal bei Freud nachlesen. *(lacht)* – Aber in der Tat, es ist wohl so. Bei uns geht es heute hauptsächlich um die jüngeren Menschen in Moskau oder auch in St. Petersburg, die an Erfolge gewöhnt sind. Das wird ein äußerst ernstes Problem. Ich habe keine Vorstellung davon, wie sie das Problem lösen wollen. Nach links geht diese Klientel nicht. Aber daß sie äußerst unzufrieden sein wird, das ist ziemlich klar.

Du befürchtest, daß die Menschen sich nach rechts wenden?

Ich weiß nicht. Nicht, daß ich es befürchte, es ist nur einfach sehr schwer zu sagen. Es wird vermutlich einfach nur Aufruhr geben, wie schon bei früheren Unruhen. Die Menschen gehen einfach in den Protest, nicht rechts, nicht links, revoltieren einfach, ohne daß sich klare linke oder rechte Strömungen herausbilden. Das sieht Rußland eher ähnlich. Weder rechts noch links, und dann wird man sehen, wie es kommt.

Das heißt all die schönen Reden von nationalen Projekten usw. sind zur Zeit nur Gerede …

Nun ja, ich habe mit einem Bekannten im Ministerium gesprochen. Er sagt, wir erwarten für den Herbst Proteste. Ich fragte, wieso. Und mich verblüffte seine Antwort. Er sagte: Wie kann es denn sein, daß die Politik, die wir machen, keine Proteste hervorruft.

Das ist unverblümt …

… einfach wahr. Warum ging Putin aus dem Amt? Warum sind nur die Bürokraten geblieben? Alle verstehen, daß das nichts Gutes sein kann. Das geht dann mit Medwedew noch ins neunte, dann ins zehnte Jahr, und dann beruhigt sich das allmählich, und zu den Wahlen 2012 wird dann alles schon wieder schön ruhig sein.

So denken sie …

Ja, sie denken so – ich glaube das nicht.

Ich glaube es auch nicht. Soweit ich jetzt gerade wieder sehen konnte, soll die Monetarisierung, die 2005 die Proteste auslöste, jetzt erst richtig beginnen. Ich war gerade in Tarussa[123] und habe dort vor Ort recherchiert. Dort soll die Monetarisierung der Sozialleistungen und der kommunalen Dienste zum 1. Januar 2009 stattfinden. Ich denke, das wird sehr schwierig. Wenn die Leute keine Wohnung bezahlen können, wenn keine medizinische Versorgung gewährt wird, wenn keine Bildungsmöglichkeiten bestehen usw., dann reicht das ja schon für die Entstehung einer Krise, erst recht, wenn das Ganze noch unter die Richtlinien der WTO gestellt wird.

Kudrin[124] ist zur Zeit verantwortlich für die wirtschaftlichen Fragen. Wenn irgend etwas geschieht, dann ist Kudrin der Mann, der das ausbaden muß. Er wird das erste Opfer sein. Interessant wird auch sein, was dann mit Isajew[125] geschieht.

Ich glaube, es wird eine lange Phase der sozialen Unsicherheit sein. Die Frage ist, wie wir diese Zeit nutzen können. Vieles hängt davon ab, wer die Ereignisse interpretiert. Die Chancen stehen nicht schlecht für die Linke. Gerade in letzter Zeit spüren wir zunehmendes Interesse für unser Institut. Jeden Tag geben wir drei bis fünf Interviews, jeden Tag. Das sind pro Woche als Minimum zwanzig, dreißig Veröffentlichungen.

Was will man von euch wissen?
Warum.

Warum?
Ja, warum es nicht gelingt. Alles ist richtig aufgeschrieben, aber es entwickelt sich nicht so. Irgend etwas ist da nicht richtig, ist merkwürdig. Und es gibt eine sehr große Nachfrage nach alternativen Sichtweisen, sogar von Seiten der Administration. Nun, aber das eine sind alternative Sichtweisen, das andere sind alternative Konsequenzen. Das heißt, sie beginnen, die Dinge richtig zu verstehen, aber sie handeln nicht danach ...

... machen weiter wie bisher, nicht vor, nicht zurück ...

---

123 Kleinstadt mit ca. 10.000 Einwohnern südlich von Moskau im Regierungsbezirk Kaluga.
124 Kudrin, Finanzminister von Mai 2000 bis zum September 2011.
125 Isajew ist inzwischen zum Gewerkschaftsverantwortlichen im Apparat des Sozialministeriums aufgestiegen.

... ja, erschreckend, wie sie weitermachen. Sie stecken halt in ihrer Klasse und können sich nicht anders verhalten. Sie sehen die Fehler, aber sie können nicht gegeneinander vorgehen. Ich war gerade in Pensa auf einer Konferenz. Da tritt eine Mitarbeiterin der Universität auf, Dozentin, sie ist jetzt Vizegouverneurin, sie sagt: Solange sie Dozentin an der Universität war, habe sie das gleiche kritisiert wie ich. Jetzt, als Bestandteil der Verwaltung, seien ihr die Hände gebunden. So ist das! Das ist so wie bei einem Arzt, der von einem Virus befallen wird, aber sich selbst nicht operieren, nicht heilen kann.

Wie nennst du das, was sich bei euch heute entwickelt hat? Es gab Perestroika, Entsozialisierung, Chaos, danach Stabilität, sagen wir, Putin gab den Oligarchen Regeln, das ist so etwas, ist so eine Art Stabilität. Die Menschen sind einigermaßen zufrieden, niemand protestiert – also was ist das hier bei euch jetzt, Kapitalismus oder ...?
... natürlich Kapitalismus ...

Wirklich? Ich sehe eher so eine Art Hybrid. Irgendwie läuft das hier doch alles ein bißchen anders ...
Wieso; läuft doch alles normal ... Was fehlt denn für einen echten Kapitalismus?

Zum Beispiel ein funktionierender Geldkreislauf.
Wieso? Geld funktioniert ...

Aber schlecht, nur in Teilbereichen der Gesellschaft ...
Nein, wieso? Es funktioniert ausgezeichnet. Das ist alles normal. Einen prinzipiellen Unterschied zu den entwickelten Formen des Kapitalismus gibt es nicht, selbst nicht zu denen der USA. Eine andere Sache ist, daß wir ärmer sind, daß die Peripherien bei uns weniger entwickelt sind usw., also eine andere wirtschaftliche Struktur besteht. Aber prinzipielle Unterschiede sind das nicht. Ja, die korporativen Strukturen sind sehr mächtig bei uns. Aber die gibt es ebenso in den USA, in Brasilien, in Indien, Deutschland. Das ist hier einfach nur die periphere Variante, wie sie an verschiedenen Orten heute noch besteht, autoritär. Der größte Teil der Welt lebt doch so. Das einzige, was wir nicht haben, sind Sozialdemokraten. Alles andere haben wir. Es gibt paternalistische Staaten wie Argentinien oder Indien, aber einen Sozialstaat gibt es nicht, in dem

Arbeiterschaft und Kapital zusammenarbeiten. Wir haben hier so einen paternalistischen Staat, ja, das ist so. Aber das liegt eben daran, daß wir nicht Westeuropa sind, soweit es die politischen Institutionen betrifft. Aber ökonomisch ist das kein Unterschied. Die russischen Korporationen sind die stärksten auf dem Weltmarkt, die kaufen sich ein, was sie wollen. Sie kaufen nicht nur kleine Betriebe wie früher, sie kaufen ganze Kompanien, sie kaufen die ganze vertikale Integration, zum Beispiel Gazprom kauft sich auf diese Weise in Europa ein, Lukoil kauft Tankstellen usw. Das heißt, sie tun genau das, was vor dreißig, vierzig Jahren die gleichen amerikanischen Korporationen getan haben, Texaco u. a., oder wie es früher die britischen getan haben wie British Petroleum usw...

Gut, ich verstehe, wie du das heute siehst. Bleiben wir vorerst bei peripher. Glaubst du denn, daß die Bevölkerung Rußlands diese Entwicklung akzeptiert?

Nein, die Menschen nehmen das nicht an, aber wo ist der Ausweg? Das ist im übrigen nicht nur ein russisches Problem, in der europäischen Union besteht die gleiche Situation. Immer wenn irgendwelche Volksabstimmungen durchgeführt werden, unterliegt die staatliche Seite. Das heißt, die Menschen akzeptieren es nicht, aber das hat überhaupt keine Bedeutung.

Sie setzen sich über demokratische Spielregeln hinweg, aber das gilt als normal, so ist es einfach. Das ist in Rußland nicht anders ...

Bei euch gibt es aber eine andere Tradition. Du erinnerst dich, was wir über die Gemeinschaftsstruktur miteinander besprochen haben, in der das Land nach wie vor befangen ist ...

Nun ja, das ist schon eine russische Besonderheit. In Rußland laufen die Dinge, du wirst lachen, wenn ich das so sage, mehr über Beleidigungen. Hier häufen sich einfach die Beleidigungen. Man begegnet den Menschen wie Vieh. Und die haben sich mehr und mehr daran gewöhnt. Die westlichen Menschen kennen so etwas nicht, die verstehen gar nicht, was da vor sich geht. Wenn da jemand beleidigt wird, dann wehrt er sich. Hier nimmt man das einfach hin ...

Jaja, man duckt sich in kleinen Gemeinschaften weg. Aber es gab doch sehr große Versprechungen auf individuelle Befreiung und dies alles. Wenn ich jetzt mit Menschen spreche, dann antworten sie mir: Das wird ja alles nicht eingehalten.

Es wurde ja nicht einmal versprochen, es wurde nur das Gefühl vermittelt, daß etwas geschehen würde.

Aber die Menschen glauben daran. Sie glauben Putin und sie glauben Medwedew, weil Putin ihm glaubt. Meine Gesprächspartner in Tarussa sagen, wir glauben seinen Worten, und wir glauben, daß er seine Worte einhalten wird. Er, das meint Putin auch hinter Medwedew. **Aber letztlich wird das irgendwie zum Knall kommen und der ganze Kapitalismus platzt ...**
... mit Sicherheit ...

... und wenn Medwedew verspricht, er werde nun die kommunalen Strukturen weiter entbürokratisieren, dann heißt das doch auch nichts anderes, als das sie weiter und noch stärker den Weg der Privatisierung fortsetzen wollen, kommunale Strukturen, soziale Einrichtungen kommerzialisieren wollen, alles unter den Vorgaben der WTO.
Es ist nicht nur wegen der WTO. Die Sache ist so: Die Bevölkerung ist in den letzten Jahren wohlhabender geworden. Vor fünfzehn Jahren war eine Privatisierung der kommunalen Strukturen nicht möglich, weil es nötig war, den Staat zu stabilisieren. Jetzt sind wir besser in der Lage, jetzt haben wir etwas, das man nehmen kann. *(lacht)* Damals war es so, daß die neue herrschende Klasse sich einfach des allgemeinen Wohlstandes bemächtigt hat, eine Neuverteilung eingeleitet hat, aber noch Rücksicht nehmen mußte auf die Bevölkerung. Heute ist die Situation ganz anders. Heute hat sich eine herrschende Klasse etabliert, aber es gibt, sagen wir Nachzügler, die jetzt auch zum Zuge kommen wollen. Ihnen verspricht die Macht, daß sie ihre Interessen auf dem Wege der weiteren Privatisierung bedienen kann, also Liegenschaften usw.

Also so eine Art zweite Welle der Privatisierung.
Genau! Du erste Welle hatten wir Anfang der 90er Jahre, die zweite läuft jetzt seit 2005. Sie wird wesentlich von den großen Korporationen getragen. Aber es gibt Widerstand, wenn auch in kleinem Maßstab und örtlich. Die Proteste laufen, und sie könnten sich zu einer kritischen Masse entwickeln.

Vadim Damier hat mir von Tscheljabinsk[126] berichtet. Dort soll es ja sogar eine kleine Revolte gegeben haben. Gibt es das auch anderswo?
Jeden Tag gibt es irgendwo Proteste. Lokal. Das kannst du auf unserer neuen Seite verfolgen: www.rabkor.ru. Die haben wir jetzt seit Juli/August. Da werden Informationen gegeben. Das wird ein großes Projekt. Da wird auch Videomaterial veröffentlicht werden.

Schön! Ganz neue Möglichkeiten! Die Zeiten des Samisdat sind wohl vorüber. Ich habe gehört, daß bei Euch auch ein Sozialforum[127] stattgefunden hat.
Ja, das war im Juli 2005, jetzt wird eines in Sibirien geben, vom 6.–8. August. Wir kooperieren. Die Orientierungen sind unterschiedlich, sie sind mehr gewerkschaftlich bewegungsorientiert, wir sind eher marxistisch.

Also aufs Ganze gesehen, erwartet ihr wachsende Spannungen, wachsende Proteste.
Ja, aber noch nicht in diesem Herbst. Ich erwarte die Bewegung erst 2009. Kann sein früher. In diesem Jahr wird es eher einzelne Aktionen geben, mal hier, mal da …

Vadim ist eher pessimistisch. Er erwartet auch Bewegungen, fürchtet aber, daß sie eher nach rechts gehen werden.
Sie werden nicht nach rechts und auch nicht nach links gehen. Die Leute denken nicht in den Kategorien, in denen wir denken. Ich denke so, aber für irgendeinen Bankangestellten geht es nicht um rechts oder links.

Aber der Chauvinismus, zwei bis drei Millionen Menschen aus Zentralasien in Moskau …
Nein, das war Anfang der Neunziger. Heute hat sich zwar die Zahl faschistischer Überfälle erhöht, aber die Beziehung der Gastarbeiter zur Gesellschaft ist besser geworden. Und zugleich ist die Bevölkerung nicht einverstanden mit den faschistischen Übergriffen von russischer Seite. Nicht, weil man Sympathien für die Kirgisen oder Tadschiken hätte, sondern weil man die eigene Ruhe liebt. Wenn du morgens aus dem Haus gehst und bist dann mit solchen Überfällen konfrontiert, das gefällt den Leuten nicht. Man liebt weder die Kirgisen, aber auch nicht die Faschisten.

---

126 Tscheljabinsk, Industriestadt am südlichen Ural.
127 15.–17. 07. 2005 als Gegenveranstaltung zum G8-Gipfel in St. Petersburg.

Interessant. Du weißt, was man bei uns schreibt ...
... ja, ich weiß. Umland[128] hat hier auch an Konferenzen teilgenommen.

Nicht nur er, es wird allgemein so geschrieben.
Na ja, das sind Spekulationen über den Untergrund. Man muß sich an die Fakten halten. Zum Beispiel solche wie die Tatsache, daß hier vor kurzem ein junger Mann ungebracht wurde, vor drei, vier Monaten. Punks töteten einen jungen Burschen, der an einem Punk-Konzert teilnahm. Ein Russe, blond, mit blauen Augen, ein richtiger Arier. Das macht deutlich, daß das Phänomen der Faschisten hier in Moskau nicht nur etwas mit Ausländerhaß zu tun hat. Es gab eine spontane Demonstration aus dem Anlaß. Die war nicht erlaubt, aber die Polizei griff nicht ein. Klar, das ging einfach nicht. So eine Stimmung war da.

Tatsächlich ist es ja so, daß immer mehr Ausländer hier die Arbeit machen ... In Chimki, wo ich zur Zeit wohne, machen die Tadschiken alle Aufräumarbeiten ...
... auch im Zentrum.

Tadschiken arbeiten, auch Kirgisen, nur Russen arbeiten nicht... (beide lachen)
Jaja, da gibt es inzwischen reichlich Satirisches ...

Gut, Boris, eine andere Frage: Wie stehst du zur Familienpolitik?
Na ja, ich habe zwei Kinder, das reicht ... *(lachen)*

Ich meine natürlich das offizielle Programm. Putin hat erklärt, Rußland brauche mehr Geburten.
Ja, hat er – aber das Problem ist, die Anzahl von Frauen im gebärfähigen Alter läßt sich auch durch solche Aufrufe nicht erhöhen. *(lacht)* Gleich wieviel geredet wird, gleich wieviel Geld versprochen wird, die Zahl der Geburten wird sich deshalb nicht erhöhen. Das ist das eine. Das zweite ist, die Zahl der Hochzeiten steigt an, die Zahl der Geburten steigt an, die Zahl der Todesfälle steigt aber auch. *(lacht)* Also, um es einfach zu sagen, nötig ist nicht die Erhöhung der Geburten, sondern die Reduzierung der Sterberate. *(lacht)* Wenn

---

128 Umland, Andreas, Habilitand am Lehrstuhl für Mittel- und Osteuropäische Geschichte an der Katholischen Universität Eichstätt-Ingolstadt und Mitherausgeber des Forum für osteuropäische Ideen- und Zeitgeschichte, spezialisiert auf rechte Entwicklungen in Rußland.

heute die Männer mit 56 im Schnitt sterben, dann ist das ja Ausdruck der heutigen Lebensumstände. Die müssen geändert werden, da kann man wirklich etwas machen. Das Dritte ist die Bildungssituation. Das ganze frühere Bildungssystem, Grundschulen, weiterführende Ausbildung usw. ist zerstört, und auch die Alten machen nichts für sich selbst, sie sitzen nur mit den Kindern. Sie beschäftigen sich mit der Erziehung der Kinder. Die Jungen arbeiten. Je früher die Alten sterben, um so schwerer fällt es der mittleren Generation zu arbeiten. Mit anderen Worten, die Verlängerung der Lebensdauer hängt davon ab, wie mit unseren sozialen Ressourcen verfahren wird. Aufrufe an die Frauen nützen nichts. Die Pensionen müssen erhöht werden, Kindergärten müssen her, das Saufen muß zurückgekämpft werden. Auch der Wodka müßte wieder besser werden, damit die Menschen weniger Gefährliches trinken. Aber letztlich ist klar, daß eine Umkehrung der Bevölkerungspyramide nur möglich ist durch die Integration der Gastarbeiter ...

... wie bei uns.
Es gibt keinen anderen Weg. Selbst wenn wir die Geburtenrate um zehn bis fünfzehn Prozent heben könnten, brauchen wir zehn oder elf Millionen Immigranten. Sie brauchen Sprachunterricht, anständige Wohnungen, legale Verträge, Möglichkeiten der Bildung für ihre Kinder usw.

Das gibt es zur Zeit alles nicht ...
... ja, gibt es nicht, obwohl sie überall auf dem Arbeitsmarkt auftauchen. Die meisten wollen hier leben. In ein, zwei Generationen werden sie Russen sein. Man muß ihnen die Möglichkeit geben, Russen zu werden, wenn sie das wollen. Nur wenn sie das wollen, natürlich. Die ideologischen Russen stören dabei. Wenn wir eine Integration haben wollen, dann ist klar, daß das ein, zwei Generationen dauert. So wie das in den USA läuft, so wie das immer auch wieder in der Geschichte Rußlands gelaufen ist. Die erste Generation fühlt sich immer schlecht, kennt die Sprache nicht gut, ist schnell beleidigt, aber die zweite fühlt sich bereits gut.

Noch eine Frage – wie sieht es mit den jungen Leuten inzwischen aus?
Es gibt heute viele linke Jugendliche. Die haben im Kern eine internationale Orientierung. Dann natürlich die Skins, die offenen Rechten usw. Aber der große Rest, na ja ...

Die jungen Leute sind unpolitisch?
Na, schau sie dir an auf der Straße – gut gekleidet, das ist wichtig. Aber das ist Moskau. In der Provinz sieht es ein bißchen anders aus. Viele junge Leute gehen heute auch im Unterschied zu den 90ern in die Fabrik. Insgesamt kann man sagen, daß die jungen Leute heute dynamischer sind, mehr unternehmen wollen. Sie neigen auch dazu, sich leicht an irgendwelchen Protesten zu beteiligen. Die Menschen um dreißig denken ja schon eher daran, eine Familie zu gründen. Interessant ist die neue Schülergeneration. Da gibt es viele Proteste gegen das Einheitliche Staatsexamen (EGE)[129], diese Einrichtung ist eine grauenhafte Verirrung. In Kemerow haben Schüler z. B. eine Unterschriftenaktion gegen das EGE gemacht. Auch in Moskau gibt es Widerstand. Meine Tochter, zehn Jahre alt, kommt zu mir und erzählt mir: An unserer Schule haben wir ein Komitee gegen das EGE gebildet. Wir werden zusammen mit anderen Schulen einen Protest durchführen. Das sind keine politischen Proteste, aber die, die es verstehen, mit diesen Menschen zu arbeiten, die können politisches Gewicht bekommen.

---

129 Das Einheitliche Staatsexamen (EGE) orientiert sich an den Standards der EU, die von den europäischen Kulturministern in der Deklaration von Bologna 1999 vorgelegt wurden. (Siehe dazu im Detail: Kai Ehlers, Kartoffeln haben wir immer, Kapitel: Modell Tscheboksary – Elitebildung und abgehängte Dörfer, S. 151[siehe Anhang].)

Sommer 2009
Finanzkrise russisch – das Wunder von Pikaljewo

Die Situation: In einer russischen Kleinstadt geschieht am 4. Juni 2009 ein Wunder, das die Gesetze außer Kraft zu setzen scheint, nach denen die Finanz- und Wirtschaftskrise von 2008/2009 in der übrigen Welt verläuft. In Pikaljewo, 300 km nördlich von St. Petersburg sind verzweifelte Einwohner dazu übergegangen, Straßensperren zu errichten, um darauf aufmerksam zu machen, daß sie – als Monostadt[130] von der örtlichen Zementfabrik als einzigem Arbeitgeber abhängig – vor der sozialen Katastrophe stehen. Schon seit Monaten wird in Pikaljewo gegen Lohnkürzungen, Entlassungen und schließlich gegen die Zurückhaltung des Lohnes protestiert. Die Geduld der Einwohner endet, als Ende Mai selbst die Wasserversorgung des Ortes eingestellt wird. Ministerpräsident Putin läßt sich einfliegen. Er zitiert den Eigentümer Deripaska[131] heran und verdonnert ihn vor laufenden Kameras, seine Unterschrift für eine sofortige Begleichung sämtlicher Löhne zu geben und die Produktion wieder aufzunehmen. Er rügt zugleich die Betriebsleitung, sowie örtliche und regionale Beamte, die auf die Proteste nicht reagiert haben. Dann ermahnt er die Bevölkerung, die Arbeit wieder aufzunehmen und sich weiterer Proteste zu enthalten. Im Ort wird Putin als Held gefeiert. Das Echo in den russischen Medien ist geteilt:»Pikaljewo ein Modell?«»Pikaljewo – der Anfang vom Ende?« Aus anderen Landesteilen melden sich weitere Monostädte, die auf ein gleiches Wunder wie in Pikaljewo hoffen. Weitere 500 Monostädte befinden sich in vergleichbarer Lage. Im Ausland heißt es, so etwas wie Pikaljewo sei nur in Rußland möglich. Wofür steht Pikaljewo? Verlaufen Krisen in Rußland anders?

---

130 Monostadt – Stadt, deren gesamtes soziales Leben von einem einzigen Produktionsbetrieb abhängt.
131 Deripaska, Oleg, gilt (wie Potanin) als einer der kooperationswilligsten Oligarchen. Um so eindrucksvoller wirkte die öffentliche Zurechtweisung durch Wladimir Putin.

Ausgewählte Daten dieser Zeit auf einen Blick:

06.–08.08.2008	Sozialforum antiglobalistischer und reformsozialistischer Kräfte in Sibirien.
16.09.2008	US-Finanzkrise drückt den russischen Aktienmarkt.
18.09.2008	Medwedew läßt 500 Mrd. Rubel zur Stützung der Aktienmärkte bereitstellen.
02.11.2008	Demonstrationen gegen Politik der US-Regierung.
28.01.2009	Weltwirtschaftsforum in Davos: Putin lädt Investoren ein.
30.12.2008	Verfassungsänderung für zukünftige sechsjährige Amtszeit des Präsidenten.
31.01.2009	Landesweite Demonstrationen gegen Wirtschaftspolitik der Regierung.
31.01.2009	Pro-Regierungs-Kundgebungen in Moskau und anderen Städten.
21.02.2009	Jekaterinenburg: Blockade einer Kreuzung durch Rentner als Protest gegen die Sozialpolitik der Regierung.
23.02.2009	Murmansk: Protest pensionierter Marineoffiziere gegen Sozialpolitik der Regierung.
03.03.2009	Neues Verfahren gegen M. Chodorkowski und P. Lebedew.
10.03.2008	Hungerstreik von zehn Metallarbeitern im Stahlwerk von Slatoust nach Lohnkürzungen.
16.03.2009	Rußland legt Plan zur Reform des Weltfinanzsystems vor.
16.03.2009	Putin erteilt die Anweisung, 1.600 Mrd. Rubel aus dem Stabilitätsfonds in den Staatshaushalt einzubringen.
19.03.2009	Putin legt Krisenhaushalt für 2009 vor. Der Plan sieht Kürzungen für Landwirtschaft und Polizei zugunsten von Sozialausgaben vor.
01.04.2009	Medwedew nimmt am G20-Gipfel in London teil.
01.05.2009	Landesweite Mai-Manifestationen, Proteste gegen Sozialpolitik.
20.05.2009	Straßensperren in Pikaljewo gegen Versorgungsnotstand. Putin macht einen Feuerwehreinsatz zur Krisenlösung vor Ort.

(Weitere Daten in der Chronologie im Anhang.)

Das Gespräch: Rußland geht seinen Weg des Zerfalls, die Europäische Union den ihren.[132]

Grüß dich, Boris! Meine Kernfrage an dich – wie wirkt die Krise auf euch?
Auf Euch? Wer ist das? Auf mich selbst überhaupt nicht. Man könnte sogar eher sagen, ausgezeichnet. Schau auf Google – da siehst du: Man googelt unser Institut. Man beginnt uns zu fragen. Man zitiert uns. Man spricht mit uns. Das ist natürlich angenehm. Was die materielle Seite betrifft, so ist alles normal. Allgemein gesehen beunruhigt die Krise natürlich viele Menschen. In Moskau wie auch anderswo. Der Unterschied ist nur, daß die Moskauer vorher so viel Geld verdient haben, daß sie jetzt noch gar nicht begreifen, wie ernst die Situation ist, weil sie sie irgendwie noch gut überbrücken können. Junge Leute, die ich kenne, hat man entlassen – also fahren sie erst einmal in den Urlaub, sie denken, in einem Monat, in einem halben Jahr, in einem Jahr ist das alles vorbei. Ich denke dagegen, im Herbst wird es in Moskau sehr viele Menschen geben, die dann keine Arbeit haben werden. Dann wird es eine neue Welle von Entlassungen geben. Das Besondere wird sein – vor der Krise hat man einzelne Leute entlassen, dann wird man ganze Firmen entlassen. Das heißt, der Arbeitsmarkt muß sehr viele Menschen aufnehmen, die vorher sehr viel Geld verdient haben. Was tun, ist dann die große Frage.

Deshalb werden wir also im Herbst eine starke Krise in Moskau und St. Petersburg haben, also in den großen nichtindustriellen Städten. Bisher ereignet sich die Krise ja in den Industriestädten. Es gibt ja eine sehr hohe Arbeitslosigkeit in der industriellen Produktion, vor allem in alten sowjetischen Betrieben. Einschränkung der Wochenarbeitszeit, weniger Lohn. Das gilt vor allem im Leningrader Verwaltungsbezirk, der ist ja so etwas wie ein Industriepark. Bei den ausländischen Firmen wie General Motors, Toyota, Ford und anderen wird weitergearbeitet, aber auch der Lohn gesenkt ...

---

132 Das Gespräch findet im neuen Büro des Instituts für Fragen der Globalisierung statt. Es ist inzwischen zu einem Institut für Fragen der Globalisierung und sozialen Bewegungen erweitert worden.

... ich komme gerade aus Kaluga[133]. Da entsteht ja auch so ein Industriepark. Volkswagen, Peugeot und viele andere ausländische Firmen haben sich da eingekauft. Eine einzige Baustelle! Ein Kaluga II ist bereits im Entstehen. Bewunderer der Entwicklung sprechen vom russischen Silicon Valley. Da wird nicht entlassen. Da werden die Belegschaften gehalten. Ich schätze, weil man sie braucht. Ihre Ausbildung war ja teuer ...

Ja, klar, das ist bei den ausländischen Firmen so. Aber die Arbeitszeit fahren sie alle runter. Vor der Krise hat man in drei Schichten gearbeitet, jetzt nur noch in zweien ...

... Kurzarbeit ...

... ja, genau, *(wiederholt auf Deutsch)* Kurzarbeit!

Gibt es Unterstützung von Seiten des Staates. Ich meine Ausfallgelder für die Fabrik?

Ja schon, der Staat gibt den Firmen riesige Gelder. Aber nicht im Zusammenhang mit dem Beschäftigungsgrad. Wenn's Geld gibt, sieht man die Leute anschließend auf den Kanarischen Inseln. *(lacht)* Es gibt viele Möglichkeiten, Geld auszugeben. Irre hohe Gelder erhielt zum Beispiel die Moskauer Automobilfabrik AWTOWAS[134], damit sie mit ihren Automobilen den Markt von Fernost belegen, um damit den Import von Wagen aus Japan zu stoppen. Dafür gab es einige Millionen Dollar. Für das Geld hat man ca. 100 Wagen nach Fernost transportiert, hat da ungefähr drei Monate herumprobiert. Ergebnis? Nicht ein Wagen wurde verkauft. Das Programm wurde geschlossen. Das Geld kam nicht zurück.

Boris, du weißt, wie es bei uns läuft. Stützgelder für marode Unternehmen, jetzt z. B. die Verhandlungen um Quelle usw. Wo siehst du den Unterschied zu euch?

Ich denke, es gibt keinen Unterschied. Im Westen sorgt man sich dabei mehr um die Arbeitsplätze. In Rußland kümmert man sich mehr um das Wohl der Gesellschaften, genauer um die Eigentümer der Gesellschaften und um die Banken. Theoretisch heißt das: Man gibt den Banken das Geld, weil ohne Banken die Wirtschaft ja nicht arbeiten kann ...

---

133 Kaluga, Verwaltungsbezirk südlich von Moskau.
134 AWTOWAS – Wolga-Automobilwerk, Pkw-Produzent, Lada, Schiguli.

... ich erinnere mich, daß Putin mit dieser Forderung aufgetreten ist.
Ja, aber die Struktur der Krise wird dadurch nicht geändert. Worin besteht denn die Bankenkrise? Die Menschen nahmen keine Kredite mehr auf, zahlten nicht mehr für Kredite und deponierten kein Geld mehr bei der Bank. Aber dadurch, daß die Banken Geld bekommen, wird nicht eins dieser Probleme gelöst. Die Leute nehmen weiterhin keine Kredite, sie zahlen weiterhin keine Zinsen und sie deponieren weiterhin kein Geld. Die Bank benutzt die Gelder nur, um ihre Verluste zu decken, die daraus entstehen, daß es unten so schlecht ist. Aber dadurch wird es unten nicht besser. Es bleibt, wie es ist, oder wird sogar noch schlechter. Die Folge: Je mehr sie kriegen, desto mehr fordern sie, weil das Geld im Grunde gar nichts bewirkt. Jetzt hat die Alphabank schon vier Milliarden Rubel für ihre Rettung gefordert, rund 900 Milliarden Euro[135]. Das sind gewaltige Summen! Das bekommen sie am Ende wahrscheinlich doch nicht, oder sie bekommen weniger. Offenbar sollen einige Banken geopfert werden, unklar ist nur noch, welche. Der Grund für die Schwierigkeiten liegt natürlich im weiteren Sinken des Ölpreises. Letzte Woche lag er noch bei siebzig Dollar das Barrel, heute liegt er schon bei einundsechzig, und er wird weiter sinken. Nach unserer Schätzung bis zwanzig Dollar ...

... wie bitte? Zwanzig? Da steht doch schon alles still!
Ja, zwanzig! Warum? Weil Zwanzig die Grenze der Rentabilität ist. Darunter wird es schon schwierig. Das gilt nicht nur für Rußland, auch in anderen Ländern kann die Rentabilitätsgrenze nicht tiefer sinken. Wenn der Preis unter zwanzig Dollar sinkt, dann arbeitet die Gesellschaft mit Verlust. Dann ist es nützlicher, die Produktion einzustellen.

Aber da entsteht ein Problem: Im Laufe der letzten acht Jahre hat sich in der Industrie eine Unterfinanzierung ergeben, im Weltmaßstab, meine ich. Das war möglich, solange man sich ohne neue Investitionen zu machen auf die Ausbeutung billiger Arbeitskraft stützen konnte, nicht zuletzt solche aus China. Aber jetzt ist auch die chinesische Arbeitskraft teuer geworden. Die Chinesen klagen bereits über zu teure Preise für die Arbeitskraft. Das heißt, tiefer kann man die Produktionskosten, global gesehen, nicht senken. Die Chinesen investieren inzwischen in Afrika, wo es billige Arbeitskräfte gibt. Aber letztlich ist die Arbeitskraft in Afrika teuer. Man muß sie anlernen. Man muß sie ansiedeln. Die

---

135 Stand des Rubels am 1. Juni 2009: 1€ = 43,51 RUB

Afrikaner sind eben keine Chinesen, die man heute anheuert, und morgen produzieren sie effektiv. Letztlich ist eine solche Infrastruktur in Afrika teurer als in China. Da haben die Chinesen schon reichlich Geld investiert, aber dabei auch ziemlich viel verloren. Im Grund ist das also kein Ausweg. Und die Ausbildung Afrikas ist noch ein langer Prozeß.

Wie gesagt, im Ergebnis ist die Industrie im globalen Maßstab unterfinanziert. Zugleich gibt es im Westen das Problem der Überproduktion. Der Westen kann nicht mehr konsumieren, als er schon konsumiert. Der einzige wirkliche Ausweg aus der Krise besteht unter diesen Umständen darin, sehr große Kapitale in der Industrie zu investieren.

Sprichst du von Rußland?

Nein, nein, das gilt global. Nur so kann die Basis der Produktion erneuert werden, nur so die Technologie ausgewechselt, nur so dem technischen Niedergang der Industrieproduktion entgegengewirkt werden, der sich heute zeigt. Nimm nur als Beispiel, daß heute Dinge, die früher von qualifizierten Arbeitern an komplizierten Maschinen in Deutschland hergestellt wurden, jetzt von Billigarbeitern in China und anderswo in Handarbeit produziert werden. Das ist eine Degradierung der Arbeitskraft. Das technische Niveau der Industrie ist heute, global gesehen, niedriger, als vor zehn Jahren. Wenn dieser Prozeß nicht umgekehrt wird, wird es keinen Ausweg aus der Krise geben. Also, noch einmal: Es werden riesige Investitionen in die Industrie gebraucht. Aber woher das Geld nehmen? Das ist das Problem ...

... aber Geld ist doch vorhanden ...

Bei wem?

Na, in Rußlands Reservefonds zum Beispiel, der mit aus den Öleinnahmen gebildet wurde. Der ist doch extra für den Fall angelegt worden, daß die Ölpreise sinken könnten.

Dreißig Milliarden, das sind Kopeken! Das wird schon am Ende dieses Monats aufgebraucht sein. Und außerdem, dieses Geld wird uns ja auch noch genommen. Es geht ja nicht in unsere eigene Industrie. Es geht in Anlagen der USA oder Westeuropas.

Wo liegt da das Problem? Mir hat gestern jemand ganz stolz erklärt: Unser Land kauft sich jetzt in Europa ein. Rußland gibt Geld für Quelle, für Opel ...

Was soll daran gut sein? Wir schließen hier in Ischewsk[136] und sanieren Opel!? Ich bin nicht gegen Opel. Aber für das gleiche Geld könnte man hier bei uns auch Ischmasch sanieren. Aus der Logik des Kapitalismus ist es natürlich richtig, Opel zu sanieren. Opel ist eine Marke, auch wenn da alles schlecht steht, kann man darauf Geld setzen. Aber für die Marke »Isch« gibt es kein Geld. Und schau hin: Opel geht es ja nicht etwa deswegen schlecht, weil da schlecht gearbeitet wurde, sondern weil General Motors sich auf Kosten von Opel saniert. Wenn also die russische Kompanie »Ischmasch« Geld bei Opel anlegt, dann ist das vernünftig aus der Logik des Kapitals – aus der Sicht der Arbeiterschaft ist das keineswegs vernünftig. Das ist eine Klassenfrage. Und so ist das überall. Unterschiedliche Logiken. Deshalb wird es schlecht.

Du hast in einem deiner letzten Aufsätze geschrieben, daß die Menschen in Rußland früher mit ihren selbstangebauten Kartoffeln überleben konnten. Heute dagegen ginge das nicht mehr.

Naja, hier so, da anders – in Moskau kann man nicht, in St. Petersburg kann man nicht. In Pensa[137] kann man...

... in Tarussa kann man, in Tscheboksary[138] kann man ...

... ja, stimmt, in der Provinz kann man. Im Herbst habe ich gelesen, daß in Pensa dreißig Prozent der Bevölkerung ihre Lebensmittel nicht in den Geschäften kaufen. Aber hier bei uns ist das nicht so, in Moskau, in St. Petersburg, auch in sibirischen Städten. Die sibirischen Städte sind sehr modernisiert. In Sibirien ist die Bevölkerungsdichte dünn, da gibt es wenige Dörfer. Die gleichen eher dem Moskauer oder St. Petersburger Modell. Im zentralen Teil Rußlands, an der Wolga, am Ural, da ist es vielleicht noch anders. Aber insgesamt denke ich, daß die Menschen gerade aus den ärmeren Städten doch

---

136 Die Rede ist von der Stadt Ischewsk am Fluß Isch, einem Nebenfluß der Kama, Republik Utmurtien. Dort wird in der Fabrik »Ischmasch« unter anderem der Pkw »Isch« gebaut. Bekannter ist »Ischmasch« wegen seiner Waffenproduktion, u.a. der bekannten Kalaschnikow. Die Fabrik mußte im Zuge der Krise 2009 Konkurs anmelden. Im April 2013 wurde der Generaldirektor von Ischmasch, Wladimir Grodetzki, wegen Unterschlagung inhaftiert.
137 Kleinstadt ca. 500 km südöstlich von Moskau.
138 Tscheboksary, Hauptstadt der tschuwaschischen Republik an der mittleren Wolga.

eher in die Zentren zu kommen versuchen, um dort eine Arbeit zu finden. Sie müssen ja Anschluß kriegen um irgendwie durchzukommen.

Aber ist es nicht so, daß viele Menschen jetzt auch aufs Land zurückfinden? Das ist jedenfalls der Eindruck, den ich jetzt gewonnen habe. Könnte die Krise vielleicht überhaupt die Landwirtschaft wiederbeleben?
Jetzt nicht. Die Menschen sind schon anders. Die jungen Leute haben verlernt, auf dem Lande zu arbeiten ...

... das kann man ja wieder lernen ...
Dann wird es ganz schlecht! Die jetzige neue Generation hat keine Ahnung mehr von Arbeit auf dem Lande. Das ist ja schon die dritte Generation ohne Land. Vor einer Generation haben junge Leute, die in der Stadt arbeiteten, noch ihre Eltern besucht, um dort zu arbeiten. Heute macht das niemand mehr. Frage einen von diesen in der Stadt arbeitenden Jugendlichen, ob er Lust dazu hat. Vielleicht macht er es sogar. Aber er wird nicht effektiv arbeiten. Ich weiß, wovon ich rede. Ich habe in meiner Studentenzeit ja selbst in den Kartoffeln gearbeitet. Subotnik[139]. Auch 90 und 91, zur Perestroikazeit, gab es noch solche Einsätze. Aber das war schon nicht mehr gut, nicht mehr rationell, verstehst du? Also, ich bin auch ein schlechter Bauer. *(lacht)*

Und übrigens, generell: Ohne Gastarbeiter wird das Ganze sowieso überhaupt gar nicht gehen. Vielleicht, wenn die Chinesen kommen ... *(lacht)* Aber im Ernst, es fehlen einfach die Menschen, die auf dem Land arbeiten wollen. Das ist ja ein weiteres Problem: Ohne Immigranten werden wir diese Probleme gar nicht lösen können. Aber die Gesellschaft hat Angst vor den Immigranten ...

Gut, Boris, was die Angst vor den Immigranten betrifft, muß ich dir leider zustimmen. Was die Arbeitssituation auf dem Lande selbst betrifft, bin ich mir nicht so sicher. Da habe ich auch andere Eindrücke gewinnen können. Aber lassen wir das jetzt mal so stehen. Auf die Frage werden wir sicherlich noch zurückkommen können. Gehen wir jetzt erst mal weiter. Sag mir bitte: Wie unterscheidet sich deiner Meinung nach diese Krise von den vorhergehenden?

---

139 Subotnik, in Sowjetzeiten der organisierte Wochenend-Ernteeinsatz.

Sagen wir so: Die früheren Krisen, waren irgendwie immer noch Krisen des alten sowjetischen Systems. Die jetzige Krise ähnelt vielmehr der im Westen. Es gibt natürlich Unterschiede, Besonderheiten. Wir sind ja hier nicht in Hamburg oder in Berlin. Aber es gibt doch mehr Ähnlichkeiten als Unterschiede. Das ist das eine. Das zweite ist, aus dieser Krise gibt es keine einfachen Auswege nach dem Motto: Mach es selbst. In den 90er Jahren, als es noch wesentlich um Handel ging, da konnte man sich noch individuell aus der Schußlinie bringen. Jetzt machen solche individuellen Versuche, der Krise zu entkommen, keinen Sinn ...

... eine gewachsene Abhängigkeit ...

Ja, spürbar. Und weiter. Als 98 der Rubel fiel, da konnte man am nächsten Tag in die Fabrik gehen und anfangen zu arbeiten. Jetzt geht das nicht. Entweder ist die Maschine defekt, oder der Arbeitsplatz, wo die Maschine steht, ist voll in der Krise. Das heißt, da ist nichts Faßbares, was man für morgen aufbauen kann. Und schließlich ist unsere Krise ein Teil der Weltkrise, das heißt, wir können keinen Vorteil für die innere Entwicklung aus der internationalen Lage herausholen. Die Entwertung des Rubels, die wir dieses Mal hatten, hat nicht dieselben Resultate gebracht wie damals. Der Fall des Rubels hat nicht zu einer Intensivierung unserer Wirtschaft geführt. Damals konnte unsere Wirtschaft auch noch auf viele Komponenten der alten Produktion zurückgreifen, jetzt sind viele Komponenten der Produktionsanlagen importiert. Das bedeutet, wenn der Rubel inflationiert, werden die Komponenten, die wir brauchen, teurer. Und natürlich werden dann auch die Waren, die so produziert werden, teuer, die Löhne sinken, weil weniger Geld da ist. All diese Fakten wirken ganz anders als damals. Zum dritten: Es wird keine Perestroika geben, keine Proteste gegen die Regierung, keine Revolten. Die Menschen werden nur von der Regierung fordern, daß sie ihren Aufgaben nachkommen soll.

So wie Putin in Pikaljewo aufgetreten ist.

Richtig. Von der Sache her waren das natürlich Aktionen gegen Putin. Aber in der Haltung als Forderungen an die Regierung vorgebracht.

Was waren die Forderungen?

Das Wasser wieder anzustellen. Den Lohn zu zahlen.

Weitere Probleme gab es nicht?
Nein. Sie wollten nur das haben, was ihnen zustand. Das Geld, das ihnen die Gesellschaft schuldete.

Da war nicht die Rede von sozialen Strukturen, Selbstorganisation oder dergleichen?
Zur Zeit nicht.

Ich frage, weil ich gelesen habe, daß es da gewerkschaftliche Forderungen gegeben haben soll ...
Ja, die Gewerkschaft war da, aber keine freien Gewerkschaften. Da wo es freie Gewerkschaften gibt, da werden radikalere Forderungen gestellt.

In Rubzowsk[140] ging es radikaler zu. Da wurden nicht nur Forderungen gestellt. Da wurde ja auch der Direktor festgesetzt, oder?
Ja schon, aber im Prinzip war es dort ähnlich wie in Pikaljewo. Es gibt mehrere solche Vorfälle, die alle ähnlich verliefen.

Es gibt ja auch viele solche gottverlassenen Orte, in denen die Menschen in einer irren Abhängigkeit leben. Die sind natürlich von der Krise besonders betroffen ...
Ja, aber die Proteste bleiben zur Zeit alle auf diesem Niveau. Aber das ist ja auch nicht ungewöhnlich. Selbst in einem sogenannten freien Land wie den USA hat es 1929 anderthalb Jahre gedauert, bis die Arbeiterschaft 1931 endlich aufgestanden ist. – Übrigens, ich war kürzlich in Berlin im Historischen Museum. Da gab es eine Ausstellung von Plakaten aus den Jahren 1931 und 1932. Mich hat verblüfft, wie sehr die sich im Stil und in der Farbgebung alle glichen, düster, depressiv, aggressiv. Mir wurde sehr deutlich, daß der Faschismus aus einer Depression hervorgegangen ist. Das ist natürlich auch für uns eine der möglichen Varianten.

Befürchtest du eine faschistische Wendung bei euch?
Zur Zeit nicht.

---

140 Rubzowsk, Stadt im Altai, mit der Traktorenfabrik »Alttrak«.

Wir haben ja letztes Jahr schon darüber gesprochen. Ich habe Vadim dazu befragt. Auch Jefgeni Proschtschetschin und noch andere meiner hiesigen Kontakte. Ich habe sie gefragt, was sie erwarten. Mir scheint, da hat sich nichts verändert.

Ja, eine reale Bedrohung von unten gibt es nicht und einen von der herrschenden Macht ausgehenden Faschismus haben wir zur Zeit auch nicht. Einzelne Faschisten gibt es allerdings unheimlich viele ...

... Dugin ...

Ja, solche Leute. Aber Faschismus als Bewegung gibt es zur Zeit nicht. Ist auch nicht absehbar. Im Vergleich dazu ist die Linke zur Zeit weiterentwickelt. Auf den Straßen dominiert eher die antifaschistische Aktion, »Antifa«[141] ...

... nur Aktionstheater also?

Nein, die Faschisten sind zwar heute auf den Straßen schwächer, aber ein Problem sind sie schon. Die faschistischen Gruppen werden finanziert – linke werden weniger finanziert. Die faschistischen Gruppen sind disziplinierter. Es gibt keine Garantie, wie es sich entwickelt.

Noch einmal zu Dugin: Der hat heute ziemlichen Einfluß, wie ich gehört habe ...

Das Problem mit Dugin ist: Er ist zu einer geachteten Person aufgestiegen. In Deutschland wäre es wahrscheinlich nicht möglich, daß ein solcher Mensch Zugang zum Fernsehen bekommt. Hier kann Dugin inzwischen problemlos auftreten.

Wie tritt er auf? Mit seinen alten klerikal-faschistischen Vorstellungen? Oder in seiner neuen Mimikry? Mir hat er sich ja im letzten Gespräch als Globalisierungsgegner präsentiert.

Ja, ja *(sehr nachdenklich)*, ich glaube, mit diesen Gedanken kann er große Erfolge erzielen. Das entspricht dem, was gegenwärtig in der Gesellschaft vorgeht. Mit eigenen Ideen können sie keinen Zuspruch gewinnen, aber wenn sie im Gewand unserer Ideen auftreten, dann können sie gefährlich werden. Da können sie die Aufmerksamkeit auf sich ziehen. Das ist das Problem.

---

141 Hier deutsch gesprochen.

In der Tat, das kennen wir aus unserer Geschichte. Wenn Menschen sich schlecht fühlen, wenn sie schlecht verstehen, wenn sie einen Schuldigen suchen ...
... dann ist klar: Tadschiken, Georgier und Juden – Juden übrigens interessanterweise inzwischen an letzter Stelle. *(lacht)*

Noch einmal zur Krise, Boris: Erinnerst du dich, was wir letztes Jahr besprochen haben? Du sagtest: Wenn die Krise kommt, und sie kommt bestimmt, dann werden wir eine sehr schwierige Situation haben. Was du jetzt berichtest, klingt daran gemessen schon beinahe entspannt.
Nun, sie ist ja auch schwierig, diese Krise! Aber es gibt auf der anderen Seite eben auch positive Elemente. Wir werden angeschrieben. Wir werden zitiert, wenn man die Linke nimmt, die uns interessiert. Zwar gibt es in der Linken Tendenzen zu den Liberalen und andererseits zu den Rechten. Die KPRF geht mit den Liberalen. Ihr ganzes Programm besteht aus: Nieder mit Putin! Ein anderer Teil der neuen Linken geht mit Kasparow[142]. Wir selbst sind stärker geworden. Aber klar: im Maßstab der Krise, im Maßstab der Aufgaben ist auch das zu wenig. Das ist wie eine Schildkröte, fest, aber langsam. So gesehen also besser, gemessen an den Aufgaben vielleicht sogar schlechter. Obwohl ich ganz zufrieden damit bin, was sich da so entwickelt. Die Menschen arbeiten besser, professioneller. Sie verstehen besser, was sie tun. Sind weniger naiv. Ich rede nicht nur von unserem Institut, sondern auch von Freunden ringsum.

Freut mich! Dann laß mich weiter fragen: Wie ist es ringsum? Wie haben sich die Beziehungen zwischen dem, was ihr Macht nennt und den Oligarchen weiterentwickelt? Hat sich etwas verändert, verändert sich etwas im Zuge der Krise?
Also zunächst mal dies: Es hat ein Übergang vom oligarchischen zum korporativen Kapitalismus stattgefunden. Also nicht mehr die Oligarchen, sondern die Korporationen spielen die große Rolle. Viele frühere Oligarchen haben sich zu Korporationen entwickelt. Sie sind keine Selbstherrscher mehr, sondern ähneln schon eher konstitutionellen Monarchien. Was herrscht, ist der Apparat. Gazprom hat sich zum Modell der Korporationen entwickelt. Alle Strukturen sind dem sehr ähnlich geworden, Lukoil oder Norilsk Nickel ...

---

142 Kasparow, Garri, ehemaliger Schachweltmeister. Seit Beendigung seiner Schachkarriere agitiert er als Politaktivist im Kreis politisch heterogener Kräfte in prokativen Straßenaktionen für den Sturz Putins.

Auch örtlich?

Ja, ja, ja, auch örtliche! Der Apparat, die Hierarchie, die Privilegien, auch innerhalb der Apparate, das Niveau der Entscheidungsfindung. Nehmen wir einen wie Potanin. Er verfügt schon nicht mehr allein über sein Imperium. Er kriegt fertige Entscheidungen, die er unterschreibt. Vielleicht kriegt er zwei Varianten vorgelegt, aber beide sind schon vom Apparat vorbereitet. In diesem Sinne hat sich die Situation sehr verändert. Sie ist dem Westen ähnlicher geworden. Und auch ähnlicher mit Amerika. In den USA gibt es ja auch diese staatlichen Korporationen. Die sind nicht wirklich staatlich, aber eng mit dem Staat verzahnt. Da sind wir also schon nah am US-Kapitalismus, wo Korporationen und Staat in direkter Weise verbunden sind, wo die Korporationen auf den Staat und die Beamten auf die Korporationen Einfluß nehmen. Die Beamten sitzen in den Chefetagen der Korporationen. Korporationen und Staat fördern und kontrollieren sich gegenseitig. Das ist das, was sich hier in den letzten drei Jahren unter Putin entwickelt hat. Also vor diesem allgemeinen Hintergrund der Korporativierung des Kapitalismus hat sich alles ganz gut entwickelt. Das Problem sind schon nicht mehr die Oligarchen, auch wenn Abramowitsch sich einen Fußballverein in England kauft oder auch Deripaska in Pikaljewo den Lohn nicht zahlt. Das sind nur noch persönliche Eskapaden. Das Problem, das wir heute haben, ist die enge Verbindung von Beamten und Korporationen.

Und wenn Medwedew erklärt, er wolle eine Entbürokratisierung. Ist das dann alles nur eine Lüge, oder wie muß man das verstehen?

Nein, keineswegs. Das betrifft nur nicht diese Ebene. Bei der Entbürokratisierung geht es mehr um die allgemeinen Strukturen des Beamtenapparates. Wir haben, glaube ich, neben Albanien das schlechteste Verhältnis bezüglich der Zahl der arbeitenden Menschen und der sie verwaltenden Bürokratie. Also sagen wir grob, wo in Europa auf drei arbeitende Menschen ein Verwalter kommt, da sind es bei uns auf drei arbeitende Menschen vier. Das ist alles im privaten Sektor. Gleichzeitig ist das Verhältnis der Bezahlung sehr schlecht. Wenn ein gut bezahlter Arbeiter vielleicht 12.000 oder 13.000 erhält, im besten Fall, wenn er sehr gut verdient, bis 25.000, beginnt ein Verwalter überhaupt erst bei 60.000. Diese Verwalter sind keine Chefs, das sind kleine Aufseher oder Büromenschen. Das steht ja in keinem rationalen Verhältnis zueinander. Und wenn die Betriebe über Personalkosten klagen, dann klagen sie eigentlich nicht über die Kosten der Arbeitskraft, sondern über die Unsummen, die für die gegenseitige Beaufsichtigung rausgeworfen werden. Ein weiteres Problem sind die Posredniki[143], die Vermittler, die die Arbeitsergebnisse der Firmen miteinander in Verbindung bringen und dafür noch einmal hohe Summen kassieren. Als ob die ohnehin überzähligen Verwalter in den Firmen das nicht schon machen könnten. Das alles führt dazu, daß unsere Produkte nicht nur schlecht, sondern auch viel zu teuer sind. Also, wenn man das ändern würde, dann könnte zum Beispiel unsere Automobilproduktion halb so teuer werden.

Führt die Krise dazu, daß diese parasitäre Struktur ausgedünnt oder aufgelöst wird?
Nein, Arbeiter werden entlassen.

Das bedeutet: Es bleibt der uneffektive Apparat ...
Ja, der Apparat wuchert im Verhältnis zu den arbeitenden Menschen. Die Krise verschärft dieses Problem noch. Es wird schlechter.

Wie ist es in den Betrieben, wo westliche Manager arbeiten?
Ich weiß es nicht genau. Vielleicht, wahrscheinlich sogar arbeiten sie etwas besser. Aber die allgemeine Tendenz ist: Wenn westliche Manager ein, zwei Jahre hier sind, beginnen sie ebenso zu schlampen. Und dann geht's in die Banja[144], dann wird getrunken usw. Die russische Sprache lernen die wenigsten, aber das lernen sie schnell. *(lacht)*

Wie lange glaubst du, kann das noch so weitergehen?
Nun, meine Prognose sieht ungefähr so aus: Zunächst wird der Ölpreis noch fallen. Beim Niveau von vierzig Dollar pro Barrel könnte er sich stabilisieren. Aber das ist noch nicht das Ende des Abstiegs. Im August oder September, spätestens Oktober wird die zweite Welle der Bankenkrise auf uns zukommen, wenn ihnen einfach das Geld ausgeht. Klar ist, daß dann nicht alle Banken gerettet werden können, sondern nur die wichtigsten oder die, die der Regierung am sympathischsten sind. Aber generell wird es eine Welle von Schließungen geben. Im Oktober wird auch die Bevölkerung der großen Städte allmäh-

---

143 »Posredniki«, Verbindungsleute – eine aus der Sowjetzeit übernommene Funktion, als die Beziehung zwischen Betrieben nicht über den Markt, sondern durch (staatliche) Vermittler hergestellt wurde.
144 Die russische Sauna.

lich zum Bewußtsein der Krise kommen. Das Management der Elektrowerke wird ziemliche Probleme bekommen und einiges mehr dieser Art. Das alles heißt aber nicht, daß es massenhafte Proteste gegen die Regierung geben wird. Die Regierung fürchtet sich trotzdem vor einer solchen möglichen Entwicklung. Um der Gefahr vorzugreifen, werden sie den für die wirtschaftliche Entwicklung verantwortlichen Minister auswechseln. Als Bauernopfer sozusagen.

Also, du gehst davon aus, daß das Hauptergebnis der Krise Auseinandersetzungen innerhalb des Regierungslagers sein werden.

Ja, genau. Keine Revolte der Volksmassen. Keine Revolution, sondern eine Krise von oben. Ich denke, im Winter wird es zu Kämpfen um die Macht kommen. Wenn die Krise sich nicht abschwächt, kann sich das bis in den Kreml hineinziehen. Nicht unbedingt zwischen Medwedew und Putin, aber auf allen darunter liegenden Ebenen, auf die man Druck ausüben kann. Das geht bis hinunter zu den Gouverneuren. In der nächsten Phase, im Frühling, im Sommer 2010 wird die Krise ihren Höhepunkt erreichen.

Du erwartest also eine weitere Stärkung des Zentrums?

Nicht unbedingt, halb so, halb so. Wir haben jetzt »Otetschestwo« (Vaterland) gegen »Jedinstwo« (Einheit). »Otetschestwo« – das sind regionale Bürokraten, »Jedinstwo«, zentrale Bürokraten. Sie hatten sich in »Jedinnaja Rossija« (Einheitliches Rußland) zusammengefunden. Jetzt sind sie faktisch schon wieder gespalten. Sie arbeiten schon nicht mehr zusammen. Das heißt, die Partei der Macht zerfällt in zwei Teile. Wer da rechts und wer da links ist, das kann ich in diesem Prozeß nicht unterscheiden.

Was ist das? Spaltung? Pluralisierung? Doch nicht etwa sogar Demokratisierung...?

... nein, nein, nicht Demokratisierung! *(lacht)* Spaltung! Eine andere Sache wäre es, wenn es uns gelänge, wie beispielsweise 1990, diese Elemente der Spaltung für die Förderung einer Demokratisierung nutzen. Aber da gibt es sehr viele Probleme. Zunächst bräuchte es dafür eine starke linke Bewegung. Dann braucht man Partner unter den Bürokraten, aber keine Eintagsfliegen, sondern solche, mit denen man länger arbeiten könnte, mit denen die Zusammenarbeit einen Sinn macht. Also mit denen, die wenigstens etwas progressiv sind. Bei denen man irgendwelche sozialen Programme unterstützen kann. Das ist natürlich ein sehr großes Problem. Diese Leute haben ja häufig wirklich Wirrnis im Kopf. Heute sagen sie, ich bin liberal, morgen erklären sie sich für einen Sozialisten. Dann verwandeln sie sich vor deinen Augen in einen Faschisten. Gleich darauf sind sie wieder Antifaschisten. Und so geht das hin und her, das ist wie Grütze im Topf. Diese Menschen sind auch nicht in der Lage, Druck standzuhalten, tiefer zu denken. Sie hängen dauernd am Telefon, immer auf der Hut, auf irgend etwas reagieren zu müssen.

Das klingt nach einem Leben in Panik ...

Ja, ich habe solche Leute selbst in meiner engsten Umgebung. Das ist zur Zeit einfach so. Vielleicht ist das in einem Jahr anders. Es gibt natürlich auch einige Menschen, die mich mit ihrer analytischen Fähigkeit verblüffen. Aber die Regel ist die andere Seite. Um mal ein Beispiel zu geben: Es gibt eine Abteilung für gewerkschaftliche Fragen bei der Präsidentenadministration. Vorsitzender war vor einem Jahr Kolja Sidorow[145]. Er kommt aus dem Fernen Osten. Er ist einfach ein Bandit von seiner Mentalität her. Er wurde nach einem offen kriminellen Zwischenfall entlassen. Ihm folgte Serikow[146], ein düsterer Typ, mit Verbindungen zum alten KGB. Der versuchte mich einzuschüchtern. Ich kam mir vor wie damals vor meiner Verhaftung, nur daß ich nicht mehr der Unerfahrene bin. Der wurde auch entlassen. Jetzt hat dort Nikolai Andrejewitsch[147] begonnen. Das ist das erste Mal ein kluger Mensch auf dem Posten, verständig, mit dem man reden kann.

Ich erzähle das nur als Beispiel: Im Laufe eines Jahres wurden drei Chefs dieser Abteilung ausgewechselt. Dasselbe geschieht auch in anderen Abteilungen. Wir wissen nicht, was da für Leute sitzen. Heute wütet da einer hysterisch, morgen ist es schon nicht mehr da.

Dasselbe geschieht auf regionaler Ebene. Da wird dann eben mal ein Gouverneur ausgewechselt. Einige Gouverneure werden sich zur Wehr setzen, in Tatarstan, oder in Baschkortastan zum Beispiel. Aber insgesamt gibt es keine Basis, auf der du mit diesen Leuten langfristig Politik machen könntest.

Gut, Boris, das läßt den Zustand der hiesigen Bürokratie erkennen. Wie sieht es denn mit unseren Leuten aus? Ich meine, wie hat sich die Beziehung zwischen den hier tätigen Europäern und den eurigen während der Krise entwickelt?

---

145 Sidorow, Kolja, Mitarbeiter in der Präsidentenadministration.
146 Serikow, Mitarbeiter der Präsidentenadministration.
147 Andrejewitsch, Nikolai, Mitarbeiter der Präsidentenadministration.

Ich denke, daß hat keine besondere Bedeutung. Wie es war, so wird es sein. Eine andere Sache sind die Beziehungen zur Europäischen Union selbst. Die Europäische Union hat ihre eigene Logik des Zerfalls. Zum einen ist das östliche Europa in einem entsetzlichen Zustand. Ich war jetzt gerade zweimal in Lettland. Es ist niederschmetternd, was da vor sich geht. Das Land ist vollkommen bankrott. Alle Banken bankrott, alle Kompanien bankrott. Wird die Europäische Union solche Länder wie Lettland, Estland, Rumänien mit sich ziehen oder wird sie sie fallen lassen? Aber sie fallen zu lassen, das bedeutet Auseinanderbrechen der Union. Daraus folgt dann notwendig eine Änderung der Verfassung usw. usf. Das heißt, hier ist der Prozeß der Integration in sein Gegenteil ungeschlagen. Das bedeutet auch, die Europäische Union wird in zwei Jahren in einem vollkommen anderen Zustand sein als bisher. Sie können vielleicht noch ein Jahr, anderthalb so tun, als wäre nichts. Aber dann kommt die Zeit zu entscheiden, ob man Deutschland, Frankreich und Belgien retten will oder Rumänien, Lettland ...

Auf Kosten unserer Bevölkerung, willst du sagen ...
 ... Ja, man muß sich entscheiden. Du kennst ja den Spruch, daß einem das eigene Hemd am nächsten ist. So oder so. Das wird entschieden werden müssen. Da kommt dann auch die Frage des nationalen Staates wieder ins Spiel. So daß dann nicht nur die europäische Kommission das Sagen hat, sondern man wird auf die eigene Wählerschaft schauen.
 Aber wie auch immer, Rußland geht seinen Weg des Zerfalls, die Europäische Union den ihren. Das ist mehr oder weniger klar. Viel mehr beunruhigt mich, was in der Ukraine vor sich geht. Die Ukraine ist Zwischenraum. Sie ist auch vollkommen bankrott...

Ja, eine offene Frage, wohin sie sich wendet, ein existentielles Problem ...
 Ich liebe die Ukraine. Dort ist alles ähnlich wie bei uns, aber doch anders. Erst gestern hatten wir hier Besuch von jungen Marxisten aus Kiew. Wir haben uns lange unterhalten. Es ist einfach nicht klar, wohin die Reise geht. Klar ist nur, daß das alles sehr dramatisch wird. Ich glaube sie wissen selbst nicht, was vor sich geht. Sagen wir so: Rußland hat keine Alternativen, wir können uns nur mit unserer Bürokratie auseinandersetzen. Die Ukraine dagegen hat eine Alternative, aber sie wird nicht als Alternative wahrgenommen. Da gibt es dauernde Wechsel, vor Ort, in der Regierung. Aber nichts verändert sich.

Und Georgien? Bleibt heißer Punkt?
(zögert) Nun, vielleicht? Saakaschwili[148] ist es gelungen, ein bißchen Ordnung im Land zu schaffen. In der Armee, bei der Polizei. Gewisse Erfolge gab es. Aber letztlich sind das alles Illusionen. Georgien ist kein richtiger Staat. Seit 91 ist das so. Unter Saakaschwili hatten sie einen, vielleicht autoritär, vielleicht korrumpiert, aber doch immerhin so etwas wie einen Staat. Kein Chaos. Entscheidungen wurden durchgeführt, es gab gewisse Verantwortlichkeiten. Der idiotische Krieg mit Rußland hat das dann alles wieder zerstört und das Land wieder in den Zustand des Chaos versetzt. Mit oder ohne Saakaschwili, das ist jetzt schon nicht mehr prinzipiell wichtig. Er ist ein Dummkopf. Er hatte seine Chance. Er hat sie vertan.

Was ist mit den Chinesen? Die dürfen wir ja nicht vergessen ..
… die Chinesen sind letztlich ein Rätsel. China und Indien sind zwei Volkswirtschaften, die zur Zeit nicht fallen. Chinas Wirtschaft steht auf Grund seiner Ressourcen. Auf lange Sicht kommt auch China in die Krise. China kommt in die Rezession. Dann gibt es natürlich schwere Probleme, die gar nicht vorherzusagen sind, denn alles stützt sich dort auf das schnelle Wachstum. Zur Zeit werden die Probleme davon getragen. Aber jedes Jahr wirft die chinesische Entwicklung zwanzig Millionen Menschen auf den Arbeitsmarkt. Wenn das Wachstum zurückgeht, wird es einen doppelten Effekt geben: Die Arbeitslosigkeit steigt, während gleichzeitig das Alter der Bevölkerung zunimmt. Es gibt aber keinen allgemeinen Pensionsfonds, nur lokale Stützen. Wie sie das lösen wollen, ist nicht zu sehen. Außerdem wollen sie jetzt die westlichen Gebiete stärken, Infrastruktur, Straßen, Brücken usw. Das sind Sezuan und Tibet, beides ethnisch problematische Gebiete. Da treffen ökonomische und politische Probleme zusammen. Wie auch immer, die chinesische Produktion an der Ostküste arbeitet zur Zeit für den amerikanischen Konsum. Die chinesische Mittelklasse lebt vom Geld aus dem Export. Wenn der Export fällt, dann kommt die Mittelklasse in die Krise. Das heißt, daß dann auch der innere Markt zusammenbricht. Die Regierung wird versuchen, das durch erhöhten Konsum bei den Bauern zu kompensieren. Das Problem ist nur, daß das, was die Firmen an der Ostküste produzieren, nicht das ist, was die Bauern im Westen brauchen. Die Bauern brauchen z. B. mehr Fahrräder oder mehr Tücher, und die Fabriken

---

148 Saakaschwili, Micheil, Präsident Georgiens von 2004 bis 2012.

stellen elektronische Spielzeughunde her. Was werden sie mit ihren elektronischen Hunden machen, wenn die Amerikaner sie nicht mehr kaufen?

Du erwartest also, daß die Krise sich ausweiten wird ...

Für uns wird der Gipfel 2010 sein; für die Chinesen vermutlich 2011. Dort kommt die Krise an, wenn sich die westlichen Länder schon wieder etwas stabilisieren. Offen ist, was da mit Indien geschieht. Das hängt ja auch mit dem Iran zusammen. Aber klar ist, ewig wird die Krise nicht andauern. Ende 2011 oder spätestens 2012 wird sie ausgelaufen sein. Aber bedauerlicherweise ist das natürlich nicht das Ende dieses Krisenzyklus. In den dreißiger Jahren haben wir gesehen: Die Krise war schon zu Ende, da kamen die ganzen politischen Folgen: 1933 Faschismus in Deutschland, 1936 der Spanische Bürgerkrieg, 1933 bis 1938 New Deal von Roosevelt. Faschismus beginnt eben gerade beim Ausgang aus der Krise ...

(Nach einigen Unterbrechungen durch die laufenden Besprechungen im Büro ...)

Gut, Boris, zum Abschluß noch einmal zum Kern: Was ist das Wesen dieser Krise heute?

Es ist das Ende des liberalen Modells. Das liberale Modell war auf einem äußerst interessanten Schema aufgebaut: Während einerseits die Löhne abgesenkt, zumindest aber eingefroren wurden, wurde auf der anderen Seite das Konsumangebot erhöht. Inzwischen ist klar, daß das nicht zusammengeht. Das ging nur auf der Grundlage billiger Arbeitskraft in Asien, was billige Waren nach Westen gebracht hat. Die trotz absinkender Löhne noch gekauft wurden, weil das Absinken nicht überall gleich lief. Dann kam jedoch der Punkt, an dem eine Senkung der Löhne nicht weiter möglich war. Im globalen Maßstab. Da baute man die Kreditpyramide auf, um den Verbrauch zu steigern, bei gleichzeitigem Nachlassen der Nachfrage. Das bedeutete, daß das Geld nicht in den realen Sektor kam, auch nicht zu den Werktätigen. Das Wichtigste, was ich schon vorhin sagte: Es entstand ein Desinvestment, also ein Mangel an Kapital für die notwendigen Investitionen im globalen Maßstab. Was ist also heute gefordert, um die Produktion wieder in Gang zu bringen? Es fordert als erste Maßnahme neue Investitionen in die Industrieanlagen. Das bedeutet Umverteilung des Kapitals zugunsten der westlichen Länder, damit sie nicht nur in der Rolle der Verbraucher auftreten. Es ist nicht möglich, daß ein Teil der Welt nur produziert und der andere nur konsumiert. Es geht, um es klar zu sagen, um eine Reindustrialisierung des Westens. Und es ist klar, wie das gehen soll: neue ökologische Technologie! Das Thema der globalen Erwärmung ist sehr aktuell. Weiter: Abschließen der westlichen Märkte für landwirtschaftliche Produkte von außerhalb. Das geschieht über ökologische Reinheitsvorschriften für globale Produkte. Das kann man Ökoimperialismus nennen.

Habe ich richtig verstanden? Ökoimperialismus?

Ja, im Rahmen des Imperialismus ist das eine klare, richtige Entscheidung: Reindustrialisierung des Westens im Rahmen eines Ökoimperialismus. Es ist eine Entscheidung, die natürlich nicht allen gefällt. Unter anderem auch den Werktätigen im Westen nicht, denn sie bedeutet, die Löhne noch weiter zu senken, um diese Reindustrialisierung zustande zu kriegen. Das heißt Wachstum, während die Arbeiterschaft weiter eingeschränkt wird. Das ruft natürlich Unwillen hervor.

Das dritte Element ist – in dieser oder jener Form – die Integration von Immigranten als Bürger in den Bestand der neuen Arbeiterklasse. Unter den Bedingungen der postindustriellen Gesellschaft gab es eine soziale Segregation, in der bestimmte Teile der Bevölkerung ausgegrenzt waren. Wenn man eine Erneuerung der Produktion entwickeln will, muß man sie voll in die Gesellschaft eingliedern. Und das läuft alles auf dem Grund des Protektionismus. Sie streiten das zwar ab, aber früher oder später wird das in dieser Weise ablaufen. Protektionismus möglicherweise nicht regional oder national, aber doch im Rahmen der engeren Europäischen Union. Das alles wird sich vollziehen unter Rückkehr der Sozialdemokraten. Zumindest Versuche der Art wird es geben. Das gilt für Sozialdemokraten, die noch nicht vollkommen zu den Neoliberalen übergelaufen sind. In Deutschland könnte das die Linke sein.

Ja, das kann man so sehen. Wenn du die Entwicklung aber nicht nur im Rahmen der herrschenden Logik beschreiben solltest, was würdest du dann sagen ...?

Ja, das ist natürlich das Interessanteste, wenn wir den Rahmen des herrschenden Systems verlassen. Das erste, was ich dazu sagen möchte: Da gibt es natürlich inzwischen viele Leute, die davon sprechen; die Menschen beginnen über das System hinauszudenken. Was mich verblüffte, war, daß Pascha Kudjükin, den du ja auch kennst, mich auf dem Forum als Reformisten bezeichnete. Es hat mich nicht nur verblüfft, sondern in gewissem Sinne auch gefreut. Diese Konflikte führen natürlich über den Rahmen des Systems hinaus. Es gibt ja außer dem Imperialismus noch andere Varianten. Die Frage ist natürlich, wo kann man sich da am radikalsten bewegen? Mit den Vorstellungen, die in der Dritten Welt oder in Lateinamerika entwickelt werden? Da habe ich große Zweifel. Auf den westlichen Wegen? Damit stehe ich auch in starker Auseinandersetzung. Meine Hoffnung liegt eher auf einem roten neuen Rußland, Ukraine, nachsowjetischer Raum, Kasachstan usw.

In welchem Sinne?

Nun, klar daß das gegenwärtige System im ökonomischen Sinne »unsustainable« ist. Im Russischen gibt es dafür nicht einmal ein passendes Wort. Trotzdem lebt die Gesellschaft in einer Art, die viel radikaler ist als das, was die Elite plant. Da geht es nicht nur darum, den einen oder anderen Beamten auszuwechseln. Sondern man sieht, wenn das läuft, was diese heutige Elite will, dann ist das die Öffnung der Büchse der Pandora. Sehr interessant ist z. B., warum man in Pikaljewo keine Entscheidung zur Nationalisierung getroffen hat. Weil man solch ein Beispiel fürchtet. Wenn das einmal stattfindet, dann wird es mit Sicherheit sehr schnell nicht neun, nicht zehn, sondern siebenhundert Pikaljewos geben. Dann fordert das Volk mit Sicherheit die Kontrolle. Jetzt ging das Volk zu Putin: Gib uns Geld! Wenn eine Nationalisierung stattfände, dann würde man nicht Putin fragen, dann wären dafür die Kader aus den örtlichen eigenen Fabriken verantwortlich, Arbeiterkontrolle. Der Staat ist dazu nicht in der Lage. Dann steht auch die Frage der Selbstverwaltung, dann auch die nach neuen technologischen und sozialen Bedürfnissen. Aber das geht alles schon über das gegenwärtige Denken hinaus.

Ja, klar, das geht über das herrschende Denken hinaus. Es ist ja in letzter Zeit auch in Rußland so eine sehr einfache Bewegung entstanden: Wiedergeburt des Ortes könnte man das nennen, also die Wiederaneignung der Lebensverantwortung vor Ort. Es ist eine Bewegung, die sich dagegen wendet, daß alles aus dem konkreten Leben fort, nach oben, ins Kapital, ins Globale gezogen wird und der Ort verödet zurückbleibt, Geld, Beziehungen, überhaupt alle Lebensmöglichkeiten weggesaugt und die Menschen ohne alles zurückbleiben. Ich beschäftige mich in letzter Zeit zunehmend mit dieser Entwicklung – ich verstehe das als eine Proletarisierung in globaler Dimension, in die immer mehr Menschen mit hineingezogen werden. Darüber möchte ich auch mit dir mehr sprechen.

Ja, einverstanden. Darüber sollten wir weiter miteinander sprechen.

August 2012
Nach den Duma- und Präsidentenwahlen 2012/2013

Die Situation: Ein erneuter Fahrerwechsel auf dem Regierungstandem Putin/Medwedew hat stattgefunden. Wladimir Putin ist wieder Präsident, Dimitri Medwedew wieder Ministerpräsident. Eine aktive Minderheit unter Rußlands Wählern fühlt sich betrogen. Seit Medwedew und Putin auf dem Parteitag der Regierungspartei »Einiges Rußland« im September 2011 einen erneuten Ämtertausch ankündigten, war klar, daß sie die für 2013 bevorstehenden Duma- wie auch die Präsidentschaftswahlen zur demokratischen Farce erniedrigen würden. Die Öffentlichkeit, soweit nicht eingeschworene Parteigänger Putins, fühlte sich betrogen. Alles Weitere lief wie unter diesen Umständen zu erwarten war: Schon während der Wahlen zur Duma 2012 baute sich eine Konfrontation zwischen den Parteigängern Putins und einer wachsenden Protestbewegung auf, die – anders als bisher – nicht mehr bereit war, die bei Wahlen in Rußland üblichen Manipulationen als Unregelmäßigkeiten hinzunehmen. Nach den Dumawahlen forderte eine Bewegung für ehrliche Wahlen, die sich als neue, außerparlamentarische Opposition versteht, in wiederholten Massendemonstrationen die Annullierung und Widerholung der Wahlen und den Rücktritt Wladimir Putins. Die Proteste setzen sich nach Putins erneuter Wahl zum Präsidenten weiter fort. Neu gewählt, antwortet Putin mit verschärften Versammlungs- und Vereinsgesetzen, die die Aktivität außerparlamentarischer Opposition einschränken und tendenziell kriminalisieren. Im Oktober 2012 bildet sich aus der Bewegung für freie Wahlen, vermittelt über das Internet, ein Koordinationsrat der Opposition. Er ruft zu weiteren Protesten gegen das Regime Putin auf. Das folgende Gespräch bewegt sich um die Frage, welche politischen Entwicklungen nach den zurückliegenden Turbulenzen zu erwarten sind. Das Gespräch fand im Juli 2012 in den Räumen des Institutes für Fragen der Globalisierung und sozialen Bewegungen in Moskau statt.

Ausgewählte Daten dieser Zeit auf einen Blick:

24.09.2011	Parteitag »Einiges Rußland«: Medwedew und Putin kündigen Ämtertausch an.
04.12.2011	Wahlen bestätigen »Einiges Rußland« als stärkste Kraft.
Dez. 2011	Mehrfache Massenproteste pro und contra Putin.
16.12.2011	Putin veranlaßt Aufstellung von Videokameras in allen Wahllokalen.
23.12.2011	Neues Gesetz soll Registrierung von Parteien und Kandidaten erleichtern.
21.02.2012	Auftritt der Punkgruppe »Pussy Riot« in der Christ-Erlöser-Kathedrale.
Febr. 2012	Weitere massenhafte Pro- und Contra-Putin-Demonstrationen landesweit.
März 2012	Diverse kleinere Demonstration »Für ehrliche Wahlen«.
10.04.2012	Novellierung des Arbeitsgesetzbuches.
24.04.2012	Putin tritt als Vorsitzender von »Einiges Rußland« zurück, Medwedew wird Nachfolger.
25.04.2012	Die Staatsduma beschließt Gesetz zur Direktwahl der Gouverneure.
Mai 2012	Weiterhin landesweite Pro- und Contra-Demonstrationen. Parallel dazu polizeiliche und juristische Repression gegen die Proteste
07.05.2012	Putin wird als Präsident vereidigt, er schlägt Medwedew als Ministerpräsidenten vor.
08.06.2012	Putin unterzeichnet verschärftes Versammlungsrecht.
22.06.2012	Neuer Privatisierungsplan der Regierung: Verkauf von Staatseigentum.
10.07.2012	Duma mit Stimmen von »Einiges Rußland« für WTO-Beitritt; alle anderen dagegen.

12.07.2012	Putin unterzeichnet Gesetz, das Wahlfälschungen höher bestraft.
13.07.2012	Staatsduma beschließt Verleumdung als Straftatbestand.
21.07.2012	Präsident Putin unterschreibt die Novellierung des NGO-Gesetzes, das die Bestimmungen für die Meldung ausländischer Förderung verschärft.
21.07.2012	Mit Unterschrift von Präsident Putin tritt Rußland der WTO bei.
17.08.2012	Je zwei Jahre Lagerhaft für »Pussy Riot«-Angeklagte.

(Weitere Daten in der Chronologie im Anhang.)

Das Gespräch: Russische Innenansichten – einen Plan B gibt es nicht.

Rußland hat eine Zeit der Proteste hinter sich. Wie wird sich die Situation weiterentwickeln? Die Protestbewegung ist ja nicht gerade einheitlich, hat auch bisher kein vorweisbares Programm, in der westlichen Presse wird sie trotzdem sehr hochgespielt ...

Stimmt, aber die westliche Presse spielt die Proteste nicht nur hoch, sie versteht prinzipiell nicht, was hier in Rußland eigentlich vor sich geht. Man versteht zum Beispiel nicht, daß Menschen, die für Putin gestimmt haben, keineswegs Parteigänger Putins sind. Das sind oft sogar Menschen, die Putin mehr hassen, als die Oppositionellen. Das sind Menschen, die Angst haben, daß Leute an die Macht kommen könnten, die dann genau denselben neoliberalen Kurs fahren wollen, wie ihn Putin jetzt fährt. Das eigentliche Signal, das die Regierung durch die Proteste im letzten Winter bekommen hat, ist eben das, den neoliberalen Kurs verstärken zu sollen. Mit anderen Worten, in sozialer Hinsicht bewegt sich die Regierung genau in die Richtung, in die auch die liberale Opposition will – und dahin wird es auch weitergehen und das sehr schnell.

Das wird in unserer Presse ganz und gar anders beschrieben.

Ja, man versteht einfach nicht, was demokratische Werte sind, was eine echte demokratische Revolution und was ihre wirklichen Ursachen sind. Noch vor einem Jahr hatten diese Leute mit demokratischen Werten nichts am Hut. Möglicherweise ist da im Laufe eines Jahres jetzt etwas entstanden, aber was ist das, was diese Kräfte geweckt hat? Das muß man sich anschauen: Real beobachten wir eine ökonomische Krise, die aus der Ungeeignetheit des wirtschaftlichen Systems hervorgeht, das Putin aufgebaut hat, genauer, das während seiner Regierungszeit aufgebaut wurde. Es war ja nicht er, der es aufgebaut hat, sondern sein Kommando, ein spontaner Prozeß. Aber wie auch immer, dieses Modell ist ungeeignet, Preissenkungen auf dem globalen Markt auszuhalten. Darüber hinaus sind tiefere Probleme erkennbar: Die Sache ist, in den letzten doch recht fetten Jahren – als es viel Geld gab durch hohe Ölpreise – wurde nichts für die Restrukturierung der Ökonomie getan, es wurde kein Geld investiert, nicht in die Struktur des Verkehrswesens, nicht in die Ausrüstung der Industrie usw. Das heißt, das Geld der zurückliegenden Jahre wurde verbraucht, und nicht nur das, es wurde systematisch verbraucht. Das russische herrschende System ist so angelegt, daß es einfach nicht in der Lage ist, effektiv zu investieren, es gibt keinen Mechanismus, es gibt keine Einrichtungen dafür. Was wir haben, ist eine Rentenelite, ein Rentenkapitalismus.

Wird das auch in der Öffentlichkeit so gesehen, oder ist das nur deine Analyse?

Das ist Politökonomie, das ist Marx, das ist der auf Renten basierende Kapitalismus. Und was sehr wichtig ist: Renten werden nicht nur bezogen von der Bourgeoisie, von den Oligarchen und Bürokraten, wir sind in gewissem Maße alle Rentenbezieher. Sagen wir, neunundneunzig Prozent der Rente beziehen die Oberen, das restliche eine Prozent verteilt sich auf alle übrigen, das muß man sich klarmachen. Das ist trotzdem immer noch viel, es erlaubt uns allen irgendwie zu leben, es ermöglicht die Zahlung von Renten, es ermöglicht z. B. den Unterhalt dieses Institutes, es ermöglicht die Herausgabe von Zeitungen usw. usf. Das eine Prozent, vielleicht sind es auch zwei oder drei, trägt irgendwie zum Unterhalt der Bevölkerung bei. Das ganze staatliche Modell ist auf der Verteilung der Renten aufgebaut. So ein System des Rentnerkapitalismus kann entweder von oben zusammengehalten werden, in einer aufgeklärten Gesellschaft bis zu einem gewissen Grad – oder es endet in einer Revolution. Aber in unserer herrschenden Klasse gibt es kein Interesse, Geld anzulegen. Einzelne Anlagen gibt es hier und da, sogar ziemlich viele, aber keinen systematischen Prozeß der Investitionen, kein sich selbst erhaltendes System, von dem die herrschende Klasse leben könnte.

Noch einmal: Versteht man das hier im Lande?

Ja, einzelne Analytiker schon. Aber was heißt man? Die herrschende Klasse versteht gar nichts und wird auch so bald nichts verstehen. Das Problem liegt anders: Es ist so, daß alle es fühlen. Niemand versteht es, aber alle fühlen es. Das heißt, man begreift das Ganze nur über das Niveau der Preise, Öl, Gas oder anderer Ressourcen, auf dem globalen Markt. Solange die Preise steigen, ist alles ruhig, sobald sie sinken, wird nach einer anderen Struktur der Gesellschaft gerufen. Für andere Gesellschaften wäre das Sinken der Preise, sagen wir um zehn Prozent keine Katastrophe, für das heutige Rußland aber sehr wohl. Warum? Nicht etwa, wie unsere Journalisten schreiben, wegen der Preise an sich; das Sinken der Preise allein wäre es noch nicht, die Katastrophe liegt in der Verfaßtheit unserer Gesellschaft. Für den einen sozialen Organismus ist der Verlust von zehn Prozent unbedeutend, ein anderer geht daran zugrunde. Warum? Weil der eine sich das notwendige Einkommen selbst erarbeiten kann, der andere kann es nicht.

Was geschieht also bei uns? Es beginnt einfach der Niedergang wirtschaftlicher Verbindungen, Beziehungen usw. Es beginnt ein Kampf um die Umverteilung der Rente. Aber was macht der Mensch in einer Rentengesellschaft, wenn ihm das Geld nicht reicht? Es entbrennt ein scharfer Kampf um die Umverteilung. Das beginnt gerade wieder mit allgemeinen Preiserhöhungen. Das ist ein Teil des Kampfes um die Rente. Da geht es zunächst um die ein, vielleicht auch zwei, drei Prozent von der Gesamtrente, die nach unten gehen. Der Kampf beginnt gegen die Schwächsten. Die haben die wenigsten Möglichkeiten, sich zu wehren. – Eine andere Sache ist, daß ein äußerst verschreckter Hase den ganzen Wald in Unruhe versetzen kann. Man begreift da oben einfach nicht, daß man große Teile des Volkes, Millionen, so in die Enge treibt, schon getrieben hat, daß die Menschen nicht mehr aus und ein wissen, daß sie wütend werden, daß sie kurz davor stehen, zu revoltieren. Sie brauchen bloß noch den Anlaß.

Das kann ich bestätigen. In Tschuwaschien, wo ich mich kürzlich aufgehalten habe, das ja zu den ärmeren Gebieten Rußlands gehört, wird ungeniert schon von Revolution gesprochen – die man natürlich nicht haben will, sondern befürchtet. Aber Gedanken und Alltagsgespräche gehen in solche Richtung.

Ja, ich gebe dir ein anderes Beispiel: Eine Mitarbeiterin unseres Institutes lebt in Pensa. Gestern kam sie hierher und erzählte: Früher sahen sich die Leute vor der Wahl zwischen Stabilität und Veränderung, sie entschieden sich für Stabilität, das heißt, wenn es darum ging, sich zwischen Opposition und Macht zu entscheiden, entschieden sie sich für die Macht. Später, 2011, hat schon niemand mehr die Macht unterstützt, da ging es nur noch darum, zu protestieren oder zu ertragen, und man entschied sich für das Ertragen. Inzwischen steht die Frage des Ertragens schon nicht mehr, jetzt lautet sie: wie protestieren? Das ist eine starke Radikalisierung! So etwas geschieht ganz unten, sehr leise und nicht bemerkbar, wie ein Topf, der langsam ins Kochen kommt. Aber was machen diese Idioten, sie versuchen einfach nur den Deckel fester zuzumachen. Sie beschließen idiotische Veranstaltungsgesetze, sie verabschieden ein Gesetz zu den NGOs. Das alles löst überhaupt gar nichts. Das Problem sind doch nicht die NGOs und auch nicht die Meetings, sondern ganz andere Fragen, die vollkommen andere Formen des Protestes nach sich ziehen ...

Von welchen anderen Protesten sprichst du?

Unruhen auf der Straße, vielleicht Besetzungen von Verwaltungsstellen oder einfach Verwüstungen von Anlagen und Einrichtungen. Oder es gibt einfach Prügeleien mit der Polizei. Ein ganzes Spektrum von Protesten ist möglich. Und was wichtig ist: Sie werden unkoordiniert sein. Die Macht glaubt, daß die Proteste gesteuert werden. Nichts dergleichen, die Führer der Proteste haben kaum etwas zu melden. Die Proteste zu verbieten bringt deshalb überhaupt gar nichts. Das Problem der Umverteilung der Renten wird so nicht gelöst. Der Versuch, die spontanen Proteste zu unterbinden, führt nur dazu, daß sie woanders stärker hervorbrechen. Das ist das eine Problem. Das andere Problem ist schon ein technisches. In der gegenwärtigen Krise, ungefähr schon seit drei Jahren, läuft ein Niedergang der staatlichen Maschinerie Rußlands. Das hängt zwar auch mit der Krise des Rentenkapitalismus zusammen, aber es besitzt noch seine eigene Dynamik, die gesondert von der allgemeinen wirtschaftlichen Dynamik existiert. Die Sache ist, daß der Zerfall der staatlichen Maschine schneller vor sich geht als die Entwicklung der wirtschaftlichen Krise. Das System der neoliberalen Reformen, das im Land installiert werden soll, steht im Widerspruch zu dem Bemühen der örtlichen Macht, Stabilität zu schaffen. Auf der einen Seite führt man destabilisierende Reformen durch, auf der andern Seite versucht man Stabilität herzustellen. Wie sieht das auf dem Niveau der Verwaltung aus? Vor anderthalb Jahren war ich in Woronesch, hielt dort eine Vorlesung. Anwesend war auch ein Beamter der örtlichen Verwaltung, mit dem ich sprechen konnte. Er erklärte mir, wie das geht: Ein und derselbe Beamte erhält am selben Tag zwei verschiedene Papiere. Sinngemäß heißt es in einem Papier: Sie sind aufgefordert, sich selbst um das System der Bildung zu kümmern, dafür zu sorgen, daß alles läuft, daß alles im besten Zustande ist. Das zweite Papier, aus derselben Ecke, kommt am selben Tag; es bedroht jede eigenmächtige Handlung des Beamten mit Strafe. Was macht der Beamte? Nichts, er stellt einfach die Arbeit ein. Das geht dort schon seit anderthalb Jahren so, in denen der Beamte einfach nichts tut. Das heißt, seit anderthalb Jahren werden Aufträge von oben einfach ignoriert. Er kommt morgens in sein Büro – und tut nichts. Man schreibt nichtssagende Papiere, man trinkt Tee, man verschreibt sich gegenseitig Urlaub usw., kurz, man beschäftigt sich buchstäblich mit nichts, man bemüht sich darum, nichts zu tun, denn jede Tätigkeit, gleich welche, schlägt ihnen zum Nachteil aus.

Ein anderes Beispiel liefert Moskau: Hier in der Stadt gibt es zwei Universitäten. Es gibt den Plan sie zusammenzuführen. Das soll bis zum 1. September dieses Jahres geschehen sein. Es ist technisch nicht möglich, das zu schaffen. Das ist ein Prozeß, der mindestens fünf Jahre braucht. Dafür gab man jetzt drei Monate vor! Unerfüllbar! Alle wissen das. Da wird es Anmeldungen für Strukturen geben, die überhaupt noch nicht existieren. Es ist nicht klar, wann es die Strukturen geben wird und welche Aufgaben sie haben werden; die Anzahl, die Ordnung, alles unklar. Der Plan ist da, die Sache selbst hängt in der Luft. Was wird also geschehen? Es gibt zwei Varianten: Entweder es wird gestreikt, oder es wird einfach nicht hingegangen. Die bessere Variante ist natürlich der Streik, der wenigstens etwas aufzeigt ...

Was wird weiter geschehen? Man liest ja, daß Rußland nun endgültig der WTO beitreten werde. Ich habe gelesen und gehört, und es ist auch aus der Logik der Ereignisse klar, daß die Regierung dem folgend jetzt in eine neue Phase der Privatisierung einsteigen will. Was wird das alles bedeuten, was wird das für die nächste Zukunft nach sich ziehen?

Das wird schlicht eine Katastrophe, vor allem für die Industrie. Es wird wieder zu Schnellverkäufen von Betrieben führen, unter der Hand zu Schleuderpreisen ...

... eine Wiederholung der Vorgänge von 91/92 und den Jahren unter Jelzin auf neuem Niveau?

Ja, genau! Mit einer Steigerung: Als man den Oligarchen oder auch dem ausländischen Kapital die Betriebe einfach schenkte, war das schlecht, aber noch keine Katastrophe wenn das mit der Energieversorgung gemacht wird, dann wird das nicht nur schlecht, dann wird das eine echte Katastrophe. Wir haben ja immer noch das einheitliche Energiesystem in Rußland. Und was ist Privatisierung? Schauen wir uns die früheren Verkäufe an: Da haben privatisierte Betriebe einfach aufgehört zu arbeiten. Das trifft bei uns im Ergebnis dann ganze Städte, die auf diese Weise stillgelegt werden.

Mir scheint, daß die russische Regierung jetzt zum Schritt in Richtung auf eine endgültige Vernichtung des noch verbliebenen Gemeineigentums ansetzt. Ich meine das, was im Russischen Óbschtschina, im Deutschen Allmende, im Englischen Commons genannt wird. Unter dem Druck der WTO, des GATT und ihnen folgender Institutionen muß sie ja wohl in diese Richtung gehen, wenn

sie die Eintrittbedingungen in diese Organisationen erfüllen will. Sehe ich das richtig?

Ja, und mehr noch: Warum macht man das? Man versteht eins nicht: Wir haben jetzt nicht 1990 und auch nicht 1995. In diesen Jahren wurde in der Tat sehr viel zerstört, aber sehr viel blieb auch erhalten ...

... Betriebe, öffentliche Plätze, kommunale Einrichtungen.

Ja, genau. In den letzten zehn, zwanzig Jahren hat die Gesellschaft noch sehr stark von diesen alten Strukturen leben können, bei aller massenhaften Zerstörung, trotz aller negativen Seiten hatte die Sowjetunion doch wirklich sehr viel aufgebaut; so wie es jemand treffend formuliert hat: Das ganze Land war dafür gerüstet, einen Überfall überleben zu können, aber es kam kein Überfall, es kamen die Reformen. *(lacht)* Das hat uns erlaubt zu überleben. Wir lebten gewissermaßen vom sowjetischen Speck. Oben, unten, das gilt für alle Niveaus. Und was geschieht jetzt? Man geht jetzt dazu über, genau die Politik wiederholen zu wollen, mit der man in diesen Jahren ja ganz gut durchgekommen ist, und versteht dabei nicht, warum das so ging. Völlig sinnlos, ohne die neue Situation zu begreifen ...

Was meinst du? Wird und kann Putins Kommando Rußland der WTO unterwerfen?

Nun, ich denke, wenn alles sehr schwierig wird im Herbst, wird man einen Ausweg suchen, aber das wird nicht einfach sein, denn das würde bedeuten, von einigen bereits eingeleiteten Schritten Abstand zu nehmen. Man wird schon im November, Dezember mit den Forderungen konfrontiert sein und muß ihnen nachkommen oder man muß einfach die Regeln brechen. Was dann geschieht – im einen wie im anderen Fall –, ist offen. Es gibt keinen Plan B.

Putin hat ja vor der Wahl eine ganze Reihe bemerkenswerter Artikel darüber veröffentlichen lassen, wie Rußland in der Welt auftreten sollte. Mir scheint, die waren im Kern gar nicht so schlecht ...

Stimmt, aber die Schlußfolgerungen, die er daraus zieht, sind den unseren genau entgegengesetzt. Das fällt einem im Traum nicht ein, was die aus den Tatsachen machen. Sie greifen sich einzelne Komplexe heraus, aber sehen die Gesamtdynamik nicht, hangeln sich von einem Aspekt zum anderen. Das ist in der Außenpolitik nicht anders als in der Innenpolitik.

Welche Rolle will Rußland gegenwärtig in der Welt spielen?

Sie haben eigentlich keine Perspektive, sie wollen nur den Status quo erhalten.

Aber der Eintritt in die WTO bringt doch Bewegung, Putin agitiert außerdem für eine Eurasische Union.

Das sind zwei ganz verschiedene Prozesse, die sich sogar gegenseitig widersprechen. Da stehen unterschiedliche Interessen gegeneinander. Das Industriekapital will die Eurasische Union, die Öl-Kompanien wollen die WTO. Die WTO verschafft Rußland die Möglichkeit des Importes; es zeigt sich aber, daß das für die russische Industrie nicht profitabel ist. Dieselben Gesellschaften, die den Import besorgen, befassen sich auch mit Öl. Sie verkaufen Öl, importieren dafür chinesische Billigwaren und schädigen so die heimische Produktion. Sie interessieren sich nicht für die Produktion, sie stört sie. Beim Industriekapital liegt es umgekehrt: Seine Vertreter brauchten die Sowjetunion, sie brauchen jetzt die Eurasische Union, sie brauchen den inneren Markt, weil sie nicht viel zu exportieren haben. Sie sind im Prinzip sogar bereit, höhere Löhne zu zahlen, um den Markt anzuregen. Das ist natürlich eine protektionistische Welt, um sich vor den Chinesen abzuschirmen. Das Problem ist, sie wollen beides, öffnen und abschließen zugleich, so wie 1980, als weder das eine noch das andere gegeben war. Also, man will in die WTO, zugleich will man aber den inneren Markt entwickeln. Faktisch geschieht nicht das eine und nicht das andere. Aber so geht das heute nicht mehr. Schau dir nur den Index des Bruttosozialproduktes für das letzte halbe Jahr an. Es ist ganz offensichtlich, daß die heimische Industrie gestärkt werden müßte, aber man stimmt einfach nach den bestehenden Interessengruppen ab, gegen jede Einsicht, immer natürlich verbunden mit dem Spruch, daß es ja dem Volke nütze usw. *(lacht)* Sollte es sich später als notwendig erweisen, daß Rußland wieder aus der WTO austreten muß, dann wird man mit derselben Überzeugtheit für einen Austritt stimmen. Das ist wie in den 90er Jahren, als alle innerhalb von drei Monaten von überzeugten Kommunisten zu Liberalen wurden ...

Ich denke, daß Putins Macht überschätzt wird. Ich denke, sie reicht nicht aus, eine Unterordnung – oder umgekehrt eine Kündigung – unter die WTO einfach zu befehlen. Das wird sich wohl eher spontan entwickeln ...

Putin hat überhaupt wenig Macht; die Macht liegt nicht bei Putin. Putin war ein genialer Vermittler, Consensus Maker. Solange das System funktionierte, war Putin ziemlich stark. Solange es funktionierte, entsprach sein Wirken den Interessen der Elite. So wurde jede seiner Entscheidungen auch erfüllt. Das waren natürlich nicht seine Entscheidungen, sondern Konsensentscheidungen der neuen Eliten. Warum kommt er jetzt in die Kritik? Weil er schon nicht mehr in der Lage ist, Konsensentscheidungen zu finden, aber ein anderer biegsamerer Mechanismus nicht existiert. Real steht Putin heute nur noch für eine sehr schmale Schicht von Leuten. Alle anderen können nur rein technisch zur Zeit nicht widersprechen, sind aber mit den Entscheidungen nicht zufrieden und so fangen sie an, die liberalen Positionen zu unterstützen. Das ist das eine. Das zweite ist: Sie müssen natürlich einen Schuldigen finden. Im Kern geht der Kampf um die Frage, wer der Schuldige sein wird. Zu allererst wird natürlich die frühere Regierung beschuldigt werden. Interessant, daß zur Zeit schon niemand mehr in diese Regierung eintreten möchte. Die Klügeren wissen, daß man schon im Herbst die Regierung fragen wird, wer Schuld hat. Das alles heißt, Putin kann sich nur retten, wenn er sich auf den Kreis seiner engeren Freunde stützt, und wenn es eine neue Regierung gibt, dann wird sie vermutlich näher am Kreis der jetzigen Oppositionellen stehen. Da können sogar Gestalten der zurückliegenden Meetings mit auftauchen. Nawalny[149] ist schon jetzt bei Aeroflot aktiv. Er ist dorthin schon unter den Augen der gegenwärtigen Regierung gelangt.

Das ist doch ein Scherz?
Nein, wieso? Das ist ein Test.

Sie werden also, mit welchem Wechsel auch immer, denselben Weg weitergehen, den sie bisher gegangen sind?
Klar, ich sagte ja schon, einen anderen Weg haben sie nicht, und das heißt, daß ein Nawalny sehr wohl Regierungsbürokrat werden kann. – Interessant ist in diesem Zusammenhang ein vergleichender Blick auf NTW, das neue meine ich, und auf die Radiostation *Echo Moskaus*. Die Sendungen von NTW sind wirklich kaum auszuhalten; ich schau mir das gar nicht mehr an. *Echo Moskaus* dagegen ist blanke Opposition: jeden Tag Kritik an Putin, Unterstützung

---

149 Nawalny, Alexei, Rechtsanwalt, Anti-Korruptionsblogger, einer der Sprecher der außerparlamentarischen Opposition.

der Meetings, der Proteste usw. Aber dann schauen sie: Wer ist Eigentümer von NTW? Gazprom! Wer ist Eigentümer von *Echo Moskaus*? Gazprom! Derselbe Besitzer. Das ist die Realität. In Europa muß man lange graben, um am Ende ähnliche Strukturen zu Tage zu fördern. In Rußland liegt alles offen vor Augen. Das ist das Interessante an Rußland: Du kannst alles sehen, wenn du es sehen willst; das ist hier einfacher als in Europa, nicht versteckt durch zwei Jahrhunderte Demokratie. Also, deshalb denke ich, daß die Proteste von der Regierung aufgenommen werden. Danach wird es einige Umbesetzungen in der Regierung geben, vielleicht ein, zwei, drei Runden, vielleicht auch Neuwahlen zur Duma im Frühjahr, aber das alles heißt nicht, daß sich von oben irgend etwas prinzipiell ändert.

Kommen wir also zurück auf das, was von unten geschieht. Ich habe selbst schon früher beobachtet und jetzt von verschiedenen Seiten erneut und vermehrt gehört, daß die Menschen vor Ort sich gegen den Verkauf öffentlicher Plätze, Gemeinschaftsgüter, genereller gesagt, der verbliebenen Allmenden zur Wehr setzen. Moskauer Einwohner protestieren z. B. gegen den Verkauf von öffentlichem Gelände zu Schleuderpreisen an die Kirche, die diese Plätze dann der Öffentlichkeit entzieht ...

... sie protestieren auch gegen die Schließung von Polykliniken, von Museen ...

Man hat mir auch von Protesten der Flußfischer berichtet, die sich gegen die Pläne der Regierung aufgelehnt haben, das Fischen in den Flußallmenden verbieten und die Rechte daran verkaufen zu wollen. Putin soll zurückgerudert sein und erklärt haben, es werde keine Eingriffe solcher Art von Seiten der Regierung geben – vor der Wahl, wohlgemerkt. Siehst du eine Chance, daß sich eine Basisbewegung zur Verteidigung der noch vorhandenen Gemeinschaftsgüter bilden könnte?

Eine Hoffnung darauf besteht. Die Forderungen der gegenwärtigen Meetings sind sehr kurzatmig. Die Linke ist äußerst schwach, gespalten, sektiererisch. Ihre Basis ist heute sehr schmal. Es ist nicht so, wie es nach unseren Theorien eigentlich sein müßte. Sie hat keine Alternative zu bieten. Ähnliches gilt für die politische Rechte. Ihre Ziele sind widersprüchlich, die einen wollen ein slawisches Rußland, die anderen das alte Imperium, dritte sind einfach gegen Gastarbeiter. Da fehlt auch eine Führungsfigur. Aber die Aussicht auf eine soziale Bewegung von unten besteht. Sie kann sich sehr schnell herausbilden, ähnlich wie in den Jahren 84 oder 86 der Sowjetunion. Das könnte heute sogar noch schneller passieren. Wenn die Krise wächst, wenn man den Menschen einfach nicht gibt, was sie brauchen, kann eine Kraft daraus entstehen. Soweit wir jetzt wissen, liegen die Brüche bei Bildungsfragen, bei medizinischer Versorgung, in der Wohnungsfrage. Den ersten Platz nehmen die Kindergärten ein, dann Schulen, dann Polykliniken. Um den Kindergarten herum gruppieren sich alle die anderen Fragen wie Lohn, Bildung, Wohnung, Gesundheit. Das hat Putin vor der Wahl aufgegriffen: Kindergärten als Frage Nr. 1. Er hat das faktisch aus unseren Untersuchungen übernommen, aber dann folgt bei ihm auch gleich der nächste Satz: daß man die Kindergärten privatisieren müsse. Er, seine Leute, die herrschende Schicht, sie verstehen rein gar nichts. Für die Linke besteht das Problem darin, mit diesen Protesten, die ja sehr konkrete Fragen betreffen, eine gemeinsame Sprache zu finden, eine Sprache, die an die globalen Probleme anschließt. Ich bin deshalb zur Zeit kategorisch gegen die Verfassung von irgendwelchen linken Manifesten. Es ist vielmehr nötig hinzuschauen, was unten geschieht.

Anstelle eines Nachwortes:
»Wenn du zurückschaust ... wie geht es dann weiter?«

Gespräch mit Boris Kagarlitzki im Sommer 2013, Schlußbetrachtung

Wir haben jetzt viel über die Restauration gesprochen. Am Ende sieht es heute so aus, als ob der Restauration eine neue Revolution folgen könnte – die allerdings niemand haben möchte, die vielmehr von allen gefürchtet wird. Wie konnte diese Situation entstehen? In welchen Etappen hat sich die Auseinandersetzung entwickelt? Das hat sich ja auch nicht geradlinig vollzogen, sondern ebenfalls Schritt für Schritt, oder? Ich sehe da unterschiedliche Phasen: von Gorbatschow zu Jelzin, von Jelzins erstem Putsch zu seinem zweiten, vom kranken Jelzin zu Putin, von Putin zu Medwedew und wieder zu Putin. Wie würdest du diese Perioden beschreiben?

Es gab in der Tat einige Perioden, die man unterscheiden muß. 1991 gab es natürlich einige institutionelle Strukturen, die einer Restauration des Kapitalismus im Wege standen. Es ist ja interessant, daß das Auseinanderbrechen der Sowjetunion auch heute noch als wichtigstes Ereignis dieser Jahre betrachtet wird, also das konkrete Auseinanderfallen der Union in einzelne Republiken. Und das ist wohl auch so: Es markiert die Wende. Aber trotzdem war es anschließend nötig, die Hindernisse zu beseitigen, die einer Umwandlung der Union in privates Eigentum entgegenstanden. Es mußten die Voraussetzungen für die Privatisierung im großen Stil geschaffen werden. Um das Eigentum aufteilen zu können, mußten sie erst einmal das Land aufteilen. Wenn das Ganze erhalten geblieben wäre, hätte das zu schweren inneren Kämpfen geführt. So konnte jede herrschende Gruppe die Privatisierung für sich kontrollieren.

Auch hier muß man wieder sagen, die Zeit von 91 bis 93 war im Kern nicht so einfach, wie es uns damals erschien. Das Land stand ja nach 91 als Ganzes noch unter der Verwaltung des Obersten Sowjet und unter dem Einfluß von vielen Kräften, die gegen die allgemeine Privatisierung waren. Einige traten für die Erhaltung der sowjetischen Ordnung ein, andere waren auch für die kapitalistische Restauration, aber unter Beibehaltung einiger Züge des Sozialismus. Zwar waren die Kreise, die eine schnelle Privatisierung im Interesse der neuen/alten

Eliten betreiben wollten, an der Macht, aber es gab auch solche, die gegen Jelzin und gegen Gajdar waren. Das war zum einen eine Bewegung des Volkes, bestehend aus verschiedenen Kräften. Das andere waren die »Roten Direktoren«. Die waren gezwungen, das Modell der Privatisierung anzunehmen, das für sie aber letztlich nichts brachte, weil es sie marginalisierte, sie an den Rand drängte. Die Entwicklung wurde ja im Prinzip von der Nomenklatura und vom Komsomol dominiert, die ihre eigenen Banken gründeten. So bekamen die Direktoren Schwierigkeiten und unterstützten über den Obersten Sowjet die Opposition. Eigentlich war das 93 eine politische Opposition, aber mit den »Roten Direktoren« verständigte man sich. Das alles entschied sich natürlich nicht am 3. oder 4. Februar 92[150], sondern in den Monaten danach, als die Macht im Interesse der Technokraten, im Interesse des Direktorenkorpus der alten sowjetischen Nomenklatura die Privatisierung vorantrieb. Das geschah in einer Weise, die auch für die Bevölkerung nützlich war. In den Jahren 91 und 92 waren Gajdar und seine Leuten noch nicht soweit, die unentgeltliche Bildung abzuschaffen, die Schulen zu kommerzialisieren, die Universitäten zu privatisieren, die unentgeltliche Gesundheitsfürsorge zu liquidieren und überzugehen zu einer Kommerzialisierung der kommunalen Dienste wie jetzt Iwanow oder Medwedew ...

... aber Vorstellungen hatten sie doch davon schon, und zwar ziemlich brachiale, wenn ich an das Memorandum denke, das sie gleich nach dem Auseinanderbrechen der Union an den IWF richteten. Und die IWF-Empfehlungen selbst sprachen ja auch eine deutliche Sprache. Ich erinnere nur an die Stichworte: Deregulierung, Abbau der Überqualifizierung, Auflösung der Betriebskollektive als angebliche Ursache für die Krise ...

... ja, klar, aber sie setzten sie noch nicht um. Es gab sogar »Mitings« der »Budschedniki«[151] 1993, also Proteste dieses dienenden intellektuellen Proletariats, Ärzte, Lehrerinnen und andere. Heute haben sie Angst, auf die Straße zu gehen, damals gingen sie. Damals gingen sie mit der FNPR[152] sogar sehr erfolg-

---

150 Zur Erinnerung: Zu der Zeit erschien ein Memorandum der Regierung Gajdar anstelle eines Regierungsprogramms. Es folgte in seinen Hauptzügen wortwörtlich den Empfehlungen der Studie, die IWF und Weltbank kurz vorher, Anfang 1991, unter dem Titel: Eine Studie über die Sowjetwirtschaft, drei Bände, Head of publication service, Paris/Washington, 1991, vorgelegt hatten.
151 »Budschedniki« – Menschen, deren Dienstleistungen aus dem staatlichen Budget finanziert werden.
152 Zur Erinnerung: FNPR – allgemeiner Dachverband russischer Gewerkschaften, der sich beim Übergang von der UdSSR auf die Russische Föderation bildete.

reich auf die Straße und in die Opposition. Aber wichtig zu wissen ist: Ein Element des Kompromisses dieser Zeit bestand darin, daß es damals nicht darum ging, den Sozialstaat zu fordern: Was da war, das war da. Es war gesprengt, sehr begrenzt, in vielem extrem uneffektiv, weil es in Teile zerfiel; der Zusammenhang hatte seine Komplexität verloren. Aber generell bestand der Kompromiß zwischen den »Roten Direktoren« und den jungen liberalen Privatisierern darin, daß die Betriebe nicht zerstört werden sollten, daß einige der sozialen Leistungen erhalten werden sollten und die Direktoren die Möglichkeit erhielten, bei sich die Privatisierung einzuleiten und dabei über die Aktienmehrheit die Kontrolle über das Kapital zu bekommen. In diesem Sinne endeten die Jahre 1992/93 mit einem Kompromiß. Obwohl Jelzin politisch scharf vorging, lag sein eigentlicher Sieg auf sozialem Gebiet, weil es ihm möglich war, nach seinem politischen Sieg mit diesem sozialen Kompromiß auf seine Gegner zuzugehen. Ruzkoi z. B. wurde freigesprochen und ebenso andere von Jelzins direkten Gegnern ...

Aber Jelzin hat doch politisch sehr harte Fakten geschaffen, als er militärisch gegen den Obersten Sowjet vorging und danach sämtliche Sowjets im Lande auflöste, auch vor Ort.

Jelzin nutzte seinen militärischen Sieg für die Festigung seiner Position. Er schuf damit die Voraussetzungen für das, was heute Medwedew und Putin zu Ende bringen wollen. Was damals nicht gelang, das wollen sie jetzt. Aber hier wird eben die Grenze sichtbar, von der ich schon sprach, von der an individuelle Auswege nicht mehr möglich sind und man sich kollektiv wehren muß. Wir werden sehen. – Damals jedenfalls wurde ein sozialer Kompromiß geschlossen, der dem russischen Kapitalismus noch einmal zwanzig Jahre für seine Entwicklung gab.

Also noch mal zum besseren Verständnis: Alles, worüber du eben gesprochen hast, lag nach dem Sturm auf das »Weiße Haus«? Nachdem der Widerstand gegen die Totalprivatisierung militärisch bereits niedergeschlagen war?

Genau! Nach 93 ging die Privatisierung in eine neue Phase. Auf der anderen Seite wurden einige der extrem liberalen Schritte korrigiert. Die nächste Grenze ist dann der Zusammenbruch von 98. Das war auch ein entscheidender Schritt für die Entstehung des russischen Kapitalismus: Nach 98 wurde der russische Kapitalismus korporativ organisiert. Davor war er eindeutig ein räuberischer Kapitalismus, oligarchisch. Es galt das Motto: Wer konnte, der griff zu. Das war schon freie Konkurrenz *(lacht)*, aber nicht Konkurrenz der Waren auf dem Markt, sondern Konkurrenz um die Sicherung von Anteilen am Volksvermögen, Ressourcen u. a. m., notfalls auch mit der Waffe. Nach 98 wurden die Oligarchen schwächer. An ihrer Stelle entwickelte sich, sagen wir, eine Managerbürokratie, die Korporationen. Nehmen wir als Beispiel Gazprom. Das ist heute eine komplizierte hierarchische Struktur ganz nach dem Muster amerikanischer oder deutscher Korporationen. Gazprom, Ruhrgas, Standard Oil. Das sind Korporationen ungefähr gleichen Typs, starke Hierarchie, kompetentes Management. Ein Produkt der Revolution der Manager wurde Putin.

Interessant, Putin als Produkt! Aber sicher war er nicht nur Produkt, sondern mit seiner »autoritären Modernisierung« auch aktiver Beförderer dieser Entwicklung.

Klar, wenn Jelzin ein Produkt des räuberischen Kapitalismus war, der sich aus der alten sowjetischen Nomenklatura über eine Bande von Privatisierern gebildet hatte, unter Einhaltung dieser oder jener Absprachen mit den Direktoren der Betriebe, die eine gewisse Begrenzung brachten, so ist Putin die Epoche der Ordnung. Es ist die Epoche, in der diese Leute einer Ordnung unterworfen wurden; das ist Putin weitgehend gelungen. Nun, klar die Ölpreise stiegen, aber dessen ungeachtet gab es eindeutig ein gewisses ökonomisches Wachstum; das reale Niveau des Lebens stieg an, auf jeden Fall ist es heute höher als in der sowjetischen Zeit. Putin und seine Leute konnten nur zwei Fragen nicht lösen: Erstens konnten sie die wirtschaftliche Entwicklung nicht unabhängig vom Öl machen. Die Wirtschaft hängt weiterhin von der Ölförderung ab; die ist zwar besser organisiert, aber es blieb bei der Abhängigkeit ...

... die berüchtigte holländische Krankheit ...

... ja, aber zweitens ist es nicht einmal nur die Abhängigkeit vom Öl. Das Problem ist die innere Struktur unserer Wirtschaft. Es gibt keine Mechanismen für die Erneuerung der im Land selbst auftretenden strukturellen Probleme, für die Erneuerung der Infrastruktur, keine Mechanismen für die Ausbildung neuer Kader, es gibt keine Anreize für die Entwicklung eines inneren Marktes, die Anreize für den inneren Markt kommen von außen ...

Und das geht so seit 98? Putin, Medwedew, jetzt wieder Putin? Und immer so weiter?

Bis 2006/2007 geht das so. In der Zeit ist es ihnen gelungen, Ordnung zu schaffen, und in einigen Bereichen Disziplin herzustellen im staatlichen Sektor. Aber sie haben es nicht geschafft einen inneren Mechanismus der Wirtschaft zu erzeugen. Das hat schließlich zur Krise von 2008/2009 geführt. Seit dieser Zeit bis heute zieht sich eine Entwicklung hin, in der das wirtschaftliche System sich beständig am Rande des Auseinanderbrechens befindet. Das geht beständig hin und her, auch bei den Vertretern der Macht hörst du das: Alles bricht zusammen, sagen sie und dann wieder: oder auch nicht. *(lacht)* Das balanciert alles die ganze Zeit auf dieser Grenze. Das ist so etwas wie eine revolutionäre Situation. Die kann aufbrechen, die kann nicht aufbrechen. Alles ist möglich.

Das Potential der Gewalt in der Gesellschaft wächst, sagt man mir: Unzufriedenheit, Ratlosigkeit, Angst, Selbstjustiz, manche befürchten sogar Faschismus ...

Ja, die Situation ist gefährlich. Aber wenn du einen von den Verantwortlichen fragst, wird er dir antworten: Nein, alles normal. Derselbe Mensch sagt dir fünf Minuten später das Gegenteil. Das ist kennzeichnend für die jetzige Situation.

Ich sehe noch einen andern anderen Einschnitt – 2005, die Proteste gegen die Monetarisierung. Da kam ja fast die ganze Bevölkerung in Bewegung ...

Ja, 2005 war ein sehr interessanter Moment! Er zeigte sehr deutlich, paradox, das zu sagen, den Erfolg des russischen Kapitalismus. Wie meine ich das? Es zeigte sich, daß die Menschen begonnen hatten, nach neuen Regeln zu leben. Die Zahl der Menschen war ziemlich angewachsen, die recht stabil und im allgemeinen nicht schlecht lebten. Die neoliberale Politik des Staates hatte sie an den Markt gewöhnt. Aber die Sozialpolitik war noch nicht neoliberal, nicht so wie heute. Das zu sehen, ist äußerst wichtig zum Verständnis dieser Putinschen Periode und übrigens auch für das der Jelzinschen davor. 2005 war dann der erste offene Versuch einer Neoliberalisierung der sozialen Verhältnisse ...

Die Frage ist, warum das alles erst 2005 geschah und nicht schon viel früher, wenn ja doch die Pläne schon lange bestanden ...

Nun, ich denke, 2005 hat man gesehen, daß es der Bevölkerung besser ging, daß sie sich an die ersten Schritte der liberalen Reformen gewöhnt hatte. Und so konnte man weitergehen. Aus meiner Sicht war das zudem damals sogar eher ideologisch als wirklich ökonomisch begründet. Im Bewußtsein der Elite sah es damals so aus, als ob es mit den Reformen nicht vorangenge: immer noch unentgeltliche Schulen, immer noch unentgeltliche Krankenhäuser, immer noch billige Verkehrsmittel, billige Wohnungen, also kurz, die Sache der Reformen steht schlecht im Lande; damit sie vorankommem, muß alles privat werden und alles teurer. Deshalb versuchte die Regierung entsprechend aufzutreten. Aber als sie ansetzte, gab es sofort heftige Proteste, schon nicht mehr nach sowjetischer Art, sondern nach Art der Bevölkerung einer bürgerlichen Gesellschaft. Das war nicht mehr die Masse desorientierter sowjetischer Menschen, das waren schon Leute, die ein konkretes Interesse hatten.

Die Regierung trat damals sehr massiv auf, aber es war doch, wie gesagt, alles eher ideologisch, und als sie auf die massiven Proteste stieß, zog sie sich zurück. Es war für sie nicht lebenswichtig. Heute ist das eine andere Situation, da glaube ich nicht, daß sie zurückweichen werden. Heute ist das Vorgehen der Macht nicht mehr nur ideologisch begründet, sondern hat im Zuge der allgemeinen Krise andere, eher auch ökonomische Gründe. Sie sehen, daß das Geld fehlt. Nicht, daß es kein Geld gäbe, aber um einen Sozialstaat zu finanzieren und das Geld in dieser Weise umzuverteilen, müßte es heute schon von der Bourgeoisie genommen werden, statt von der Masse der Menschen.

Einer meiner westlichen Kollegen schrieb: Was ist der Unterschied zwischen Sozialliberalismus und Sozialdemokratie? Sozialiberalismus bedeutet: Wenn es Überflüsse gibt, werden sie an den Reichen vorbei an die Armen weitergegeben. Sozialdemokratie bedeutet, daß das notwendige Geld von den Reichen genommen und den Armen gegeben wird. Das heißt, die Umverteilung geschieht auf Kosten von jemanden für jemanden. In diesem Sinne war die Politik Putins bisher sozialliberal; also Umverteilung zugunsten der Armen, aber nicht auf Kosten der Reichen. Nach der Krise von 89 sind wir jetzt da angekommen, daß die bloße Aufrechterhaltung des sozialen Staates, wie er jetzt ist, eine Umverteilung von der Elite auf das Volk fordert. Die Elite ist dazu jedoch nicht bereit. Das hat es in der bisherigen Geschichte Rußlands noch nicht gegeben.

Nicht bereit? Oder hat sie einfach keine Erfahrung damit?

Sie sagen, wenn wir modernisieren wollen, wenn wir die nächste Krise überstehen wollen, dann brauchen wir keine Umverteilung von den Reichen zu den Armen, sondern von den Armen zu den Reichen. Man muß den Banken helfen. Man muß den großen Firmen helfen. Das ist ja genau das, was auch im westlichen Europa passiert. Das zeigt noch einmal, daß die Unsrigen nicht »wild« handeln, sondern vollkommen europäisch ... *(beide lachen)* ... mehr noch, man hat genau auf Europa geschaut und gelernt: In Europa begann die Enteignung der Bevölkerung, als das Geld knapp wurde, also etwa 2011. In Rußland ist das Geld noch nicht knapp, aber sie fangen für alle Fälle schon mal auf Vorrat damit an, die Bevölkerung zu enteignen. Sie sehen ja, wie ihre Kollegen in Griechenland vorgehen und in Spanien.

Es ist bemerkenswert, wie die Enteignung der regionalen Budgets zur Zeit in Rußland funktioniert. Es läuft genau so wie in Spanien. Aber in Spanien begann man damit, als das Geld ausging. Man sagte, hier sind eure sozialen Aufgaben und nun seht zu, wie ihr das selber finanziert, Geld geben wir nicht. Forderungen bestehen aber. Wie sollen das die Regionen tragen? Infolgedessen sind die Regionen alle verschuldet außer Katalonien. Die Katalanen sagen, wir geben kein Geld mehr für Spanien. Bei uns läuft genau dasselbe, nur daß das Geld bei den Regionen noch nicht ausgegangen ist. Wenn du mich fragst, welchen Sinn das macht – nun, man macht das in einer Situation, in der noch Möglichkeiten für Manöver bestehen, noch vor der Krise. Der einen oder anderen Region kann man so noch helfen, bevor es dort vollkommen schlecht wird. Man wird sehen, worauf das hinausläuft.

Ein gutes Beispiel ist die Region Woronesch. In Woronesch, wie du vielleicht weißt, hat die Bevölkerung vor kurzem ein Lager von Geologen niedergebrannt, die dort mit Entwicklungsarbeiten tätig waren. Warum? Weil diese Arbeiten für die Region nicht nützlich sind. Wenn da Dinge entwickelt werden, geht das Geld so oder so an Moskau. Arbeitsplätze gibt es kaum, und die Landwirtschaft wird zerstört. Deshalb sind diese Entwicklungsarbeiten für die örtliche Macht nicht von Nutzen. Aber das kann man nicht geradeheraus sagen. Also kommen da tausend Leute zusammen, brennen vor den Augen der Miliz das Lager der Geologen nieder. Die Polizei steht daneben und schaut zu. Danach werden fünfundzwanzig Leute festgenommen, irgendwo in eine abgelegene Gegend verfrachtet und wieder freigelassen.

Klar weiß die örtliche Macht, was da vor sich geht. Das ist ein Signal nach Moskau: Wenn ihr uns kein Geld gebt, dann kommen solche Aktionen auch auf euch zu. Deshalb denke ich, daß die nächste Etappe der Krise sehr den Vorgängen von 92 ähneln wird. Einige Teile der Elite, der herrschenden Klasse, der gesamten Bourgeoisie fühlen sich abgedrängt, weil man ihnen nicht den gebührenden Platz in der Entwicklung einräumt. Das ist die eine Seite, und auf der anderen steht die Bevölkerung, die den Abbau des sozialen Staates nicht hinnehmen will. Wir erleben gegenwärtig so etwas wie ein »Remake« von 1992. Die Frage ist nur, wer dabei gewinnt.

Du meinst, aufs Ganze gesehen ...

... ja, die Frage ist, wer hat was gelernt in den letzten zwanzig Jahren.

Wenn Putin jetzt den Kampf gegen die Korruption auf die Tagesordnung setzt, ist das ernst zu nehmen? Was hat das in diesem Zusammenhang zu bedeuten?

Man ist einfach zu der Ansicht gekommen, daß die Korruption inzwischen Überhand nimmt. Erstens kämpft eine Gruppierung gegen die andere ...

... also die bekannten Säuberungen ...

... es geht einfach um eine Begrenzung des Maßes der Korruption. In dem Sinne ist das ernst zu nehmen. Aber die Möglichkeiten dafür sind begrenzt. Das zeigt sich z. B. am Fall Serdjukow[153], dem ehemaligen Verteidigungsminister. Man hat ihm und seinen Gehilfen Veruntreuung vorgeworfen. Da wird auch gleich deutlich, wo die Grenzen liegen. Man kann heute jemanden aus seinem Amt entfernen, aber festsetzen kann man ihn schon nicht mehr. Deshalb, denke ich, das ist ernst.

Was hat sich nach Medwedew geändert?

Nun, sehr viel. Medwedew hatte eine liberale Gruppe um sich gesammelt. Was Putin betrifft, so war seine Position nie so stark wie im Westen immer beschrieben – Autokrat, vielleicht gar Diktator. Putin ist ein Mann des Konsenses. Seine Kraft resultierte daraus, daß er als Mediator agierte. Er versuchte immer einen Weg zu finden, der allen Seiten gefallen konnte. In diesem Sinne war er allen angenehm und dadurch stark. In den letzten drei Monaten ist er zwar immer noch im Konsens, aber der Konsens hat sich nach rechts bewegt. Ein Teil der Beamtenschaft hoffte, daß Putin gegen den antisozialen Kurs der Regierung halten werde. Subjektiv wollte er es wohl auch. Er gab solche Signale der Art, daß da ganze Verordnungen nicht ausgeführt worden seien, die Regierung gebe zu schnell den kommunalen Unternehmen nach u.ä. Das heißt, Putin

---

153 Serdjukow, Anatoli – Verteidigungsminister der Russischen Föderation seit 2007, wurde im November 2012 von Putin entlassen.

gab Signale, daß er sich von dem Kurs der Regierung distanziere. Aber bei der Geschichte mit der Akademie der Wissenschaften[154] hat er jetzt eine absolute Wende vollzogen, indem er selbst diese Reform der Akademie der Wissenschaften unterstützt. Das heißt er tritt als Garant der neoliberalen Politik auf. Also, der Konsens ging nach rechts, Putin schaukelt ein bißchen, aber er geht mit. Aber das ist sehr schlecht für ihn und für die ganze herrschende Elite, denn sie haben einfach keine Ressourcen mehr für ihre Politik. Es ist dasselbe, was wir auch im Westen sehen, wo einfach kein Raum mehr ist für eigene Entscheidungen. Und dieser Kurs provoziert die Öffentlichkeit. In diesem Sinne machen sie zur Zeit große Fehler, wenn sie versuchen, sich auf neoliberalen Positionen zu konsolidieren. Vorher konnte man immer noch sagen: Da ist der Dummkopf Medwedew, der die Liberalen um sich schart, und da ist Putin, der euch beschützt. Die Leute waren für Putin, weil er sie vor den neoliberalen Maßnahmen in Schutz nahm. Jetzt will er den Druck ganz offensichtlich verstärken.

Die Menschen fühlen das. Das Klima hat sich verändert. Alle meine Gespräche der letzten Zeit zeigen mir das ...

Ja, schau es dir an, wenn 2011/12 noch gegen nicht ehrliche Wahlen protestiert wurde – dann geht es jetzt um steigende Mietpreise, um Bildungskosten, um Versicherungen, um Streiks der Ärzte, um die beabsichtigte Zerschlagung der Akademie der Wissenschaften. Im Mittelpunkt stehen jetzt soziale Fragen.

Welche Rolle spielt die WTO dabei?

Nun, sie ist Katalysator für die weitere Kapitalisierung.

Von ihr geht die Forderung der »Optimierung« aus, die jetzt die Politik bestimmt.

Ja, das ist keine Frage. Auf jeden Fall. Und es sieht so aus, als kämen wir jetzt an die Grenze der individuellen Anpassung, von der ich sprach.

Also stellt sich die alte Frage: Was tun? Wie könnte eine Reform aussehen, die diesen Namen tatsächlich verdient?

Nun, im Grunde ist mehr oder weniger klar, wo es langgehen müßte, ich meine, als Minimalprogramm, das mit der Konzeption eines neuen sozia-

---

154 Im Zuge der nach dem WTO-Beitritt Rußlands entwickelten Politik der »Optimierung« soll auch die Akadamie der Wissenschaften kommerziellen Effektivitätskriterien unterworfen werden.

len Staates verbunden ist. Selbstverständlich reicht eine sozialdemokratische Umverteilung nicht aus. Eine Umverteilungspolitik ist jedoch ebenso unumgänglich. Aber natürlich müßte sie auf anderen Reformstrukturen aufgebaut sein, und da steht als erstes eine breite Nationalisierung an, also Verstaatlichung der verschiedenen Branchen, selbst unter dem Gesichtspunkt des Marktes. Staatsunternehmen sind in jedem Sinne effektiver im Umgang mit den Ressourcen als Privatfirmen. Dabei geht es nicht einmal nur darum, wieviel Geld in den Profit fließt. Es geht um die Realisierung der riesigen Möglichkeiten der strukturellen Reformen, das sind Menschen, Strukturen, Kapital, die gegenwärtig nicht für eine strategische Entwicklung des Landes genutzt werden. Also die Nationalisierung der industriellen Produktion ist die erste Aufgabe. Die zweite ist der strategische Ausbau der Infrastruktur: Verkehrswege, Modernisierung des ganzen Versorgungsnetzes, Auswechseln der Ausrüstung der sechziger Jahre. Das erfordert die Wissenschaften einzubeziehen, die technischen Erneuerungen; eine riesige Menge Menschen müssen für diese Ziele arbeiten, um auf ein technisches Niveau zu kommen, das die sechziger Jahre hinter sich läßt. Das heißt, man braucht eine Mobilisierung aller Kräfte für die technische Modernisierung der Strukturen. Das dritte ist eine kulturelle Veränderung der Menschen selbst von unten, Ausbildung, Bewußtseinsbildung, so wie wir es z. B. jetzt seit ein paar Jahren mit IGSO machen. Wir brauchen kein Ministerium für Erziehung, das sich nur mit dem Krieg gegen die Bildung beschäftigt, wir brauchen echte Bildungsarbeit. Deswegen ist der Kampf um die Erhaltung der Akademie der Wissenschaften jetzt auch so wichtig, weil es dort um Elemente der Selbstorganisation geht.

Hast du keine Vorstellungen von einer Entwicklung, die über den Staat und den Markt, wie sie heute sind, hinausgehen, also eine Entwicklung jenseits von Markt und Staat?

Doch, natürlich, natürlich, aber wir können diese Diskussion nicht auf dem Niveau von »Eine andere Welt ist möglich« führen. Ich bin »sick and tired« von diesen Parolen. Der Punkt ist, wir haben konkrete Ruinen, konkrete Probleme, und der Staat muß diese Probleme entscheiden. Wie werden wir die entscheiden? Wir müssen über neue Infrastrukturen sprechen. Ich spreche nicht nur von Ausrüstung, ich meine auch Organisation und Bewußtsein der Leute, vor allem auch Prinzipien der Organisation. Die können auch marktunabhängig sein, auch schon kommunistisch. Da gibt es Beispiele, eines ist Philadelphia, glaube ich, wo die Verwaltung im gesamten Bereich der Stadt kostenloses WLAN angelegt hat. Sie nennen das dort natürlich »compassion advantage«, aber im Grunde liegen darin Elemente von Kommunismus, oder? So kann eine Umorientierung aller Strukturen eingeleitet werden. Wir leben heute in einer Gesellschaft des Konsums. Da sind auf die Zukunft bezogen zwei Wege möglich: Wir können den Konsum individuell erhöhen, um individuelle Zufriedenheit herzustellen, oder wir entwickeln einen Konsum, der die kollektiven Bedürfnisse, also gemeinwirtschaftliche Bedürfnisse befriedigt. Die Nachfrage wird ja nicht durch die Masse der Individuen ermittelt, sondern durch die Gesellschaft als ganze. Die Infrastruktur wird nicht für einzelne Individuen hergestellt, die Infrastruktur ist die Summe der Bedürfnisse der einzelnen Individuen. Die Infrastruktur muß von Grund auf ein zusammenhängendes Ganzes sein. Sie kann sich nach Bedingungen verändern, die sich verändern, aber so oder so kann ihre Entwicklung nur nach einheitlichem Plan erfolgen.

Was die Einheitlichkeit von Plänen betrifft, bin ich skeptisch. Da muß man ja nichts wiederholen. Ich denke, es geht darum, am konkreten Bedarf der Menschen anzuknüpfen. Sind bei euch Strukturen geblieben, an denen eine solche Entwicklung anknüpfen könnte?

Ich weiß nicht, »keine Ahnung« (spricht deutsch), ich hoffe ...

...also Hoffnung besteht?

Weißt du, Kai, das Problem ist: Es gibt keine Struktur! Menschen gibt es, aber keine Struktur. Wenn es um mentale Strukturen geht, die kann man bilden. Wenn viele Menschen ein gemeinsames Bewußtsein entwickeln, kann man auch entsprechende Strukturen bilden, also theoretisch ist der Weg offen ...

Von welchem Bewußtsein sprichst du?

Da wäre die traditionelle marxistische Kategorie des Klassenbewußtseins – aber das ist schwierig: Die Klasse befindet sich in einem amorphen Zustande in Rußland. Die alte marxistische Kategorie, »Klasse an sich« oder »Klasse für sich« funktioniert hier nicht. Theoretisch haben wir eine »Klasse an sich«, aber subjektiv haben wir keine »Klasse für sich«, bestenfalls einige Kristallisationskerne. Trotzdem denke ich, daß der Prozeß der politischen Auseinandersetzung sehr schnell zur Herausbildung von Selbstbewußtsein führt. Da gibt es eine gewisse Basis, die hoffen läßt. Wir sind natürlich selbst Bestandteil davon, der bei dieser Ausbildung hilft. Wir sitzen ja nicht nur an der Seite und beobachten, sondern sind aktiver Teil dieses Prozesses. Darüber hinaus gibt es einige kulturelle Standards, die noch nicht ganz vernichtet worden sind. Ich denke an einige Vorgänge im letzten Jahr, wo Menschen sich gegen gewisse klerikale Tendenzen gewehrt haben, gegen Kreationisten etwa, die ankommen und sagen, man müsse einen Darwin nicht mehr lehren, oder dagegen, daß gesagt wird, Wissenschaft sei nicht mehr nötig, also wo Menschen gegen solche Erscheinungen des Irrationalismus und des Klerikalismus auftreten. Diese Vorgänge zeigen, daß es Kräfte des Widerstands gibt, daß es Leute gibt, die aufstehen und sagen, wir wollen diese ganzen irrationalen Geschichten nicht, nicht diesen Extrasens[155], nicht den Religionsunterricht in der Schule usw. Da zeigt sich eine gewisse Front nicht nur linker Leute, sondern von Menschen, die den europäischen Rationalismus verteidigen und nicht verlieren wollen. Das ist eine weitaus breitere Schicht als die linke Bewegung, aber nur die Linken vertreten konsequent diese Positionen. Es gibt aber immerhin einen gewissen Kern von Menschen, die diese antiklerikale Grundposition vertreten. Das sind Kräfte auf die man orientieren kann.

Ich verstehe. Da gibt es selbstverständlich viele offene Fragen, wo Bildungsarbeit anfängt und was sie umfassen müßte. Aber kommen wir zur letzten Frage für dieses Mal: Du erinnerst dich sicher, daß wir bei früheren Gelegenheiten lange und ausführlich über die Óbschtschina gesprochen haben.

Ja, ich erinnere mich. Mir scheint, sie ist zerstört. Der sowjetische Typ der Óbschtschina ist zerstört worden. Die nachsowjetische Gesellschaft ist, wie ich schon sagte, sehr stark individualisiert, sie besteht jetzt aus Menschen, denen die elementarsten Regeln der Solidarität erst wieder beigebracht werden müssen. Wo sich Strukturen der Óbschtschina erhalten haben, da in der patriarchalen und regressiven Form. Deshalb glaube ich, daß die Óbschtschina heute keine Ressource ist.

Du hast von der Grenze gesprochen, an der die individuelle Anpassung nicht mehr funktioniere und in kollektiven Widerstand übergehen könne…

… das ist nicht Óbschtschnost, das ist Kollektivnost[156]. Das sind unterschiedliche Dinge. Bei der Kollektivnost verbinden sich Menschen für ihr

---

155 Extrasens – entspricht in etwa dem, was im Westen der Esoterik-Markt ist.
156 Nominalismen für Orientierung an gemeinschaftlichem bzw. kollektivem Leben.

gemeinsames Interesse, das ist – ich sage in bedauerlicher Weise – ein vollkommen bürgerlicher Vorgang. Das sind Formen der bürgerlichen Gesellschaft. Das kann uns vielleicht an diese Grenze bringen, von der ich sprach, also wo der individuelle Weg nicht mehr ausreicht und kollektive Formen gesucht werden. Im Prinzip ist diese Form der Gemeinschaft jedoch ganz und gar bürgerlich, die Óbschtschina dagegen ist vorbürgerlich. Das, wovon ich gesprochen habe, ist »civil-cociety«, Bürgergesellschaft. *Das* kann entstehen. Das ist sogar sehr gut möglich, wenn Individuen sich zu gemeinsamem Interesse verbinden.

Und du siehst da kein kulturelles Gedächtnis in der Bevölkerung, das in die heutige Bewegung hineinwirken könnte, so daß möglicherweise neue soziale Formen entstehen, in denen sich die Gemeinschaftstradition mit dem Widerstand von heute verbindet? Ich nenne nur Stichworte, die bei uns heute im Gespräch sind – Allmende, Commons, gemeinwirtschaftliche Perspektiven ...

Ich weiß nicht – mir erscheint das sehr künstlich. Das erinnert mich an den Slogan von John Holloway[157] »Changing the world without taking power«. Einige Moden der westlichen Linken verlieren in letzter Zeit ihre politische Kraft. Ich denke, diese vorbürgerlichen Formen der Gemeinschaftsbildung sind für Europa oder auch für Rußland Vergangenheit. Sie können vielleicht noch in Südamerika eine Rolle spielen, in Bolivien, in Ecuador oder so. Aber nicht hier.

Nun gut, lassen wir das so stehen. Was ist dann deine konkrete Perspektive?

Das Element des Bewußtseins bilden, um so zu politischer Kraft zu kommen, nicht Partei gründen; es heißt immer wieder »Partei gründen«, »Partei gründen«, »Partei gründen«. Daran haben wir uns ja auch beteiligt. Aber so von oben geht es nicht. Das endet jedesmal wieder mit einem Auseinanderfallen. Eine Partei muß aus dem konkreten Kampf, aus den konkreten Prozessen wachsen, die sich in den Klassenauseinandersetzungen bilden. Wenn wir in diesen Auseinandersetzungen aktiv sind, dann können wir vielleicht eine politische Kraft herausbilden.

Siehst du Möglichkeiten der Kooperation mit der sogenannten neuen Opposition?

---

157 Holloway, John, irisch-mexikanischer Politikwissenschaftler. Seine Theorien stehen in starker Verbindung mit dem Weg der Zapatistas in Mexiko, die die gewaltsame Eroberung der staatlichen Macht als Weg in eine gerechtere Gesellschaft ablehnen, auch wenn sie sich zur Selbstverteidigung bewaffnet haben.

Nein, sie haben kein Interesse an sozialen Fragen, da gibt es für eine Kooperation keine Basis.

Gut, beenden wir unser Gespräch. Vieles muß offen bleiben. Möchtest du unseren Lesern und Leserinnen zum Schluß noch etwas sagen?
Ich weiß nicht *(nach einer Pause)* – mögen sie selber denken.
(beide lachen)

Chronologie

Die Chronologie erhebt keinen Anspruch auf Vollständigkeit. Sie soll lediglich dazu dienen, den Gesprächen einen Rahmen zuzuordnen. Knapp gehalten sind außenpolitische Daten, Namen und Einzelheiten zu Postenbesetzungen, ökonomische Details sowie Daten zu Perestroikafolgekriegen im eurasischen Raum. Das betrifft im Besonderen die laufenden Daten des russisch-tschetschenischen Krieges und der damit zusammenhängenden kaukasischen Kämpfe bzw. auch terroristischen Aktivitäten. Ich habe mich bemüht, die sozialen Bewegungen mehr als üblich sichtbar zu machen. Die Quellen dieser Chronologie werden am Schluß genannt.

Kai Ehlers

Frühe sowjetische Daten

1894–1917	Regierungszeit Nikolaus II.
1906–1911	Amtszeit Stolypins als Ministerpräsident
1914–1918	Erster Weltkrieg
1917	Februar- und Oktoberrevolution
1917–1924	Amtszeit Lenins als Regierungschef der Sowjetunion (bis 1922 Sowjetrussland)
1917–1920/21/22	Bürgerkrieg/Kriegskommunismus (Kriegsende Europa/Kaukasus/Asien)
1918 März	Unterzeichnung des Friedensvertrags von Brest-Litowsk zwischen Sowjetrussland und den Mittelmächten
1922–1924	Krankheit Lenins, Stalin wird Generalsekretär der KPdSU
1924	Tod Lenins
1922–1926	Nachfolgekämpfe in der Troika zwischen Sinowjew, Kamenew und Stalin 1922–1926 Neue ökonomische Politik (NEP)

1926/27	Stalin erhebt sich zum Alleinherrscher, Trotzki wird entmachtet
1929	Trotzki wird exiliert
1929–1930	Kollektivierung
1939–1945	Zweiter Weltkrieg
1953	Tod Stalins
1953–1964	Chruschtschows Amtszeit als Erster Parteisekretär der KPdSU (Amtsbezeichnung unter Stalin Generalsekretär)
1956	XX. Parteitag der KPdSU (Reformparteitag, Stalinkritik)
1958–1964	Chruschtschows Amtszeit als Regierungschef der Sowjetunion
1964–1982	Breschnews Amtszeit als Generalsekretär der KPdSU (erneute Umbenennung des Amtes des Parteiführers), Kossygin wird zum 2. Mann

Übergangszeit – Andropow, Tschernenko

25.01.1982	Tod des Chefideologen Suslow, Nachfolger Andropow
10.11.1982	Tod Breschnews
12.11.1982	Andropow wird Generalsekretär der KPdSU
Sommer 1983	Forderungen nach Reformen im Nowosibirsker Papier der Saslawskaja Schule
15.08.1983	Andropow fordert Wirtschaftsreformen
09.02.1984	Tod Andropows
13.02.1984	Tschernenko wird Generalsekretär der KPdSU
10.03.1985	Tod Tschernenkos

Gorbatschow

11.03.1985	Gorbatschow wird Generalsekretär der KPdSU
1985	Gorbatschow holt Jelzin nach Moskau
08.04.1985	Einseitiges Moratorium seitens der UdSSR zur Stationierung von Mittelstreckenraketen im europäischen Teil der UdSSR

April 1985	Zentralkomitee der KPdSU beschließt das Konzept der Beschleunigung der sozial-ökonomischen Entwicklung der UdSSR
16.05.1985	Beginn von Gorbatschows Anti-Alkohol-Kampagne
06.08.1985	Einseitiges sowjetisches Moratorium zu Atomversuchen
24.12.1985	Jelzin wird Moskauer Parteichef
Februar 1986	Jelzin wird Kandidat des Politbüros
25.02.–06.03.1986	XXVII. Parteitag der KPdSU erhebt das Konzept der sozial-ökonomischen Beschleunigung zum neuen Parteiprogramm
26.04.1986	GAU im Atomkraftwerk von Tschernobyl
Sept. 1986	Kleine Kioske für privaten Handel werden erlaubt.
17.–19.12.1986	Antirussische Unruhen in Alma Ata (Hauptstadt der Kasachischen SSR)
19.12.1986	Rehabilitierung Sacharows, weitere Dissidenten werden aus der Haft entlassen
27.–28.01.1987	ZK Plenum beschließt Perestroika und Glasnost
1987	Gründnung der Föderation Sozialistischer Clubs
Januar 1987	Zulassung von Kooperativen, Joint-Ventures und Privatarbeit
21.06.1987	Kommunalwahl mit unabhängigen Kandidaten
25.–26.06.1987	ZK Plenum beschließt Umgestaltung des Wirtschaftslebens
21.10.1987	Absetzung Jelzins als Moskauer Parteisekretär, Versetzung ins Bauministerium wegen seiner Kritik an zögerlichen Reformen
01.01.1988	Inkrafttreten des Unternehmensgesetzes: Eigenverantwortliche wirtschaftliche Rechnungsführung für Betriebe, Einschränkungen gewerkschaftlicher Rechte
16.01.1987	Auflösung des Staatskomitees für Außenhandel
31.01.1988	Wirtschaftliche Befugnisse für Regionen
04.02.1988	Rehabilitierung der Opfer des Stalinismus (außer Trotzki)
08.02.1988	Ausschluss Jelzins aus dem Politbüro
18.02–28.2.1988	Unruhen in Jerewan (Hauptstadt der Armenischen SSR) für den Anschluss Nagornyj-Karabachs (Bergkarabachs)
15.–16.03.1988	Beschluss des Agrarplenums der KPdSU über Landreform

14.04.1988	Beginn des Rückzugs sowjetischer Truppen aus Afghanistan
24.05–26.05.1988	Genossenschaftsgesetz erlaubt private Betriebe
05.06.1988	1000-Jahr-Feierlichkeiten der Christianisierung Rußlands
28.06.–01.07.1988	Parteikonferenz der KPdSU: Reform des politischen Systems der UdSSR
Juli 1988	Freie Wahlen zugelassen
30.09.1988	Vesetzung des Reformkritikers Jegor Ligatschows innerhalb des ZK auf Posten des Agrarministers
01.10.1988	Gorbatschow löst Gromyko als Staatsoberhaupt ab
Oktober 1988	Gründung der Baltischen Volksfronten (Reform- und Unabhängigkeitsbewegungen)
17.11.1988	Allunionskongreß wird Berufsparlament
01.12.1988	Verfassungsreform: Ansätze zur Parlamentarisierung der UdSSR
22.01.1989	Das Pachten von Land wird erlaubt
15.02.1989	Letzte sowjetische Truppen verlassen Afghanistan
11.–16.03.1989	Wahlen zum Allunionskongreß der Volksdeputierten der UdSSR
26.03.1989	Comeback Jelzins bei der Wahl zum sowjetischen Parlament
08.04.1989	Gesetz gegen antisowjetische Umtriebe
09.04.1989	Massaker in Tiflis: Demonstration für Georgische Unabhängigkeit von Armee niedergeschlagen: 19 Tote
Mai 1989	Registrierung der ersten nicht offiziellen Gewerkschaft unter dem Namen Verband sozialistischer Gewerkschaften (russisches Kürzel: SOZPROF)
25.05.–10.06.1989	Eröffnung des Volksdeputiertenkongresses der UdSSR (Allunionskongreß); Gorbatschow warnt vor Radikalisierung der Reformen und wendet sich gegen Auflösung der KPdSU
12.–15.06.1989	Gorbatschow in Bonn
Juni bis 27. Juli 1989	Bergarbeiterstreiks für höhere Löhne und bessere Arbeitsbedingungen in Sibirien; Ministerpräsident Ryschkow verspricht Forderungen zu erfüllen
27.06.1989	Erweiterung der Kompetenzen für Republikministerien

27.07.1989	Oberster Sowjet der UdSSR gesteht baltischen Republiken ab 01.01.1990 wirtschaftliche Unabhängigkeit zu
28.08.1989	Massendemonstrationen für Unabhängigkeit der baltischen Republiken am 50. Jahrestag des Hitler-Stalin-Paktes
19.–20.09.1989	ZK-Plenum zu Fragen zwischennationaler Probleme
September 1989	Erste Reise Jelzins in die USA
Hebst 1989	Antisemitische Auftritte der Gruppe Pamjat
November 1989	Massenstreiks der Bergarbeiter
12.08.1989	Litauen schafft das Parteienmonopol ab
09.10.1989	Gorbatschow verbietet illegale Streiks
13.11.1989	Estland erklärt Unabhängigkeit
28.11.1989	Helmut Kohl veröffentlicht Zehn-Punkte Programm; Gorbatschow spricht von Ultimatum; Wiedervereinigungsszenario erzeugt selbst bei westlichen Verbündeten der BRD Angst und Mißtrauen
02.–03.12.1989	Gorbatschow und G. W. Bush (sen.) auf Malta; Gespräche über Möglichkeiten einer deutschen Wiedervereinigung
Januar 1990	Abschaffung des Unterrichtsfachs Marxismus-Leninismus
1989/90	Eine Reihe von Gruppen und Organisationen entstehen aus der Perestroikabewegung, die sich differenziert: Menschenrechtsbewegung; Verband sozialistischer Gewerkschaften; Neue sozialistische Gewerkschaft, Neues sozialistisches Komitee; Parteiclubs; überregionale Abgeordnetengrupperadikal-demokratischen Opposition (um Jelzin) überregionalen Abgeordneten Gruppe um Jelzin; Demokratische Union, Parteiclub Moskauer Friedensgruppe Vertrauen Moskauer Friedensgruppe.
15.01.1990	Ausnahmezustand in Nagorny-Karabach; dorthin entsandte Truppen erhalten Schießbefehl
11.02.–12.02.1990	Kohl in Moskau: Gorbatschow stimmt überraschend einer möglichen Wiedervereinigung Deutschlands zu
05.02.1990	Das ZK der KPdSU billigt das radikale Reformprogramm Gorbatschows
15.02.1990	Der Oberste Sowjet der Union läßt Privatbauern zu, aber keinen An- und Verkauf von Land

27.02.1990	Das Amt eines Präsidenten der UdSSR wird geschaffen
11.03.1990	Litauen erklärt seine Unabhängigkeit
15.03.1990	Gorbatschow verurteilt die Unabhängigkeitserklärung Litauens als verfassungswidrig
14.03.1990	Gorbatschow wird zum Staatspräsidenten gewählt
28.03.1990	Gorbatschow spricht sich für kontrollierte Marktwirtschaft aus
März/April 1990	Erste allgemeine kommunale Wahlen für die Republik-, Stadt- und Bezirkssowjets; bei den Wahlen gewinnen flächendeckend die Unabhängigen
April 1990	Wirtschaftsblockade gegen Litauen
April 1990	Pamjat-Gruppe überfällt eine Veranstaltung der demokratischen Schriftstellervereinigung April im Haus der Literatur in Moskau.
01.05.1990	Gorbatschow und die gesamte Staatsführung werden bei der offiziellen Maifeier auf dem Roten Platz ausgepfiffen
03.05.1990	Lettland erklärt seine Unabhängigkeit
Mai 1990	Bedrohliche Versorgungskrise in Moskau; erste Preisreform ist gescheitert
16.05.–22.06.1990	1. Kongreß der Volksdeputierten der russischen Republik (RSFSR)
20.05.1990	Jelzin wird Ministerpräsidenten der russischen Republik
29.05.1990	Jelzin wird Vorsitzender des Obersten Sowjet der russischen Republik
03/04.06.1989	Auf dem Tian'namen Platz in Peking (Platz des himmlischen Friedens) werden Forderungen nach Demokratisierung blutig niedergeschlagen
Anfang Juni	Neues russisches Polizeigesetz
12.06.1990	Der Kongreß der Volksdeputierten der RSFSR erklärt die Souveränität der russischen Republik
14.06.1990	Die Ukraine erklärt sich für unabhängig
02.–13.07.1990	XXVIII. Parteitag der KPdSU spricht sich für Fortsetzung der Perestroika aus; Jelzin gibt während des Parteitags gemeinsam mit Delegierten der Demokratischen Plattform seinen Austritt aus der KPdSU bekannt

14.–16.07.1990	Bundeskanzler Kohl im Kaukasus: Gorbatschow stimmt Wiedervereinigung und NATO-Mitgliedschaft der BRD zu; Kohl sichert im Gegenzug Verzicht auf Atomwaffen und Reduzierung der Bundeswehr auf 370.000 Mann zu
01.08.1990	Michail Gorbatschow und Boris Jelzin initiieren unter vorläufiger Beilegung ihrer Differenzen gemeinsam das 500-Tage-Programm
01.08.1990	Valutaläden werden für Sowjetbürger zugänglich gemacht
01.08.1990	Neues Mediengesetz: Zentrale Zensurbehörde wird abgeschafft
14.08.1990	Gorbatschow rehabilitiert ausgebürgerte Intellektuelle, darunter Alexander Solschenyzin
31.08.1990	Die Sowjetrepublik Tatarstan erklärt sich für souverän
12.09.1990	Unterzeichnung des 2+4-Vertrages zur deutschen Wiedervereinigung
16.09.1990	Auf Großdemonstrationen in Moskau und St. Petersburg (damals noch Leningrad) wird der Rücktritt Gorbatschows und die sofortige Annahme des 500-Tage-Programms gefordert
23.09.1990	Sondervollmachten für Michail Gorbatschow
01.10.1990	Religionsfreiheit und Freiheit des Privateigentums wird garantiert
09.10.1990	Das Parteienmonopol fällt: Steichung des Artikels 6 der sowjetischen Verfassung und damit Aufhebung der Sonderrolle der KPdSU
10.10.1990	Legalisierung des Mehrparteiensystems durch den Obersten Sowjet der UdSSR
15.10.1990	Gorbatschow erhält Friedensnobelpreis
22.10.1990	Verabschiedung eines wirtschaftlichen Stabilisierungsprogramms für UdSSR
01.11.1990	500-Tage-Programm wird in der Russischen Sozialistischen Föderativen Sowjetrepublik RSFSR umgesetzt, nicht jedoch in der gesamten UdSSR
November 1990	In Moskau und Leningrad droht eine Hungerkatastrophe; westliche Reaktion: »Kare-Pakete für Rußland«

Dezember 1990	Treffen linssozialistischer Parteien aus Ost und West in Leningrad (heute St. Petersburg) mit PDS, aber ohne Stalinisten (Teilnehmer u.a. auch Kagarlitzki)
17.12.1990	Nochmalige Erweiterung der Vollmachten für Gorbatschow; Oberster Sowjet erklärt sich für Erhalt der Union
20.12.1990	Außenminister Schewardnadse tritt mit Warnungen vor Diktatur und Faschismus zurück; Einführung eines Präsidialsystems verleiht Gorbatschow weitere Vollmachten
01.011991	Jelzin gestattet den Verkauf von Land in der russischen Republik
01.01.1991	Gorbatschow will unrentable Sowchosen privatisieren; Verkauf von Land bleibt für die UdSSR verboten
Januar 1991	Die RSFSR beschließt ein Programm zur Modernisierung des Dorfes
1991	»Geschlossene Städte« sollen unionsweit zugänglich werden
13.01.1991	Spezialtruppen der Union (OMON) richten Blutbad in Wilna an
13.01.1991	Ausweitung der Bergarbeiterstreiks
20.01.1991	Hunderttausende demonstrieren in Moskau für schnellere Reformen
27.01.1991	Erste Währungsreform (Entwertung von 50- und 100-Rubelnoten aus der Zeit 1961); Panik in der Bevölkerung
Febr. 1991	Weitere Intensivierung der Bergarbeiterstreiks; Die Streikenden drängen auf die Erfüllung gegebener Versprechungen; sie fordern den Rücktritt Gorbatschows
17.03.1991	Referendum zur Frage der Union: 76% der Befragten sprechen sich für Erhaltung der Union aus
26.03.1991	Gorbatschow verhängt Demonstrationsverbot für Moskau
28.03.–04.04.1991	3. Kongreß der Volksdeputierten der RSFSR; in Moskaus Massenproteste gegen Gorbatschow und für Jelzin
31.03.1991	Auflösung des Warschauer Paktes
01.04.1991	Preiserhöhungen für bisher staatlich subventionierte Grundnahrungsmittel und öffentliche Dienstleistungen; schlagartige Veränderung des Alltagslebens

03.04.1991	Abwertung des Rubels
05.04.1991	Jelzin erhält Sondervollmachten vom Obersten Sowjet der RSFSR
09.04.1991	Georgien erklärt sich für unabhängig
10.04.1991	Gorbatschow legt ein umfassendes Notstandsprogramm vor
24.04.1991	Verabschiedung des Notstandsprogramms gemeinsam mit Jelzin und anderen Republikführern verabschiedet; Einigung über Ausarbeitung eines neuen Unionsvertrags (allerdings ohne die baltischen Länder, Georgien, Armenien und Moldawien)

Übergangssituation: Doppelherrschaft Gorbatschow-Jelzin

28.04.1991	Sonderkongreß der KP der RSFSR: Abwahl Jelzins erhält keine Mehrheit, statt dessen Spaltung der KP der russischen Republik; Massendemonstrationen in Moskau trotz Verbot
03.05.1991	OMON greift armenische Grenzdörfer an: 27 Tote, 50 Verschleppte; Hintergrund: geplante Abstimmung über Unabhängigkeit Armeniens
06.05.1991	Beilegung des Bergarbeiterstreik nach Zusicherung Jelzins, die Probleme im Rahmen der russischen Republik zu lösen
10./19.05.1991	Erneute Angriffe der OMON auf armenische Dörfer: 48 Tote
16.05.1991	Oberster Unionssowjet verhängt Ausnahmezustand über Georgien
06.05.1991	OMON attackiert litauische Grenzposten
16.05.1991	Oberster Sowjet Moldawiens lehnt Debatte über Unabhängigkeitserklärung ab
16.05.1991	Neues KGB-Gesetz (erstmals öffentlich): KGB soll in Zukunft nach »demokratischen Prinzipien« arbeiten

16.05.1991	Bekanntgabe der Verabschiedungs eines Anti-Krisen-Programms durch Unions-Innenminister Pawlow; Ziele: schneller Übergang zur Marktwirtschaft, Aufbrechen staatlicher Monopole, Ausgabenkürzungen und Maßnahmen zur Anwerbung ausländischen Kapitals
16.05.1991	Gorbatschow verfügt die Einrichtung von besondere »Regimes der Arbeit« in der Grundstoffindustrie Wilde Streiks werden unter Strafe gestellt.
18.05.1991	Gorbatschow verfügt Streikverbot für Schlüsselindustrien
20.05.1991	Unionssowjet novelliert Streikgesetz: Der Präsident soll zukünftig die Aussetzung von Streiks anordnen können
21.05.1991	Annahme eines Ausreisegesetzes durch den Unionssowjet; im Westen werden Einreisebestimmungen als Gegenmaßnahme zur befürchteten Massenauswanderung verschärft (siehe dazu exemplarisch: Spiegel 10.12.1990: Die soziale Explosion droht, http://www.spiegel.de/spiegel/print/d-13502120.html)
04.06.1991	Sowjetische Truppen umstellen Litauisches Parlament
12.06.1991	Jelzin wird zum Präsidenten der RSFSR gewählt
17.06.1991	9+1-Konsens (RSFSR/Jelzin + Republiken) für einen neuen Unionsvertrag
19.06.1991	Unionsinnenminister Pawlow beansprucht Sondervollmachten für Notverordnung
03.07.1991	Privatisierungsgesetz für Union verabschiedet
05.04.1991	RSFSR spricht Jelzin Sondervollmachten zu
18.–22.06.1991	Jelzin in den USA; Unterstützung bei der der beschleunigten Umsetzung des 500-Tage-Programms zugesagt
15.–17.07.1991	Gorbatschow beim Treffen der G-7 in London: keine Zusagen für Wirtschaftshilfen oder sonstige Unterstützung
August 1991	Gründung Moskauer Regionalgruppe der Partei der Arbeit; gegenseitige Anerkennung RSFSR und Litauen
31.07.1991	Unterzeichnung des ersten Abrüstungsabkommens (START I) von Bush (sen.) und Gorbatschow
06.08.1991	Jelzin verbietet KPdSU in den Betrieben

18.08.1991	Putschversuch der Orthodoxen ohne Militäreinsatz; Jelzin agitiert medienwirksam (Panzerbild) gegen den Putsch und wird zum Volkshelden
21.08.1991	Putschversuch gescheitert; Triumph Jelzins
23.08.1991	Jelzin verfügt Auflösung der KPdSU in der RSFSR
24.08.1991	Rücktritt Gorbatschows vom Parteivorsitz
06.09.1991	Anerkennung der baltischen Staaten durch die RSFSR
23.09.1991	IWF-Experten landen in Moskau
28.10.1991	Fernsehansprache Boris Jelzins zu seinem Wirtschaftsprogramm für die Russische Föderation: Übergang zur Marktwirtschaft und makroökonomische Stabilisierung; Die Rede wird durch »Memorandum zur Wirtschaftspolitik« Anfang 1992 ergänzt, das in seinen Hauptzügen, teils wortwörtlich, den Empfehlungen der Studie folgt, die IWF und Weltbank Anfang 1991 vorgelegt haben. Wesentliche Inhalte darin sind Aufhebung der Preisbindung, Privatisierung und eine Landreform, konkret: Privatisierung der Kolchosen, Schaffung eines privaten Bauenstandes
01.11.1991	Jelzin erhält vom Kongreß der Volksdeputierten Sondervollmachten zur Durchführung von Wirtschaftsreformen
06.11.1991	Verfügung Jelzins zur unionsweiten Auflösung der KPdSU
08.–12.11.1991	Tschetschenien erklärt sich für unabhängig; Jelzin verhängt den Ausnahmezustand über Tschetschenien
06.11.–08.11.1991	Jegor Gaidar wird von Jelzin mit der Regierungsbildung beauftragt, Anatoli Tschubais wird Leiter eines Staatskomitees der RSFSR zur Verwaltung des Staatsvermögens und ist damit unionsweit verantwortlich für die Umsetzung des Privatisierungsprogramms
08.12.1991	Auflösungserklärung der UdSSR im Abkommen von Beloweschskaja Puschtscha durch RSFSR, Weißrußland und Ukraine
21.12.1991	Gründung der Gemeinschaft Unabhängiger Staaten (GUS) durch elf ehemalige Sowjetrepubliken (ohne Georgien und baltische Republiken)
25.12.1991	Umbennung RSFSR in Russländische Föderation
25.12.1991	Gorbatschow tritt als Präsident der UdSSR zurück

27.12.1991	Erlaß Jelzins zur Bodenreform: Vorgesehen ist der Vollzug der Umwandlung von Kolchosen und Sowchosen in private Agrarbetriebe, Staatsbetriebe in Aktiengesellschaften in zwei Jahren
25.12.1991	Gorbatschow tritt offiziell als Staatsoberhaupt zurück
31.12.1991	Formelle Auflösung der UdSSR (Ergänzung: eine mit Mehrheit in der Duma am 15.03.96 erwirkte Nichtigkeitserklärung bleibt folgenlos)

Jelzin

01.01.1992	Freigabe der Preise: Preisanstieg innerhalb eines Monats um 245 %
Febr. 1992	Unterzeichnung eines Schattenprogramms mit dem IWF (siehe 28.10.1991, »Memorandum«)
05.03.1992	Neues Gesetz zur inneren Sicherheit
31.03.1992	Abschluß eines Föderationsvertrag zwischen der Russischen Föderation und den Republiken innerhalb der Föderation
06.04.–21.04.1992	Differenzen zwischen Jelzin und dem Kongreß der Volksdeputierten: der Kongreß billigt Jelzins Reformprogramm nur bedingt. Eine Einigung auf neue Verfassung kommt ebenfalls nicht zustande.
15.05.1992	Russische Föderation und UdSSR-Nachfolgestaaten schließen einen Vertrag über kollektive Sicherheit (OVKS)
06.04.1992	Scheitern des Mißtrauensantrags gegen Jelzin im Deputierten-Kongreß; Verlängerung der Sondervollmachten für Jelzin
05.06.1992	Gawriil Popow tritt als Moskauer Bürgermeister zurück, Nachfolger wird Juri Lyschkow.
Juli 1992	Erneutes Beistandsabkommen zwischen Russischer Föderation und IWF; alle Mitglieder der GUS sind inzwischen dem IWF angeschlossen
11.07.1992	Oberster Sowjet verabschiedet Privatisierungsprogramm für 1992

05.08.1992	Landesweite Bauern- und Landarbeiterproteste
04.09.1992	Sondererlaß zur Privatisierung im ländlichen Raum
22.09.1992	Kritik der Volksdeputierten an Gaidars Wirtschaftspolitik
24.09.1992	Jelzin unterzeichnet Gesetz über Verteidigung, das der Politik die Priorität über militärische Angelegenheiten einräumt
Oktober 1992	Landesweite Gründung der Partei der Arbeit
23.10.1992	Beginn der sogenannten Voucher-Privatisierung: Anteile am Volksvermögen im Wert von 10.000 Rubel pro Einheit werden an die Bevölkerung ausgegeben, bei geringer Aufklärung über Sinn und Zweck der Vouchers
05.11.1992	Erdgasministerium wird zur offenen Aktiengesellschaft (Gazprom)
01.12.–14.12.1992	Kongreß der Volksdeputierten im Konflikt mit Jelzin
12.12.1992	Jelzin entläßt Gaidar; Nachfolger wird Tschernormyrdin, zuvor Chef von Gazprom
10.-13.03.1993	Oberster Sowjet beschränkt Jelzins Vollmachten
26.03.–29.03.1993	Mißtrauensantrag gegen Jelzin scheitert; Jelzin fordert Vertrauens-Referendum
01.04.1993	Gipfeltreffen von Jelzin und Clinton in Vancouver: Clinton kündigt Kredite an
14.04.1993	Prozeß gegen Putschisten beginnt
25.04.1993	Vertrauens-Referendum bringt eine Mehrheit für Jelzin
08.05.1993	Jelzin verfügt schnellere Privatisierung; Oberster Sowjet bremst
14.07.1993	Im Obersten Sowjet wird ein Defizithaushalt vorgelegt, der eine Erhöhung der Mindestlöhne um 80 % vorsieht; Jelzin spricht ein Veto aus
26.07.1993	Zweite Währungsreform (betrifft alle Scheine vor 1993)
27.07.1993	Oberster Sowjet setzt alle Dekrete Jelzins über Privatisierung und Bodenreform außer Kraft
21.09.1993	Jelzin löst den Obersten Sowjet auf
03.10–04.10.1993	Revolte in Moskau nach Auflösung des Obersten Sowjets: gemeinsamer Widerstand von Orthodoxen und Radikaldemokraten; Jelzin läßt Tagungsgebäude des Obersten Sowjet, in Anlehnung an die USA »Weißes Haus«

	genannt, von Panzern beschießen und stürmen: 187 Tote, 437 Verletzte (fast alle auf Seiten der Unterstützer des Kongreßes); Comeback Gaidars
22.10.1993	Jelzin verfügt Auflösung aller Sowjets landesweit
27.10.1993	Jelzin erläßt ein Dekret zur Sicherung von Aktionärsrechten
29.10.1993	Jelzin erläßt ein Dekret zur Beschleunigung der Landreform
02.11.1993	Bildung einer Kommission für Menschenrechte im Kabinett des russischen Präsidenten; Vorsitzender wird Sergej Kowaljew
12.12.1993	Annahme der neuen Verfassung durch ein Referendum: weitgehende Stärkung der Rechte des Präsidenten; Garantien für Privateigentum, freien Handel und Bürgerrechte
15.12.1993	Wahlen zur Staatsduma und zum Föderationsrat: Liberaldemokratische Partei Schirinowskis (LDPR) wird mit 22 % der Stimmen stärkste Kraft vor der KPRF mit 12,4 %; Liberale erleben herbe Verluste
01.01.1994	Einführung eines Devisenkontrollsystems
14.–17.01.1994	G-7-Tagung in Rom: Mehr Geld für Rußland
17.01.1994	Rücktritt Gaidars und anderer Minister des Reformkabinetts
08.021994	NATO-Programm »Partnerschaft für den Frieden«: Rußland und Ukraine werden Mitglieder
23.02.1994	Putschisten von 1991 werden amnestiert
12.03.1994	Bergarbeiter streiken
22.03.1994	IWF fordert strikte Finanzpolitik im Sinne seiner monetaristischen Vorgaben
12.04.1994	Moskau stellt Antrag zur Aufnahme in den Europarat
23.05.1994	Gesetzes-Initiative zur Investitionsförderung
27.05.1994	Solschenyzin kehrt zurück
28.05.1994	Jelzin stiftet ein Abkommen über Bürgerfrieden
Juni 1994	Ende der Voucher-Privatisierung und der ersten Phase der Privatisierung von Betrieben und Sachwerten; Beginn der Geld-Privatisierung

09.07.1994	Gebührenfreiheit für Sekundarstufe und Berufsschule wiederhergestellt
18.09.1994	Jelzin erläßt Anti-Mafia-Dekret: umfangreiche Sonderrechte für Polizei und Geheimdienste; Inhaftierung bis zu 30 Tagen ohne richterliche Anordnung, unbegrenzte Durchsuchungsrechte, Auskunftspflicht von Banken und Geschäften gegenüber der Polizei, Sondergerichte
11.10.1994	Schwarzer Dienstag: Rubelkurs fällt um 27 %
18.10.1994	Verbot der KP aufgehoben
21.10.1994	Verabschiedung eines Kodex der Bürgerrechte, u.a. Wahlrechte
21.10.1994	Bombenattentat auf den Journalisten Chalow
24.10.1994	Mißtrauensantrag gegen Jelzin scheitert
28.11.1994	Jelzins stellt ein Ultimatum an Tschetschenien, Waffen bis zum 15.12.1994 niederzulegen
01.12.1994	Rußland protestiert gegen NATO-Erweiterung
11.12.1994	Jelzins läßt Truppen in Tschetschenien einmarschieren; der erste Tschetschenien-Krieg beginnt
10.01.1995	Tschernomyrdin bemüht sich um einen Waffenstillstand mit Tschetschenien
28.01.1995	Sergej Kowaljow verläßt die Russische Kommission für Menschenrechte in Tschetschenien aus Protest gegen Jelzins Tschetschenienpolitik
10.02.1995	Ausweitung der Bergarbeiterstreiks
09.02.1994	Tschetscheniens Hauptstadt Grosny wird durch russische Truppen eingenommen
01.03.1995	Der TV-Journalist Listjew wird ermordet
02.03.1995	Der Rubelkurs wird freigegeben, ein Rubelkorridor eingeführt
1995	Moskau und Kiew schließen Vertrag über Abtretung des sowjetischen Nuklearerbes an Rußland
08.03.1995	Soldatenmütter protestieren; Start des »Marschs mütterlichen Mitgefühls« in Moskau
April 1995	IWF-Kredit über 6,4 Mrd. US-Dollar
01.05.1995	Zehntägige Waffenruhe in Tschetschenien
25.05.1995	Freundschaftsvertrag zwischen Rußland und Weißrußland

14.06.–18.06.1995	Die Geiselnahme von Budjonnowsk durch tschetschenische Kämpfer endet mit mehr als 130 toten Zivilisten, darunter viele Kinder; Mißtrauensantrag gegen Regierung, Innenminister Jerin wird entlassen
16.–17.06.1995	G-7 in Halifax; Kreditangebote für Jelzin
11.07.1995	Jelzin mit Herzbeschwerden im Krankenhaus; danach häufiger krankheitsbedingte Unterbrechungen seiner Amtstätigkeit bis 1998
12.07.1995	Antrag auf Amtsenthebung Jelzins scheitert
08.08.1995	Chef der Robisesbank ermordet; er ist das 46. Mordopfer unter Geschäftsleuten innerhalb weniger Monate
07.09.1995	Jelzin ordnet Verkauf von Staatsbetrieben an
Oktober 1995	Duma untersagt Kauf von Land
27.10.1995	Weltbankkredite: jährlich 2,3 Mrd US$
09.11.1995	Ukraine wird Vollmitglied im Europarat
16.11.1995	Schuldenmoratorium westlicher Privatbanken für Rußland
17.12.1995	Wahlen zur Staatsduma: nur 4 der 43 Parteien schaffen Fünf-Prozent-Hürde, KPRF mit 22,3 % der Stimmen stärkste Fraktion
1996	China, Rußland Kasachstan, Kirgisistan und Tadschikistan gründen Schanghai Cooperation Organisation (SCO) als Anti-Terror-Bündnis
09.01.1996	Geiselnahme durch tschetschenische Kämpfer in Kizljar und Perwomajsk
19.01.1996	GUS-Gipfel bestätigt Jelzin als Präsident
01.02.1996	80 % der russsischen Bergarbeiter streiken
Februar 1996	In Regierungskreisen werden Renationalisierungsprogramme erwogen
01.02.1996	World Economic Forum in Davos: Russische Oligarchen vereinbaren, Jelzins Wahlkampf aktiv zu unterstützen; Anatoli Tschubais wird Wahlkoordinator
Februar 1996	Kredite zur Wahlkampfunterstützung Jelzins: IWF (10,2 Mrd US-Dollar), Weltbank (350 Mio US-Dollar), Bundesregierung (4 Mrd. DM), zusätzliche Umschuldungsabkommen

25.02.1996	Rußland wird in den Europarat aufgenommen
11.03.1996	Jelzin dekretiert erneut ein Recht auf Landbesitz
15.03.1996	Antrag der KPRF auf rückwirkende Nichtigkeitserklärung des Auflösungsbeschlusses der Sowjetunion wird in der russischen Duma mehrheitlich angenommen und verabschiedet; die Erklärung bleibt ohne Wirkung
23.04.1996	Gezielte Tötung des tschetschenischen Präsidenten Dochar Dudajew in seinem Haus; Nachfolger wird Aslan Maschadow
26.05.1996	Waffenstillstand in Tschetschenien
05.06.1996	Duma hebt Jelzins Leitzins-Dekret zum Boden auf
11.06.1996	Anschläge in Moskauer Metro: 4 Tote, 16 Verletzte
Juni/Juli 1996	Wiederwahl Jelzins im zweiten 2. Wahlgang mit 53,82 % der Stimmen, Sjuganow erhält 40,31 %; Oligarch Boris Beresowski wird als graue Eminenz Chef des Sicherheitsrates; Jelzin erleidet noch am Wahltag einen Herzinfarkt
01.07.1996	Wechselkurssystem eingeführt
01.08.1996	Bergarbeiterstreik weitet sich aus
06.08.1996	Tschetschenische Kämpfer besetzen in einer Großoffensive Grosny; hohe Verluste bei den russischen Truppen
23.08.1996	General Lebed und Präsident Maschadow vereinbaren Waffenstillstand
03.09.1996	Jelzin unterzieht sich einer Bypaß-Operation
1997–2008	Periode beständiger NATO-Osterweiterung; mit dem russisch-georgischen Krieg endet diese Strategie, da Grenzen der Erweiterungspolitik für alle Seiten deutlich werden
1997–2008	Periode beständiger EU-Osterweiterung; endet ebenfalls mit russisch-georgischem Krieg; seitdem Übergang zu Assoziierungsverhandlungen.
07.02.1997	IWF gibt eine weitere Tranche frei
12.05.1997	Krieg in Tschetschenien wird für beendet erklärt
27.05.1997	Rußland unterzeichnet NATO-Grundlagen-Akte
30.06.1997	Jelzin ernennt Tochter Tatjana Djatschenko zur Imageberaterin
15.09.1997	Jelzin lädt Oligarchen zum Gespräch ein, um den Bankenkrieg zu schlichten

16.09.1997	Finanzkrise: Russische Regierung kann ihre Staatsanleihen nicht bedienen
03.11.1997	IWF verschiebt die Auszahlung der nächsten Tranche auf 1998
05.11.1997	Jelzin entläßt Beresowski aus dem Sicherheitsrat
23.03.1998	Jelzin entläßt das Kabinett, das er selbst kommissarisch geführt hat; Sergei Kirijenko wird Ministerpräsident
17.08.1998	»Krach«: Höhepunkt der Finanzkrise; Abwertung des Rubel, Bankenzusammenbrüche
23.08.1998	Jelzin entläßt Kirijenko, nominiert Tschernormyrdin eneut als Ministerpräsidenten
11.09.1998	Jelzin entläßt Tschernomyrin nach zweimaliger Ablehnung durch die Duma, ernennt Jewgeni Primakow zum Ministerpräsidenten
27.10.1998	Jelzin im Sanatorium
19.03 1999	Seidenstraßenstrategie in USA vorgelegt
29.03.1999	Jelzin beruft Wladimir Putin zum neuen Sekretär des Sicherheitsrats
24.03.–10.06.1999	NATO bombardiert die Bundesrepublik Jugoslawien
12.05.1999	Jelzin entläßt Primakow; Nachfolger wird Sergei Stepaschin
Mai 1999	Einführung der Fünf-Prozent-Klausel für Wahlen
15.05.1999	Mißtrauensantrag gegen Jelzin wegen Tschtschenien scheitert
11.06.1999	Russische Fallschirmjäger besetzen Flughafen von Priština
28.07.1999	IWF Kredit über 4,5 Mrd. US-Dollar
07.08.1999	Tschetschenische Kämpfer besetzen Dörfer in Dagestan
09.08.1999	Jelzin schlägt Putin als neuen Ministerpräsidenten vor und bezeichnet ihn als seinen designierten Nachfolger im Präsidentenamt
16.08.1999	Putin wird von der Duma als Ministerpräsident bestätigt
31.08.1999	Anschlag im Einkaufszentrum unter dem Manege-Platz in Moskau; 41 Verletzte
05.09.1999	Anschlag auf Wohnanlage russischer Truppen in Bujnaksk (Dagestan): 22 Tote, 88 Verletzte

08.09.1999	Anschlag auf ein Wohnhaus in Moskau: 95 Tote, mehr als 300 Verletzte
13.09.1999	Anschlag auf ein weiteres Wohnhaus in Moskau: 121 Tote
16.09.1999	Anschlag auf ein Wohnhaus in Volgo-Donsk: 17 Tote, ca. 200 Verletzte
17.09.1999	Russische Luftstreitkräfte bombardieren Ziele in Tschetschenien; Flüchtlingsströme in die Nachbarrepubliken
23.09.1999	Bomben-Attrappe des FSB in einem Hochhaus in Rjazan entdeckt
30.09.1999	Beginn des 2. Tschetschenienkriegs
01.10.1999	Putin entzieht Tschetscheniens Präsident Aslan Maschadow die Anerkennung; Beginn der Bodenoffensive der russischen Truppen
05.10.1999	Maschadow ruft Kriegsrecht in Tschetschenien aus
19.12.1999	Wahlen zur Staatsduma: KPRF wird stärkste Partei (24 %), die Putin nahestehende Partei Einheit erreicht 23,3 %
31.12.1999	Rücktitt Jelzins, er entschuldigt sich im TV für seine Fehler; Putin wird Übergangspräsident

Putin

31.12.1999	Putin garantiert Jelzin Freiheit von Strafverfolgung
03.01.2000	Putin entläßt Tatjana Djatschenko
25.01.2000	Gipfeltreffen der GUS; Putin wird Vorsitzender des GUS-Rates
26.01.2000	Union zwischen Rußland und Belarus tritt in Kraft
07.02.2000	Einnahme Grosnys durch russische Truppen
11.02.2000	Rußland und Londoner Club vereinbaren vorzeitigen Abbau sowjetischer Altschulden
05.03.2000	Putin schließt in einem Interview einen Beitritt Rußlands zur NATO nicht aus
26.03.2000	Putin wird im 1. Wahlgang mit 52,94 % der Stimmen vor Sjuganow mit 29,21 % zum Präsidenten gewählt
13.05.2000	Putin dekretiert die Einrichtung von sieben administrativen Großregionen

31.05.2000	Putin veranlaßt eine Reform des föderalen Systems: Präsident erhält das Recht, Gouverneure abzusetzen und Regionalparlamente aufzulösen
04.06.2000	Russisch-amerikanisches Gipfeltreffen in Moskau zu ABM-Vertrag und US-Plänen zur Aufstellung von Abwehrraketen in Ost-Europa
13.06.2000	Festnahme Vladimir Gussinskis, Eigentümer des unabhängigen Medienzentrum Media-Most; Beschuldigung: Betrug
20.06.2000	Kadyrow wird Chef der provisorischen Verwaltung in Tschetschenien
21.06.2000	Gipfeltreffen der GUS-Staaten; Errichtung einer Freihandelszone
10.07.2000	Dekret Putins zur Erhöhung der Renten um 125-140 Rubel
21.–23.07.2000	Putin beim G-8-Treffen in Okinawa
28.07.2000	Putin lädt Oligarchen zur Aussprache ein
07.08.2000	Neues Steuergesetz; geringere Steuern für Unternehmer
80.08.2000	Anschlag in der Metrostation Puschkinplatz in Moskau: 13 Tote, 90 Verletzte
08.08.2000	Wiedereinführung des Ordens des Heiligen Georgs und des Georgskreuzes durch Putin
12.08.2000	Untergang des Atom-U-Boots Kursk
15.08.2000	Nationaler Protesttag im Transportwesen; die Auszahlung ausstehender Löhne wird gefordert
24.08.2000	Putin dekretiert Gehaltserhöhungen für Militär, Polizei, Vollzugsbeamte, Zollbeamte und Steuerpolizei um 20 %
27.08.2000	Brand des Moskauer Fernsehturms
September 2000	Konflikte um das geplante Arbeitsgesetz
10.09.2000	Bildung eines Staatsrats der Russländischen Föderation; Mitglieder sind Gebietsgouverneure und Führer der großen Parteien; der Rat ist außerkonstitutionell und direkt dem Präsidenten zugeordnet
25.09.2000	Bundeskanzler Schröder in Moskau
25.09.2000	Treffen zwischen Putin und Sjuganow
04.10.2000	Erste Sitzung des neugegründeten Rats der Unternehmer

10.10.2000	Rußland, Belarus, Kasachstan, Kirgisien und Tadschikistan gründen eine Eurasische Wirtschaftsunion
17.10.2000	Putin kündigt Rentenerhöhung um 10 % an.
10.11.2000	Gehälter der Staatsangestellten sollen um 20% erhöht werden
03.12.2000	Sjuganow wird als Vorsitzender der KPRF bestätigt
04.12.2000	Internationaler Haftbefehlt gegen Gussinski
01.01.2001	Steuerreform: Ersetzung der progressiven Einkommenssteuer durch eine Pauschale von 13% für alle; Erhöhung der indirekten Steuern
24.01.2001	Treffen zwischen Putin und russischen Unternehmern
24.01.2001	Blockade einer Trasse der Transsib in Fernost durch 200 Demonstranten; ihre Forderung: Beendigung des Energienotstands
25.01.2001	Duma beschließt Immunität für ehemalige Präsidenten
05.02.2001	Anschlag in der Moskauer Metrostation Belorussischer Bahnhof, 10 Verletzte
27.02.2001	Landesweite Massenproteste gegen Mißstände im Bildungssektor
14.03.2001	Mißtrauensvotum gegen Ministerpräsident Kasjanow scheitert
28.03.2001	Rußland verzichtet auf weitere IWF-Kredite
31.03.2001	Demonstration in Moskau für Gussinski und den Fernsehsender NTW
03.04.2001	Gazprom übernimmt die Kontrolle über Fernsehsender NTW
17.04.2001	Putin dekretiert Erhöhung der Renten
20.04.2001	Antikaukasische Krawalle von Skinheads an Hitlers Geburtstag
21.04.2001	Gründung der Bewegung Eurasia durch Alexander Dugin
01.05.2001	Traditionelle Massenkundgebungen zum 1. Mai
08.05.2001	Pro-Putin-Demonstration der Jugendorganisation Iduschtschie wmjeste zum Jahrestag der Amtseinführung Putins mit ca. 10.000 Teilnehmern
26.–27.5.2001	Gründungskongreß der SPS (Union der Rechten Kräfte)

06.06.2001	Novellierung des Umweltschutzgesetzes erlaubt Einfuhr von Atommüll zur Lagerung und Weiterverarbeitung
14.–15.06.2001	Gipfeltreffen der Shanghai Fünf; Aufnahme Usbekistans als sechster Staat
19.06.2001	Landesweite Warnstreiks gegen die neue Arbeitsgesetzgebung
21.06.2001	Neues Parteiengesetz erschwert die Bildung von Parteien
22.06.2001	YUKOS, LUKOIL, TNK und Sibneft bilden ein Konsortium
10.07.2001	Neue Verordnung zu den »geschlossenen Städten« differenziert erneut, welche für die Öffentlichkeit zugänglich sind und welche nicht
15.07.2001	Staatsbesuch des chinesischen Präsidenten Jiang Zemin in Moskau: russisch-chinesischer Freundschaftsvertrags, Energieabkommen
21.–22.7.2001	G-8 Gipfel in Genua; auch russische Globalisierungskritiker sind vor Ort
02.08.2001	Neues Privatisierungsprogramm für Staatsunternehmen
19.08.2001	Kaum besuchte Gedenkveranstaltung zum 10. Jahrestag des Putsches von 1991
30.08.2001	Neue Schulbücher für den Geschichtsunterricht werden geplant
11.09.2001	Anschläge auf das World Trade Center in New York und das Pentagon in Washington führen zur Annäherung zwischen USA und Rußland; Schweigeminute in Rußland, Putin erklärt den Beistand Russlands
07.10.2001	USA bombardieren Ziele in Afghanistan
16.10.2001	Erstmalige Anerkennung von Kriegsdienstverweigerern in Rußland
17.10.2001	Verband Delovaja Rossija (Kommerzielles Rußland) wird gegründet, der die Interessen kleiner und mittlerer Unternehmen vertreten will
19.11.2001	Haftbefehl gegen Medienmilliardär Boris Beresowski; Beresowski geht nach London ins Exil
26.10.2001	Putin unterzeichnet ein Bodengesetz, das Eigentum an Grund und Boden erlaubt

30.10.2001	Rechte Jugendliche überfallen einen Moskauer Markt: 2 Tote, 15 Verletzte, 20 Festnahmen
21.–22.11.2001	Bürgerforum mit 5.000 Vertreten von Nichtregierungsorganisationen in Moskau; Putin hält Begrüßungsansprache
24.11.2001	Gründung der Sozialdemokratischen Partei Rußlands (SDPR); Vorsitzender wird Gorbatschow
01.12.2001	Partei Jedinstwo i Otetschestwo (Einheit und Vaterland) wird gegründet
21.12.2001	Neues Arbeitsgesetzbuch witrd verabschiedet
Ende 2001	Brasilien, Rußland, Indien, China sind unter dem Namen BRIC-Staaaten zu einem Bündnis zusammengewachsen
11.01.2002	Der Fernsehsender TV-6 stellt unter juristischem Druck sein Programm ein
14.01.2002	Rauchverbot in öffentlichen Verkehrsmitteln und Gebäuden
19.–20.01.2002	Geschlossener Kongreß der KPRF in Moskau
22.01.2002	Putin erhält von dem Patriarchen Aleksej II. den Preis des Internationalen Fonds für die Einheit des orthodoxen Volkes
01.05.2002	Getrennte Mai-Aufmärsche der KPRF und der liberalen Kräfte
14.–15.05.2002	Ein NATO-Rußland-Rat wird gebildet
24.05.2002	Putin und Bush (jun.) unterzeichnen einen Vertrag zur Reduzierung der Atomwaffen auf ein Drittel (START II)
27.05.2002	NATO-Rußland-Rat eröffnet ein Verbindungsbüro der NATO in Moskau
14.06.2002	START-II-Vertrag von Rußland in Frage gestellt, da USA Vertrag nicht ratifizieren und ABM-Vertrag gekündigt haben
24.06.2002	Landesweiter Protestmarsch gegen die Wissenschaftspolitik der Regierung
28.06.2002	Ziviler Alternativdienst wird gesetzlich eingeführt
30.07.2002	Pogrom gegen armenische Minderheit in Krasnoarmejsk
08.08.2002	Überschwemmungen im Süden Rußlands
12.08.2002	Bergleute aus Workuta demonstrieren in Moskau

05.09.2002	Wald- und Torfbrände in der Umgebung Moskaus
11.09.2002	Anschlag auf ein Büro der Jugendorganisation Gemeinsamer Weg; Sachschaden
15.09.2002	Globalisierungskritische Demonstranten festgenommen
20.10.2002	Fertigstellung der Bluestream-Gaspipeline von Rußland in die Türkei
23.–26.10.2002	Geiselnahme am Dubrowka-Theater: 129 Geiseln sterben durch Einsatz von Sondertruppen, Tötung aller Geiselnehmer (tschetschenische Seperatisten) durch Kopfschuß
01.11.2002	Neues Mediengesetz gegen extremistische Propaganda
20.11.2002	Neues Wahlgesetz: Sieben-Prozent- statt Fünf-Prozent-Hürde
25.11.2002	Bergleute führen Mahnwachen in Moskau durch
31.01.2003	Verhaftung Sergei Mawrodis, Chef der Finanzpyramide MMM
01.02.2003	Neue Zivilprozeßordnung tritt in Kraft
05.02.2003	Duma erhebt Russisch zur obligatorischen Staatssprache
12.02.2003	Ablehnung dieses neuen Sprachengesetzes durch den Föderationsrat
20.03.2003	Putin bezeichnet Angriff der USA auf den Irak als Fehler
23.03.2003	Referendum über eine neue Verfassung in Tschetschenien angesetzt
27.12.2002	Selbstmordattentat vor dem Gebäude der tschetschenischen Regierung in Grosny mit mehr als 60 Toten
23.03.2003	Verfassungsreferendum in Tschetschenien: Mehrheit der in Tschetschenien lebenden Bevölkerung stimmt für Verbleib in russischer Föderation
09.04.2003	Demonstration gegen den Irak-Krieg vor der US-Botschaft in Moskau
11.04.2003	Rußland mit Frankreich und Deutschland gegen den Irak-Krieg
15.04.2003	Verurteilung Eduard Limonovs, Führer der rechtsradikalen Nationalbolschewistischen Partei (NBP), wegen Waffenbesitz zu vier Jahren Gefängnis
17.04.2003	Ermordung des liberalen Duma-Abgeordneten Sergei Juschenko

22.04.2003	YUKOS und Sibneft kündigen Fusion an
01.05.2003	Landesweite Mai-Kundgebungen
31.05.2003	Bush (jun.) und Putin unterzeichnen Moskauer Vertrag zur Verminderung strategischer Waffen um ein Drittel
02.06.2003	Kopftucherlaß: Kopftuch bei Paßfotos erlaubt
18.06.2003	Mißtrauensantrag gegen die Regierung Kasjanow scheitert
18.06.2003	Limonow wird auf Bewährung aus der Haft entlassen
01.07.2003	Roman Abramowitsch, Oligarch, erwirbt Mehrheitsanteil am britischen Fußballclub Chelsea
02.07.2003	Platon Lebedew, Miteigentümer von YUKOS, wird festgenommen
04.07.2003	Michail Chodorkowski, Chef von YUKOS, wird vorgeladen
05.07.2003	Selbstmordattentat bei Rockfestival in Moskau: 14 Tote, 50 Verletzte
22.07.2003	Putin unterzeichnet Erlaß zum Zivildienst: Dienstzeit beträgt 3,5 Jahre gegenüber 2 Jahren beim Militär
14.08.2003	Antimonopol-Ministerium gestattet Fusion von YUKOS und Sibneft.
19.08.2003	Verringerung der Gründe, die den Abbruch einer Schwangerschaft nach der 12. Woche erlauben, von 13 auf 4 Punkte per Dekret Putins
09.09.2003	Juri Lewada, langjähriger Chef des Meinungsforschungsinstituts VCIOM, gründet als Kritik am staatlichen Druck auf seine bisherige Arbeitstelle ein eigenes Institut
23.09.2003	Dem Dalai Lama wird ein Einreisevisum verwehrt
02.10.2003	Bergleute streiken für Lohnerhöhung und Senkung der Leistungsnormen
05.10.2003	Achmed Kadyrow gewinnt die Präsidentenwahlen in Tschetschenien
16.10.2003	Putin nimmt am Gipfel der Organisation Islamische Konferenz in Malaysia teil
25.10.2003	Chodorkowski, Chef von YUKOS, wird festgenommen

07.12.2003	Ergebnisse der Dumawahlen: Einiges Rußland mit 37 % der Stimmen stärkste Kraft vor KPRF mit 12,7 %, LDPR mit 11,6 %, Heimat mit 9,07 %; Liberale Parteien scheitern an der inzwischen wieder eingeführten Fünf-Prozent-Hürde; Wahlbeteiligung beträgt 55 %; mit 305 von 450 Sitzen hat Einiges Rußland damit eine Zweidrittelmehrheit
09.12.2003	Selbstmordattentat vor einem Luxushotel in Moskau: 5 Tote, 14 Verletzte
09.12.2003	Grigori Jawlinski, Vorsitzender von Jabloko, der Partei der gemäßigt Liberalen, wirft dem Kreml Wahlmanipulation vor
10.12.2003	KPRF legt alternative Wahlstimmenzählung vor
30.01.2004	Die Patriotische Volksunion Heimatland wird gegründet, Vorsitzender Sergej
04.02.2004	Die Union der Komitees der Soldatenmütter will Partei werden
06.02.2004	Anschlag in Moskauer U-Bahn: 50 Tote, 120 Verletzte
18.02.2004	Die Staatsduma lehnt Verlängerung der Amtszeit des Präsidenten ab
24.02.2004	Putin entläßt Ministerpräsident Kasjanow; Nachfolger wird Michail Fradkow
24.–25.02.2004	Hungerstreik von 5.000 Häftlingen in und um St. Petersburg
09.03.2004	Putin unterstellt zentrale Ministerien, einschließlich geheimdienstlicher Sonderdienste, seiner direkten Kontrolle
14.03.2004	Präsidentenwahlen: Putin wird im 1.Wahlgang mit 71,2 % bestätigt
20.03.2004	Kongreß der Patrioten Rußlands plant Sammlungsbewegung
29.03.2004	Bulgarien, Lettland, Litauen, Rumänien, Slowakei, Slowenien und Estland werden NATO-Mitglieder
31.03.2004	Duma verabschiedet Bannmeilengesetz
14.04.2004	Dekret zur Erhöhung der Gehälter im Föderalen Dienst
18.04.2004	Anschlag auf Ausländer-Wohnheim in Moskau: 19 Verletzte

20.04.2004	Vertrag Rußland-Ukraine: Regelung des Verlaufs der Land- und Seegrenzen. Kasachstan, Weißrußland, Ukraine und Rußland vereinbaren eine Wirtschaftsunion mit Aussicht auf eine spätere Zollunion
10.05.2004	Ramsan Kadyrow, Sohn des ermordeten tschetschenischen Präsidenten, wird stellvertretender Regierungschef der Teilrepublik Tschetschenien
20.-26.05.2004	Flußschiffer im Gebiet Irkutsk blockieren den Schiffsverkehr auf der Lena; sie fordern Auszahlung ausstehender Löhne
21.05.2004	EU-Rußland-Gipfel in Moskau erörtert Rußlands WTO-Beitritt
24.05.2004	Bergarbeiter blockieren Eisenbahnlinien im Gebiet Rostow; sie fordern die Zahlung ausstehender Löhne
26.05.2004	Hungerstreik von Bergarbeitern in der Republik Chakasija; sie fordern die Auszahlung ausstehender Löhne
01.06.2004	Der Zugverkehr zwischen Moskau und Grosny wird wieder aufgenommen
04.06.2004	Die Duma beschließt neues Versammlungsgesetz
10.06.2004	Rußlandweite Proteste gegen die Sozialpolitik der Regierung
16.06.2004	Prozeßeröffnung gegen M. Chodorkowski und P. Lebedew, vormals Leitung des Öl-Giganten YUKOS
18.06.2004	Genehmigung des freien Geldverkehrs bis 10.000 US-Dollar
21.06.2004	Ankündigung eines Hungerstreiks seitens der Bergarbeiter der Region Primorsk; sie fordern Auszahlung rückständiger Löhne
30.06.2004	Landesweite Proteste gegen die geplante Umwandlung sozialer Garantien in antragsgebundene Geldunterstützung
01.07.2004	Zwei KPRF-Kongresse bestreiten gegenseitig ihre Legitimation
03.-04.07.2004	Grigori Jawlinski wird erneut Vorsitzender von Jabloko
05.07.2004	Putin empfängt Sjuganow zu einem Gespräch über Lage der gespaltenen KPRF

06.07.2004	Dimitri Rogosin wird Vorsitzender der Partei Heimat (anstelle von Glasjew)
07.07.2004	Chodorkowski bietet Begleichung seiner Steuerschulden an
20.07.2004	Putin läßt Anpassung der Renten an Inflation vorziehen
29.07.2004	Proteste in Moskau gegen geplante Monetarisierung
29.07.2004	Regierung legt Privatisierungsplan für die Jahre 2005–2007 vor
03.08.2004	Gesetz zur Monetarisierung in der Duma verabschiedet
03.08.2004	Das russische Justizministerium erklärt die Beschlüsse des Gegenparteitages der KPRF für illegitim; damit ist die KPRF Sjuganows staatlich legitimiert
19.08.2004	Streiks in Uljanowsk; Forderung nach Zahlung ausstehender Löhne
24.08.2004	Anschlag auf zwei russische Verkehrsflugzeuge: 90 Tote
31.08.2004	Anschlag am Rigaer Bahnhof in Moskau: 9 Tote, 51 Verletzte
31.08.2004	Selbstmordanschlag in Moskauer Metro: 11 Tote, 50 Verletzte
01.09.2004	Geiselnahme durch tschetschenische Kämpfer in Beslan, ein gewaltsamer Befreiungsversuch durch russische Spezialtruppen endet mit mehr als 300 Toten, davon die Hälfte Kinder, über 700 Menschen werden verletzt, 31 Geiselnehmer werden getötet; scharfe Kritik Putins an regionaler Einsatzplanung durch den verantwortlichen Gouverneur
07.09.2004	Landeweite Demonstrationen gegen Terrorismus
11.09.2004	Allrussische Kommunistische Partei der Zukunft (VKPB) als Alternative zur KPRF gegründet; Vorsizender Wladimir Tichonow
15.09.2004	GUS-Gipfel in Astan wählt Putin zum Vorsitzenden
16.09.2004	Putin schafft Direktwahl der Gouverneure wieder ab; Jelzin kritisiert diesen Schritt
28.09.2004	Dekret Putins für staatliche Unterstützung von Menschenrechtsgruppen und Schaffung eines Internationalen Menschenrechtszentrums
04.10.2004	Demonstration in Moskau zur Erinnerung an die gewaltsame Auflösung des russischen Obersten Sowjet im Oktober 1993

04.10.2004	Dekret zu Erhöhung der Einkommen in den »Machtstrukturen« des Staates
23.10.2004	Demonstration zum Gedenken an Opfer der Geiselnahme im Dubrowka-Theater
25.10.2004	Kongreß der Föderation der jüdischen Gemeinden (FEOR); Putin empfängt Berl Lasar, den Oberrabbiner Rußlands
30.10.2004	Gründung des Bündnisses Patrioten Rußlands
31.10.2004	Marsch gegen den Haß in St. Petersburg
November 2004	Putin unterstützt das Kyoto-Protokoll zum Klimaschutz
07.11.2004	Vereinte Volkspartei der Soldatenmütter gegründet
07.11.2004	Landesweite Demonstrationen zum Jahrestag der Oktoberrevolution
09.12.2004	Menschenrechtsorganisation Memorial erhält den alternativen Nobelpreis
10.01.2005	Landesweite Demonstrationen gegen Monetarisierung
12.01.2005	Menschenrechtler/in Ludmilla Alexejewa (Russisches Helsinki Komitee) und Sergej Kowaljow sowie die Journalistin Anna Politkowskaja erhalten den Olof-Palme-Preis
15.–16.01.2005	Weitere Massendemonstrationen gegen die Monetarisierung
17.01.2005	Putin kritisiert die Regierung für ihre Monetarisierungsstrategie; Rentenerhöhung soll vorgezogen und erhöht (15 % statt 5 %) werden; Zusage für weiterhin kostenlose Nutzung der Transportmittel für Rentner im Moskauer Umland
18.01.2005	Demonstrationen in russischen Städten halten an
21.01.2005	Hungerstreik von 5 Abgeordneten der Fraktion Heimat, um Verantwortliche für Monetarisierung zum Rücktritt zu zwingen
21.–23.01.2005	Angehörige der Opfer von Beslan fordern Konsequenzen
22.–23.01.2005	Weitere Proteste gegen die Monetarisierung
24.01.2004	Gehaltserhöhungen für Angehörige der Streitkräfte dekretiert
25.–26.01.2005	Proteste gegen die Monetarisierung halten an

26.01.2005	Dekret: Grundrente soll von 660 auf 900 Rubel erhöht werden
29.–30.01.2005	Weitere Proteste gegen die Monetarisierung
31.01.2005	Rußland überweist IWF 3,3 Mrd. US-Dollar; vorzeitig vollständige Schuldentilgung
10.02.2005	Offizielle Reaktionen auf Proteste: In fast allen Regionen werden bisherige Vergünstigungen teilweise abgebaut, zugleich aber neue geschaffen
01.02.2005	Ende des Hungerstreik der Abgeordneten
09.02.2005	Mitarbeiter des Verteidigungsministeriums demonstrieren für höhere Löhne
09.02.2005	Duma lehnt Mißtrauensvotum gegen Kabinett Fradkow ab
10.02.2005	Landesweite Proteste von Autofahrern gegen hohe Benzinpreise
12.02.2005	Weiterhin landesweite Demonstrationen gegen die Monetarisierung
19.02.2005	Offiziersversammlung der russischen Armee gegen die Monetarisierung
01.03.2005	Neues Wohnraumgesetz schränkt Sozialwohnraum ein; Inhaber von Wohnungen müssen Reparatur- und Unterhaltskosten künftig mittragen
08.03.2005	Ermordung des Tschetschenischen Präsidenten Maschadow
10.03.2005	Schachweltmeister Garry Kasparow sagt Putin den Kampf an
24.03.2005	Putin bezeichnet YUKOS als Einzelfall; Ergebnisse der Privatisierung sollen nicht angetastet werden
12.04.2005	Studentenproteste gegen Bildungspolitik
10.04.–17.04.2005	1. Russischen Sozialforum globalisierungskritischer, demokratischer und reformsozialistischer Gruppen in Moskau
18.04.2005	Gründung der rechten Jugendorganisation Opritschniki in Petersburg
20.04.2005	Weitere Studentenproteste[158] gegen Bildungs- und Sozialreformen

---

158 Die diversen humanitären Sozialforen im Rahmen des Petersburger Dialogs sind in dieser Chronologie nicht berücksichtigt.

22.04.2005	Neues Wahlgesetz führt Verhältniswahlrecht ein, Parlamentssitze werden über Parteilisten vergeben, Wieder-Einsetzung der Sieben-Prozent-Hürde.
01.05.2005	Landesweite Großdemonstrationen mit sozialen Forderungen
09.05.2005	Linke Proteste gegen offizielle Feiern zum Tag des Sieges
15.05.2005	Jugendorganisation Naschi mobilisiert 50.000 junge Leute zu Ehren der Veteranen des Großen Vaterländischen Krieges
22.05.2005	Proteste gegen Einschränkung der Pressefreiheit
31.05.2005	Michail Chodorkowski und Platon Lebedew werden zu je neun Jahren Haft verurteilt, der Mitangeklagte Andrei Krajnow erhält fünf Jahre
11.06.2005	G-8-Sitzung in in London: Rußland will armen Drittweltstaaten Schulden in Höhe von 2,2 Mrd. US-Dollar erlassen
12.06.2005	Anschlag auf Gleisanlagen südlich von Moskau: 42 Verletzte
27.06.2005	Häftlingsproteste gegen Mißhandlungen im Gebiet Kursk
19.07.2005	Anschlag auf Milizionäre in Snamenskoje:14 Tote, 34 Verletzte
30.08.2005	Bergarbeiter in Sachalin streiken für Auszahlung rückständiger Löhne
17.09.2005	Proteste linker Parteien gegen Kapitalisierung in Rußland
22.09.2005	Revisionsantrag Chodorkowskis abgewiesen
12.10.2005	Landesweiter Aktionstag der Angestellten des öffentlichen Dienstes; Forderung nach höheren Bezügen in Streiks und Demonstrationen
13.10.2005	Kämpfe mit Freischärlern in Naltschik (Nordkaukasus); zahlreiche Opfer unter der Zivilbevölkerung, mehr 135 Tote insgesamt
21.10.2005	Putin bildet einen Rat für nationale Projekte; Zielsetzung: Verbesserung der Lage im Wohnungs- und Gesundheitswesen, in der Bildung und in der Landwirtschaft
01.11.2005	Weltbank warnt Rußland vor Holländischer Krankheit

04.11.2005	Feiern zum Tag der nationalen Einheit (Ablösung des Feiertags am 7. November anlässlich des Jahrestags der Oktoberrevolution); Rechte treten unter Losungen wie »Rußland den Russen« zum Rechten Marsch an
06.11.2005	Marsch gegen den Hass in St. Petersburg
06.–07.11.2005	Diverse Demonstrationen zum 88. Jahrestag der Oktoberrevolution
08.11.2005	Wiederaufstellung der Büste von Felix Dsershinski im Innenhof des Moskauer Polizeipräsidiums
17.11.2005	Offener Brief russischer Bürgerrechtler ruft zum Widerstand gegen die Regierung Putin auf
08.12.2005	Urteile gegen Angehörige der Nationalbolschewistischen Partei (NBP) Limonows
09.12.2005	Baubeginn der North European Gas Pipeline; Gerhard Schröder wird Aufsichtsratsvorsitzender der Betreiber-Gesellschaft (NEGPC)
18.12.2005	Demonstration in Moskau gegen Fremdenfeindlichkeit und Faschismus; mit dabei Grigori Jawlinski und Garri Kasparow
09.01.2006	VW-Konzern will Werk in Stupino bei Moskau bauen
10.01.2006	Putin unterzeichnet Gesetz über nichtkommerzielle Organisationen
25.01.2006	Rat der Eurasischen Wirtschaftsgemeinschaft tagt in St. Petersburg; Usbekistan tritt als neues Mitglied hinzu
05.02.2006	Münchner Sicherheitskonferenz: Rußland fordert eine stärkere Rolle der UNO bei Bekämpfung des Terrorismus
10.02.2006	Rußland nimmt offiziell die Mitarbeit bei der NATO-Operation Active Endeavour auf; Russische Kriegsschiffe sollen gemeinsam mit NATO-Marineeinheiten Schiffe im Mittelmeer kontrollieren
15.02.2006	Duma diskutiert Kameradenschinderei, das sogenannte Onkel-System, in der Armee
17.02.2006	Putin dekretiert ein Nationales Komitee zur Bekämpfung des Terrorismus, Vorsitzender wird Nikolai Patruschjew, Direktor des FSB
04.03.2005	Landesweite Demonstrationen gegen die Kommunal- und Wohnungsbaureformen

06.03.2006	Putin unterzeichnet Antiterrorgesetz, das u.a. erlaubt, von Terroristen entführte Flugzeuge abzuschießen
09.03.2006	Internationales Forum von NGOs in Moskau
18.03.2006	Proteste in Irkutsk gegen Sibirien-Pazifik-Öl-Pipeline
20.03.2006	Proteste in Korkmaskala (Dagestan) gegen den Verkauf von Land einer ehemaligen Sowchose an Privatpersonen; während des Polizeieinsatzes werden 17 Personen verletzt, 55 festgenommen
20.–21.03.2006	Putin in Peking zur Eröffnung des Russischen Jahrs in China
22.03.2006	Wehrdienstzeit soll 2007 von 2 Jahren auf 18 Monate verkürzt werden
02.04.2006	Landesweite Demonstrationen gegen Wehrpflicht und Mißstände in der Armee
03.04.2006	Beschäftigte des bankrotten chemischen Werks Krasnouralsk (Smolensker Gebiet) treten in den Hungerstreik, um die Auszahlung rückständiger Löhne durchzusetzen
17.04.2006	Novellierung des NGO-Gesetzes tritt in Kraft; Meldepflicht für alle finanziellen Förderungen aus dem Ausland an NGOs gegenüber Justizministerium
20.04.2006	Die Stiftung Offenes Rußland (Chordorkowski) stellt ihre Tätigkeit ein
22.04.2006	Armenischer Student wird in der Moskauer Metro von Unbekannten erstochen
24.04.2006	Armenische Minderheit Moskaus protestiert mit Verkehrsblockade gegen den Mord
26.04.2006	Die Shanghai Organisation für Zusammenarbeit (SCO) beschließt für 2007 gemeinsame antiterroristische Übungen in Rußland
27.04.2006	Solschenizyn lobt Putin für dessen Bemühungen um einen starken Staat
01.05.2006	Landesweite Mai-Demonstrationen und Veranstaltungen
11.05.2006	Teilamnestie zum 100. Jahrestag der Bildung der Staatsduma; Jugendliche, Frauen mit kleinen Kindern, Schwangere sowie Männer, die mehr als 60, und Frauen, die mehr als 55 Jahre alt sind, kommen vorzeitig aus Gefängnissen frei

18.05.2006	Schaffung einer offiziellen Jugend-Gesellschaftskammer (MOP)
21.05.2006	Demonstration zum Todestag von Andrei Sacharow
23.05.2006	Gründung der GUAM (Organisation für Demokratie und Wirtschaftsentwicklung, Mitglieder: Georgien, Ukraine, Aserbaidschan, Moldawa)
27.05.2006	Parade zum Christopher-Street-Day aufgelöst
29.05.2006	VW-Konzern plant Montagewerk im Gebiet von Kaluga
30.05.2006	Rußlands Haushalt 2007 sieht eine Teilung des Stabilisationsfonds in Notfall- und Zukunftsfonds vor
07.06.2006	Gorbatschow wird Anteilseigner bei der Zeitung Nowaja Gazeta
07.06.2006	Freigabe der Preise für Stromversorgung in Rußland
12.06.2006	Unabhängigkeitstag: Pro- und Contra-Putin Demonstrationen
14.06.2006	Duma streicht 9 von 25 Gründen für die Befreiung vom Militärdienst
15.-17.07.2006	2. Russisches Sozialforum globalisierungskritischer, radikaldemokratischer und reformsozialistischer Gruppen findet als Gegenveranstaltung zum bevorstehenden G8-Gipfel in St. Petersburg statt
23.06.2006	Doku Umarow (tschetschenischer Gotteskrieger) kündigt über Website www.chechenpress.org eine Offensive gegen militärische Ziele in Rußland an
30.06.2006	Novellierung des Wahlgesetzes: Abschaffung der Option »gegen alle«
01.07.2006	Rubel wird konvertible Währung
03.07.2006	Internationales Forum von NGOs in Moskau
08.07.2006	Staatsverleumdung wird als Extremismus strafrechtlich verfolgbar
09.07.2006	Der tschetschenische Kampfführer Shamil Bassajew stirbt infolge einer Bombenexplosionin Inguschetien; die Explosionsursache wird nicht geklärt
13.07.2006	Tschetschenische Widerstandskämpfer bieten Friedensgespräche an
15.-17.07.2006	G8-Gipfel in St. Petersburg

28.07.2006	Putin setzt Gesetz zur Bekämpfung des Extremismus in Kraft
20.08.2006	100 Menschen erinnern in Moskau an den Putsch im August 1991; es ist kein Vertreter der Regierung anwesend
21.08.2006	Anschlag auf einem Moskauer Markt: 10 Tote, 41 Verletzte
01.09.2006	Regierungsamtliche Bekanntgabe zum Schulbeginn: Grundlagen der orthodoxen Kultur sollen Pflichtfach werden
14.09.2006	Moskau: Auflösung einer nicht genehmigten Demonstration der »Bewegung gegen Illegale Immigration«
22.09.2006	Amnestiegesetz für tschetschenische Untergrundkämpfer; »Schwere Verbrechen« bleiben von der Amnestie ausgeschlossen
26.09.2006	Rußland und Iran schließen Vertrag über Lieferung von Brennstäben
02.10.2006	Russisch-georgische Spannungen, nachdem vier russische Offiziere in Georgien als angebliche Spione verhaftet wurden; Abschiebung von mehr als 200 Menschen nach Georgien
07.10.2006	Ermordung der Journalistin Anna Politkowskaja
10.–12.10.2006	Staatsbesuch Putins in Deutschland
28.10.2006	Proteste in Chassawjurt (Dagestan) gegen Entführungen
29.10.2006	Proteste in St. Petersburg gegen fremdenfeindliche Verbrechen
31.10.2006	Verbot des für den 04.11.2006 geplanten Russischen Marschs in Moskau
04.11.2006	Nationalfeiertag: Demonstrationen rechtsradikaler Gruppierungen in mehreren Städten
16.11.2006	Der Soziologe Juri Lewada stirbt im Alter von 76 Jahren
23.11.2006	Tödlicher Giftanschlag auf Alexander Litvinenko in London
08.12.2006	Moratorium zum Aussetzen des Vollzugs der Todesstrafe verlängert
16.12.2006	Marsch der Unzufriedenen in Moskau aufgelöst
17.12.2006	Großkundgebung der Jugendorganisation Naschi zu Ehren der Roten Armee im zweiten Weltkrieg

17.12.2006	400 Journalisten verlesen öffentlich die Namen der 200 russischen Journalisten, die seit 1991 ermordet wurden
Dezember 2006	NATO-Treffen in Riga: die NATO erhebt Anspruch auf Kontrolle des Ölhandels
08.02.2007	Einführung Mutterschaftsgeld als Gebäranreiz
14.02.2007	Münchner Sicherheitskonferenz: Putin kritisiert Militarisierungspolitik der USA und stellt Rußlands Vorstellungen einer kooperativen internationalen Ordnung als Alternative vor
14.02.2007	Streiks bei Ford-Werken in St. Petersburg
26.02.2007	Erster Parteitag der Partei Gerechtes Rußland
03.03.2007	Anti-Putin-Demonstration von Anderes Rußland in St. Petersburg aufgelöst
12.03.2007	Verkürzung des Wehrdienstes ab 1. Juli 2008 auf ein Jahr
25.03.2007	Großkundgebung der Jugendorganisation Naschi zum siebten Jahrestag der Wahl Putins zum Präsidenten
26.03.2007	Chinesischer Präsident Hu Jintao in Moskau
31.03.2007	Mehrere Kundgebungen in Moskau: KPRF fordert soziale Gerechtigkeit; Opposition um Kasparow demonstriert gegen Putin; bei einer Kundgebung für die Abschaffung der Wehrpflicht kommt es zu Konflikten mit Pro-Putin Demonstranten
01.04.2007	Gesetzliches Verbot für Ausländer, auf Märkten Waren zu verkaufen
14.04.2007	Protestmarsch der Gruppe Das andere Rußland wird aufgelöst, 150 Festnahmen, unter ihnen Kasparow und Limonow; zugleich findet eine Pro-Putin-Demonstration von Naschi statt.
18.04.2007	Nationalbolschewisten Limonows erneut verboten
18.04.2007	Gesetz gegen Extremismus und Rowdytum verschärft
25.04.2007	Tod Boris Jelzins
28.04.2007	Marsch der Nichteinverstandenen in Nishni Nowgorod aufgelöst
01.05.2007	Landesweite Mai-Kundgebungen verschiedener Organisationen
17.05.2007	Russisch-Orthodoxe Kirche und Russisch-Orthodoxe Kirche im Ausland beenden ihre Spaltung

20.05.2007	Moskau: Demonstration gegen Zensur im russischen Fernsehen
27.05.2007	Demonstration für die Rechte von Homosexuellen in Moskau aufgelöst
30.05.2007	Boris Beresowski erklärt, Finanzier der Partei Das andere Rußland zu sein
07.06.2007	Putin beim G-8 Gipfel in Heiligendamm
10.06.2007	Forderung Putins nach neuer Architektur der internationalen Wirtschaftsbeziehungen auf dem XI. St. Petersburger Wirtschaftsforum
10.06.2007	Marsch der Nichteinverstandenen in Moskau
14.06.2007	Tagung des NATO-Rußland-Rates in Brüssel: Rußland kritisiert Raketenpläne der USA
22.06.2007	Überfälle rechter Gruppen auf Nicht-Russen in Moskau
05.07.2007	Eine rechte »Bewegung gegen illegale Immigration« kündigt Aufbau bewaffneter Selbstschutzgruppen an
06.07.2007	Gesetz gegen Extremismus von Duma verabschiedet
14.07.2007	Aufkündigung des KSE-Vertrags (Vertrag über konventionelle Streitkräfte in Europa) durch Rußland
01.08.2007	Lohnstreiks in den Automobilwerken AwtoWAS (Toljatti, Südrussland)
03.–05.08.2007	3. Sibirisches Sozialforum reformsozialistischer, gewerkschaftlich orientierter Gruppen
13.08.2007	Anschlag auf Schnellzug Moskau-St.Petersburg: 60 Verletzte
09.09.2007	Demonstration in St. Petersburg gegen den Bau eines Gazprom-Turms
12.09.2007	Rücktritt von Ministerpräsident Fradkow; Nachfolger Viktor Subkow
10.10.2007	Einiges Russland schlägt Vize-Präsident Dimitri Medwedew als Präsidentschaftskandidat für die Wahl 2008 vor
11.10.2007	Medwedew schlägt Putin als neuen Ministerpräsidenten vor
20.10.2007	Gorbatschow gründet »Sozialdemokratische Union«
03.–04.11.2007	Forderung einer 3. Amtszeit Putins in landesweiten Kundgebungen

04.11.2007	Demonstrationen am Tag der nationalen Einheit; Naschi in Moskau mit 10.000 Teilnehmern; Russischer Marsch ebenfalls in Moskau mit 1.000, in St. Petersburg mit 500 Teilnehmern
05.11.2007	Chinesischer Ministerpräsident Wen Jiabao in Moskau
07.11.2007	Die KPRF demonstriert zum 90. Jahrestag der Oktoberrevolution
24.–25.11.2007	Märsche der Nichteinverstandenen in 40 Städten
02.12.2007	Wahlen zur Staatsduma: Einiges Rußland mit 64 % weit vorn
02.12.2007	Unregelmäßigkeiten bei der Wahl werden kritisiert
02.12.2007	Referendum in Tschetschenien verlängert Amtszeit Kadyrows als Premierminister
08.12.2007	Renault erwirbt 25 % der Anteile des russischen Automobilkonzerns AwtoWAS

Tandem Medwedew Putin

02.03.2008	Wahl Dimitri Medwedews zum Präsidenten Russlands mit 70,2 % der Stimmen
03.03.2008	Marsch der Nichteinverstandenen in Moskau aufgelöst; in St. Petersburg erlaubt
15.04.2008	Ohne beizutreten übernimmt Putin den Vorsitz von Einiges Rußland
01.05.2008	Landesweite Veranstaltungen zum 1. Mai
06.05.2008	Putin (noch als Präsident) unterzeichnet Gesetz, das ausländische Investitionen in strategischen Industrien untersagt
06.05.2008	Regierung hebt am letzten Tag ihrer Amtszeit die Gebühren für Gas, Elektrizität, Eisenbahnreisen und Telefon an. Stromkosten werden 2008 um 14 %, 2009 bis 2011 jährlich um 25 % steigen
07.05.2008	Amtseinführung Medwedews; Nominierung Putins als Ministerpräsidenten; Medwedew kündigt an, sich für Bürgerrechte, Umsetzung der vier nationalen Programme und für Modernisierung einzusetzen

19.05.2008	Medwedew bildet einen Rat zur Bekämpfung der Korruption
23.05.2008	Medwedew in China
29.05.2008	Putin als Ministerpräsident Russlands in Frankreich
01.06.2008	Nicht genehmigte Kundgebung für Rechte der Homosexuellen in Moskau aufgelöst
02.06.2008	Medwedew ordnet Schaffung zusätzlicher 2.000 Stellen für Generalstaatsanwaltschaft an
05.06.2008	Präsident Medwedew in Berlin
06.06.2008	Gipfeltreffen der GUS in St. Petersburg
06.–08.06.2008	XII. Internationales Wirtschaftsforum in St. Petersburg
07.06.2008	Medwedew kritisiert die Rolle der USA in der Finanzkrise und fordert Mitwirkung Rußlands bei Neuordnung des globalen Finanzsystems
30.06.2008	Zusätzliche Anklagen gegen Chodorkowski und Lebedew
07.–09.07.2008	Medwedew beim G8-Gipfel in Tokyo
09.07.2008	Medwedew kritisiert Abkommen zwischen USA und Tschechien zum Raketenabwehrsystem
16.07.2008	Chodorkowski beantragt Bewährung
04.08.2008	Solschenizyn stirbt im Alter von 89 Jahren
06.–08.08.2008	Sozialforum globalisierungskritischer, radikaldemokratischer und reformsozialistischer Kräfte in Sibirien
07.08.–12.08.2008	Georgisch-russsicher Kieg
19.08.2008	NATO-Rußlandrat ausgesetzt
20.08.2008	USA und Polen unterzeichnen Abkommen zu Abfangraketen
26.08.2008	Rußland erkennt Unabhängigkeit Südossetiens und Abchasiens an
28.08.2008	Anatoli Tschubais (Unternehmer und Politiker) soll Entwicklung der Nanotechnologie vorantreiben
01.09.2008	EU-Sondergipfel verurteilt Anerkennung Abchasiens und Südossetiens durch Rußland
16.09.2008	US-Finanzkrise drückt den russischen Aktienmarkt
18.09.2008	Medwedew läßt 500 Mrd. Rubel (ca. 14 Mrd. Euro) zur Stützung der Aktienmärkte bereitstellen
16.10.2008	Bewährung für Chodorkowski abgelehnt

29.10.2008	Ministerpräsident Chinas, Wen Jiabao, in Moskau
02.11.2008	Demonstrationen gegen Politik der US-Regierung
04.11.2008	Tag der nationalen Einheit: Traditionelle Demonstrationen, Russischer Marsch wird aufgelöst
14.11.2008	EU-Rußland-Gipfel in Nizza vereinbart Wiederaufnahme der Verhandlungen für ein Partnerschafts- und Kooperationsabkommen
15.11.2008	Medwedew bei G-20 Gipfel in Washington
15.11.2008	Union der Rechten Kräfte (SPS) beschließt Selbstauflösung
16.11.2008	Union der Rechten Kräfte (SPS), Demokratische Partei Rußlands (DPR) und Bürgerkraft vereinigen sich zur Partei Rechte Sache
05.12.2008	Tod Alexej II., Oberhaupt der Russisch-Orthodoxen Kirche
12.12.2008	Russischer Verfassungstag: Russischer Marsch durch Moskau, zeitgleich findet eine Demonstration von Einiges Rußland statt
13.12.2008	Kasparow und Nemzow gründen eine Bewegung Solidarnost
14.12.2008	Moskau: Marsch der Nichteinverstandenen aufgelöst
14.12.2008	Wladiwostok: Autofahrer protestieren gegen erhöhte Importzölle für Gebrauchtwagen
08.01.2009	Einstellung der Gaslieferungen durch das Gebiet der Ukraine
21.01.2009	Spontane Demonstration der antifaschistischen Jugend aufgelöst
28.01.2009	Weltwirtschaftsforum in Davos: Putin lädt Investoren ein
30.12.2008	Verfassungsänderung ermöglicht eine zukünftig sechsjährige Präsidentschaftszeit
31.01.2009	Landesweite Demonstrationen gegen Wirtschaftspolitik der Regierung
31.01.2009	Pro-Regierungskundgebungen in Moskau und anderen Städten
01.02.2009	Demonstration gegen chinesische Migranten in der Fernostregion
02.02.2009	Kyrill I. wird Nachfolger von Alexej II.

04.02.2009	Gipfel der Organisation des Vertrages über Kollektive Sicherheit (ODKB) in Moskau; Vereinbarung zu Bildung einer schnellen Eingreiftruppe
21.02.2009	Gruppe Solidarnost fordert: Rußland ohne Putin!
21.02.2009	Jekaterieneburg: Blockade einer Kreuzung durch Rentner, die gegen Sozialreformen der Regierung protestieren
23.02.2009	Murmansk: Protest pensionierter Marineoffiziere gegen die Sozialpolitik der Regierung
03.03.2009	Neues Verfahren gegen Chodorkowski und Lebedew
03.03.2009	Gemeinschaftsunternehmen von Siemens und Rosatom für ziviles Kernkraftgeschäft angekündigt
10.03.2008	Hungerstreik von 10 Metallarbeitern im Stahlwerk von Slatoust, nachdem ihre Löhne um 50 % gekürzt wurden
12.03.2008	Aktion zum Tag der Nichteinverstandenen in Moskau aufgelöst
12.03.2008	Mahnwache der Jugendorganisation Naschi gegen Chodorkowski aufgelöst
16.03.2009	Rußland legt Plan zur Reform des Weltfinanzsystems vor
16.03.2009	Putin erteilt Anweisung, 1.600 Mrd. Rubel aus dem Stabilitätsfond in Staatshaushalt einzubringen
19.03.2009	Putin legt Krisenhaushalt für 2009 vor; der Plan sieht Kürzungen für Landwirtschaft und Polizei zugunsten von Sozialausgaben vor
01.04.2009	Medwedew nimmt am G 20-Gipfel in London teil
12.04.2009	Proteste in Moskau gegen Einberufung zum Wehrdienst
24.04.2009	Erste Beratungen in Rom zum neuen START-Abkommen
01.05.2009	Landesweite Mai-Demonstrationen
12.05.2009	Medwedew legt eine Strategie für die nationale Sicherheit Rußlands bis 2020 vor; vehemente Kritik an den US-Raketenplänen in Ost-Europa
16.05.2009	Demonstration für die Rechte von Homosexuellen in Moskau aufgelöst
20.05.2009	Einwohner besetzen Bürgermeisterei in Pikaljewo, um den örtlichen Monopolbetrieb zur Zahlung ausstehender Löhne und zur Wiederaufnahme der Versorgung der Stadt mit Fernwärme und heißem Wasser zu zwingen

09.06.2009	Rußland, Kasachstan und Belarus bilden Zollunion
01.07.2009	Visumspflicht zwischen Rußland und Hongkong aufgehoben
02.04.2009	G-20-Gipfel in London: Medwedews präzisiert Rußlands Vorschläge einer Globalen Sicherheitsarchitektur von Wladiwostok bis Lissabon auf KSZE-Basis
06.–08.07.2009	Barack Obama in Moskau; Medwedew und Obama unterzeichnen Transitvertrag für das Northern Distribution Network der NATO
01.07.2009	Unangemeldete Demonstration von Anderes Rußland aufgelöst
17.08.2009	Selbstmordattentat in Nasran: 25 Tote, über 200 Verletzte
18.08.2009	Georgien verläßt die GUS
31.08.2009	Medwedew richtet einen YouTube-Channel ein
21.09.2009	Sberbank erklärt russisches Interesse für Beteiligungen an Opel
24.09.2009	Automobilkonzern AWTOWAS kündigt nach vorheriger Einführung von Kurzarbeit einen Stellenabbau von bis zu 27.000 (von 100.000) Mitarbeitern an
10.10.2009	4.000 Menschen protestieren mit einem »Marsch für die Bewahrung von St. Petersburg« gegen den Bau des Hochhaus-Zentrums Ochta
13.10.2009	Putin in China
22.10.2009	Memorial erhält Sacharow-Preis des EU-Parlaments
24.10.2009	Wladiwostok: Proteste gegen Wirtschaftspolitik der Regionalverwaltung
31.10.2009	Marsch der Unzufriedenen in Moskau aufgelöst
04.11.2009	Wieder Russischer Marsch in Moskau; auch in anderen Städten finden Aufmärsche der Rechten statt
04.11.2009	General Motors stoppt Verkauf von Opel
05.11.2009	Finnland und Schweden gestatten Bau von North-Stream-Pipeline durch Ostsee
16.11.2009	Wirtschaftsprüfer Sergei Magnitski wird unter ungeklärten Umständen im Gefängnis tot aufgefunden; Kritiker äußern Mordverdacht; der Fall belastet insbesondere die Beziehungen zwischen USA und Rußland

16.11.2009	Iwan Chutorskoi, bekanntester Antifaschist, wird durch durch Kopfschuß ermordet
19.11.2009	Verfassungsgericht untersagt Anwendung der Todesstrafe in Rußland
27.11.2009	Anschlag auf Schnellzug Moskau-St.Petersburg: 26 Tote, 100 Verletzte
29.11.2009	Medwedew schlägt Europäischen Sicherheitsvertrag vor
16.12.2009	Jegor Gaidar stirbt im 54. Lebensjahr
28.12.2009	Putin eröffnet Ostsibirien-Pazifik-Ölpipeline
31.12.2009	Demonstration zur Versammlungsfreiheit in Moskau aufgelöst
21.01.2010	Abriß Gartensiedlung Retschnik in Moskau, die in einem Naturschutzgebiet liegt; Bewohner leisten Widerstand
04.02.2010	Medwedew läßt Abriß von Retschnik rechtlich überprüfen
05.02.2010	Medwedew unterzeichnet neue russische Militärdoktrin
21.02.2010	Archangelsk: Einwohner protestieren gegen Anhebung kommunaler Gebühren
22.02.2010	Gründung der Partei Arbeitsfront
23.02.2010	Anläßlich des Tags der Vaterlandsverteidiger demonstrieren Anhänger der KPRF in Moskau gegen die Politik der Regierung 04.03.2010 Sechsprozentige Rentenerhöhung angekündigt
07.03.2010	Pensa: Demonstration gegen Wirtschafts- und Sozialpolitik; Demonstranten fordern Rücktritt des Bürgermeisters und des Gouverneurs
20.03.2010	Anti-Putin-Demonstrationen zum »Tag des Zorns« in mehreren Städten
26.03.2010	START-Verhandlungen abgeschlossen
27.03.2010	Demonstrationen gegen steigende Preise, hohe Kosten für kommunale Dienstleistungen und Arbeitslosigkeit
29.03.2010	Anschlag in der Moskauer Metro: 37 Tote, 65 Verletzte
06.04.2010	Baubeginn der North-Stream-Pipeline
08.04.2010	Medwedew und Obama unterzeichnen den Folgevertrag für START I
14.04.2010	Medwedew dekretiert Nationale Strategie zur Bekämpfung von Korruption in den Jahren 2010–11

25.04.2010	Archangelsk: Proteste gegen Erhöhung der Preise für kommunale Dienstleistungen, Forderung nach Erhöhung der Mindestlöhne
01.05.2010	Landesweite Veranstaltungen zum 1. Mai
14.05.2010	Neues Parteiengesetzes erleichtert Arbeit kleiner Parteien
14.05.2010	Bergarbeiter im Kusbass blockieren Eisenbahnlinie; Zusammenstöße mit OMON-Einheiten, Festnahmen
16.05.2010	Verband der Kusbass-Einwohner fordert in einem offenen Brief an den Präsidenten Umsetzung ihrer sozialen Forderungen
31.05.2010	Marsch der Nichteinverstandenen aufgelöst
15.07.2010	Umweltschützer verhindern Rodungen im Wald von Chimki
20.07.2010	Zusammenschluß der Konföderation der Arbeit in Rußland und der Föderalen Gewerkschaften Rußlands
23.07.2010	Absolutes Alkoholverbot im Straßenverkehr
28.07.2010	Spontane Demonstration in Chimki; Räumung eines Protestcamps durch Polizei
31.07.2010	Wald- und Torfbrände Gebiet Saratow
31.07.2010	Auflösung des Marsches der Nichteinverstandenen in Moskau, ebenso in St. Petersburg
22.08.2010	Demonstration in Moskau für den Erhalt des Waldes in Chimki
26.08.2010	Erste Haftstrafen für Teilnahme an nicht genehmigten Veranstaltungen nach dem neuen Versammlungsgesetz
31.08.2010	Märsche der Nichteinverstandenen in mehreren Städten aufgelöst
13.09.2010	Umweltschutzgruppen gründen Koalition für den Wald im Moskauer Gebiet
15.09.2010	Gründung Bewegung Vorwärts Rußland, die sich für Beschleunigung der Modernisierung einsetzt
25.09.2010	Demonstration »Für ein Rußland ohne Willkür und Korruption«
26.–28.9.2010	Medwedew auf Staatsbesuch in China
27.09.2010	In fünf Naturschutzgebieten brennen Wald und Torfmoore

28.09.2010	Juri Lyschkow, Bürgermeister von Moskau seit 1992, wird von Medwedew per Dekret mit der Begründung abgesetzt, das Vertrauensverhältnis zwischen ihnen sei gestört
12.10.2010	Demonstration zum Tag des Zorns aufgelöst
16.10.2010	Überschwemmungen im Bezirk Krasnodar: 13 Tote
23.10.2010	Oppositionelle Demonstration fordert Putins Rücktritt
31.10.2010	Demonstration für Einhaltung des Artikels 31 der Russischen Verfassung (Versammlungsfreiheit); die Aktion ist zu diesem Zeitpunkt bereits als »Strategie 31« ritualisiert, das sind Demonstrationen, die seit dem 31. Juli 2009 jeweils am 31. des Monats in Moskau (und auch in anderen Städten) stattfinden
04.11.2010	Zum Feiertag der Nationalen Einheit organisiert die Jugendorganisation Naschi einen Russischen Marsch mit 20.000 Teilnehmern. Ca. 5.000 Anhänger rechtsradikaler nationalistischer Gruppen versammeln sich unter Parolen wie »Schutz der Rechte der Urbevölkerung«, und »Kampf gegen illegale Migration« zu einem eigenen Marsch
04.11.2010	Konstantin Fetisow, Aktivist der Bewegung zum Schutz des Waldes von Chimki, wird von Unbekannten überfallen und schwer verletzt
07.11.2010	KPRF demonstriert zum Jahrestages der Oktoberrevolution mit ca. 5.000 Teilnehmern
10.11.2010	Chimki-Aktivist Beketow wird wegen Verleumdung des Bürgermeisters von Chimki zur Zahlung von 5.000 Rubel verurteilt
17.11.2010	Russische Föderation der Autobesitzer demonstriert gegen Verwendung von Blaulichtern und Spezialsignalen auf Autos von Beamten
20.11.2010	Medwedew beim Reform-Gipfel der NATO in Lissabon: Rußland in die NATO?
22.11.2010	Medwedew verleiht Ella Pamfilowa, zuletzt Vorsitzende des Menschenrechtsrates beim russischen Präsidenten, den Orden der Ehre
25.11.2010	Putin schlägt in der Süddeutschen Zeitung eine Freihandelszone von Lissabon bis Wladiwostok vor

05.12.2010	Demonstration zum Schutz der Rechte von Journalisten
07.12.2010	EU-Rußland-Gipfel in Brüssel: Rußland und die EU erörtern Bedingungen für den russischen WTO-Beitritt
10.12.2010	Medwedew unterzeichnet ein verschärftes Versammlungsrecht
11.–21.12.2010	Wiederholte nationalistische Ausschreitungen Tausender Fußballfans in Moskau und St. Petersburg; Anlaß ist der gewaltsame Tod eines Spartak-Fans, der einem Kaukasier angelastet wird
13.12.2010	Vier liberale Organisationen gründen in Anlehnung an die vorrevolutionäre Partei der Kadetten die Partei der Volksfreiheit – Für ein Rußland ohne Willkür und Korruption
14.12.2010	Der Bau der Autotrasse durch den Wald von Chimki beginnt
15.12.2010	Anwalt und Menschenrechtler Jewgeni Bobrow, der sich in der Bewegung für Wohnheime in Moskau und dem Moskauer Gebiet engagiert, wird vor seinem Haus zusammengeschlagen
21.12.2010	Putin trifft sich mit Fußballfans, besucht das Grab des am 6. Dezember ermordeten Spartak-Fans, mahnt Respekt für lokale Traditionen an
30.12.2010	Chodorkowski und Lebedew werden zu 14 Jahren Haft verurteilt; das Strafmaß des ersten Verfahrens (8 Jahre) wird angerechnet
31.12.2010	Strategie-31-Demonstration wird aufgelöst
01.01.2011	Eröffnung der Ostsibirien–Pazifischer Ozean-Pipeline (ESPO)
21.01.2011	Moskauer Stadtverwaltung genehmigt Strategie 31-Demonstration am 31. Januar für 1.000 Personen
24.01.2011	Anschlag auf Moskauer Flughafen Domodedowo: 35 Tote, über 160 Verletzte
28.01.2011	Medwedew unterschreibt START-Abkommen
31.01.2011	Strategie-31-Demonstration
07.02.2011	Medwedew unterschreibt neues Polizeigesetz
07.02.2011	Doku Umarow, tschetschenischer Gotteskrieger, bekennt sich zum Anschlag auf den Flughafen Domodedowo

10.02.2011	Putin unterzeichnet ein absolutes Alkoholverbot im Straßenverkehr
02.03.2011	Medwedew gratuliert Gorbatschow zum 80. Geburtstag; Gorbatschow erhält den höchsten Orden Rußlands: Orden des heiligen Apostels Andreas
11.03.2011	Der UN-Sicherheitsrat setzt Doku Umarow auf die Liste der gefährlichsten Terroristen
13.03.2011	Einheitlicher Wahltag auf allen Ebenen der Föderation; Einiges Rußland bleibt mit Einbußen stärkste Kraft
15.03.2011	GAU in Fukushima: die russische Bevölkerung in Fernost ist beunruhigt; Schutzmaßnahmen werden gefordert
23.03.2011	Neues Wahlrecht: Aufsplittung nach Merheits- und Verhältniswahl
23.03.2011	Neues Gesetz erleichtert Aufenthalt für ausländische Fachkräfte
26.03.2011	Novellierung des Fischereigesetzes soll Verpachtung von Gewässern an private Unternehmen fördern und Anglern den Kauf von Angellizenzen vorschreiben; Tausende Angler protestieren in mehreren Städten dagegen
31.03.2011	Strategie-31-Demonstrationen in mehreren Städten
14.04.2011	Medwedew beim Treffen der BRICS-Staaten; durch Beitritt Südafrikas erweitert sich das BRIC-Bündnis zu BRICS
25.04.2011	Rußland fordert die NATO auf, die Bombardierung ziviler Ziele in Libyen einzustellen
01.05.2011	Landsweite Mai-Versammlungen
04.05.2011	Medwedew unterzeichnet ein Gesetz zur Verschärfung der Strafen bei Bestechung und Korruptionsvergehen
05.05.2011	Nationalistische Bewegungen gründen Organisation Russen
06.05.2011	Putin regt Gründung einer Allrussischen Volksfront an
08.05.2011	Demonstration in Chimki aufgelöst
09.05.2011	Siegesparade in Moskau zum 66. Jahrestag des Sieges im Großen Vaterländischen Krieg
10.05.2011	Verfahren gegen Alexei Nawalny wegen Veruntreung eingeleitet
17.05.2011	Gay Pride-Parade in Moskau verboten

24.05.2011	Im Berufungsverfahren zum zweiten Urteil gegen Chodorkowski und Lebedew wird das Urteil bestätigt, aber das Strafmaß um ein Jahr verkürzt
26.05.2011	Putin wird informeller Vorsitzender der Allrussischen Nationalen Front
28.05.2011	Verbotene Gay-Pride-Parade wird aufgelöst
31.05.2011	Chodorkowski und Lebedew beantragen Haftentlassung auf Bewährung
04.06.2011	Moskau: Regierungsfreundliche Demonstration gegen Korruption
10.06.2011	Medwedew entläßt Sergei Mironow, den Vorsitzenden der Partei Gerechtes Rußland und bis zum 18. Mai Vorsitzenden des Föderationsrats, aus dem Sicherheitsrat der Russischen Föderation
17.–20.06.2011	Anti-Seliger-Forum im Wald von Chimki mit 200 Teilnehmern als Gegenveranstaltung zum jährlichen Sommerlager der regierungsnahen Jugendorganisationen am Seligersee
22.06.2011	Partei der Volksfreiheit (ParNaS) zu Dumawahlen nicht zugelassen
11.07.2011	Lebenslange Haft für Mitglieder der Nationalsozialistischen Gesellschaft
12.07.2011	Medwedew legt Duma Novelle zum Strafgesetzbuch vor, danach soll es möglich sein, Sexualstraftäter chemisch zu kastrieren
06.09.2011	Inbetriebnahme der North-Stream-Pipeline
16.09.2011	Gazprom, die italienische ENI, die französische EdF und Wintershall unterzeichnen im Beisein Putins Vertrag über Bau South-Stream-Pipeline
24.09.2011	Parteitag Einiges Rußland: Medwedew und Putin kündigen Ämtertausch an: Medwedew schlägt Putin als Kandidat für Präsidentschaftswahl vor; Putin erklärt, Medwedew zu seinem Ministerpräsidenten machen zu wollen
25.09.2011	Anti-Putin Demonstration mit 300 Teilnehmern in Moskau
30.09.2011	Medwedew erklärt öffentlich, daß er nicht für eine zweite Amtszeit antrete, da Putin ihn in seiner Politik gut vertrete

04.10.2011	Putin veröffentlicht Pläne für ein neues Rußland; seine Perspektive: angesichts der Herausforderungen des 21. Jahrhunderts eine Eurasische Union zu gründen
17.10.2011	Geldstrafe für Alexei Nawalny wegen Rufschädigung
31.10.2011	Strategie-31-Demonstration in Moskau
01.11.2011	Gesetz zum Schutz der Gesundheit in Rußland verabschiedet. Es garantiert den Weiterbestand unentgeltlicher Erster Hilfe, konkretisiert aber zugleich kostenpflichtige weitergehende medizinische Dienstleistungen
23.11.2011	Medwedew weist Raketenabwehrsystem scharf zurück
04.12.2011	Wahlen zur Staatsduma und zu Regionalparlamenten bestätigen Einiges Rußland als stärkste Kraft
10.12.2011	Massenproteste gegen die Wahlergebnisse: 40.000 Teilnehmer/innen in Moskau, 10.000 in St. Petersburg, Versammlungen auch in anderen Städten
12.12.2011	Einiges Rußland demonstriert für Medwedew und Putin
15.12.2011	Putin antwortet in »Direkter Linie« per TV auf Fragen der Bevölkerung; er wiederholt damit ein mit ihm bereits eingeübtes Ritual
16.12.2011	Putin veranlaßt Aufstellung von Videokameras in allen Wahllokalen
23.12.2011	Medwedew unterschreibt neues Gesetz über politische Parteien, das die Registrierung von Parteien und Kandidaten erleichtern soll
23.12.2011	Menschenrechtsrat beim Präsidenten ruft zu Neuwahlen auf
24.12.2011	Erneute Massendemonstrationen für ehrliche Wahlen; Veranstalter in Moskau sprechen von 120.000 Teilnehmern; Forderung nach Neuwahlen; Demonstrationen auch in St. Petersburg und anderen Städten
31.12.2011	Strategie-31-Demonstration in Moskau aufgelöst
16.01.2012	Medwedew für Direktwahl der Gouverneure
Januar/Februar 2012	Wladimir Putin veröffentlicht vier programmatische Artikel zur zukünftigen Rolle eines starken Rußland in der globalen Krise

04.02.2012	Dritte Großdemonstration »Für ehrliche Wahlen«; Veranstalter sprechen von 120.000 Menschen in Moskau; gleichzeitige Demonstration von ca. 100.000 Anhängern Putins; Demonstrationen auch in anderen Städten
21.02.2012	Auftritt der Punkgruppe Pussy Riot in der Christ-Erlöserkirche
18/19.02.2012	Weitere Pro- und Contra-Putin-Demonstrationen landesweit
23.02.2012	100.000 Teilnehmer/innen bei einer Pro-Putin-Versammlung der »Allrussischen Volksfront« in Moskau
25.02.2012	Ca. 10.000 Ani-Putin-Demonstranten in St. Petersburg
26.02.2012	Ca. 20.000 Anti-Putin-Demonstranten »Großer Weißen Ring« entlang des Moskauer Gartenrings mit anschließendem Flashmob mit ca. 2.000 Personen

Erneut Putin

04.03.2012	Nach der Präsidentenwahl: Ca. 100.000 Demonstranten feiern Putins Wahlsieg
07.03.2012	Ergebnisse der Wahl: Putin mit 63,6 % vor Sjuganow (KPRF) mit 17,18 %, Prochorow 7,98 %, Schirinowskij (LDPR) 6,22 % , Mironow (Gerechtes Rußland) 3,85 %.
10.03.2012	Demonstration »Für ehrliche Wahlen«; Festnahme des Vorsitzenden der Linken Front, Sergei Udalzow; Festnahmen auch bei Versammlungen in St. Petersburg und Nishni Nowgorod
13.03.2012	Duma-Arbeitsgruppe soll Regelwidrigkeiten bei Dumawahl untersuchen
13.03.2012	Präsident Medwedew unterzeichnet Nationalen Plan zur Korruptionsbekämpfung in den Jahren 2012–2013
19.–20.03.2012	Rat der Eurasischen Wirtschaftsgemeinschaft tagt in Moskau
23.03.2012	Staatsduma verabschiedet Novelle zum Parteiengesetz; Vereinfachung der Gründung politischer Parteien

24.03.2012	Demonstration »Für ehrliche Wahlen« in St. Petersburg mit 1.000 Teilnehmern; Moskauer Aktivisten wird untersagt, die Stadt zu verlassen
31.03.2012	Strategie-31-Demonstration in Moskau aufgelöst
01.04.2012	Aufruf per Internet, den Roten Platz in Moskau durch Flashmob zum »Weißen Platz« zu machen
03.04.2012	Medwedew will Chodorkowski nicht ohne ein Gnadengesuch begnadigen
10.04.2012	Novellierung des Arbeitsgesetzbuchs
21.04.2012	KPRF-Demonstration in Uljanowsk gegen geplanten NATO-Umschlagplatz für Afghanistan-Nachschub (im Northern Distribution Network der NATO)
24.04.2001	Putin erklärt Rücktritt als Vorsitzender von Einiges Rußland und schlägt Medwedew als neuen Parteivorsitzenden vor
25.04.2012	Staatsduma beschließt Gesetz zur Direktwahl der Gouverneure
01.05.2012	Weiterhin landesweite Pro- und Contra-Putin-Demonstrationen
06.05.2012	20.000 Menschen protestieren in Moskau gegen die Rückkehr Putins ins Präsidentenamt
07.05.2012	Verteidigung Putins als Präsident; Putin schlägt der Staatsduma Medwedew als Kandidat für das Amt des Ministerpräsidenten vor
07.05.2012	Erste präsidentielle Putin-Erlasse sehen u.a. einmalige Zahlung von 1.000 bis 5.000 Rubel (ca. 25 bis 125 Euro) an Veteranen des Großen Vaterländischen Krieges vor; Regierung soll 25 Million hochqualifizierte Arbeitsplätze schaffen und bis 2018 eine Einkommenserhöhung um das 1,5-fache realisieren
08.05.2012	Informelle Opposition ruft weiterhin zu »Spaziergängen« auf
09.05.2012	Demonstration der KPRF in Moskau; Nawalny und Udalzow werden zu jeweils 15 Tagen Haft wegen Nichtbefolgung von Polizeianweisungen verurteilt
12.05.2012	Protestcamps in Moskau und auch in St. Petersburg

13.05.2012	Unangemeldeter »Kontroll-Spaziergang« in Moskau, zu dem Schriftsteller und Musiker aufgerufen hatten, um gegen willkürliche Festnahmen zu protestieren; Polizei greift nicht ein
16.05.2012	Räumung des Protestlagers der Wahl-Kritiker
21.05.2012	NATO-Gipfel in Chicago verabschiedet Garantieerklärung: Raketenabwehrsystem richtet sich nicht gegen Rußland
30.05.2012	Genehmigung für einen zweiten »Marsch der Millionen« verweigert
31.05.2012	Strategie-31-Demonstration ohne Polizeieingriffe
03.–04.06.2012	29. EU-Rußland-Gipfel in St. Petersburg
04.06.2012	Nawalny wegen Verleumdung zu 30.000 Rubel (ca. 725 €) verurteilt
05.–06.06.2012	Putin in Peking
06.–07.06.2012	Putin beim Gipfeltreffen der Schanghaier Organisation für Zusammenarbeit (SOC)
08.06.2012	Putin unterzeichnet verschärftes Versammlungsrecht
12.06.2012	Zweiter »Marsch der Millionen« in Moskau; nicht genehmigt
12.06.2012	Boris Nemzow, Mitveranstalter, erhält während der Demonstration eine Vorladung der Staatsanwaltschaft
22.06.2012	Privatisierungsplan der Regierung für 2012–2013 und bis 2016. Weiterer Verkauf von Staatseigentum
25.06.2012	Nawalny in den Aufsichtsrat von Aeroflot aufgenommen
03.07.2012	KPRF demonstriert in Moskau gegen den WTO-Beitritt Rußlands.
10.07.2012	Staatsduma mit Stimmen von Einiges Rußland für WTO-Beitritt; alle anderen Dumafraktionen stimmen dagegen
12.07.2012	Putin unterzeichnet Gesetz, das Wahlfälschungen höher bestraft
13.07.2012	Staatsduma beschließt Verleumdung als Straftatbestand
21.07.2012	Putin unterschreibt Novellierung des NGO-Gesetzes, das russischen NGOs, die Gelder aus dem Ausland erhalten, vorschreibt, sich als »ausländische Agenten« registrieren zu lassen. Neu: höhere Strafandrohungen bei Nicht-Registrierung und Einträge in zentrales Verbots-Register

21.07.2012	Mit Unterschrift von Präsident Putin tritt Rußland der WTO bei
30.07.2012	Prozeßbeginn gegen drei Mitglieder von Pussy-Riot
31. 07.2012	Strategie-31-Demonstration in Moskau
17.08.2012	Je zwei Jahre Lagerhaft für Pussy Riot-Angeklagte
23.08.2012	Sergei Udalzow wird mit mehrfacher Geldstrafe belegt
27.08.2012	Ministerpräsident Medwedew verabschiedet das Konzept einer »Russischen Gesellschaftlichen Initiative«: Vorschläge von Staatsbürgern sollen im Internet vorgestellt und durch Regierung aufgenommen werden
02.09.2012	Großbritannien leitet Moskau eine »schwarze Liste« mit 60 Personen zu, denen im Zusammenhang mit dem Tod von Sergei Magnitski die Einreise verweigert werden soll
15.09.2012	Dritter oppositioneller »Marsch der Millionen« in mehreren Städten
20.09.2012	Putin in Kirgistan. Gemeinsamer Militärstützpunktes vereinbart; US-Stützpunkt soll zivilem Flughafen weichen
05.10.2012	Der Film »Anatomie des Protests 2« unterstellt Sergei Udalzow, dem Vorsitzenden der Linken Front, gewaltsame Umsturzpläne
10.10.2012	Bewährung für Jekaterina Samuzewitsch im Revisionsverfahren Pussy Riot, Bestätigung der zweijährigen Gefängnisstrafen für die anderen beiden Angeklagten
14.10.2012	Am »Einheitlichen Wahltag« wird Einiges Rußland stärkste Kraft
17.10.2012	Strafverfahren gegen Sergei Udalzow wegen angeblicher »Vorbereitungen zur Organisation von Massenunruhen«
18.10.2012	Rußland warnt die NATO vor weiterem Ausbau des Raketenabwehrsystems Rußland könne sich zu technischen Reaktionen gezwungen sehen
20.–21.10.2012	Wahlen zum Koordinationsrat der Opposition im Internet
23.10.2012	Gesetz zum Verrat von Staatsgeheimnissen verschärft
07.10.2012	Neu gebildeter Koordinationsrat der nicht parlamentarischen Opposition will nach Muster der »Magnitski-Liste« eigene Liste mit Staatsangestellten zusammenstellen, die sich an Verfolgung von Oppositionellen beteiligen

27.10.2012	Sergei Mironow, Vorsitzender der Partei Gerechtes Rußland, distanziert sich vom Koordinationsrat der Opposition
27.10.2012	Gennadi Sjuganow, Vorsitzender der KPRF, distanziert sich ebenfalls
30.10.2012	Gegen sechs Skinheads werden Freiheitsstrafen von 8 bis 19 Jahren wegen mehrfachen Mordversuchs und Mord aus nationalem Hass verhängt
30.10.2012	Geldstrafe für Nawalny wegen Organisation einer nicht genehmigten Demonstration
30.10.2012	Moskau, Gedenktag für die Opfer politischer Repressionen: Ca. 1.500 Menschen fordern Einstellung der Strafverfahren gegen Aktivisten der Wahlproteste
04.11.2012	Tag der nationalen Einheit: Russischer Marsch in der Moskauer Innenstadt mit 15.000 Teilnehmen, vergleichbare kleinere Märsche auch in anderen Städten
23.11.2012	Novellierung der Rententarife, die 2014 in Kraft treten soll: Reduzierung des Beitragssatzes von 6 % auf 2 %, Erhöhung des Mindestlohns von 4.600 auf 5.200 Rubel (ca. 113/128 €)
04.12.2012	Der NATO-Rußland-Rat verabschiedet in Brüssel Programm zur Zusammenarbeit für 2013; Außenminister Sergei Lawrow erwartet Verhandlungen über das Raketenabwehrsystem
05.12.2012	Kleinere Kundgebungen zum Jahrestag der Proteste gegen die Wahlfälschungen
06.12.2012	Nach Großbritannien verabschiedet auch der US-Senat eine »Magnitski-Liste«, der entsprechend russischen Bürgern, die Menschenrechte verletzen, die Einreise verweigert werden soll; das russisches Außenministerium bezeichnet die Verabschiedung der Liste als provozierenden Schritt und kündigt eine »adäquate Antwort« an
10.12.2012	Putins trifft sich mit ca. 550 Personen, die ihn im Wahlkampf aktiv unterstützt haben: er verlängert ihr Unterstützungs-Mandat bis zum Ende seiner Amtszeit 2018 und bezieht sie aktiv in die Allrussische Volksfront ein

15.12.2012	Marsch der Freiheit mit ca. 1.500 Teilnehmern aufgelöst
20.12.2012	Erneute Anklage gegen Nawalny sowie seinen Bruder Oleg wegen »betrügerischen Diebstahls« und Geldwäsche
28.12.2012	Dima-Jakowlew-Gesetz von Putin unterzeichnet, das die Adoption russischer Kinder durch US-Bürger verbietet
14.01.2013	Petition von mehr als 100.000 Bürgern gegen das Dima Jakowlew-Gesetz in der Staatsduma erörtert
15.01.2013	Putin dekretiert eine Staatskommission zur Vorbereitung und Durchführung der 22. Olympischen Winterspiele sowie der 11. Paralympischen Winterspiele 2014 in Sotschi
31.01.2013	Strategie-31-Demonstration aufgelöst
15.02.2013	Meteoriten-Einschlag im Gebiet Tscheljabinsk
20.02.2013	Putin unterzeichnet »Strategie zur Entwicklung der arktischen Gebiete Rußlands bis 2020«
23.–24.02.2013	KPRF bestätigt Gennadi Sjuganow als Parteivorsitzenden
02.03.2013	Zwei parallele Demonstrationen in Moskau: patriotischer »Marsch zum Schutz der Kinder« mit offiziell 12.000 Teilnehmern, ein »Sozialmarsch« oppositioneller Bewegungen mit offiziell 1.000 Teilnehmern; in St. Petersburg nehmen ca. 500 Personen an »Sozialmarsch« teil
23.03.2013	Boris Beresowski stirbt im Londoner Exil
25.03.2013	Wladimir Schirinowski wird als Parteivorsitzender bestätigt
26.03.2013	Russische Behörden kontrollieren deutsche Parteistiftungen
29.03.2013	Putin führt die Auszeichnung »Held der Arbeit« wieder ein
31.03.2013	Strategie-31-Demonstration in mehreren Städten aufgelöst
01.04.2013	Hausarrest für Sergei Udalzow um vier Monate verlängert
02.04.2013	Putin unterzeichnet Gesetz, wonach Direktwahlen von Gouverneuren möglich, aber nicht zwingend sind
07.–08.04.2013	Putin eröffnet die Hannover-Messe
09.04.2013	Gesetz zum Schutz der Gefühle Gläubiger verabschiedet
11.04.2013	Oberster Gerichtshof erklärt Entzug des Abgeordnetenmandats von Gennadi Gudkow durch die Staatsduma für rechtmäßig und lehnt Beschwerde Gudkows ab

13.04.2013	Russisches Außenministerium veröffentlicht Liste von 18 US-Amerikanern, gegen die (als Antwort auf die Magnitski-Liste) Einreisesperren nach Rußland verhängt werden
17.04.2013	Solidaritätsdemonstration für Nawalny in Moskau
19.04.2013	Ägyptischer Präsident Muhammed Mursi bei Putin in Sotschi
20.04.2013	Koordinationsrat der Opposition beschließt Demonstration für 6. Mai
22.04.2013	Russisches Verfassungsgericht teilt mit, daß Wahlberechtigte Wahlergebnisse vor Gericht anfechten können
23.04.2013	Putin fordert einheitliches Konzept für Lehrplan zur russischen Geschichte im Schulunterricht
24.04.2013	Generalstaatsanwaltschaft überprüft das Lewada-Zentrum als NGO
24.04.2013	Neues Gesetz untersagt Staatsbeamten Geld und Aktien im Ausland zu halten
25.04.2013	Konstantin Lebedew wegen der Organisation von Massenunruhen während des Marsches der Millionen am 6. Mai 2012 zu 2,5 Jahren Haft in allgemeiner Strafkolonie verurteilt; Lebedew hatte sich schuldig bekannt
25.04.2013	Golos wegen der Weigerung, sich als ausländischer Agent registrieren zu lassen, zu 300.000 Rubel (ca. 7.300 €) Strafe verurteilt
26.04.2013	Türkei wird Dialogpartner der Shanghaier Organisation für Zusammenarbeit (SOC)
29.04.2013	Putin empfängt den japanischen Ministerpräsidenten Shinzo Abe
30.04.2013	Memorial soll sich als ausländischer Agentur registrieren lassen
30.04.2013	Putin fordert Steuer auf Luxusgüter
01.05.2013	Traditionelle Mai-Demonstrationen in vielen Städten
01.05.2013	Putin verleiht erstmals den Ehrentitel »Held der Arbeit«
05.05.2013	Demonstrationen im Moskauer Stadtzentrum mit ca. 400 Personen

06.05.2013   30.000 Menschen demonstrieren zum Jahrestag der Demonstrationen des Protestjahres 2011: Zentrale Forderung ist die Freilassung der politischen Gefangenen
08.05.2013   Wladislaw Surkow, Putins Chefideologe, Erfinder des Begriffs der »Souveränen Demokratie«, tritt zurück

Die Daten der Chronologie entstammen aus:
1. meinem eigenen Reise- und Gesprächsregister u.a. aus Angaben aus Gesprächen, die in diesem Buch vorliegen, sowie aus dem Archiv meiner eigenen Presse- und Vortragspublikationen
2. einem Rückgriff auf eine von mir selbst zusammengestellte Chronologie in: Kai Ehlers: Herausforderung Rußland. Vom Zwangskollektiv zur selbstbestimmten Gemeinschaft. Eine Bilanz der Privatisierung, Schmetterlingverlag, Stuttgart, 1997

(vor Zeiten möglicher Internetrecherche)

Das sind im Einzelnen:

- BFAI, Bundesstelle für Außenhandelsinformationen (89–92)
- Chronologie der allgemeinen sozialökonomischen Entwicklung der UdSSR, beziehungsweise RFSSR/GUS ab 1984.
- Dtv. Geschichtsatlas.
- Chronologie der Gegenwart, lfde. Bände.
- Ehlers; Kai: Gorbatschow ist kein Programm, konkret Literatur Verlag, Hamburg, 1991.
- Ehlers, Kai: Sowjetunion – mit Gewalt zur Demokratie? Galgenberg, Hamburg, 1991.
- Engert, Steffen: Der Aufbruch: Alternative Bewegungen in der Sowjetunion, Rowohlt, Reinbek, 1989.
- Gitermann, Valentin: Geschichte Rußlands, drei Bände, Athenäum, Frankfurt am Main, 1987.
- HWWA, Hamburger Weltwirtschaftsarchiv, Pressedokumentation, Chronologie der Gegenwart.

- Knötzsch, Dieter: Fünf Jahre Perestroika, Fischer, Frankfurt am Main, 1991.
- Ost-West-Gegeninformationen, Graz, regelmäßige Chronologie ab März 1989, zusammengestellt von Johann Geisbacher.
- Ruge, Gerd: Der Putsch, Fischer, Frankfurt am Main, 1991.
- Stökl, Günter: Russische Geschichte, Alfred Kröner Verlag, Stuttgart, 1990.

3. heute im Internet zugänglichen Übersichten (ausgewählt, überarbeitet und ergänzt)

Das sind im Einzelnen:

- Die Welt; Das politische Leben des Boris Jelzin: http://www.welt.de/politik/article829513/Das-politische-Leben-des-Boris-Nikolajewitsch-Jelzin.html.
- FDJ, PDF-Datei, Chronologie der 2+4-Verhandlungen: http://www.fdj.de/CHRO-01.html.
- Forschungsstelle Osteuropa an der Universität Bremen und Deutsche Gesellschaft für Osteuropakunde: Rußland Analysen, laufende Jahrgänge.
- Frankfurter Allgemeine, Eine Chronik des Schreckens: http://www.faz.net/aktuell/politik/ausland/terror-in-Rußland-eine-chronik-des-schreckens-1956886.html#Drucken.
- Glasnost-Archiv, Beiträge zur Geschichte; Gorbatschows großer Versuch: Vom Alkoholbeschluß bis zum START-Abkommen: http://www.glasnost.de/db/Osteuropa/chronik.html.
- Kölner Stadtanzeiger: Chronik. Stationen in Jelzins Leben: http://www.ksta.de/politik/chronik--stationen-in-jelzins-leben,15187246,13454030.html.
- Rp-Online. Der Aufstieg Putins: http://www.rp-online.de/politik/der-aufstieg-putins-1.2266164.
- Süddeutsche.de.: Die wichtigsten Stationen im Leben von Boris Jelzin http://www.sueddeutsche.de/politik/chronik-die-wichtigsten-stationen-im-leben-von-boris-jelzin-1.653747.

Ministerpräsidenten der russischen Föderation seit Auflösung der UdSSR:

1991, 06.11.	–	15.06.1992	Jelzin, Boris (informell)
1992, 15.06.	–	14.12.1992	Gaidar, Jegor
1992, 14.12.	–	23.03.1998	Tschernomyrdin, Viktor
1998, 23.03.	–	10.04.1998	Jelzin, Boris (kommissarisch)
1998, 10.04.	–	23.08.1998	Kirijenko, Sergei
1998, 23.08.	–	11.09.1998	Tschernomyrdin, Viktor
1998, 11.09.	–	12.05.1999	Primakow, Jewgeni
1999, 12.05.	–	09.08.1999	Stepaschin, Sergei
1999, 09.08.	–	07.05.2000	Putin, Wladimir
2000, 07.05.	–	24.02.2004	Kasjanow, Michail
2004, 24.02.	–	05.03.2004	Christenko, Viktor (kommissarisch)
2004, 05.03.	–	12.09.2007	Fradkow, Michail
2007, 14.09.	–	07.05.2008	Subkow, Viktor
2008, 08.05.	–	07.05.2012	Putin, Wladimir
2012, 07.05.	–	08.05.2012	Subkow, Viktor
2012, 08.05.	–		Medwedew, Dimitri

Index der erwähnten Organisationen

Die Übersicht erhebt keinen Anspruch auf Vollständigkeit, da die Organisationen sich nach Beginn der Perestroika in ungeahnter Geschwindigkeit differenzieren. Zudem werden ihre Namen in häufig wechselnder Form angegeben; dies gilt allerdings nicht für die diejenigen, die sich in der Duma als Hauptkräfte durchsetzen. Sie sind unten gesondert angegeben. Um das Auffinden von Namen zu erleichtern, sind in Zweifelsfällen (die sich u.a. aus unterschiedlichen Übersetzungen ergeben) einige Organisationen doppelt aufgeführt. Die Jahreszahlen hinter den Namen geben an, wann die Organisationen erstmals oder auch zuletzt erwähnt werden, soweit nicht ausdrücklich Gründung oder Auflösung angegeben sind.

Allrussische Kommunistische Partei der Zukunft (VKPB), als Alternative zur KPRF gegründet; Vorsitzender Wladimir Tichonow (11.09.2004)
Allrussische Volksfront, informeller Vorsitzender Wladimir Putin (06.05.2011)
Agrarpartei (1992)
Agrarnaja partija Rossii (2007)
Arbeiterkomitee Workuta (Sommer 1994)
Arbeitervertrauen (1988)
Arbeitsfront (22.02.2010)
Selbstschutzgruppen der Bewegung gegen illegale Immigration (05.07.2007)
Bewegung für demokratische Reformen
Bewegung zum Schutz des Waldes von Chimki (Sommer 2010)
Bürgerliche Ehre (Graschdanskaja Stoinstwo) (1989)
Bürgerkraft (Graschdanskaja Sila) (2007/16.11.2008)
Bürgerliche Union, Bürgerunion (Graschdanskaja sojus) (Oktober 1992)
Demokratische Partei Rußlands (Demokratitscheskaja Partija Rossii) (2003)
Demokratische Union (1989/1990)
Einheit (Jedinstwo), (1999)

Einiges Rußland, (Jedinaja Rossija) (Dezember 2001) als Zusammenschluss der
Fraktionen Einheit und Vaterland – ganz Rußland (Otetschestwo – wsja Rossija), beide ihrerseits 1999 zu großen Teilen aus der 1990 gegründeten Regierungspartei Unser Haus Rußland entstanden
Erinnerung (russisch: Pamjat) (Herbst 1989, 1990)
Eurasia, Alexander Dugin (21.04.2001)
Föderation der (gesellschaftlichen) sozialistischen Clubs (FSOK), (darin: Sozialistische Initiative, Waldleute, Óbschtschina) (1987)
Front der nationalen Rettung (Oktober 1992)
Gemeinsamer Weg/Gemeinsam gehen (Iduschtschije wmjeste) (2000)
Gemeinschaft (russisch: Óbschtschina (1988/1989)
Gerechtes Rußland (Sprawedliwaja Rossija), Vorsitzender Sergei Mironow

Gewerkschaften:

Auto-Bau-Gewerkschaft M.P.R.A, Interregionale Autofabrik Gewerkschaft
Bürgergewerkschaft (Oktober 1992)
Föderation sozialistischer Gewerkschaften (September 1989)
Neues sozialistisches Komitee, Aktivisten der Neuen Gewerkschaft (1989)
Sowjetische offizielle Gewerkschaften (1988)
Sozialistische Gewerkschaft (SOZPROF) (1989)
Verteidigung (Saschita), Oleg Scheinis (1995)
Unabhängige Gewerkschaft der Bergleute (NPG)
Zentralrat der sowjetischen Gewerkschaften (WZSPS), 1990 durch die Föderation unabhängiger Gewerkschaften Rußlands (FNPR) abgelöst

Parteien und Gruppierungen

Heimat (Rodina), Sergei Glasjew (Sommer 2003), Abspaltung aus der KPRF und
    und Volkspartei der Russischen Föderation (Narodnaja Partija); neuer Vorsitzender seit 06.07.2004: Dimitrij Rogosin
Institut für Fragen der Globalisierung (IPROG), B. Kagarlitzki (August 2008), später umbenannt in Institut für soziale Bewegungen und Globalisierung (IGSO)
Jabloko, Russische-demokratische Partei Jabloko, (Rossiskaja Demokratitscheskaja Partija Jabloko), gegründet 05.01.1995; Grigori Jawlinski bis 2008 Vorsitzender

Jedinaja Rossija (siehe: Einheitliches Rußland/Einiges Rußland) (2001)
Junge Einheit (Molodoschnoje Jedinstwo), (gegründet 09.09.2001); Jugendorganisation von
Initiative kommunistischer Arbeiter (orthodox) (Aug. 1991)
Informelle Gruppen, verschiedene, schnell wechselnde (1989)
Jelzinistische Partei (1989)
Jugendorganisation die Unseren (Naschi) (gegründet 2005)
Junge Kommunarden – Internationalisten (Pro-Jelzin-Gruppe) (1988)
Junge Sozialisten (1988)
Karabach Komitee (September 1989)
Komitee für Menschenrechte (Oktober 1993)
Club der sozialen Initiativen (1988)
Koalition der Umweltschutzgruppen für den Wald im Moskauer Gebiet (13.09.2010)
Kommerzielles Rußland, Delovaja Rossija (17.10.2001)
Kommission für Menschenrechte (02.11.1993)
Kommunistische Arbeiterpartei (orthodoxe Orientierung) (August 1991)
Kompaß (Betriebskollektiv, Moskauer Schuhfabrik) (1988)
Komsomol, Jugendorganisation der KPdSU (Oktober 1918, aufgelöst August 1991)
Konföderation der Anarchosyndikalisten (KAS) (1989), löst sich 1991 in diverse kleinere Organisationen mit sozialistischem oder anarchistischem Anspruch auf
Konföderation Freies Rußland (lokale Rechte), Alexejew (Sommer 1994)
Kongreß der Patrioten, rechte Sammlungsbewegung (20.03.2004)
Koordinationsrat der Opposition (Internetgründung 20./21.10.2012), hervorgegangen aus den Massenprotesten für gerechte Wahlen Ende 2011/Frühjahr 2012
Kommunistische Partei der Russischen Föderation (KPRF), Gennadi Sjuganow (gegründet 1990, 1991 aufgelöst, 1993 neu gegründet), versteht sich als Nachfolgeorganisation der KPdSU
Kommunistische Partei der Sowjetunion (KPdSU) (1917–06.11.1991)
Liberaldemokratische Partei (Liberalnaja demokratitschiskaja Partija Rossii) (LDPR), Wladimir Schirinowski
Linke Front, Sergei Udalzow (10.03.2012)
Kultur-ökologische Bewegung Leningrad (1988)

MMM, betrügerische Aktiengesellschaft, Chef Mawrodij (1992/1993)
Marxismus 21 (Busgalin) (1990), später übergegangen in Gruppe Alternative
Memorial (1990), Gründer Sacharow
Menschenrechtsbewegung (1989/1990), diverse Untergruppen
Moskauer Voksfront (MFP) (August 1991)
Narodniki (Volkstümler), vorrevolutionär, 18. Jahrhundert, u.a. Vera Sassulitsch
Nationalbolschewistische Partei (NBP), Eduard Limonov (gegründet 1992, verboten 2005)
Neue Sozialisten (September 1989)
Neues sozialistisches Komitee Solidarnost (1989)
Opritschniki, Rechte Jugendorganisation nach der gleichnamigen Geheimorganisation Iwans IV. (18.04.2005)
Parteiclub Moskauer Friedensgruppe (1989/1990)
Parteiclubs (1990)
Partei der Arbeit (Oktober 1992)
Partei der Ethik (Sommer 1994)
Partei der russischen Einheit und Eintracht (2003)
Partei der sozialen Gerechtigkeit (Partija sozialnoi sprawedliwosti) (2007)
Partei der Volksfreiheit – Für ein Rußland ohne Willkür und Korruption (ParNaS), Gründer Boris Nemzow (Registrierung vor der Wahl am 22.06.2011 verweigert)
Partei der Volkspädagogik (Sommer 1994)
Partei Rechte Sache (Prawoe delo), Andrè Dunajew Zusammenschluß aus: Union der Rechten Kräfte (SPS), Demokratische Partei Rußlands und Patrioten Rußlands (Patrioty Rossii) (November 2008)
Patriotische Volksunion Heimatland, Sergei Glasjew (30.01.2004)
Perestroika-Club (1988)
Radikal-demokratische Opposition (1990)
Radikale Partei (1989)
Russki (Die Russen) (05.05.2011)
Russische Föderation der Autobesitzer (17.11.2010)
Solidarnost (1989)
Selbstverwaltung (1989)
Sozialdemokratische Partei Rußlands (SDPR); Michail Gorbatschow (24.11.2001)
Sozialforum, russisches (erstes) (10.04.–17.04.2005)
Sozialistische Initiative (1988)

Sozialistische Clubs (1988)
Sozialistische Partei der Arbeit (SPT), Roy Medwedew (1991)
Sowjetische Soziologische Gesellschaft (1988)
Sowjetisches Friedenskomitee (1988)
Überregionale Abgeordnetengruppe (1989/90)
Überregionale Abgeordnetengruppe, radikaldemokratisch um Jelzin (1989)
Union der Komitees der Soldatenmütter Rußlands (1989)
Union Michael Archangelsk (wie im 19. Jahrhundert Schwarzhundertschaften) (September 1991)
Union der Internationalisten (Sommer 1994)
Union der Komitees der Soldatenmütter (04.02.2004)
Union der Rechten Kräfte (SPS) (Sojus prawych sil), Jegor Gaidar (1999, Selbstauflösung 15.11.2008)
Unser Haus Rußland (Nasch dom Rossii) (1995 durch Tschernomyrdin, 1999 übergegangen in Einiges Rußland)
Vaterland – ganz Rußland (Otetschestwo – wsja Rossija) Juri Lyschkow, Mintimer Schaimijew (1999, 2001 in Einheitliche Rußland übergegangen)
Verband russischer Industrieller und Unternehmer (Arkadi Wolski) (1993)
Vereinigte Arbeitsfront, Organisation stalinistischer Pensionäre (September 1989)
Vereinigte Front der Werktätigen (OFT) (1989)
Vereinigung der kommunistischen Partei (1991)
Vereinte Volkspartei der Soldatenmütter (gegründet 07.11.2004)
Vertrauen (1989)
Vertrauen Moskauer Friedensgruppe (1989/1990)
Volksfront (1988)
Volksfronten, baltische (Oktober 1988)
Volkspartei der Russischen Föderation (Narodnaja Partija)
Vorwärts Rußland, Bewegung für beschleunigte Modernisierung (05.09.2010)
Wahl Rußlands (Vybor Rossii) (2003)
Waldleute (1988)
Warschauer Pakt (14.05.1955–31.03.1991)

Wahlsieger bei Dumawahlen:

2013
Einiges Rußland (238); KPRF (92), Gerechtes Rußland (64), LDPR (56)

2007
Einiges Rußland (315), KPRF (57), LDPR (40), Gerechtes Rußland (38)

2003
Einiges Rußland (222), KPRF (51), LDPR (37), Rodina (37)
Die Union der rechten Kräfte und Jabloko haben die Fünf-Prozent-Hürde nicht geschafft und müssen sich mit den Wahlblöcken und Kleinparteien die restlichen 80 Sitze teilen)

1999
KPRF (113), Einheit (73), Vaterland – Ganz Rußland (68), Union der rechten Kräfte (29), LDPR (17), Jabloko (20), Andere (16), Unabhängige (114)

1995
KPRF (157), Unser Haus Rußland (55), LDPR (51), Jabloko (45), Agrarpartei (20) (Die restlichen Sitze verteilten sich auf Unabhängige)

1993
LDPR (64), Die Wahl Rußlands (64), KPRF (42), Frauen Rußlands (23), Agrarpartei (37), Jabloko (27), Partei der russischen Einheit und Eintracht (22), Demokratische Partei Rußlands (21), Sonstige (21), Unabhängige (130)

1990
Bei dem Wahlen für den Obersten Sowjet 1989 und den Allunionswahlen 1990, in denen erstmalig freie Kandidaten zur Wahl zugelassen wurden, siegten die Unabhängigen.

Biografisches

Boris Kagarlitzki, 1958 geboren, ist marxistischer Soziologe und gilt sowohl in der UdSSR als auch im postsowjetischen Rußland als politischer Dissident. Von 1990 bis 1993 gehört er der Sozialistischen Partei Rußlands an und arbeitet als Abgeordneter im Moskauer Stadtsowjet. Später wird er zum Mitbegründer der Partei der Arbeit und Berater des Gewerkschaftsbundvorsitzenden. Aktuell ist er als Direktor des Instituts für Globalisierung und Soziale Bewegungen (IGSO) in Moskau tätig und Mitarbeiter im Transnationalen Insitut (TNI). Darüber hinaus gibt Kagarlitzki die 2007 gegründete Zeitschrift *Lewaja Politika* (Linke Politik) heraus, die vierteljährlich in Moskau in russischer Sprache erscheint.

Er hat eine Vielzahl von Büchern und Aufsätzen veröffentlicht, in denen er die Erfahrungen aus der sowjetischen Geschichte und der Transformation aufarbeitet und sie für die Entwicklung zukünftiger solidarischer Gesellschaftsverhältnisse nutzbar macht. Einige seiner Bücher sind inzwischen auch auf Englisch, einige auch auf Deutsch erschienen. Der LAIKA Verlag veröffentlichte 2013 seine Analyse *Die Revolte der Mittelklasse*. Kagarlitzki geht darin der Frage nach, wie das »revolutionäre Subjekt« unter den Bedingungen der Globalisierung neu bestimmt werden kann.

Publikationen

Englisch
1987: The Thinking Reed: Intellectuals and the Soviet State from 1917 to the Present, Verso, London
1989: The Dialectic of Change, Verso, London
1990: Farewell Perestroika. A Soviet Chronicle, Verso, London
1995: Restauration in Russia, Verso, London
1999: New Realism, New Barbarism, Pluto Press, London
2000: The Twilight of Globalisation. Property, State and Capitalism, Pluto Press, London, Sterlin/Virginia
2006: The Revolt of the Middle Class, Editor: Cultural Revolution 2006, Moscow
Deutsch

1991: Die Quadratur des Kreises. Russische Innenansichten, Verlag Volk&Welt, Berlin
1991: Der gespaltene Monolith. Die russische Gesellschaft an der Schwelle zu den neunziger Jahren, Edition Kontext, Berlin
2012: Back in the USSR, Nautilus Flugschrift, Hamburg
2013: Die Revolte der Mittelklasse, LAIKA Verlag, Hamburg

Webadressen des IPROG (Stand 2006):
www.irog.ru/en sowie www.aglob.ru/en

Kai Ehlers, geboren 1944, freie Ehe, zwei Kinder. APO-Vergangenheit, Mitglied des Kommunistischen Bundes (KB) von dessen Gründung 1971 bis 1989; Redaktionsmitglied des Arbeiterkampf (ak), Zeitung des KB bis 1989. Begründer und Leiter der Antifaschistischen Kommission des KB. Seit 1983 zunehmend auch mit der Erforschung von Vorgängen in der Sowjetunion befaßt, die er nach seinem Ausscheiden aus dem KB 1989 eigenständig fortsetzte und unter dem Stichwort »Im Labyrinth der nachsowjetischen Wandlungen und in ihren Folgen« zu einer globalen Erforschung der heutigen Transformationsprozesse erweiterte. Er ist heute als Buchautor, Presse- und Internetpublizist sowie als politischer und kulturkritischer Aktivist tätig, der die Erfahrungen aus den bisherigen sozialen, sozialistischen und kommunitaristischen Utopien aktiv in die Bewältigung der globalen Krise, insbesondere in die neu entstehenden Gemeinschafts-Commons-Bewegungen einzubringen versucht.

Publikationen

2013: Die Kraft der Überflüssigen – Der Mensch in der globalen Perestroika. Pahl-Rugenstein Verlag, 1. Auflage, Bonn
2011: Attil und Krimkilte. Das tschuwaschische Epos zum Sagenkreis der Nibelungen. Übersetzt und Herausgegeben von Kai Ehlers in Zusammenarbeit mit Mario Bauch und Christoph Sträßner, Rhombos, Berlin
2010: Kartoffeln haben wir immer. (Über)leben in Rußland zwischen Supermarkt und Datscha. Horlemann, Bad Honnef
2009: Rußland – Herzschlag einer Weltmacht. Im Gespräch mit Jefim Berschin, Grafiken von Herman Prigann, Pforte, Dornach

2006: Grundeinkommen – Sprungbrett in eine integrierte Gesellschaft. Pforte/ Entwürfe, Dornach

2006: Die Zukunft der Jurte. Gespräche mit Prof. Dr. Dorjpagma und Ganbold Dagvadorj in Ulaanbaatar. Darin Zeichnungen der Jurte und Bilder, ein Anhang zur nomadischen Fünf-Tier-Kultur sowie ein Offener Brief zur ökologischen Entwicklung der Mongolei, Mankau

2006: Asiens Sprung in die Gegenwart. Rußland – China – Mongolei, Entwicklung eines Kulturraums »Inneres Asien«, Pforte, Dornach

2005: Aufbruch oder Umbruch? Zwischen alter Macht und neuer Ordnung – Gespräche und Impressionen, Pforte/Entwürfe, Dornach

2004: Erotik des Informellen – Impulse für eine andere Globalisierung aus der russischen Welt jenseits des Kapitalismus. Von der Not der Selbstversorgung zur Tugend der Selbstorganisation, Alternativen für eine andere Welt, edition 8, Zürich

1997: Herausforderung Rußland – Vom Zwangskollektiv zur selbstbestimmten Gemeinschaft? Eine Bilanz zur Privatisierung, Schmetterling-Verlag, Stuttgart

1994: Jenseits von Moskau – 186 und eine Geschichte von der inneren Entkolonisierung. Eine dokumentarische Erzählung, Gespräche und Analysen in drei Teilen, Schmetterling-Verlag, Stuttgart

1991: Mit Gewalt zur Demokratie? Im Labyrinth der nationalen Wiedergeburt zwischen Asien und Europa, Verlag am Galgenberg, Hamburg

1990: Gorbatschow ist kein Programm. Begegnungen mit Kritikern der Perestroika, Konkret Literatur Verlag, Hamburg

Sammelbände von Konferenzen, von Kai Ehlers initiiert (englisch/russisch):

2004: Brücke über den Amur, Immigration nach und Migration in Sibirien und dem fernen Osten, Materialien eines Arbeitsseminars, Irkutsk, Hrsg. Rosa Luxemburg Stiftung. engl./russ

2004: Gemeinschaft und Privatisierung, Materialien eines Arbeitsseminars, Moskau, Hrsg. Rosa Luxemburg Stiftung, engl./russ., Solidaritätspreis

Weitere Veröffentlichungen und Aktivitäten in: www.kai-ehlers.de

Personenindex

Abramowitsch, Roman; Oligarch 122, 142, 213, 275
Alexander II.; Zar Rußlands 44
Alexej II.; Oberhaupt der Russisch-Orthodoxen Kirche 290
Alexejewa, Ludmilla; Menschenrechtlerin 279
Andropow, Juri; Generalsekretär des KPdSU 252
Adorno, Theodor; Philosoph 19
Andrejewitsch, Nikolai; Präsidentenadministration 216
Archangelsk, Michael; Schwarzhundertschaft 315
Aristoteles; Philosoph 54
Balok, Wasili: Gewerkschafter 22
Baranow, Anatoli; Journalist 41, 90, 168
Barkaschow, Alexander; Faschist 60f., 86, 95
Bassajew, Schamil; Führer tschetschenischer Kampfgruppen 139, 284
Beketow, Michail; Journalist, Chimki 295
Beresowski, Boris; Oligarch 15f., 119f., 122, 126f., 135, 138, 142, 144, 153, 160, 267f., 272, 287, 305
Bin Laden, Osama; Islamistischer Gotteskämpfer 139

Blair, Tony: Premierminister Großbritanniens 26
Bobrow, Jewgeni; Menschenrechtler 296
Breschnew, Leonid; Generalsekretär KPdSU 11, 22, 34, 89, 166f., 252, 325
Buchanan, Peter; Publizist 171
Bucharin, Nikolai Iwanowitsch; marxistischer Theoretiker 20
Bulawka, Ludmilla; Gruppe Alternative 25
Bush, G. H. W. (senior); US-Präsident 255, 260
Bush, G. W. (junior); US-Präsident 273, 275
Busgalin, Alexander; marxistischer Ökonom 25, 89, 175, 314
Chanin, Gregori; Journalist 157
Clinton, Bill; US-Präsident 263
Choderow; Gouverneur in Nischni Nowgorod 166
Chutorskoi, Iwan; Antifaschist 293
Claudin, Fernando; spanischer Kommunist 20
Cronin, Jeremy; Mitglied der KP Südafrikas 56
Chruschtschow, Nikita; Generalsekretär der KPdSU 18, 30, 252

Dalai Lama; oberster buddhistischer Meister 275
Damier, Vadim; Politologe 175, 182, 196
Deripaska, Oleg: Oligarch 201, 213
Deutscher, Isaac; Publizist 20
Djatschenko, Tatjana; Tochter Jelzins 119f., 144, 147f., 267, 269
Dudajew, Dschochar; Präsident Tschetscheniens 16, 267
Dugin, Alexander; nationalbolschewistischer Ideologe 162, 211, 271, 312
Fadin, Andrei; Mitstudent Kagarlitzkis 18f.
Fetisow, Konstantin; Umweltaktivist in Chimki/Moskau 295
Fradkow, Michael; Ministerpräsident 177f., 182, 276, 280, 287, 309
Friedman, Milton; Ökonom 121
Fromm, Erich; Kultursoziologe 19, 87
Gaidar, Jegor; Ministerpräsident 261, 263f., 293, 309, 315
Gates, Bill; Microsoft-Gründer 83
Glasjew, Sergei; Ökonom 175, 278, 312, 314
Gorbatschow, Michail; Generalsekretär 9ff., 13, 29f., 34, 38, 54, 237, 252ff., 273, 284, 287, 297, 307f., 314, 319
Gorz, André; Sozialphilosoph 20
Goworin; Gouverneur von Irkutsk 166
Gratschow, Pawel; General, Verteidigungsminister 140

Graschtschenk, Irina; Ehefrau B. Kagarlitzkis 22
Gref, Hermann; Wirtschaftsminister 177
Gromyko, Andrei; Staatsoberhaupt der UdSSR 254
Gussinski, Wladimir: Oligarch 148, 162, 271, 270
Hines, Colin; Autor 172
Horkheimer, Max; Sozialphilosoph 19
Holloway, John; Politologe 249
Hu Jintao; chinesischer Ministerpräsident 286
Isajew, Andrei; Gewerkschaftspolitiker 192
Iwanow, Sergei; Inlandgeheimdienst (FSB), Verteidigungsminister 132, 238
Juschenko, Sergei; Duma-Abgeordneter 274
Jackson, Michael; Popsänger 83
Jawlinski, Grigori; Politiker 276f., 282, 312
Jelzin, Boris; erster Präsident Rußlands 9ff., 13, 15f., 21f., 27, 41, 53, 84, 92, 98, 119f., 122, 132, 135f., 140, 143f., 147f., 164, 168, 230, 237ff., 252ff., 278, 286, 308f., 313, 315, 322f.
Jerin, Viktor; Innenminister (1995) 266
Kadatow, Wolodja; Freund Kagarlitzkis 28
Kadyrow, Achmed (senior); Präsident Tschetscheniens 270, 275

Kadyrow, Ramsan; Präsident Tschtescheniens 277, 288
Kamenew, Lew; Mitglied im Politbüro 251
Karaganow, Sergei; Helfer Jelzins 22
Kasparow, Garri; ehemaliger Schachweltmeister 212, 280, 282, 286, 290
Keynes, John Maynard; Ökonom 33, 128f.
Kirijenko, Sergei; Ministerpräsident 119f., 125f., 268, 309
Klatschkow; Alexander, Präsident der unabhängigen Gewerkschaften 23
Kohl, Helmut; deutscher Bundeskanzler 255, 257
Kolganow, Andrei; marxistischer Ökonom 25, 89, 175
Kondratenko, Nikolai; Gouverneur in Krasnodar 158f.
Kondratow; Abgeordneter des Moskauer Stadtsowjet 22
Kosyrew, Andrei; Außenminister 70
Kotz, David; Autor 37, 325
Krajnow, Andrei; Mitangelagter im Chrodorkowski-Pozess 281
Kudrin, Alexei; Wirtschaftsminister 192
Kudükin, Pawel; Autor bei Rakbor.ru 18f., 95
Kurgenjan, Sergei; Kulturologe, Verehrer Mussolinis 54
Kutschma, Leonid; Präsident der Ukraine 144

Kyrill I.; Oberhaupt der Russisch-Orthodoxen Kirche 290
Lasar, Berl; Oberrabbiner von Rußland 279
Lawrow, Sergei; Außenminister 304
Lebed, Alexander; General 58, 60, 95, 131, 267
Lebedew, Konstantin; 2013 zu Strafkolonie verurteilter Demonstrant 306
Lebedew, Platon; Miteingentümer von YUKOS 176, 186, 202, 275, 277, 281, 289, 291, 296, 298
Lenin, Wladimir; Begründer der UdSSR 18, 44, 48, 73, 83, 100, 103, 107, 171, 251
Le Pen, Jean-Marie; Politiker der französischen Rechten 61, 168, 171
Leontjew, Konstantin; Religionsphilosoph 85
Lewada, Juri; russischer Meinungsforscher 275, 285, 306
Ligatschow, Jegor; Politbüro der KPdSU 254
Lukács, Georg; Philosoph 20
Lukaschenko, Alexander; Präsident Weißrußlands 78
Limonow, Eduard; National-Bolschewist 275, 282, 286
Listjew, Wladislaw; TV-Journalist 265
Lyschkow, Juri; Moskauer Bürgermeister 99, 102f., 129, 131, 144, 262, 295, 315

Luxemburg, Rosa; marxistische
    Theoretikerin 48
Magnitski, Sergei; Wirtschaftsprüfer
    292, 303f., 306
Marcuse, Herbert; Kultursoziologe
    19f.
Maschadow, Aslan; Präsident
    Tschetscheniens 16, 136, 138ff.,
    143, 267, 269, 280
Mawrodi, Sergei; Initiator des
    finanziellen Schneeballprojektes
    »MMM« 274, 314
Milošević, Slobodan; Präsident
    Serbiens 132
Mironow, Sergei; Vorsitzender
    im Föderationsrat 298, 300,
    304, 312
Mussolini, Benito; Begründer des
    italienischen Faschismus 323
Nagaitzew, Michael; Gewerkschafter
    23, 169
Napoleon Bonaparte; Kriegsherr,
    Kaiser Frankreichs 103
Nawalny, Alexei; Blogger 233, 297,
    299, 301f., 304ff.
Negt, Oskar; Sozialphilosoph 19
Nemzow, Boris; Politiker, Oppositioneller 290, 302, 314
Nostratenko; Gouverneur von
    Wladiwostok 166
Obama, Barack; Präsident der USA
    292f.
Pamfilowa, Ella; Präsidentin
    des Menschenrechtsrates 295
Patruschjew, Nikolai; Vorsitz des
    Komitees gegen Terrorismus 282

Patruschowa, Jelena; Soziologin 111
Pawlow, Valentin; Ministerpräsident
    der UdSSR 260
Pawlowski, Gleb; Politologe 164
Peter I.; Zar Rußlands 70
Petrow, Juri; Sozialistische Partei 110
Petrowitsch, Alexei; Unternehmer
    175
Pinochet, Augusto; Putschgeneral
    Chiles 146
Piragow, Gregori; Soziologe 90
Plechanow, Georgi; marx. Philosoph,
    Journalist 83
Politkowskaja, Anna; Journalistin
    279, 285
Popow, Gawriil; Moskauer
    Bürgermeister 102, 262
Potanin, Wladimir; Oligarch 123,
    126, 181, 201, 213
Primakow, Jewgeni; Ministerpräsident 70, 119ff., 123f., 126, 132f.,
    150, 172, 268, 309
Proschtschetschin, Jewgeni;
    Moskauer Antifa-Zentrum 211
Prochorow, Michail; Oligarch,
    Politiker 300
Rupetz, Valentin; Soziologe 90
Ruzkoi, Alexander; Vizepräsident
    239
Saakaschwili, Micheil; Georgischer
    Präsident 218
Sacharow, Andrei; Dissident 32, 253,
    284, 292, 314
Sachs, Jeffrey; IWF-Berater 33
Samuzewitsch, Jekaterina; Mitglied
    bei »Pussy Riot« 303

Sartre, Jean-Paul; Philosoph 20
Saslawskaja, Tatjana; Soziologin 30, 252
Sassulitsch, Vera; Narodnitsa 64, 314
Schaimijew, Mintimer; Präsident der Republik Tatarstan 315
Schakum, Martin; Sozialistische Partei 110
Schanin, Theodor; Agrarökonom 156
Scheinis, Oleg; Gewerkschaft Saschita 150, 175, 312
Schewardnadse, Eduard; Außenminister 258
Schmackow, Michael; Präsident der Unabhängigen Gewerkschaften (FNPR) 23, 169
Schröder, Gerhard; dt. Bundeskanzler 270, 282
Segal, Alexander; Journalist 90
Serdjukow, Anatoli: Verteidigungsminister 244
Serikow; Präsidentenadministration 216
Sidorow, Kolja; Präsidentenadministration 216
Sinowjew, Grigori; Politbüro 251
Sjuganow, Gennadi; Sekretär der KPRF 15f., 26, 84f., 88, 113, 115, 142, 148, 171ff., 267, 269ff., 277f., 300, 304f., 313
Solschenyzin, Alexander; Schrift-steller 257, 264
Stepaschin, Sergei; Ministerpräsident 119f., 268, 309
Stolypin, Pjotr; Ministerpräsident unter Zar Nikolaus II. 44, 251

Subkow, Viktor; Ministerpräsident 287, 309
Subkommandante Marcos; politische Kunstfigur der Zapatisten 91
Suslow, Michail; Chefideologe der KPdSU unter Breschnew 252
Tarassow, Alexander; Soziologe 34, 90
Tichonow, Wladimir; alternative KPRF 278, 311
Trotzki, Leo; marx. Theoretiker 20, 252f.
Tschajanow, Alexander; Agrarökonom 156
Tschernenko, Konstantin; Generalsekretär 252
Tschernigorow; Gouverneur von Stawropol 142
Tschernomyrdin, Viktor; Ministerpräsident 27, 84, 97f., 119, 125f., 132f., 265, 309, 315
Tschubais, Anatoli; Privatisierungsbeauftragter 84, 113, 261, 266, 289
Udalzow, Sergei; Linke Front 300f., 303, 305, 313
Umland, Andreas; Historiker 197
Weir, Fred; Autor (mit Kotz, David) 37
Wen Jiabao; chin. Ministerpräsident 288, 290
Wolski, Arkadi; Verband russischer Industrieller und Unternehmer (RSPP); Gründer der sozialistischen Gewerkschaften (SozProf) 315

Kai Ehlers
25 Jahre Perestroika
Gespräche mit Boris Kagarlitzki
Band 1 – Gorbatschow und Jelzin

Wohin brachte uns Perestroika? Was waren ihre Ziele? Wer waren ihre Aktivisten? Wer waren ihre Gegner? Wer war Gorbatschow? Wer Jelzin? Wer ist Putin? Wie liest sich linke Kritik dieser Jahre? Welche Lehren zieht die russische Linke aus dem Kollaps des realen Sozialismus? Welchen Einfluss hat sie auf die Entwicklung nehmen können? Welche Alternativen entwickelt sie heute? Für Russland? Über Russland hinaus?

»Zehn Monate nach dem tatsächlichen Einsetzen des ›500-Tage- Programms‹ wird das ideologische Klima das vollkommene Gegenteil zu dem sein, was es jetzt ist. Liberalismus und Kapitalismus werden verhasster sein als jetzt der Kommunismus.« Das erklärte Boris Kagarlitzki, profiliertester Reform-Marxist des heutigen Russland im September 1990 angesichts des Übergangs von Gorbatschows Reform des Sozialismus zu Jelzins Kurs der Zwangsprivatisierung. In welchem Auf und Ab sich die Verhältnisse tatsächlich entwickelten, zeigen die Gespräche, die Boris Kagarlitzki und der deutsche Russlandforscher Kai Ehlers über einen Zeitraum von 25 Jahren miteinander geführt haben. Sie vermitteln, begleitet von einer vergleichenden Chronologie, einen authentischen Einblick in die inneren Abläufe und die Grundfragen der nachsowjetischen Transformation.

Kai Ehlers: 25 Jahre Perestroika – Gespräche mit Boris Kagarlitzki
Band 1 – Gorbatschow und Jelzin
laika diskurs Band 13, 384 Seiten, € 19, ISBN 978-3-944233-28-4

Boris Kagarlitzki
Die Revolte
der Mittelklasse

Trotz zunehmender ökonomischer Krisen ist das klassische Industrieproletariat im Westen nicht die Hauptkraft des Widerstands gegen den Neoliberalismus. Mehr noch: Die Arbeiter sind derzeit vor allem darum bemüht, ihre Arbeitsplätze zu erhalten und sich gegen Zeit- und Leiharbeiter abzugrenzen. Aber das traditionelle gesellschaftliche Gefüge rutscht weg. Die untere Mittelschicht wird zunehmend prekarisiert; hochqualifizierte Arbeitskräfte der wissenschaftlich-technischen Intelligenz sehen sich heute mit zunehmender sozialer Deklassierung konfrontiert.

Sowohl Globalisierungsproteste als auch die Occupy-Bewegung sind Ausdruck einer Revolte des Mittelstands gegen die Auflösung seiner bisherigen gesellschaftlichen Stellung. Ob diese Protestbewegungen allerdings jemals zu einer wirklich systemsprengenden Kraft werden, ist fraglich, solange sie sich einem organisierten Widerstand verweigern.

Wie können sich die drei großen gesellschaftlichen Gruppen – das verbliebene Industrieproletariat, der prekarisierte Mittelstand und die bereits marginalisierten Randgruppen – politisch und organisatorisch so entwickeln, dass sie im marxschen Sinne von der Klasse an sich zur Klasse für sich werden – und damit die Grundlage einer neuen Gesellschaft setzen können?

Boris Kagarlitzki: Die Revolte der Mittelklasse
LAIKAtheorie Band 30, 248 Seiten, € 21, ISBN 978-3-942281-42-3